新编
公文写作
技巧与实用范例

第三版

岳海翔 ◎ 著

内容全·案例多·知识新·讲解细
一本一看就懂、一学就会的公文写作实战宝典

中共中央党校出版社

图书在版编目（CIP）数据

新编公文写作技巧与实用范例／岳海翔著．--3版．--北京：中共中央党校出版社，2023.6

ISBN 978-7-5035-7488-7

Ⅰ.①新… Ⅱ.①岳… Ⅲ.①公文-写作 Ⅳ.①H152.3

中国国家版本馆CIP数据核字（2023）第024711号

新编公文写作技巧与实用范例（第三版）

策划统筹	任丽娜
责任编辑	桑月月　马琳婷　牛琴琴
责任印制	陈梦楠
责任校对	王明明
出版发行	中共中央党校出版社
地　　址	北京市海淀区长春桥路6号
电　　话	（010）68922815（总编室）　（010）68922233（发行部）
传　　真	（010）68922814
经　　销	全国新华书店
印　　刷	中煤（北京）印务有限公司
开　　本	787毫米×1092毫米　1/16
字　　数	370千字
印　　张	21
版　　次	2023年6月第3版　2023年6月第1次印刷
定　　价	72.00元

微信ID：中共中央党校出版社　　邮　箱：zydxcbs2018@163.com

版权所有·侵权必究

如有印装质量问题，请与本社发行部联系调换

前 言

从20世纪80年代中期开始，与改革开放和社会主义现代化建设飞速发展的形势需要相适应，广大公文学界同仁踔厉奋发、勇毅前行，使我国的公文写作研究事业不断前进，取得了令人瞩目的成就。主要表现为公文写作作为社会科学的一个重要分支学科应运而生，已经正式步入了各类高等院校及党校（行政学院）的讲堂；公文写作人才随着党务、政务活动的深入开展以及经济和社会组织的多元化所导致的需求量迅速攀升，而逐步走上了职业化道路；公文写作理论研究日趋活跃，成果十分丰富；公文写作教学趋于专业化，形成了遍布全国的公文写作教育网络，造就了一大批既有实践经验又有理论功底的师资队伍；公文写作研究日趋活跃，各种专著、教材和辞书相继出版问世，数以十几万计的公文学术论文纷纷发表；有关公文写作研究方面的全国性和区域性学术团体先后成立；公文网络建设异军突起，创建了以"中国公文写作研究网"为核心的一批专业性网站，加快了公文学科建设以及公文写作知识的推广和普及。这一切都使得我国当今的公文学术事业的发展呈现出了兴旺繁荣的景象，特别是在有关专著、教材和辞书的编写出版方面，更是令人欣喜无比。据不完全统计，截至2022年底，广大公文学术界的专家、教授和学者先后编写出版的公文写作专著、教材和辞书达4700余部，有力地推动了我国公文学科的建设与发展，对各级党政机关和企事业单位的管理工作起到了极为重要的指导作用，充分显示了我国公文学研究队伍雄厚的学术实力和研究水平。

这部《新编公文写作技巧与实用范例》是在2018年版的基础上进行修订加工后推出的全新作品，是对原有内容的又一次拓展和深化。全书总体布局不变，但在设计题目上有所变动，总共30多万字，分为上下两编。其中上编为写作技巧篇，原来为80个题目，新增了30个题目，升至110个题目，显得更加完整和充实，更加切合实际需要。下编为实用范例篇，原来为40个文种，新增了民主生活会、组织生活会以及党委理论中心组学习各种材料的写作，达到了45个题目。在编写过程中，无论是对公文写作方法和技巧的介绍，还是对各种实用公文范例的评析，均严格依照党和国家现行公文法规规定精神（《党政机关公文处理工作条例》和《党政机关公文格式》国家标准）进行编写，积极体现当前公文学研究的最新成果，具有较高的指导价值和现时效用。对有关例文的选用，在原来的基础上做了大幅度调整，并且面向基层延伸，力求新颖，破戒陈旧；力求简短，剔除冗繁；力求经典，竭避泛化，以突出其实用性、指导性和借鉴价值。在体例编排设计上，对写作技巧的介绍力求简明实用和通俗易懂，不作过于深奥的理论阐述；对实用范例的介绍，力求保留原貌，不作删减；为了加深读者理解，特别对每一范例作了精要点评，指出其可资借鉴之处，以便为广大读者提供更为直接的参照。

现在，《新编公文写作技巧与实用范例》（第三版）出版问世，我们期盼能为当今的公文写作领域带来一股全新的气息，真正成为广大公文工作者学习、研究公文写作的好帮手。

岳海翔

2023年5月于冀东淡泊亭

目录 CONTENTS

上编　写作技巧篇

1. 我国现行公文处理法规和公文格式国家标准 ／ 3
2. 公文写作能力提升的必要性与基本途径 ／ 4
3. 公文写作的一般步骤 ／ 6
4. 公文写作的前期准备工作 ／ 7
5. 公文写作中的思维定向控制 ／ 9
6. 公文写作的构思原则 ／ 10
7. 公文提纲的拟写 ／ 10
8. 公文文种的名称及适用范围 ／ 11
9. 公文文种的作用 ／ 18
10. 公文文种选用的基本依据 ／ 20
11. 公文文种的法律地位 ／ 21
12. 公文文种相互之间的关系 ／ 22
13. 使用公文文种应特别注意的问题 ／ 22
14. 公文文种使用常见的错误 ／ 24
15. 公文起草的基本要求 ／ 28
16. 拟写公文文稿应注意的关键问题 ／ 29
17. 公文文稿的修改 ／ 29
18. 不断提高思想政策水平 ／ 30
19. 正确体现领导意图 ／ 32
20. 掌握主旨的提炼方法 ／ 34
21. 广泛收集和积累材料 ／ 36
22. 注重恰当运用材料 ／ 39

23. 用好事实论据和理论论据 / 41
24. 公文写作常见的开头形式 / 44
25. 公文写作常见的结尾形式 / 44
26. 公文写作中的层次安排 / 46
27. 公文写作中的段落设置 / 47
28. 公文写作常见的过渡形式 / 47
29. 公文写作常见的照应形式 / 49
30. 公文格式标准化的意义 / 49
31. 党政机关公文格式的组成要素 / 50
32. 党政机关公文的技术、印刷、用纸要求 / 51
33. 公文中的页码及其标识规则 / 52
34. 公文的特定格式 / 52
35. 发文机关标志的拟制规范 / 53
36. 发文字号的拟制规范 / 54
37. 公文标题的拟制要求 / 54
38. 转文性通知标题的拟制要领 / 55
39. 公文标题中介词"关于"的规范使用 / 56
40. 公文小标题的拟写要点 / 56
41. 公文标题的排列形式 / 59
42. 主送机关常见的表现形式及其标注 / 60
43. 抄送机关的标注及排列方法 / 61
44. 成文日期的标注及排列方法 / 61
45. 公文用印的基本要求 / 62
46. 公文的行款及行款规格 / 63
47. 怎样标识公文的附件说明 / 63
48. 怎样标识公文的附件及其页码 / 64
49. 怎样正确排列公文的抄送机关名称 / 64
50. "此页无正文"及特殊情况处理 / 65
51. 附件的含义及其标识规则 / 65
52. 公文版记的标识规则 / 66
53. 公文用语的基本要求 / 67
54. 公文中模糊语言的正确使用 / 71

55. 公文中模态词语的正确使用　／72
56. 公文中古语词的使用　／75
57. 公文写作中的介词结构　／77
58. 公文写作中汉字的使用规范　／78
59. 正确运用机关或单位名称的"全称"与"简称"　／80
60. 正确运用一些政策性很强的提法表述　／81
61. 公文写作中数字的正确用法　／82
62. 公文写作中四字格词组的运用　／84
63. 公文写作中的专业术语　／86
64. 公文写作中的熟语运用　／88
65. 公文语段的主要结构形式　／90
66. 公文中社会流行语的正确使用　／92
67. 公文写作要注意清除语言污染　／94
68. 公文写作中的用词规范　／96
69. 公文写作中的炼句艺术　／98
70. 公文写作中的引用规范　／101
71. 公文写作中要正确运用名称　／103
72. 公文写作要正确运用简称　／105
73. 公文写作要正确运用事例　／107
74. 公文写作中的省略技巧　／109
75. 公文写作中"要"字句的正确用法　／111
76. 公文中"该"字句的正确用法　／112
77. 公文中"将"字结构的正确用法　／112
78. 公文中"的"字结构的正确用法　／112
79. 公文中联合词组的正确用法　／113
80. 公文写作中"拟同意"一语的正确用法　／113
81. 公文写作中"进行"一词的正确用法　／114
82. 公文写作中必须使用小写汉字数字的情形　／114
83. 公文写作中必须使用阿拉伯数字的情形　／115
84. 公文写作中在什么情况下既可以使用阿拉伯数字又可以使用汉字数字　／116
85. 公文写作中计量单位的规范用法　／116

86. 公文写作中标点符号的正确用法 / 117
87. 公文中结构层次序数的规范性要求 / 118
88. 公文小标题序号之后顿号的规范使用 / 119
89. 公文中表示倍数数目字的正确用法 / 120
90. 公文中表示比例关系数字的正确表达 / 120
91. 公文中"零"和"点"的规范表达 / 120
92. 公文中遇有空格标题的规范引用 / 121
93. 公文写作中篇前撮要的运用要求 / 121
94. 公文写作中语言密度的调整 / 122
95. 公文写作怎样正确运用叙述 / 125
96. 公文写作怎样正确运用议论 / 126
97. 公文写作怎样正确运用说明 / 129
98. 公文写作怎样做到明确 / 131
99. 公文写作怎样做到准确 / 133
100. 公文写作怎样做到简洁 / 136
101. 公文写作怎样做到庄重 / 138
102. 多读公文名篇　提高写作水平 / 139
103. 公文快写的诀窍 / 141
104. 民主生活会的规范表述 / 145
105. 不同类型的会议对与会人员的特定称谓 / 145
106. 真正的公文写作金句20例 / 146
107. 公文写作与数字"3"密不可分的联系 / 148
108. 公文写作与"灵感开发" / 150
109. 公文写作中政策思想的连贯性 / 151
110. 公文写作中的篇前撮要技法 / 152

下编　实用范例篇

1. 决议 / 157
   中国共产党第二十次全国代表大会关于十九届中央委员会报告的决议 / 157
2. 决定 / 163

例文1　中共中央关于认真学习宣传贯彻党的二十大精神的决定　/ 164

例文2　中共中央　国务院　中央军委关于给陈冬、刘洋颁发"二级航天功勋奖章"授予蔡旭哲"英雄航天员"荣誉称号并颁发"三级航天功勋奖章"的决定　/ 175

3. 命令（令）/ 176

例文1　中华人民共和国主席令　/ 176

例文2　××省人民政府关于实行封山禁牧的命令　/ 177

4. 公报 / 178

中国共产党第二十届中央委员会第二次全体会议公报　/ 179

5. 公告 / 182

例文1　财政部关于延续实施残疾人就业保障金优惠政策的公告　/ 182

例文2　××省××市人民法院公告　/ 183

6. 通告 / 184

海南省人民政府关于在博鳌亚洲论坛2023年年会期间禁止小型航空器具和空飘物飞行活动的通告　/ 184

7. 意见 / 185

例文1　××市公安局××分局关于进一步强化社区警务工作的意见　/ 186

例文2　中共中央办公厅　国务院办公厅关于进一步完善医疗卫生服务体系的意见　/ 189

8. 通知 / 197

例文1　国家卫生健康委关于发布大型医用设备配置许可管理目录（2023年）的通知　/ 197

例文2　湖北省人民政府办公厅关于认真做好大风降温天气防范应对工作的通知　/ 198

例文3　市政府办公厅转发市城市管理局关于南京市2023年城市管理工作实施意见的通知　/ 199

例文4　眉山市人民政府　关于潘××　周××等任免职的通知　/ 200

9. 通报 / 201

例文1　福建省人民政府关于表彰首届"福建慈善奖"获得者的决定　/ 201

例文2　工业和信息化部关于批评北京奇虎科技有限公司和深圳市腾讯计算机系统有限公司的通报　/ 202

例文3　锦州市人民政府办公室关于2023年第一季度暨3月份全市
　　　　政府网站和政务新媒体检查情况的通报　/ 203

10. 报告　/ 204

　　例文1　××镇党委关于巡察整改落实情况的报告　/ 204

　　例文2　××县人民政府关于治理水质污染问题的报告　/ 208

11. 请示　/ 208

　　××县人民政府关于解决相关修编经费的请示　/ 209

12. 批复　/ 210

　　国务院关于《新时代洞庭湖生态经济区规划》的批复　/ 210

13. 议案　/ 211

　　××省人民政府关于提请审议《中华人民共和国著作权法实施
　　　　细则》的议案　/ 212

14. 函　/ 212

　　例文1　××集团公司关于商洽委托代培涉外秘书人员的函　/ 212

　　例文2　中共广西壮族自治区委宣传部关于请求支持广西公选领导
　　　　人才的函　/ 213

　　例文3　教育部关于授予辽宁省大学生创业教育实训基地"国家大
　　　　学生创业示范基地"称号的函　/ 214

15. 纪要　/ 215

　　例文1　××镇党委扩大会议纪要　/ 215

　　例文2　县长办公会议纪要　/ 217

16. 计划　/ 218

　　2023年学院党委工作计划　/ 219

17. 纲要　/ 221

　　"十四五"社会保障事业发展规划纲要　/ 222

18. 要点　/ 231

　　2023年煤矿安全工作要点　/ 231

19. 方案　/ 236

　　中共中央关于在全党大兴调查研究的工作方案　/ 236

20. 总结　/ 241

　　中共××县委组织部20××年工作总结　/ 241

21. 条例　/ 246

征兵工作条例　/ 246
22. 规定　/ 259
　　例文1　加强中央企业有关业务管理防治"小金库"若干规定　/ 259
　　例文2　关于加强印章管理和使用的规定　/ 261
23. 办法　/ 263
　　食品安全工作评议考核办法　/ 263
24. 开幕词　/ 267
　　××综合事业发展集团20××年工作总结暨20××年工作部署会议
　　　开幕词　/ 268
25. 闭幕词　/ 269
　　××局××副局长在××杯男子篮球赛上的闭幕词　/ 269
26. 会议工作报告　/ 270
　　坚持以人为本强化监管力度　努力创造良好的安全生产环境　/ 271
27. 调查报告　/ 278
　　(1) 典型经验的调查报告　/ 279
　　　风筝都的崛起——潍坊市全面贯彻党的基本路线的经验调查　/ 279
　　(2) 社会问题的调查报告　/ 281
　　　办好一件事关农民健康的实事——武安市建立农村环境卫生清洁
　　　　长效机制的调研报告　/ 281
28. 述职报告　/ 285
　　2022年抓基层党建工作述职报告　/ 285
29. 组织鉴定　/ 286
　　关于郑××同志的鉴定材料　/ 287
30. 考察材料　/ 287
　　关于张××同志任××镇农技站站长5年工作情况的考核材料　/ 288
31. 典型材料　/ 290
　　彰显当代青年教师的卓越风范　/ 290
32. 贺信　/ 294
　　20××年公司年会贺信　/ 294
33. 感谢信　/ 295
　　××建筑公司感谢信　/ 295
34. 慰问信　/ 296

慰问信 / 296
35. 倡议书 / 297
　　例文1　党风廉政倡议书 / 297
　　例文2　节水倡议书——珍惜生命之源 / 298
36. 欢迎词 / 300
　　在××级新生入学开学典礼上的欢迎词 / 300
37. 欢送词 / 302
　　总是夕阳无限红——在欢送离退休人员座谈会上的讲话 / 302
38. 答谢词 / 303
　　答谢词 / 304
39. 祝酒词 / 304
　　2023年祝酒词 / 305
40. 简报 / 305
　　(1) 会议简报 / 306
　　　　××集团职工代表大会简报 / 306
　　(2) 综合简报 / 307
　　　　××快报 / 307
41. 民主生活会检视剖析材料 / 308
　　2022年度民主生活会"六个带头""六个方面"个人对照检查材料 / 309
42. 新任职干部表态发言材料 / 313
　　干部任职表态发言材料 / 313
43. 组织生活会批评和自我批评材料 / 315
　　组织生活会个人发言材料 / 315
44. 党委理论学习中心组学习发言稿 / 317
　　××党委理论学习中心组学习发言稿 / 318
45. 民主生活会发言提纲 / 320
　　民主生活会发言提纲 / 320

上篇

写作技巧篇

1 我国现行公文处理法规和公文格式国家标准

我国现行公文处理法规是指由中共中央办公厅和国务院办公厅于2012年4月16日联合印发的《党政机关公文处理工作条例》（中办发〔2012〕14号），从2012年7月1日起正式施行，同时宣布1996年5月3日中共中央办公厅发布的《中国共产党机关公文处理条例》和2000年8月24日国务院发布的《国家行政机关公文处理办法》停止执行。至此，这一公文处理法规业已施行了11年之久。

长期以来，我国党政两大系统公文处理法规一直是单独运行的。其中，党的机关从1989年到1996年先后由中共中央办公厅印发过两次，即1989年4月25日的《中国共产党各级领导机关文件处理条例（试行）》和1996年5月3日的《中国共产党机关公文处理条例》；国家行政机关从1981年到2000年先后发布修订过4次，即1981年2月27日由国务院办公厅发布的《国家行政机关公文处理暂行办法》，1987年2月18日由国务院办公厅发布的《国家行政机关公文处理办法》，1993年11月21日由国务院办公厅发布的《国家行政机关公文处理办法》和2000年8月24日由国务院发布的《国家行政机关公文处理办法》。在长达二三十年的运行时间里，我国党政机关的公文处理工作发生了很大变化，其中有相当多的规定和做法不够统一和谐，甚至互相抵触，影响了公文处理工作的统一化、规范化和科学化，无论是从理论还是从实践上都带来了不少问题，广大公文工作者对此呼声强烈。经过不断努力，直到2012年4月，《党政机关公文处理工作条例》正式公布，而且以中共中央办公厅和国务院办公厅名义联合印发，这是前所未有的。以前要么是以中共中央办公厅名义印发，要么是以国务院办公厅名义印发，最高是以国务院的名义发布，而这次是由两办联合印发，是自20世纪80年代以来，党的机关公文处理法规与国家行政机关公文处理法规由原来的分别设立走向统一要求、统一规范、统一实施的重要里程碑，充分体现出了我们党和国家对公文处理工作的高度重视。将党政两大系统的公文处理法规合二为一，是我国当代公文法规建设进程中一次具有划时代意义的重大变革，是党政机关公文处理工作发展的客观需要，对于进一步推动各级党政机关公文处理工作的统一化、制度化和科学化，规范公文运转程序，提高公文处理的质量和效率，具有极其重要的现实意义。

与以前党政两大系统的公文处理法规相比,《党政机关公文处理工作条例》无论是从内容规定还是从体例设置方面都作出了较大的调整和变化,既适合党政机关公文处理工作的实际状况和未来的发展需要,又很好地体现出公文法规本身所应有的严密性和规范性特征。

我国现行的公文格式国家标准是指《党政机关公文格式》(GB/T 9704—2012),是于2012年6月29日由中共中央办公厅和国务院办公厅提出,由中国标准化研究院、中共中央办公厅秘书局、国务院办公厅秘书局和中国标准出版社共同起草,(原)中华人民共和国国家质量监督检验检疫总局和中国国家标准化管理委员会联合发布的,该标准与《党政机关公文处理工作条例》相配套,亦从2012年7月1日起正式实施。这是继1988年9月5日原国家技术监督局发布《国家机关公文格式》(GB/T 9704—1988)以及1999年12月27日发布修订的《国家行政机关公文格式》(GB/T 9704—1999)之后所作的第二次修订。此次修订在1999年标准的基础上作了很大调整,首次将适用范围扩大到各级党政机关,并对党政机关公文用纸的纸型、构成要素、版式规格以及标注位置、方法、要求等均作出统一、明确、具体的规定,显得更加科学、严谨、完备,更具实用性和可操作性。它的发布实施,对于进一步提高各级党政机关公文质量,推动党政机关公文处理工作的科学化、规范化和标准化,发挥了非常重要的作用。

但需要指出的是,从2012年4月至今,业已超过了11个年头,《党政机关公文处理工作条例》和《党政机关公文格式》在执行过程中也不可避免地显现出了一些亟待改进的问题,因此,对于《党政机关公文处理工作条例》和《党政机关公文格式》的修订业已提上议事日程。

2　公文写作能力提升的必要性与基本途径

当今时代,公文写作能力是每一个职场人必备的基本功。无论是在业务部门工作,还是在综合部门工作,都要重视公文,了解公文,会写公文。可以这样讲,在当今的职场环境下,不具备相应的公文写作能力,就不能胜任本职工作。那么,究竟如何提升公文写作能力呢?应当从如下四个方面入手。

一是培养兴趣。兴趣是公文写作的原动力。孔子曰:"知之者不如好之者,好之者不如乐之者。"爱因斯坦也说过:"兴趣是最好的老师。"可以想一想,如果对做某件事情毫无兴趣，又怎么能够做好呢？因此，既然我们选择了文秘职业，被组织安排到了这个岗位，就应当竭心尽智、全力以赴地投入其中。要以对党和人民事业高度负责的精神，以强烈的事业心和使命感，不断激励自己，培养兴趣。公文写作是一份光荣而又神圣的工作，也是锻炼人、培养人的重要途径，尽管比较辛苦，但只要我们能够真正"悟进去"，时间久了就会激发起浓厚的兴趣，从而为写好公文打下扎实的基础。

二是善于积累。这是写好公文的重要前提条件。公文写作必须占有充分的、大量的材料。古人说"积学以储宝""长期积累，偶然得之""厚积而薄发"，说的都是这个道理。要想写出有血有肉、高质量的文稿，没有善于积累的功夫是绝对不行的。而积累功夫的养成不能靠"临时抱佛脚"，必须把功夫下到平时。要真正做有心之人，"事事留心皆学问，人情练达即文章"。要善于搜集和积累各方面有用的材料，做到既要吃透"上头"，还要了解和掌握"下头"。其中前者主要是指党和国家在方针政策上的一些重大的、最新的提法；上级组织和有关部门关于本系统工作的一些新的精神和要求；本机关或者本单位的领导同志在有关工作上的一些新的意图、想法、评论、见解，等等。后者则是指本机关内部以及下面基层单位在工作中出现的新动向、新苗头以及工作中涌现出来的典型人、典型事，等等。积累的方法是看到就摘、听到就记，越记越丰富、越记越熟悉。这样，既有"上情"又有"下情"，这个"情"就是写作的材料。而有了丰富的材料，我们在写作过程中就会"如虎添翼"、信手拈来，而不至于搜肠刮肚、无从落笔。

三是精于模仿。公文写作应当先从模仿开始，模仿是公文写作的必由之路。在公文写作这个"行当"，不管你是从事公文写作多年的"老手"，还是刚刚入职的"新秀"，都要经历"仿写"这个阶段。我国南宋著名理学家朱熹曾经说过："古人作文作诗，多是模仿前人而作之。盖学之既久，自然纯熟。"唐代著名诗人王勃的《滕王阁序》名垂千古，其中"落霞与孤鹜齐飞，秋水共长天一色"的绝句，就是模仿了南北朝时期北周著名诗人庾信《马射赋》中的句子，即"落花与芝盖齐飞，杨柳共春旗一色"；还有我国唐代大诗人李白模仿汉乐府《长歌行》中的"百川东到海，何时复西归"，写出了"君不见黄河之水天上来，奔流到海不复回"的绝句，更被人们广为传颂，称之"青出于蓝而胜于蓝"。由此可见，要想写好公文，也决然离不开模仿。那么，模仿的参照物是什么呢？就是博大精深的中国古代、现代和当代的公文名篇佳作，由于它们都写得立意高远、气势恢宏、结构严谨、文采斐然，具有一种震荡人心的艺术魅力,所以很值得我们认真品味和借鉴。

四是勤于实践。"实践出真知""文章非天成,妙手靠实践""纸上得来终觉浅,绝知此事要躬行"。公文写作不是看会的,也不是听会的,而是写会的。也就是说,归根结底还是要靠我们多动笔。公文写作标准高、要求严,要实现这个目的,没有别的捷径可走,就得靠我们亲身实践,多写多练。开始写得不好没有关系,因为世界上的任何事物都不是一帆风顺的,都不会一蹴而就,都要经历一个过程,但只要我们以锲而不舍的精神和顽强的毅力去亲身实践,多写多练,那么,久而久之,驾驭公文的能力就会逐步形成,真正成为公文写作领域的"行家里手"。事实充分证明,在写作公文的实践中学会公文写作,是提高公文写作能力和水平的最为直接而又有效的途径,也是一条颠扑不破的真理。

3 公文写作的一般步骤

与一般文章写作和文学创作有所不同,公文写作要讲究特定的步骤和程序。通常包括如下三个方面。

(一)公文写作的前期准备

(1)明确行文目的和要求;

(2)确立公文主题;

(3)选定公文文种;

(4)占有材料;

(5)确定具体表达方式。

(二)撰拟文稿

(1)安排好结构。一是确定篇章结构的总体构成;二是确定正文的具体构成,解决好各组成部分的编排次序,安排各层次、段落之间的衔接与转换,处理好开头和结尾的设置。

(2)拟出写作提纲。

(3)正式撰拟文稿。

（三）审核修改

文稿的审核修正要认真严肃、反复进行，并要按规定的程序进行。

4 公文写作的前期准备工作

公文写作的前期准备工作应该从以下五个方面着手。

（一）明确公文的发文意图

任何一份公文的制发都有它特定的目的，都是为了解决某一件事、某一方面的工作问题，或为了指导某些工作或公务活动开展，都有它特定的针对性。为此，明确公文的发文意图应该包括如下两个方面的写作内容。

1. 明确制发公文的目的。 公文制发的目的性非常明确。比如，通过公文发布行政规章，用以整顿管理秩序，或陈述申请事项，说明理由请求批准，或要求收文机关采取行动、措施、贯彻执行，或要求收文机关了解某些工作情况，认识某些问题等。制发公文的目的是确定公文主旨、收集公文写作材料和选择文种的重要依据。因此，在公文写作前，必须首先明确目的。制发公文的目的一般是由机关领导核心确定，然后向撰稿者授意。撰稿者应当准确领会领导意图，并据此进行写作。

2. 明确公文的主旨。 公文是用来办理公务活动的工具，不是宣传材料，也不是理论文章，拟定一篇公文首先考虑的是有没有用处，发文的目的明确不明确。若是没有实际需要的公文，就不必写，不能发。应该说，制发公文所强调的是行文的目的或者行文用意，公文主旨就是指公文的全部内容所表达或体现出来的行文目的和用意。如果行文的目的和用意不确定，那么公文则是无法拟写的。公文的主旨可以根据机关的核心领导授意和对客观实际情况全面而深入的探索结果来表述。

（二）明确公文写作的主要内容

公文写作前，对哪些方面和范围的事实应该纳入公文写作的视野内，哪些意见、要求措施等意图应该写进公文，这些在公文写作前必须有大体的"成竹"在胸，并且要确定表达这些内容材料的要点与思路，使所要撰写的公文有一个明晰的轮廓。

（三）明确公文的阅读对象（主送机关）

明确了公文的主送机关，在公文写作内容的选择方面才能有所依凭和侧重，才能确定哪些内容应写进公文，哪些不适于写进公文。例如，同一份工作总结，若是报送隶属上级机关，那么公文的内容应该是多反映过去那段时间机关的工作情况、工作实效及从工作中获得的规律和经验。如果是下发给所属下级机关，那么公文的内容要在回顾过去那段时间的工作情况与工作实效的同时，还应多写从过去那段工作中所获得的规律与经验或教训，及其对过去那段时间工作的指导和重要作用。另外，公文的主送机关不同，行文的语气和语言表达方式也应有所区别，以显示双方的工作关系。

（四）明确公文文种和发文机关的名义

公文文种在公务活动中的工具功能不同，公文的文种不同，所写的公文用途也就不同。例如，公文的内容是请求隶属上级机关批准某一事项，就该用"请示"，而公文内容是请求业务主管部门批准某一事项，就该用"函"。如果对某项工作作出安排，就要考虑该项工作是属于重大工作安排，还是一般性的布置任务。如是前者，那么该用决定；若是后者，那么该用通知。发文机关的名义是指以部门的名义发文，还是以机关的名义发文；单独一个机关发文，还是几个机关联合发文。发文机关的名义不同，公文的内容和表述的语气也应有所不同。

（五）收集公文写作材料

材料是公文写作的基础。在明确了公文的行文意图、制发公文的目的、选定文种和确定了发文机关的名义之后，就应进行深入的调查研究，收集和占有材料。写作公文是要反映公务活动，公务活动是公文撰稿者必须接触和参与的工作，它是收集、积累公文写作材料的一条重要途径。公务活动是十分丰富广泛的，由此决定了公文写作过程中材料收集方法的多样性。其主要途径有：听取领导指示；现场观察询问；处理信访和接待来访；参加各种会议；承办查办工作；等等。但通过直接参与公务活动所获得公文写作的直接材料还是远远不够的，公文撰写者还应当汲取别人的经验从而获得间接的公文写作材料。其主要途径有：一是阅读公文。对重要的文件和专业文件要认真地研读，对其他方面的公文也要有所涉猎。对于一些新的概念、新的提法，只要是文件中常用的就要熟记下来，以替换陈旧的公文写作语言。二是阅读报刊。要阅读报刊上有关时事政治、政策方面内容的文章，对于文章的重要内容应进行摘录。三是收听广播、收看电视，上互联网查阅政治、经济、时事等方面的信息。充分利用声像和数字传播媒介拓宽公文写作者的视野，获取和占有更多的公文写作材料。

公文写作者在公文写作的准备阶段应当做到三点：一是积极参加公务活动，认真进行调查研究，使公文内容有真实的社会性和公务性；二是对社会和经济发展的状况及面临的形势要有清醒的认识，对其所作的分析要有科学性；三是写进公文内容中的要求、意见、对策要务实。一名公文写作者在公文写作准备阶段要能真正为下一阶段的公文写作打好基础，同时还应当训练这样三种能力：一是感触能力，即善于开动五官，捕捉感受的目标。这就是正确又敏锐的感觉、感受，它是认识社会政治、经济和公务活动的第一步。二是分析问题的能力，即正确分析社会经济和公务活动各个方面、各个阶段的各种情况。这是进行综合分析的前提。三是综合能力，就是能将各部分内容、本质的联系归结为一个整体。以上这三种能力都是认识能力的具体表现，在整个公文写作中起着十分重要的作用。

5 公文写作中的思维定向控制

公文写作者表达的不是自己的意愿，而是代表一级组织或领导人叙事论理，为他们"立言"。因此，在公文写作中对思维进行定向控制十分重要，发布任何一篇公文都有一定的目的，公文的谋篇布局、结构安排和表达技巧都是为了实现这一目的，即公文写作中的一切思维活动必须紧紧围绕行文目的的实现进行，用行文目的去规范公文写作中各个阶段的思维活动，使思维路线通向行文目的，不致偏离既定目标。对思维进行定向控制，必须注意以下两点。

1. 必须有一个明确的行文目的。这是定向的基础。

2. 选好重点，控制的重点因文而异。就公文写作的要素而言，重点应放在立意、结构、表达上；就公文体现制文者的意志而言，重点应放在下述四个方面：

(1) 对成熟的思想，放在表达上。

(2) 对尚不成熟的思想，则放在完善上。

(3) 对不够合适的思想，则放在变通上，使之趋于正确。

(4) 及时调节，使公文写作中的思维活动始终沿着既定方向进行。

6 公文写作的构思原则

公文写作的构思是法定作者在公文写作中的思维活动所经历的"路线"。它具有不同于其他文体的一些原则，主要是：

1. 以情事为中心。 公文所表达的领导决策、组织指挥、规章制度以及信息交往等内容，虽然也涉及人际关系、思想感情，但都是将情事作为直接写作对象，思路集中在处理情况和办理事项的范围内运行，并以此为中心，具体完成提炼主旨、选配材料、谋篇布局和语言表达等任务。

2. 以事理为主导。 公文不但要交代做什么、怎么做，还必须阐明为什么，并以此为主导，贯穿全文。

3. 以实效为准则。 以公文推动公务，最终是为了取得实际的社会效益。这也是贯穿公文构思全过程的一条重要原则。

7 公文提纲的拟写

拟写公文写作提纲是在明确公文内容的基础上，理顺思路，安排公文整体布局形式的过程。在一般情况下，公文的写作目的、公文主旨以及主要内容等，都要在提纲中显示出来。提纲的内容有：

1. 公文的标题。 公文的标题要准确概括该篇公文的主要内容。

2. 公文的组成部分。 为了维护公文的权威性与有效性，公文的各个组成部分必须完整。除去必须具备的基本组成部分外，还应根据每篇公文的特殊需要正确选取其他组成部分。

3. 合理安排正文各层次的主要内容和表述顺序。 公文正文的次序得当、逻辑性强，可使公文内容紧凑有序，纲目清楚，前后衔接紧密，方便阅读与理解。在安排表述顺序时，要照顾不同公文文种的特点，根据其反映信息的角度与方式以及信息容量的大小而采用不同的排列形式。

4. 安排层次、段落之间的衔接与转换。 公文正文的各层次、各段落之间的衔接与转换要妥善安排，使之相互连接，前后贯通，转折过渡自然，结构严密完整。安排时要根据正文内容和表述方法发生变换，在上下文之间使用关联词，或惯用的承转词组或者句子、句段。

5. 安排好公文的开头与结尾。应当根据行文的实际情况，妥善安排好开头及结尾。要特别注意其必要性，切忌无端"戴帽"和"穿靴"。

公文写作提纲虽然没有固定模式，但有粗细之分。粗一点的提纲，只需写出标题和各层次的主要内容，所用语句也不一定是起草后文稿中的语句，只是"撮辞以举要"。有些内容简单的公文在下笔之前有个腹稿即可。细一点的公文写作提纲，应该把大小标题、各层次的主要内容及各层内部的段旨、所用的材料，尽可能详细地开列出来。这样的提纲不只是分条列项，而是近乎文章的形式。

拟定公文写作提纲可理顺写作思路，使公文的构造初步定局，动笔写作时心中有数，避免丢三落四、前后重复、主次不合理等结构上的问题，也有助于在写作过程中把握写作的意图和目的。公文写作提纲还可以用来征求机关（单位）领导人对公文写作的意见。重要公文的写作提纲拟定以后，要请机关（单位）负责人阅示，以便让领导人对公文写作提出更为具体的意见和指示。有的公文在起草前还要专门安排一次会议，由执笔起草人直接汇报写作提纲，领导班子成员或有关人员集体讨论，提出修改或写作的具体意见。

8　公文文种的名称及适用范围

根据《党政机关公文处理工作条例》的规定，党政机关所使用的主要文种（也称法定公文、正式公文）为15种，即决议、决定、命令（令）、公报、公告、通告、意见、通知、通报、报告、请示、批复、议案、函、纪要。《党政机关公文处理工作条例》紧密结合党政机关公文处理实际，对党政机关的法定公文文种进行了重新梳理和排队，使之更加趋于准确、规范、科学和合理。首先，在数量上进行了调整，删掉了原来党的机关使用的"指示""条例""规定"，没有增加新的文种。原来党的机关法定公文文种是14种，行政机关法定公文文种是13种，合在一起是27种，其中相同的文种有18种，不同的文种有9种。重新整合以后，将"指示""条例""规定"去掉，保留了15种。其次，对公文文种的排列顺序进行了重组，依据各个文种的效力、发布主体级别、行文方向等多方面因素，将其依次规定为：决议、决定、命令（令）、公报、公告、通告、意见、通知、通报、报告、请示、批复、议案、函、纪要。这样排列，较之原来更加科学和合理，更具逻辑性和严密性。再次，对相关文种的适用范围也作了一定程度的调整，使之更趋科学和实用。具体表现在：对命令（令）文种的适用范围进行了拓展，即除原有的使用功能外，还可用于"批准授予和晋升衔级"，这是新增加的内容，诸如人民警察晋升警衔等，较之原来更为完善，更加切合实际需要；对于通知文种，删去了原来"发布法规"及"任免人员"的使用功能；对于通报文种，原来的表述为"适用于表彰先进、批评错误、传达重要精神或者情况"，现在调整为"传达重要精神和告知重要情况"，使之更为全面准确，也符合语法；将报告文种"答复上级机关的询问"中的"答复"改为"回复"，用词更加准确恰切；而对于纪要文种，长期以来一直称为"会议纪要"，现在将其简化为"纪要"，并且规定用于记载会议主要情况和议定事项，显得更加简明确切。

1. 命令（令）——国家行政机关使用的一个公布性文种。主要适用于公布行政法规和规章，宣布施行重大强制性措施，批准授予和晋升衔级，嘉奖有关单位和人员。具体分为：用于公布国家法律和行政法规的为"公布令"，如《中华人民共和国主席令》（第×号）、《中华人民共和国全国人民代表大会常务委员会委员长令》（第×号）；用于发布某些重大的行政措施和活动的为"行政令"，如《国务院关于在我国统一实行法定计量单位的命令》；用于任免、奖惩、特赦、戒严、部队宣布功过等事宜的为"任免令""嘉奖令""特赦令""戒严令""通令"。

2. 议案——国家行政机关专用的一个文种。即向同级人民代表大会或人民代表大会常务委员会提请审议事项时使用的公文，如《××市人民政府关于提请加强生态环境保护的议案》。

3. 决定——党政机关使用的下行文的一种。适用于对重要事项作出决策和部署，奖惩有关单位和人员，变更或者撤销下级机关不适当的决定事项，如《中共中央关于认真学习宣传贯彻党的二十大精神的决定》。

4. 决议——党政机关使用的下行文的一种。用于经过会议讨论通过的重大决策事项，如《中国共产党第二十次全国代表大会关于十九届中央委员会报告的决议》。

5. 公报——党政机关使用的公布性文件的一种。用于公开发布重大事件或重要事项，如《中国共产党第二十届中央委员会第二次全体会议公报》。

6. 公告——党和国家高级机关使用的公布性文件的一种。用于向国内外宣布重要事项或者法定事项，如《财政部关于实施境外旅客购物离境退税政策的公告》《中华人民共和国外交部公告》。

7. 通告——党政机关使用的一个公布性文种。用于在一定范围内，公布应当遵守或者需要周知的事项，如《××市人民政府关于禁止随地吐痰、乱扔乱倒杂物的通告》。

8. 通知——党政机关使用的下行文的一种。根据《党政机关公文处理工作条例》的规定，适用于发布、传达要求下级机关执行和有关单位周知或者执行的事项，批转、转发公文。通知按其所起作用的不同，又具体划分为用于颁布行政法规的"公布性通知"；用于批转下级机关来文的"批转性通知"；用于转发上级机关和不相隶属机关来文的"转发性通知"；用于对下级机关某项工作有所指示的"指示性通知"；用于告知一般事项的"一般性通知"；用于通知有关开会事宜的"会议通知"；用于发布有关干部人事任免事宜的"任免性通知"。

9. 通报——党政机关使用的下行文的一种。用于表扬先进，批评错误，传达重要精神或告知重要情况。按其内容，可以分为表扬性、批评性、指导性和沟通情况四种通报，如《国务院办公厅关于对国务院第九次大督查发现的典型经验做法给予表扬的通报》。

10. 报告——党政机关使用的上行文的一种。用于向上级机关汇报工作，反映情况，回复上级机关的询问。报告一般分作七种：一是综合性工作报告；二是专题性工作报告；三是一般情况反映的报告；四是要求上级批转的报告；五是错误检查报告；六是例行工作情况报告；七是报送有关材料和物品的报告，一般称为"文件头"，即采用复体行文方式的引领性文件。

11. 请示——党政机关使用的上行文的一种。适用于向上级机关请求指示和批准，如《××市人民政府办公室关于增加办公用房的请示》。

12. 批复——党政机关使用的下行文的一种。用于答复下级机关的请示事项。它是根据下级机关的请示而制发的，针对性、目的性很强，如《国务院关于新时代洞庭湖生态经济区规划的批复》。

13. 纪要——党政机关使用的下行文的一种。适用于记载会议主要情况和决定事项。会议纪要在行文关系上，可以采取转发（印发）或直接发出的形式，类似于通知，发给下级机关贯彻执行；也可以报送给上级机关，类似于会议情况报告，向上级机关反映情况；还可以发给平级有关机关，类似于公函，使对方知晓，沟通情况。例如，《全国第十六届公文学术研讨会纪要》。

14. 函——党政机关公文中唯一的平行文。适用于不相隶属机关之间商洽工作、询问和答复问题，请求批准和答复审批事项。函，亦称公函，与便函不同。使用函要符合公文的特定格式（即信函格式）要求，不采用信函格式的"函"属于便函。便函属于一般性的信件，它是公文的一种形式，而并非文种。例如，《国务院办公厅关于同意建立数字经济发展部际联席会议制度的函》《中聚达公文教育研究中心关于举办公文写作培训班的函》。

15. 意见——党政机关公文中既含上行又具有下行乃至平行意义的一种公文。适用于对重要问题提出见解和处理办法。在一般情况下，一种是来自下级机关的"意见"，只具有参谋建议性质，一经上级机关批转或批准，即转化为决策性的文件；另一种是出自上级机关的"意见"，虽然文种名为"意见"，但这里的本质含义已非建议的意思，而是具有指挥性、决定性。近些年来，在实际工作中这种来自下级或上级的"意见"使用频率非常高，它有利于促进机关工作作风的民主化，增强党政机关公文的公关意识，如《国务院办公厅关于进一步推进省以下财政体制改革工作的指导意见》。

除上述15种法定公文（或称正式公文、主要公文）以外，在党政机关、人民团体和企事业组织的公务活动实践中，还经常使用以下三十几种常用的应用性文种，一般称之为事务文书。

16. 条例——党政机关均使用的文种。其中党的机关适用于中央组织制定规范党组织工作、活动和党员行为的规章制度；同时又是国家行政法规、地方性法规的主要形式，如《党政机关公文处理工作条例》。

17. 规定——党政机关均使用的文种，用于对特定范围的工作和事务制定具有约束力的行为规范；同时，它又是国家行政法规、地方性法规、部门规章（即国务院各部门规章）、政府规章（即地方人民政府规章）的主要形式，如《中国共产党违纪党员批准权限和程序规定》《播音员主持人持证上岗规定》。

18. 计划——对工作的预想和打算的书面化。按内容可分为综合性工作计划和专项（题）性工作计划；按时间可分为年度计划、季度计划、月份计划、周计划；按范围可分为国家计划、单位计划、部门计划、科室及车间计划；按性质可分为纲要、规划、计划、安排、打算、思路、设想、方案、预案和要点。

19. 规划——计划性文件的一种。它一般是带有全局性、长远性和方向性的中期（一般指5年以上）计划，如《长江中游城市群发展规划》。

20. 要点——计划性文件的一种。它以简要的文字，反映一个单位在一定时间内工作计划的主要方面和重要之点，内容十分简明扼要，如《××市人民政府2023年工作要点》。

21. 专用书信——具有专门用途、具有特定写法的函件。主要有介绍信、证明信、慰问信、表扬信、喜信（报）、公开信、倡议书、贺信（电）、唁电等。

22. 总结——在工作实践中对公务活动的运行规律加以提炼而形成的文字材料。它有两个特点：一是对前一阶段工作或某一项工作做完之后所作的总的、全面的回顾；二是在工作实践中人们从感性认识到理性认识的飞跃过程，它要对整个工作进行分析、评定和综合，揭示出事物的本质，找出工作的规律，以便指导今后工作的深入开展，所以总结是实践的本质概括，如《××市公安局2022年工作总结》。

23. 讲话稿——通常是指领导同志代表组织在一定会议上，就有关方针政策、思想、工作、作风等问题所作的带有指导性的讲话而使用的书稿，如《××市委政法委书记在全市政法系统纪律作风整顿动员部署会议上的讲话》《做党和人民满意的好老师——同××大学师生代表座谈时的讲话》。

24. 开幕词——举办会议的主要领导人代表大会所作的纲要性讲话，用以阐明大会的宗旨、性质、任务、目的、议程、安排、要求等。开幕词集中地体现了大会的指导思想，对大会起指导作用，如《××集团公司第十三次职工代表大会开幕词》。

25. 闭幕词——会议结束时，举办会议的主要领导对大会进行的各项议程和会议情况所作的估价和概述，突出会议所解决的主要问题和收获，提出贯彻会议精神的希望和要求，如毛泽东的《愚公移山——党的七大闭幕词》。

26. 简报——用于下情上报、上情下达和互通情况、交流信息。在机关内部具有广泛的使用范围，诸如机关内部编发的"××动态""××信息""××简讯""情况反映""××情况"等均属简报范畴。简报有定期与不定期，以及工作简报、会议简报与情况简报之分。

27. 调查报告——开展调查研究，是机关领导工作的基本功之一。在机关工作中，常常要对某个问题、某一事件、某项经验、某种情况开展调查，在占有丰富材料的基础上，经过科学的分析研究，或说明问题，或澄清情况，或揭示其本质和规律，把这些调查成果写成文字材料，即是调查报告。

28. 大事记——一个地区、一个单位或者一个组织把重大事件或活动按时间顺序记载下来的文种，如《党的十八大以来大事记》《××市市场监督管理局2022年大事记》。

29. 章程——一个党政机关或社会团体为规范本组织的成员而对本组织的内部事务（如宗旨、组织、权利、义务等）作出的共同遵守的集体决定，如党章、团章、工会章程等，也是业务部门办事的一种规章（如招生简章、招工简章）。

30. 细则——为贯彻实施某一法规而在要求、办法上的具体化，是业务主管部门或下级机关贯彻实施某一法规中的某几条条款而作的详细规则。例如，《中华人民共和国台湾同胞投资保护法实施细则》就是为了配合《中华人民共和国台湾同胞投资保护法》而同步制定的规则。

31. 制度——为规范有关人员、集体或个人活动所明确的制约规则，如医疗保险制度、保密制度、作息制度、会议制度、财务制度、安全卫生制度等。

32. 办法——是对某一方面的具体工作手续和措施加以条理化和制度化，使有关部门在办理中有所遵循，如《安全生产许可证管理办法》《保守国家秘密法实施办法》《商业银行柜台记账式国债交易管理办法》等。

33. 守则——在一定范围内为工作人员或社会成员所规定的简明道德规范和行为准则的文种，如《安全生产守则》。

34. 规则——为了保证工作的顺利完成，对其所进行的程序、方式、方法及要求，写成条文，形成制度，要求有关人员严格遵守，不得违反，如《中国商业联合会公文专业委员会工作规则》。

35. 会议工作报告——某一级组织的代表人向会议所作的工作报告，以提交大会进行讨论并作出决定，如党代会上的工作报告、人大会上的政府工作报告等。这类报告不是讲话稿，更不是发言稿，而是包含对前一个时期的工作进行总结以及对今后一个时期的工作作出部署等内容，体现的是"总结加计划"性的写法，如《政府工作报告》。

36. 祝词——以组织或领导人的名义，对某一重要会议、重要活动或在政治、经济、科技、文化、教育等方面取得的重大胜利，以及某一国家、某一政党、某一重要人物的纪念性活动表示祝贺而作的致辞。

37. 声明——对某些问题或事件表明自己的观点、态度和主张的文书。它的使用者可以是一个国家的政府或一个政党，也可以是某一个组织或单位。涉及双边、多边事项共同签署的声明，称作"联合声明"。

38. 述职报告——对一个时期内执行岗位职责的实践活动进行自我评述的带有总结性质的报告。

39. 公开信——面向社会公开发布的书信，它的发布者应是党和国家的某一机关、部门，或者是党和国家直接领导的人民团体，如《致全市人民的公开信》。

40. 纲要——计划的一种。是指带有远景发展设想的提纲挈领式的文字计划，具有较强的政策性、思想性与指导性，如《公民道德建设实施纲要》《建立健全教育、制度、监督并重的惩治和预防腐败体系实施纲要》。

41. 工作研究——是指对实际工作中最主要的具有普遍意义的新问题，进行研究探讨，提出见解和主张，为领导决策服务或参与社会需要所引起的公开讨论。

42. 方案——计划的一种。是指对未来要做的某一重要的专门事项，从总体筹划上所作的最佳选择和安排，如《药品监督管理体制改革方案》。

43. 安排——计划的一种。是指对短时期内的工作所提出的计划，它是年度、季度工作（生产、经营）计划的具体分解，如《××公司关于2023年7月份安全生产工作的安排》《××市公安局关于开展打击赌博专项斗争的安排》等。

44. 设想——计划的一种。属于初步构想的粗线条的非正式计划，具有参考性、理想性与一定的可变性，在时间上大都在10年以上，如《××市人民政府关于××新区经济建设今后十年（2020—2030年）发展设想》。

45. 决策方案报告——是指一个部门、一个单位，根据有关的数据和资料，对管理工作中的现实或未来的重大问题进行分析、研究、对比、论证，提出可供领导选择或采纳的决策方案。

46. 新闻通稿——新闻机构在采访了一些重要新闻以后，以统一口径的稿件方式发给需要稿件的各有关媒体，这就是通稿。随着公务活动领域的不断扩大、信息传播速度的加快和渠道的增多，越来越多的党政机关和企事业单位在对外发布新闻的时候，经常会组织撰写新闻通稿，以提供给需要稿件的新闻媒体。

47. 信访回复和答复——有关部门将信访事项的办理情况、复查或复核意见回复信访人的一种文书。这是各级各部门处理信访事项的一个重要环节，是信访人通过信访活动求得的结果。由于信访活动所涉及的内容比较复杂，所以其具体的种类也就多种多样。但无论如何，其基本的结构模式和撰写要求大体相同。

48. 调研报告——是对某种情况、某项经验、某个问题或某一事件进行有目的、有系统的调查了解，将全部情况和材料进行深入细致的分析研究之后，所写出的反映客观实际、揭示事物本质与发展规律的书面报告。根据调研报告的实际使用情况，通常将其分为总结经验的调研报告、揭露问题的调研报告、反映情况的调研报告等三大类。例如，《××市教育局关于农村教育事业发展情况的调研报告》。

49. 协议书——是国与国之间，政党团体与政党团体之间，国内机关、团体、企事业单位之间为了解决某一事项，通过协商将取得一致意见的内容事项整理成相互共同遵守的文字材料。

50. 典型材料——是指用于宣扬社会实践活动中涌现出来的有代表性的先进人物或先进单位的事迹、经验而写成的书面材料。典型材料的种类很多，按照所涉及的对象来分，有个人典型材料与单位典型材料两种；按照内容性质来分，有典型事迹材料、典型经验材料和典型事件材料三种。例如，《勇挑重担当先行　誓为党旗添光彩——记××铁路局客运公司××分公司党委》。

除上述文种外，还有诸如竞聘演讲词、行政奖励及处分决定、公约、讣告、悼词、工作纪实等，种类十分繁杂。

9　公文文种的作用

公文是一个独立的文体，它是由若干具体种类组成的，由于这些种类的性质不同、作用有别，我们为每一具体的公文种类分别赋予了一个名称，如"通知""意见""报告""请示""总结""计划"等，这就是公文的文种。

从表面上看，文种名称只不过是一个代号，其实不然，它所包含的道理是相当丰富、深刻的。具体表现在：

（一）不同的文种名称，为我们点出了不同文件的性质

例如，命令（令）、通缉令、嘉奖令、惩戒令等文种，都有一个共同的"令"字，由于"令"字包含指使的意思，又属于使令性的动词，所以，在使用令、命令、通令等作为文种名称时，都具有指令性质；又如，通知、通报，都有一个"通"字，"通"即传达的意思，"知"和"报"包含知道的意思，所

以在使用通知、通报等作为文种名称时，基本属于告知性、周知性文件；再如，纪要，"纪要"即概述其要点的意思，所以，我们说纪要属于会议文字记录提取要点记载性文件。

（二）不同的文种名称，反映了文件的不同行文方向

例如，决定、决议，都有一个"决"字，"决"就是决策的意思，而决策产生于各级机关的首脑核心，决策之后要由下属部门去执行、办理，所以，它们的行文方向必然是自上而下的；又如，请示这个文种，"请示"二字的含义是请求给以批示，这个含义本身就十分明确地告诉我们，请示的行文方向是自下而上的；再以"函"为例，"函"这个字的本义是书信，书信是人们用以传递信息、互通情况、商洽问题、联系事务时使用的一种文体，反映到行文上，便仅限于不相隶属的机关或单位之间所使用的平行或多行方向。

（三）不同的文种名称，表达了文件的不同目的或要求

例如，公告、通报、报告，均有一个"告"字，"告"即将事情向人陈述、告知的意思，因此这几个文种的行文目的在于周知、告诉人们（或组织）某一事项；又如，公文中的批复，这个名称非常明显地告诉我们，行文的目的是上级对下级作出的答复；再如，"请示"，有"申请指示""申请批准"等含义，因此其行文目的就是向上级机关请求指示和批准事项。

（四）不同的文种名称，揭示了不同文种的各自特点

以公告、报告两个文种为例，虽然都有一个"告"字，均属陈述、告知性的文件，但前一个"告"受"公"字的限制，后一个"告"被"报"来修饰，"公"包含公开的意思（更包含代表党和国家的意思），"报"在这里可视为向上级汇报。把"公"与"告"联系起来即公开告知，所以公告是面向全社会的告知性文件，它的对象是广大社会公众及各相关单位；而"报"与"告"联系起来，是向上级汇报、陈述，所以它是面向上级的陈述性文件。又如，请示、报告，虽同属上行文，但"请示"这个名称是请求给予指示和批准，"报告"的含义是向上级汇报、陈述情况，从两个文种含义的趋向来看均属向上，这是相同的，但一个对上有肯定性的要求，由此会引出复文，另一个对上则没有肯定性的要求，不会引出复文。所以，它们又是两个不同性质的文种。再如，决定、决议同属一类，都是决策性文种，但一个是"议"，一个是"定"，"议"

说明此文所决策的问题是经过会议集体讨论通过的,"定"是制定的意思,制定决策的形式是多种多样的,有的是经过会议讨论通过的,也有的是某一机关、组织直接制定的。

综上所述,文种的名称具有概括标明文件的性质、作用、运行方向及制发目的、要求的重要作用。正因为如此,在拟制公文时,一定要注意准确地选用文种,如果文种名称的确定和使用不当,可能会发生越权的错误,或者给收文机关的公文处理工作带来诸多麻烦与不便。由此可见,正确使用文种是一件很严肃的事情。

10 公文文种选用的基本依据

在实际写作中,究竟怎样准确选择和使用文种呢?主要考虑如下五个方面的因素:

1. 依据公文法规。即《党政机关公文处理工作条例》,明确规定了党政公文各个文种的用法,公文写作者必须熟知并遵照执行,决不能随意而为。

2. 依据发文机关的职责权限。有些公文的文种,使用权限有明确的或约定俗成的规定,制发公文时切莫乱用。例如,命令,在行政系统内只有国务院及其各工作部门以及地方各级政府有权制发,而各级地方政府的工作部门就无权使用。因此,国务院各部委可用公布令发布部门行政规章,而各级地方政府的工作部门发布内容类似的规范性文件只能用发布性通知。又如,公告,在行政系统内只能由高层国家行政机关及被授权的特定机构来发布重大事项和法定事项,基层行政机构、一般单位则没有资格使用这一文种。基层政府的职能部门如欲在本辖区发布职能业务方面的事项,应该使用通告。再如,议案,没有议案提出权的机关是根本无权写作的。

3. 依据发文机关与主送机关之间的行文关系。发文机关的行文目的一经确定,选用哪一文种关键要看行文关系。例如,某省教育厅拟行文请求批准事项,主送机关若是本省人民政府,就应该使用上行文种请示;若主送给本省人社厅,则应使用请求批准函。

4. 依据发文机关的行文目的。如果发文机关已经明确了文件的主送机关,即确定了行文关系,那么选用何文种主要看行文目的。例如,某省教育厅拟向本省人民政府行文,行文目的若是汇报工作、反映情况或答复询问,就应使用报告；若是为了请求指示或批准，就必须使用请示；若是就某一重要问题提出见解和处理方法，就应使用意见。

必须指出的是，第三、四个依据应当以对第一个依据的深入理解为基础。

5. 依据约定俗成的文种使用习惯和经验。有些时候，运用以上4点依据还不能够最后确定文种，那么这条依据就显得尤为必要了。例如，某行政机关拟奖励某些人员，依照公文法规规定，命令、决定和通报这3个文种都可用于奖励、表彰，那么如何取舍？在这种情况下，则应着眼于奖励的性质、种类、级别、公示范围等具体情况，同时结合长期以来本系统、本机关文种使用的习惯，方能恰当选用相应文种。再如，一些行政机关向下级布置工作，也必须依据使用习惯和经验在决定、意见和指示性通知等几个文种中作出选择。

总之，选用文种应该慎重行事，公文撰写者只有把发文机关的行文目的、职责权限、与主送机关的行文关系及所选用文种的使用规定、使用习惯等诸种因素综合起来考虑，才能准确无误地选择使用文种。

11 公文文种的法律地位

要准确地把握和使用公文的文种，做到不错用、不滥用，就必须分清公文文种的法律地位。这是确保准确规范使用的前提条件。

公文的文种，有一部分是党和国家通过公文法规的形式加以确定的，我们通常称这一部分文种为"主要文种"或者"正式文种"，在公文学术界也称之为"法定文种"。如前所述，根据《党政机关公文处理工作条例》的规定，党政机关所使用的法定公文文种有15种。

与法定（主要、正式）文种相对应的是非法定（非主要、非正式）的文种，它不是党和国家公文法规中加以确认的，而是人们在长期的公文写作实践中约定俗成的。例如，"计划""总结""考察（调查）报告""述职报告""工作研究""告人民书""公开信""声明""宣言""章程""规则""细则""守则""开幕词""闭幕词""大会工作报告""典型材料""大事记""演讲词""条约""协议""专用书信""简报""信息快报""方案""安排""纲要""规划""设想""制度""誓词""新闻通稿""信访回复和答复"，等等。

法定文种与非法定文种由于法律地位上的不同，决定了前者可以独立行文，而且行文时要采用国家标准的公文格式；后者不具有独立行文的资格，也不能使用党和国家公文法规中正式规定的标准公文格式。非法定文种要上报或下发时，只能从法定文种中寻求一个文种来做它的载体，载运着它行文，构成复体行文的特定方式，一般管这个载体叫作"文件头"。"文件头"大都用"通知"（下行时）、"报告"（上行时）、"函"（平行时）来充当。值得注意的是，采用这种复体行文方式，"文件头"所载运的非法定文种不属于公文的附件，而只是一种文件的发布形式。

12 公文文种相互之间的关系

公文文种虽然名称繁多，性质各异，作用不同，但彼此之间不是孤立的存在，而是一个有机联系的整体，这就是文种关系。公文文种之间的关系主要表现为以下三种。

1. 集合关系。 由于文种的功能、法律地位以及运行方向彼此不同，分别集合成若干小的集体。从功能上看，往往体现出指挥性、知照性、呈请性、法规性、计划性、总结报告性、记录性等多种集合关系，从而构成了公文诸多的子系统；从法律地位上看，分别集合为法定的与非法定的两大子系统；从运行方向上看，分别集合成上行文、平行文、下行文三大群体。

2. 相联关系。 是指文种与文种相互依赖、相互作用地联系在一起。例如，请示与批复、决议与纪要、计划与总结、通知与报告等文种之间的关系就充分地证明了这一点。

3. 离散、交叉关系。 例如，公报与公告、决定与批复以及公告、布告、通知、报告之间都是这种关系。

13 使用公文文种应特别注意的问题

当前，对于公文文种的使用应着重注意以下几点：

1. 要完整准确地学习掌握《党政机关公文处理工作条例》中有关文种使用方面的规定。 例如，对"通知"的适用范围删去了原有"发布规章"的内容表述，为此，有的人就提出"不能再使用'通知'来发布规章，而应采用'公布令'"。这种说法是不正确的，也是不符合实际的。我们不可如此"抠字眼"式地机械理解公文法规的任何一个条文。例如，《党政机关公文处理工作条例》在正式印发时使用的就是"通知"，恰恰没有使用"公布令"，道理很简单，就是因为《党政机关公文处理工作条例》的发布是在各级党政机关内部行文，不是公布于全社会。假如认为《党政机关公文处理工作条例》关于"通知"的适用范围规定中删去了"发布规章"的内容，就再也不能用"通知"来发布规章，只能使用"公布令"，那么数以千万计的地（市）级以下的政府、部门以及国有企业、事业单位制定的"类规章性文件"又用什么来发布呢？难道也用"公布令"吗？（"令"的使用不但是在法律上而且特别是在习惯上都是有严格限定的）。当然不行，还是采用"通知"为宜。顺带指出的是，对于"报告"文种的使用也应如此，《党政机关公文处理工作条例》中仍就有关"提出意见或建议"的内容未作规定表述，据此，有的人就认为"建议报告"也不能再用，而统由"意见"取而代之。这也是一种片面之见。上行的"意见"不同于"建议报告"，前者所面对的必须是"新、大、难"的问题，而后者所面对的范围要远远大于前者，可能是重大问题、难点问题，但不一定就是新的问题。总之，我们必须从鲜活且纷繁复杂的公文工作实际去考虑文种的使用问题，做到完整准确地理解党政公文法规的每一条规定精神。

2. 要准确把握行政机关"公布令"的使用限度。行政机关"公布令"的制发者，必须是具有制定、发布行政法规、规章权的国家机关。比如，国家行政法规的制发主体是国务院，"部门规章"由国务院各部门制发；"政府规章"即地方人民政府制发的规章，由省、自治区、直辖市以及省、自治区人民政府所在地的市和经国务院批准的较大的城市、计划单列市的人民政府根据法律、行政法规和地方性法规而制定。以上行政法规和规章均可使用"令"来发布。除上述以外，一些地区、部门根据行政法规、地方性法规、规章而制定的不属于法规、规章的"类规章性文件"，不得使用"公布令"，而应当用"通知"予以发布。在实践中我们见到某一直辖市的经济技术开发区管委会，对自己制定的"规定"使用"令"在媒体上进行发布，显然值得商榷。

3. 不要把"函"遗忘，偏爱"请示"。《党政机关公文处理工作条例》中明确规定："函"适用于不相隶属机关之间商洽工作，询问和答复问题，请求批准和答复审批事项。按这一规定精神，凡向与自己无领导与被领导、指导与被指导关系的主管部门请求审批事项，均应使用"函"这个文种。切不可因为自己有权审批某一事项（如经商办企业、贷款、用地、房产、减免税、办学及要钱、要物、要机构、要编制、要人员、要政策优惠等），不问是否有无隶属关系，一律要对方写出"请示"，然后自己对其也以"批复"相待之。这与《党政机关公文处理工作条例》的规定是格格不入的，要知文种本身体现着严格的权限。

4. 要全面理解"意见"文种的双重作用。"意见"这一文种对我们广大公文工作者来讲并不陌生。虽然过去"意见"从未被列为行政机关公文的主要种类，但它是党的机关公文中的一个主要文种，而且大家也一直在用。人们对它的使用，过去主要是向上级机关反映自己管辖范围内有关工作的意见，要求上级加以支持或批转，现在，"意见"也可用于向下级机关指导工作，即对重要问题提出见解和处理办法，要求下级贯彻办理。

5. 请示与报告必须严格分开。虽同属上行文，但两者之间却有着严格的区别。比如，"报告"对上级没有肯定性的批复要求，而"请示"则相反；在行文时间上，"报告"是事中或事后行文，而"请示"是事前行文；上级对下级报送的"报告"，可作批示也可以不作批示，一切全由上级酌情处理，如确需批示时，只能使用"批示"这个文种，而"请示"则不然，不论所请示的事项上级同意与否，按理都应及时作出批示，但批示时所使用的文种是"批复"而不是"批示"。

14 公文文种使用常见的错误

（一）拿着"请示"当"函"用

即该用"函"申请批准的事项却错误地使用了"请示"。例如：（1）某市科委给市财政局写了一份请示，申请追加3％的农业科研基金，以适应"菜篮子工程"的需要；（2）中国重工船舶总公司所属一家造船厂给驻地的市自然资源与规划局（县处级）写请示，申请划拨"海晶大厦"的建设用地；（3）某市海滨垦区政府向市教育局写了一份请示，申请在滨湖垦区增建一所小学。（4）××市公安局拟购置50辆福特"全顺"牌商务用车，向市财政局行文，将标题拟为《关于拟购置50辆福特"全顺"牌轿车的请示》。这些都是拿着"请示"当"函"用。按照《党政机关公文处理工作条例》的规定精神，向有关主管部门请求批准事项应当使用"函"。财政局、自然资源与规划局、教育局等都是地方行政主管部门；市科委与市财政局是平级单位；造船厂与市自然资源与规划局相互之间无隶属关系；区政府是一级行政机关，市教育局是市政府下属的一个专业主管部门，市公安局和市财政局都是市政府领导下的平级单位。它们之间都不是上下级领导关系，也不存在上下级的业务指导关系，因此，根本不存在使用请示的问题（请示是"向上级机关请求指示、批准"时使用的文种）。

为什么会出现上述情况？有的是出于对"函"与"请示"的使用规范掌握不准确造成的，但也有的是明知不对，不得已而为之。因为这样有利于申请事项获得"绿灯"，完全是出于无奈。比如，前述几例，对方回复时都使用的是"答复下级机关请示事项"的"批复"，由此可见对方是如何偏爱"请示"了。在实践中，确有不少类似事项因为使用了"函"而被收文单位"退回"的现象，而一旦改用了"请示"，就会马上得到对方的"恩准"。由此可见，请示与函文种使用的规范化问题，任重而道远。

（二）拿着"公告""通告"当广告、启事用

翻看中央及省、市一级的报纸（省、市级以下的报纸尤甚），广告栏中数不尽的"公告""通告"令人眼花缭乱。从使用者来看，大都是一些企事业单位；从告知的内容来看，除"征婚"的尚未发现外，其他的应有尽有。我们不能把"公告"简单地理解为"公开告知"，也不能把"通告"说成"普遍的告知"。"公告""通告"这两个名称，无论是在国外还是在国内，也无论是在我国的上古时代还是今天，"告"（"诰"）始终是当权者用以向社会民众宣告自己的主张、要求时使用的公文专用名称。在"告"的基础上划分而出的"公告"与"通告"更是如此，具有它的专任性。这种专任性在当前表现为：它的使用者应当是行使党和国家管理权力的机关，在这当中又要求"公告"的使用者必须是党和国家的高级机关，通告的使用者基本上是国家行政机关下属的行政主管部门。这种专任性还表现为：它所负载的信息和发布的内容，限于传达贯彻党和国家的方针、政策，发布重要或应当普遍遵守和需要周知的事项，我们从这些内容中可以体会到它的权威性。而那些诸如"招聘通告""招生公告""更名通告""迁址通告""分红公告""开业公告""销售通告""租赁通告"等，从使用者来看均不是党和国家管理机关，从内容上来看充其量不过是一份商业广告和启事。广告、启事对阅者不具有任何约束力，阅者可以接受采纳，也可

以置若罔闻，不予理睬，而"公告""通告"是有国法、党纪做它的后盾的，要求人们必须按其执行和办理。由此可见，它们之间的本质差别是多么不同，距离又是多么遥远，现在却被一些人胡乱扯到一起，这对党和国家的管理工作是一种干扰。

（三）拿着"报告"当"请示"用

报告是由若干子报告组成的一个群体性的文种。对于子报告，人们通常在"报告"二字的前面加注性质限制词，如《关于××××的情况报告》《2023年上半年工作情况综合报告》《2022年财务收支状况分析报告》。

目前，我们在实际工作中却经常看到这样的一个合并使用的文种，即《关于××××的请示报告》。按前面讲的道理，它给人们这样一种认识，即报告中还有一个名叫"请示报告"的子报告。实际上它根本不是什么报告，而是彻头彻尾的"请示"。由于作者在"请示"的后面又加了"报告"二字，结果把一个独立的请示文种贬为报告的从属，拿着"报告"当"请示"用，这就给公文正式文种的使用带来混乱。由此可见，在"请示"后面加"报告"，纯属画蛇添足，弄巧成拙。

这种拿着"报告"当"请示"使用的现象，可以说屡禁不止，中下级机关有，一些高级机关也有，可见问题的严重性。这个问题不单单是文种如何使用的事情，因为它给上级机关收文后的处理带来一定困难。按照行文规则，上级机关对"报告"一般可以不作批示，更不存在什么批复，但这类行文实际上是"请示"，是要求上级机关作出"批复"的，岂不人为地给领导机关的工作造成不必要的误会和矛盾吗?！

（四）拿着非正式文种当正式文种使用

如前所述，正式文种与非正式文种由于法律地位的不同，决定了非正式文种在行文时不能使用党和国家公文法规中正式规定的行文格式，也不具有独立行文的资格。

假若非正式文种在行文时不按上述做法，而是使用正式文种的行文格式，并"天马行空，独来独往"，那就犯了拿着非正式文种当正式文种使用的错误，如下例文：

1.

　　　　　　××石化总公司炼油分公司

　　　　　　　　2022年工作总结

××石化总公司：

　　……（正文略）

　　　　　　　　××石化总公司炼油分公司（盖章）

　　　　　　　　　　2023年1月7日

2.

　　　　　　　　中共××县委文件

　　××发〔2022〕256号

　　　　　　中共××县委2023年工作计划

县直各单位党组织：

　　……（正文略）

　　　　　　　　　中共××县委员会（盖章）

　　　　　　　　　　2022年12月30日

上述两例写法都是不妥的。正确的写法应当是：

（一）

　　　　　　　××石化总公司炼油分公司

　　　　　　关于报送2022年工作总结的报告

××石化总公司：

　　现将我公司《2022年工作总结》送上，请审示。

　　　　　　　　××石化总公司炼油分公司（盖章）

　　　　　　　　　　2023年1月7日

　　这就是报送总结的"文件头"。其后附有该单位《2022年工作总结》。采用此种形式上报的总结，不属公文的附件，而且其格式只有标题、正文、落款与日期，并且要加盖公章，以示负责。

（二）

中共××县委文件

××发〔2022〕256号

关于印发2023年工作计划的通知

县直各单位党组织：

现将县委2023年工作计划印发给你们，望结合各自具体情况认真贯彻落实。

中共××县委员会（盖章）
2022年12月30日

这是下发计划的"文件头"。其后附有该县委《2023年工作计划》，该计划的格式只有标题、正文、落款与日期，也要加盖机关或单位公章，以示负责。

15 公文起草的基本要求

根据《党政机关公文处理工作条例》第十九条的规定，起草公文应当做到：

（一）符合国家法律法规和党的路线方针政策，完整准确体现发文机关意图，并同现行有关公文相衔接。

（二）一切从实际出发，分析问题实事求是，所提政策措施和办法切实可行。

（三）内容简洁，主题突出，观点鲜明，结构严谨，表述准确，文字精练。

（四）文种正确，格式规范。

（五）深入调查研究，充分进行论证，广泛听取意见。

（六）公文涉及其他地区或者部门职权范围内的事项，起草单位必须征求相关地区或者部门意见，力求达成一致。

（七）机关负责人应当主持、指导重要公文起草工作。

16 拟写公文文稿应注意的关键问题

拟写公文文稿简称拟稿，是公文发文处理过程中的第一道程序，也是形成公文的关键和基础。拟写公文要按照特定的表达顺序，做到开宗明义、紧扣主题、拟写正文。在写作中需要注意以下三点：

1. 要观点鲜明，用材得当。 也就是说，要用观点来统率材料，使材料为观点服务。运用材料要能说明问题，做到材料与观点相统一。

在写作当中，要注意明确观点，做到旗帜鲜明，或赞成或反对，或颂扬或暴露，或讴歌或鞭笞，一定要直截了当，令人明确无疑。决不能模棱两可、词不达意，似是而非。如果观点不明确，就会令人不知所云。有些文件，只讲观点没有实际材料，就会使人感到抽象空洞、缺乏依据、不易信服。而只罗列材料没有鲜明的观点，则会使人弄不清要说明什么问题，不了解发文的意图，特别是情况汇报、工作汇报介绍等，进而也就难以实现行文的目的。

2. 要切合逻辑，条明理晰。 公文写作非常讲究逻辑性，整篇文章的结构，开头、中间和结尾之间一定要有内在的必然联系，做到层次清晰、条理分明，不能前后阻滞，让人不明所指。事实证明，公文内容不合逻辑，就会造成表意上的混乱。

3. 要语句简练，交代清楚。 拟写文件既要尽量节省用字、缩短篇幅、简洁通顺，又要注意交代的问题清楚明了。这两个方面是相辅相成的。

17 公文文稿的修改

修改公文文稿是起草者对文稿所做的加工和润饰。修改的范围主要包括：深化主旨，审查内容，调整结构、语序、句群，修正语句和标点符号，增删格式项目。公文修改主要从以下七个方面着手：

一看标题。看标题的事由概括得否准确，文种使用是否正确。在文种方面常见的错误是相近文种混用，应予特别注意。

二看主旨。公文主旨的要求是正确、深刻、有针对性。在公文主旨方面常见的问题是：看问题不切合实际，或者失之肤浅。主旨的修改是一件大事，除了本着一文一事的基本原则外，必要时还应与机关领导人、相关同志共同讨论，如果原来主旨根本不符合要求，要推倒重立新旨。

三看材料。材料必须根据主旨的需求来选取。修改时主要看材料是否精当、典型、真实、充分。公文材料需要修改的情况有：更换材料，即改用那些能说明本质问题的典型材料；删繁就简，即把叙述过多的不必写入的过程及该概述而用详述的材料全部删去；增添材料，即对事情过程叙述不完整，该说的没说，事实不能全面说明问题的部分，有事实但无理论或政策依据的部分，或有理论但事实不足的部分，这些情况都要添增。而对在写作过程中，没有认真核实材料而使用的假材料，或写错的数字、时间等内容要进行全面修改，做到去伪求真。

四看结构。结构是为公文主旨服务的。结构有问题，必须影响主旨的表述。修改时主要看层次安排是否符合逻辑，是否符合文种的结构特点，过渡照应是否周全、严密、顺畅。

五看语言。主要是修改不准确的词句，同时删去多余的词句。公文的语言提倡准确、简洁、庄重、朴实、得体；公文的语言反对假话、空话、套话、废话。

六看标点。正确使用标点能把意思、语气表达清楚。这虽然看似是小问题，但从中能看出一个人的素养。

七看公文的数据项目。公文的数据项目是组成一篇规范性公文的文面格式要求，它体现了公文的严肃性、庄重性。每篇公文所需的数据项目缺少或多余，都会损害公文的执行效用。修改时主要看公文的基本数据项目是否具备，还要看根据该篇公文的特殊需要，应选取的其他数据选择了没有，是否选对。

文章不厌百回改。写文章根本不能落笔便成，通过修改则"瑕可为瑜，瓦砾可为珠玉"。公文是党和国家机关发布和传达方针、政策，依法行政和进行公务活动的工具，为了保证公文的质量、发挥公文的工具性功能，在公文写作过程中一定要重视公文的修改。公文修改后形成初稿，然后提交主管领导人和综合办公部门核稿，最后经领导人签发同意就转化为定稿。至此，一篇公文写作就此结束。

18 不断提高思想政策水平

思想政策水平是决定一篇公文质量的灵魂。大量的公文写作实践充分证明，一篇公文写作质量的高低，在很大程度上取决于作者思想政策水平的高低。对于这个问题，过去我们在认识上一直存在着很大的误区。在通常情况下，我们评判一个作者的公文写作能力，往往就着眼于他的语言文字表达水平，而恰恰忽视了思想政策水平这个关键性因素，这是很偏颇的。由于公文是党和国家路线、方针、政策的承载者，我们党和国家的路线、方针、政策通常都要以公文形式来发布和传达，具有高度的政策性、法定的权威性和现实的指导性及效用性，是用来指导和推动公务活动开展的重要工具和手段，因此对作者的思想政策水平要求非常高。可以说，作者思想政策水平的高低，是衡量一篇公文质量的决定性因素。在实际工作中，大家可能都有这样的经历和体会：有些公文写出来以后，之所以不符合领导意图，不符合实际需要，有的居然改了又改，甚至于推倒重来，在很大程度上说，倒不是因为写作者的语言表达能力不过关，而关键是由于其思想政策水平不够高。这就是说，即使你的语言表达能力较强，但是如果没有较高的思想政策水平，也写不出好公文来。这是必须引起我们注意的。

  那么，怎样才能提高思想政策水平？它要求我们的公文起草者首先要努力学习政治理论，至少要懂得历史唯物主义和辩证唯物主义，要懂得政治经济学，还要掌握一定的有关科学社会主义的基本知识，也就是必须了解和掌握有关哲学、政治经济学和科学社会主义等三门学科的基本知识。同时，还要认真学习和掌握马克思列宁主义、毛泽东思想、邓小平理论、"三个代表"重要思想、科学发展观、习近平新时代中国特色社会主义思想。只有这样，我们才能保持清醒的政治头脑，才能在起草公文时不出现政治上、原则上的失误或不周，才能自觉地把党和国家的方针政策融会贯通到所起草的公文中去。这是确保自己具备较高思想政策水平的基础和前提，不然在起草公文时就难免出现这样或那样的问题。例如，某市职称改革办公室制发了一份通知，题目是《关于不具备规定学历的专业技术人员不宜评聘高级技术职称的通知》，开头部分讲道："鉴于目前我市高职指标十分紧张，对一些虽确有真才实学，并作出突出贡献，但不具备规定学历的专业技术人才，在这次'微调'中暂不宜办理申报'高职'手续。"这一提法显然与中央一系列文件中所规定的"对虽不具备规定学历，但确有真才实学，作出突出贡献的专业技术人才，可以评聘相应的专业技术职务"的提法背道而驰。

  出现这样的问题，难道是有关公文起草人员语言表达能力欠缺吗？显然不是，关键在于其思想政策水平不够高，对党的方针政策在理解和把握上的失准，这是必须加以纠正的。因为只有认真理解和把握党和国家的方针政策，真正做到吃深、悟透，才能够使我们在起草公文时做到准确无误，切合实际。为此，要求我们在日常工作、学习和生活过程中，要做有心之人，尽可能地多看一些报刊和文件。报刊，是指党报党刊和政报政刊；文件，主要是指中共中央和国务院的文件，省委、省政府的文件，市委、市政府的文件，县委、县政府的文件，等等。此外，还有大量的不同系统和部门的文件，这些文件中的内容是中央、国务院文件精神的具体化。如公安系统，就应包括中央政法委的文件，公安部文件，省公安厅文件，各地、市、县公安局文件等。当然，很多文件都有特定的阅读传达范围。有时受到阅读范围的限制，不是所有人都能够有条件看得到。我们提倡的是只要条件允许，就应当尽可能找来阅读。更何况当今我们党和国家的不少政策性文件都是通过报刊、电视、广播以及网络等新闻媒体予以公开发布。多关注这些新闻媒体，对于思想政策水平的提高显然是非常必要和有益的。这样，我们从事公文写作就有了基本的政策性依据，就能够在公文写作过程中始终保持思想政策的准确性。而一些政策性提法的准确性，或者说是表述口径的规范性和统一性，则是我们在公文写作过程中尤其应当引起注意的。实践中，很多人不注意这一点，以至于经常出现一些问题，在行文时表述得不够准确和规范，影响了公文的质量和效用的发挥。这也告诉我们，在公文写作中涉及的一些政策性提法的表述，一定要与党中央、国务院的有关文件精神保持一致。此外，还要注意培养自己观察问题的角度和分析问题、认识问题的方法。所谓观察问题的角度，就是看问题的立足点，就是站位问题。"横看成岭侧成峰，远近高低各不同"，角度不同，得出的结论也往往不同。许多经验说明，掌握正确看问题的角度，学会分析、综合和归纳，是写出好公文的关键。没有思想政策水平的提高，要想把问题表达得准确，表达得清楚，往往是很困难的。

19 正确体现领导意图

　　领导同志（公文写作的指挥者）在现实的领导工作中，发现了某种情况，产生了某种想法，提出了某种要求，并且欲将这些情况、想法、要求通过文字来上传或者下达的时候，便产生了制发公文的动机，于是确定撰写者，交代起草公文的意图。实践表明，一份高质量公文的完成，是公文写作的指挥者与撰写者双方的思想和理论水平以及写作才能充分发挥，并且紧密合作、精心劳动的结果。撰写者的写作才能是构成一篇公文质量的基础，但指挥者的指挥才能又是决定一篇公文成败的关键。由于公文是遵命性写作，它要受到指挥者意图的制约，这就要求撰写者在公文写作中必须准确地体现出领导意图，才能顺利实现行文目的。可以这样说，正确体现领导意图是写好公文的关键环节。它直接关系到指挥的正确性、执行的有效性以及行文的现实针对性。因此，公文撰写者必须把正确体现领导意图作为写作的首要之点。

作为公文撰写者，要想在公文写作中正确体现领导意图，首先必须在起草之前能够正确领会领导意图。很难设想，一个连领导同志的意图都没有搞明白的撰稿人，能在其撰写的文稿中，正确体现出领导同志的意图来。这是显而易见的道理。

领导同志交代起草公文的意图，一般来说，往往局限于原则性的指点，只能是粗线条的轮廓。因此，撰写者在接受起草任务之后，还要进一步精心思考，以便能准确领会、理解和把握领导意图的精神实质。那么，怎样才算准确领会、理解和把握领导意图的精神实质了呢？

一般来说，在撰写者的脑海里，应该明确了领导交办的公文制发的目的，即这份公文的主旨是什么；明确了这份公文要阐发的基本观点是什么；明确了这份公文要解决的主要问题是什么；明确了这份公文的收文对象和发送范围是什么，等等。这是第一步。实现了第一步，可以说就大体上明确了领导同志的意图。接下来，还要精心思考、周密体察、研究探索，将上述领导同志交代的办文主旨、观点以及现实针对性等，结合、对照现实的工作状况竭力加以融会贯通，力求将已知的领导意图，进一步深入化、具体化和条理化。例如，公文的基本观点通过哪几个分观点去阐述；这几个分观点顺序如何排列；各针对哪些现实问题；从怎样的角度阐述；具体的理论依据各是什么，等等，都要具体入微、清晰可见，进而转化为撰写者自己的思想，一旦动笔便能用撰写者自己的语言去表述。这是第二步。只有实现了这两步，经过了由第一步向第二步的转化，即领导者的意图转化为公文撰写者的思想，才算是真正领会了领导意图的精神实质。

那么，通过怎样的途径才能尽快地实现上述目标呢？一般说来，首先，要结合现实的社会背景去领会领导同志的意图。领导同志的任何思想观念，都不是凭空产生的。既然如此，如果对现实的社会背景不了解，如果不将这些背景材料与领导意图结合起来考虑，那就不可能正确领会领导同志的意图及其来龙去脉。其次,要结合现实的中心工作去领会领导意图。任何领导机关制作任何公文都是为了解决实际工作,尤其是当前的中心工作中存在的问题。公文显著而重要的特点之一,就是具有鲜明的现实针对性和对于实际工作的明确指导性。领导交办制作公文,不可能无的放矢,如果公文撰写者对现实的中心工作状况不了解,如果不把现实中心工作中存在的问题与领导同志的意图结合起来考虑,就不可能正确领会领导同志意图产生的直接动因及整个意图的精神实质。最后,要结合现行的法律、法规规定以及党和国家的方针、政策和法规精神领会领导同志的意图。这样,不仅可以在公文写作中为实现领导同志的意图,找到更充分的理论依据,而且可以针对已有的方针政策,更好地把握表述领导同志意图的角度、重心和详略。综上所述,只有结合现实的社会背景、正在进行的中心工作、现行的方针政策,经过艰苦、精心和周密的思考,将领导同志的意图转化为自己的思想,才能为动笔行文,进而为正确体现领导同志的意图奠定扎实可靠的基础。

在公文写作中,为了更好地体现领导意图,往往采取"一文一事"的制文办法。采取一文一事,比较容易将公文的主旨突出出来,比较容易将公文的基本观点阐述明白,比较容易体现公文对实际工作的针对性和指导性。

为了更好地体现领导同志的意图,往往采取直接叙事的表述方法。围绕领导同志指示的精神实质,直陈其事,不迂回铺张,不拐弯抹角,使主旨突出,主干鲜明。因为这种表述方法开门见山,批阅办理都比较迅速,领导意图可以较快地贯彻下去。

为了更好地体现领导同志的意图,还要根据发文对象的不同,选择恰当的文种。发文对象不同,使用的文种便有异。上行文,不能使用下行文或者平行文的文种,反之亦然。不同的文种,对领导同志意图的表述语言和体现程度等,则有诸多的不同。文种选择恰当,才能够顺利实现行文目的,更有利于发挥公文的效力。

20 掌握主旨的提炼方法

在正确把握了领导同志的意图开始草拟公文的时候,首先,要确定好该篇公文的主旨句,并将其用简约易读的语言在标题中表述出来。然后根据主旨句的需要,在已有的材料中提炼出切合题意的基本观点,以及围绕这个基本观点而行文的各个分观点。

其次，提炼公文主旨要着眼于全局，使具体的政策规定和理论观点，与党在一个时期的总目标、总政策吻合起来。因为撰写一份公文，制定某项具体政策，发表某种具体策见，对于全局来说，它总是一个局部，只有把它置于全局中加以衡量，使之与全局吻合起来，才能避免具体政策及其策见思想的偏颇，具体政策及其策见思想才不致与总政策、总目标发生抵触。

为了更好地从全局着眼，提炼好具体公文的主旨，要认真学习以至十分熟悉党和国家的方针、政策，经常从党和国家的重要文件中，揣摩、体会其决策的战略意向，体察政策调整方向的脉络。这样，在拟写某项具体公文时，所阐述的具体观点，就可以在全局中与总策见恰当地吻合起来。如果胸无全局，夸大了具体策见的作用，就会冲击全局性的策见及中心工作；而具体的策见达不到应有的高度，也就不能发挥具体政策服务于全局性工作的作用。如果胸无全局，具体策见应该发布在前，而未发布在前，就会贻误时机；具体策见应该发布于后，而抢在前面发布，就会打乱中心工作的步骤，造成全局性工作的被动。如果胸无全局，不考虑具体策见与全局中其他部门策见的关系，应该联署发布的却单独发布，就会造成政出多门，影响党的总政策的实施；而过分强调具体工作策见从属于其他政策，也难以开创新局面，有损于全局工作。所以，公文写作在提炼主旨时，一定要将具体策见放在大局中去衡量，使具体公文的策见与党的总政策一致起来。

再次，提炼公文主旨要采用向前看的分析方法，使之具有超前性、发展性。制定政策的目的，是指挥和实施办理国家的公务，其策见如果没有预见性、超前性、发展性，是处理不好国家事务的。政策具有调整社会各方面关系的作用，但这种调整，是促进问题的解决、推动社会向前发展，而不是让政策成为束缚人们行为的框框。这是我们提炼公文策见时必须予以注意的。

要做到自觉地运用向前看的分析方法，提炼公文主旨，并非易事。它要求公文撰写人员在平时就要十分留心掌握社会变革中出现的新情况，诸如新的社会关系、新的经济形势、新的社会矛盾、人民群众新的社会需求等。这样，有了丰厚的积累，在拟写公文提炼主旨时，就可以将这些新因素融入构思之中。同时，还要广泛接触、精心筛选、善于吸收新的观点。这样，才有可能在提炼公文主旨时，产生具有科学性、预测性的策见。

最后，提炼公文主旨，要采用比较的方法，使之具有辩证性。我们拟写公文，应该力求制定较为完善的政策，发布较为精辟的策见。这就要采用比较的方法，提炼具有辩证观点的策见。所谓比较的方法，就是在思索问题时，能广泛听取各种不同的意见。对任何事物都能从多方面分析、综合、比较，既要看到一般，也要看到特殊；既能看到现象，又能看透本质；既能看到其利，又能看清其弊。在科学的比较中，经过综合分析，从而较好地确定公文的主旨。

21 广泛收集和积累材料

　　材料的收集与积累，是写好公文的基础。准确充分的材料是公文中提出解决问题措施的依据，是形成观点的基础。缺少充足的材料，公文的观点将失去支柱；缺少可靠的材料，公文的约束力将大为降低。古人说："兵马未到，粮草先行。"材料就是"粮草"，公文写作人员在日常工作中，要认真做好材料的收集与积累工作，以免在接到写作任务后措手不及，"临时抱佛脚"，影响公文质量。

　　收集材料，就是把党和国家有关的方针政策和事实情况从工作活动和文件资料中提取出来，为形成与表现观点、主张作准备。收集材料是公文写作的一个起点，影响着整个公文写作的速度和质量。

　　公文写作是机关工作活动的一个重要环节，不熟悉政策，不了解情况，就不具备起草公文的资格。起草的公文者，包括修改公文者，最起码的一个条件就是他必须是了解情况的人。机关干部都会有这样的体验，新分配到机关单位的大学毕业生，不管学历如何，他们往往不能马上担负起公文写作的任务，有时即便动笔写作也往往抓不住问题的实质和核心。这并不是他们不具备公文常识和文字表达能力，而是因为不了解情况，还没有材料的基本储备。就是在机关工作多年的同志也是如此，无论其笔头上的功夫有多强，如果对机关或单位的现状与历史、政策与措施、局部和全局还缺乏"真知灼见"，即没有掌握公务活动的专业和技术，他就难以完成公文写作的任务，特别是很难胜任那些重要公文的写作任务。

　　但这是不是说只要在一个单位工作的时间长了，就自然而然地占有了公文写作的材料呢？实际的情况并非这样简单。因为材料本身是一个内容庞杂的集合体，来源广泛，形式也多种多样。有稳定不变的，也有流动多变的；有直接的，也有间接的；有表象与本质一致容易提取的，也有表象复杂而不易提取的等。如果不加以留心，不刻意去做这个工作，材料就可能是过眼烟云，不能真正地占有它。

这就需要有一个合理的材料收集方略。这个方略说起来很简单，就是要做好日常积累，占有两手（第一手和第二手）材料，并随时加以整理。这里，我们用"方略"这个概念，就是强调材料收集要有一个全盘的计划和实施策略，否则费时费力，难见实效。

首先是材料的日常积累。日常积累材料最忌支离破碎和彼此缺乏联系。因为这样的材料我们不敢借以形成观点和主张，更不敢贸然用在公文之中。那么，积累材料应该从哪里出发，到哪里去呢？要描述这个问题是一件相当困难的事，我们用一个"框形"图来加以说明：

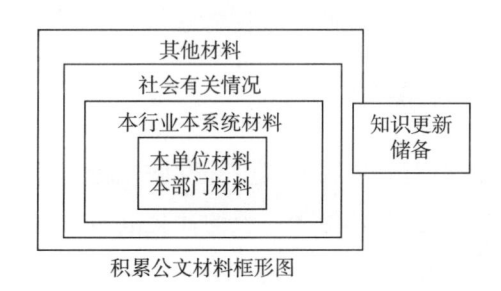

积累公文材料框形图

这里，我们是把知识的更新、储备，包括理论修养的提高，作为"旁系"来看待的，因为它们和材料毕竟不是一回事，而是以提高个人修养为目的的。

在上图中，我们把本单位、本部门的材料作为中心，以显示它的核心和出发点地位。公文是机关单位开展公务活动的工具，它的内容与管理活动的内容是一致的。从这个意义上说，本部门、本机关的职能范围就是所积累材料的核心和主体，同时也是进一步搜寻材料的线索，由此出发确定下一步收集的方向和目标，以此不断扩大成果，使材料更臻完备和系统。为此，日常积累材料应该做到：

（一）立足于本部门、本单位

公文起草者对本部门、本单位的工作状况、决策的形成和实施情况应该做到心中有数，特别是对一些基本情况，如职能、性质、人员配备、中心工作、任务与计划的完成状况等，应该了如指掌。这对领导者来说并不困难，而对于公文撰稿者来说，就需要事事留心，多花一点时间和精力。收集材料时，应该站得高一点，因为机关单位的职能活动是一个统一体，部门或个人分管的工作只是部分地分担了其中某一方面的职能，如果缺乏对整体的了解，在认识和分析问题时就会产生局限性。

（二）着眼于本行业、本系统

从工作性质上看，任何一个机关以及机关内的一个部门，都属于一定的行业；三百六十行，每行都有自己的特殊情况和专门的政策规定。公文起草者如果缺乏行业材料，写作时就有可能说外行话；同时，从工作关系上看，任何一个机关以及机关内部的一个部门，又都处于一定的系统之中，如财务、人力资源、教育等，都各自构成一个垂直的系统，上下级之间，构成一种领导与被领导或指导与被指导的工作关系。公文起草者如果对这个系统内上下情况了解得不够，那么对本单位、本部门履行职责活动情况的掌握就可能是片面的和孤立的。因此，对这方面的材料也应该着力收集。

（三）关注社会上的有关情况

事物是互相联系的，有些事物的发生和发展可能具有更广阔、深刻的社会背景和原因，因此对本地区乃至更为广泛的社会范围内的有关材料也应该注意收集，它们对于认识和分析事物往往具有重要意义。

（四）遵循适度、有用的原则

应该具备以下几种意识：

1. 剔除意识。 我们所积累的材料应具有信息价值，对于那些没有反映出新精神、新思想、新意见、新动向的材料，就应坚决剔除。一个公文撰稿人如果具备"剔除"的眼光，那么他的材料积累工作就会得心应手。

2. 时效意识。 对材料的时效特点应该有个正确的估计。对长期稳定和流动性的信息，既要区别对待，又要有选择地收集。

3. 整体意识。 有些材料，孤立地看也许价值不大，但放在全局中考察就会发现它们的价值。这样的材料也要注意收集，相反则可以剔除。

4. 超前意识。 有些材料，对眼前工作可能没有什么价值，但对今后可能开展的工作却有价值，这种具有潜在价值的材料也应该注意收集。如果没有注意收集，时过境迁，查考起来将会出现麻烦。

5. 统计意识。 在管理活动中，许多规律都是统计的结果。对于某些材料如果不注意给以科学的量化和统计，就不利于今后的比较和使用，储存起来也没有价值。积累公文写作的材料，也要具有统计意识，注意收集一些相关的统计数据，必要时还要自己动手做点统计和核实的工作。

其次是切实掌握第一手材料。材料的来源不外乎两种，一种是起草者自己从工作和生活中收集到的，也称"直接材料"或"第一手材料"；另一种是从文件、资料中获取的，因为是经过他人筛选和整理使用过的，所以又称"间接材料"和"第二手材料"。就公文写作来说，这两个方面的材料都需要，不可偏废，但前者无疑是更重要、收集难度更大的。

对一名公文撰稿者来说，能否深入实际进行调查研究，不仅是一个工作作风问题，也是一个写作的观念和方法问题。有些人在起草公文时急于下笔成文，习惯在别人已经使用过的材料中抄来抄去，结果写不出新鲜的东西来。其中一个重要原因，就是对写作对象缺乏直接、真切的感受和了解，对所阐述的问题缺乏实际体验。写作公文，无论长短，深入实际，掌握第一手材料，对事物建立起一个具体的、带有感性特点的认识，是写好公文的重要因素之一。它可以使起草者挖掘和捕捉到新颖的材料，从而启发起草者的思考。而这一切，靠第二手材料是难以得到的。

为起草公文而深入实际进行调查研究，是一个有目的、有计划地占有材料和认识事物的过程。为此，首先要明确调查研究的目的。调查研究本身只是一种手段，找出事物的矛盾所在，发现事物发展的规律并据此形成观点和主张，才是调查研究的目的，或者说，解决问题才是调研的最终归宿。所以在开始调研时就应该把要解决的问题明确地提出来，并且在调研过程中不断地深入下去，从中找到解决问题的答案。

22 注重恰当运用材料

公文写作离不开材料，它是构成公文的基本要素之一。具体地讲，材料是指公文制作者为了表现公文主旨，从现实工作、学习和生活中摄取并写入公文中的一系列内容，包括情况、背景、目的、根据、办法、措施、意见、规定、时间、数字等的统称。它是提炼公文主旨的基础和依据。

材料对主旨具有制约作用。有什么样的材料，才能提炼出什么样的主旨。主旨能否做到正确、鲜明、集中，关键取决于材料的优劣。"巧妇难为无米之炊"，离开材料，就形不成公文。此外，公文主旨的表达也要依据材料。在公文写作中，要用大量的事实、数字等作为论据等来体现主旨，而这又必须以材料作为支柱。总之，材料是公文写作之母。

在公文写作中，对于材料的组织需要经历搜集（占有）、鉴别、筛选和使用这样前后相连的动态环节。每一环节所牵涉的内容很多，也比较复杂。从总体上讲，公文写作对于材料的组织应当注意做到如下四点：

1. 要根据主旨的需要决定材料的数量。公文篇幅有长有短，制约它的因素不在于作者掌握材料的数量的多寡，而在于是否切合主旨。有些公文，如命令（令）、决定、决议、公告等，篇幅很短，用很少的材料即可表明基本精神；有些公文，如调查报告、总结等，三言两语不足以说明观点，需要一定数量的材料加以证明。因此，摄入公文材料的数量，一定要服从主旨的需要。否则，过多或过少都会影响主旨的表达。要特别注意避免不看主旨需要，以为"多多益善"，以致公文越写越长，主旨却被淹没在材料堆中。

2. 要根据主旨表达的要求决定材料的详略。公文写作中所涉及的题材很多，但在使用时绝不能平分秋色，而必须做到重点突出、详略适当。决定材料详略的关键因素不是别的，而是主旨表达的需要。以调查报告文种为例，如发文目的旨在介绍经验，即应以经验方面的材料为主，详写；而其他内容诸如基本情况、存在问题及今后意见等材料则应略写，不可喧宾夺主；如果旨在反映情况，即应以情况为主，情况详写，其他略写。

3. 要根据主旨的要求决定材料的表现形式。材料表现形式要有利于公文作用的发挥。法规体公文，其发挥作用的范围一般较广，因而其材料往往以概括形式表现出来，要选用经过概括的材料；而报告体公文要汇报有关公务活动情况，因而就离不开具体的事实材料。

4. 要注意所用材料的系统性。公文中所使用的各种材料必须具有系统性，力戒杂乱无序。只有如此，才能全面、辩证地反映公务活动，不致犯主观片面的错误。所谓系统材料，是指在公文中所运用的材料，既要有正面的，也要有反面的；既有现实的，也有历史的；既有点上的，也有面上的，做到正反并举，前后相应，点面结合，从而构成一个纵横交织的立体网络，形成材料系统。正反对举，它包括两种含义：一是正面材料指反映公务活动的成绩、经验等的材料，反面材料是指反映公务活动的缺点、问题的材料。例如，工作总结，既要讲取得的成绩、经验，也要讲存在的问题；既要报喜，又要报忧，不能平均用墨。二是对同一问题从不同方面提要求、作规定。其中"正"表明相同的材料，"反"表明相异的材料。用"反"面材料说明、补充"正"面材料，以强调、深化主旨。在法规体公文中，这种正反对举的写法最为突出，它具体表现为层次或段落之间的正反对比。无疑，这样具有辩证意蕴的材料，对实际工作必然具有强大的指导作用。

23 用好事实论据和理论论据

在公文写作中，为了使所提出的观点、主张、见解、办法或措施以及所作的结论（即论点）有理有据，富有论证性和说服力，需要运用相应的事实论据和理论论据加以论证或说明。它们是公文主旨赖以存在的客观基础，因为只有提供充分而有力的事实论据和理论论据，才能更好地体现出公文主旨的正确性和可靠性，才能经得起推敲和辩驳，令人无懈可击。离开论据，公文主旨的确立和表达就会失去依托，成为无源之水，无本之木。因此，要确保公文的质量，充分发挥其应有效用，必须重视对事实论据和理论论据的运用。

（一）事实论据

公文中的事实论据是指事物的概况和原委，包括具体的事例和数据。公文写作特别是各种事务性文书的写作，往往离不开事实论据的运用。例如通报，需要陈述相关的事实，据以作出对有关单位或人员予以表彰或批评的决定；写请示时，其请示缘由的陈述也是事实；写报告，其所涉及的事项还是事实，如此等等。至于工作总结、调查报告以及先进人物事迹材料等文种的写作，就更离不开事实。事实胜于雄辩，恰当地运用事实材料，能够使人对公文观点的正确性得到比较充分、具体的理解，增强行文的说服力和表现力。写作实践表明，公文中运用事实论据应当做到如下四点：

1. 真实。 真实是公文写作运用事实论据的基础和前提。公文是传达贯彻党和国家的方针政策，指导和推动公务活动顺利开展的重要工具，因而其对事例和数据等的运用必须绝对真实，来不得半点虚假抑或粗疏。一篇公文，其所用论据如果失真，就会给决策造成失误，贻害无穷。公文中事实论据的真实，包括两层含义：其一，它必须是现实生活中客观存在而且是经过反复核实证明确凿无误的，而不是公文写作人员为着某种目的而随意杜撰的。观点、主张、意见、办法或措施等的提出，必须实事求是，便于执行；对有关背景、经过等的表述也必须完全真实，即便某一细节甚至某一数字等，也必须认真核实，确保真实。否则，就会从根本上失去其应有的说服力，甚至给党和国家的事业造成损害。其二，它必须能够反映客观事物的一定本质，是必然的，而不是个别的、偶然的表象。报告、总结性公文中已然的内容，应反映事物的本质，表明其发展的必然结果；指令性、规定性公文中未然的内容，也应反映事物的本质，表明其发展的必然趋势。要做到真实，就要求公文写作人员必须深入实际，认真进行深入细致的调查研究，切实获取和掌握第一手材料，而决不能凭借传闻或者道听途说进行写作，更不允许随意编造。同时，还要有正确的思想意识和思想方法，不能随意扬"善"或隐"恶"。

2. 准确。 所谓准确，就是要确凿无疑，可靠无误。它与上述"真实"相辅相成，一本所系。准确是公文写作中运用事实论据的生命所在，特别是对于工作报告、工作总结和调查报告等文种，在汇报工作、反映情况、总结成绩和经验时，更要求其准确性。包括对人物言论的记述，对有关问题或事件发生的时间、地点、过程、起因和结果的叙写，对有关数字、名称的表达等，均应如此。如是间接材料，必须反复核实，认为确凿无误后方可使用。此外，要做到准确，还要求公文写作人员具有较强的语言表达能力，能够用简明扼要的文字将有关的事实论据恰如其分地"描述"出来。

3. 典型。 这是公文写作中运用事实论据的关键。由于公务活动是错综复杂的，能够用以证明观点或结论的事实往往较多，但受各种因素的制约（如篇幅等），又不可能也没有必要把获取的事实材料都写入文中，而必须加以甄别和遴选，运用那些能够深刻揭示和反映客观事物的本质特点和内部联系的事实。事实不典型，就缺乏代表性和说服力，不足以令人信服，行文的目的也就难以实现。

4. 切旨。 即指对事实论据的运用，必须针对行文的观点或结论来进行，使之有机地统一起来，达到和谐顺畅、融会贯通的境界。这是公文写作运用事实论据的目的和宗旨。缺乏针对性，就不足以说明问题。凡优秀的公文，都在观点或结论与事实论据的统一方面臻于完美，能够使人从观点和论据有机统一的角度加深对文件基本精神的理解和把握。

（二）理论论据

除事实论据外，公文写作中还要运用大量的理论论据，它们共同构成公文的论据体系。用以作为理论论据的，主要包括马克思列宁主义、毛泽东思想、邓小平理论、"三个代表"重要思想、科学发展观、习近平新时代中国特色社会主义思想，党和国家的法律、法令、行政法规和重大的方针政策，科学定理、公理，会议的决定、决议以及名言、格言、谚语等，不胜枚举。在公文写作中，也往往离不开这些理论论据，用来证明所提观点或结论的正确性和合理性。如能恰当引用，可以极大地增强行文的论证性和说服力，不容置疑和辩驳；党和国家的法律、法令、行政法规和重大方针政策，其本身具有很强的执行和约束效力，更是指令性、决定性公文中常用的行文依据和理由；会议的决定、决议等，因其反映的是集体的智慧和意志，规范性、约束性也很强，故也常被用以作为行文的重要根据；而科学定理、公理以及名言、格言、谚语等，其运用的正确性和说服力也十分明显，在某些决定类公文以及事务性文书中，以此作为论据的情况较为多见。从大量的公文写作实践来看，要成功地运用理论论据，需要注意把握如下三点：

1. 融会。 即指在援引经典著作里的话或有关的法律、法规和方针、政策以及科学原理等作为理论论据时，首先必须完整地、准确地理解和把握，做到融会贯通，而后才能加以运用，这是公文写作中运用理论论据的基础和前提。要吃透其基本精神，弄清它的背景，了解它的针对性，明白其出处和来历，这样才不致随心所欲地引用。决不能断章取义或者牵强附会，那样不仅起不到应有的表达效果，而且会从根本上损害公文的质量。

2. 得体。 是指公文中对于各种理论论据的运用，一定要注意结合上下文内容进行，要考虑行文的特定情况和语境，恰当引用，使之衔接自然，勾连紧密。无论从思路还是行文语气方面，都要做到贴切自然，天衣无缝。切忌乱贴"膏药"，将原本与行文关系不大甚至毫不相干的内容硬性扯在一起，缺乏水乳交融般的有机联系，那样，就会给人以断裂割截之感。此外，公文中运用理论论据要做到得体，还表现为在引用有关的名言、格言、谚语等时，必须注意尊重公文的语体特点和风格，即要做到平实、明快、庄重，切忌随意而为。

3. 适度。 是指公文中运用理论论据，特别是援引马克思列宁主义、毛泽东思想、邓小平理论、"三个代表"重要思想、科学发展观以及习近平新时代中国特色社会主义思想，党和国家的有关方针政策以及会议的决定、决议等内容时，一定要注意做到恰当适度，只要能够说明问题即可。切忌贪大求全（诸如对中央和国务院文件中的内容整段或几段照搬套用），致使所引内容过长过多，繁冗累赘，令人生厌。写作实践表明，引用失度，往往容易导致行文空洞无物，枯燥乏味，令人难得要领。

24　公文写作常见的开头形式

开头是公文结构的重要组成部分，是全篇内容的高度概括和主旨思想的集中反映，是行文的"先锋"。它既要囊括正文的全部内容和主要观点，又要概括得简明扼要、精练明确。一般而言，撰写公文的开头应开门见山，起句立意，简洁精练，富于概括力，切忌无端"戴帽"，空洞乏味。具体来讲，主要有以下六种形式：

1. 根据式。即开头交代行文的根据，以保证发文的法定权威性，一般多用"根据""遵照""按照"等作为语言标志。用来作为行文根据的，通常是党和国家的法令法规和某项方针政策；上级的文件指示精神；某会的决定以及本单位的实际情况等。

2. 目的式。即在开头交代行文的目的或意图，开宗明义，以便收文机关明确发文机关的意图，一般常用"为""为了"等介词标引。

3. 原因式。即在开头讲明制发文件的缘由，以揭示行文的必然性和合理性，还可昭示行文的必要性与重要性。一般用"由于""鉴于"等介词标引。

4. 引文式。即指开头先引用文件或领导讲话中的某些句子作为引言或点明主旨。

5. 时间式。即开篇点明某事、某情况的时间，可写具体时间，也可用"最近""近来"等模糊度稍大的时间副词，还可用"……之后"句式开头。

6. 事情式。即开篇简明扼要地介绍事件或情况，给人以清晰印象。

上述诸种开头方式，仅就常见情况略作罗列，其实，开头方式远不止于此。究竟应采取何种方式，应根据内容表达的需要而定，关键是要注意能切实地突出全文主旨，并紧紧地抓住读者。

25　公文写作常见的结尾形式

从内容上讲，结尾是对全文的总括；从形式上说，它是行文的收束。公文的结尾应简明概括，意尽言止，力摒"弦外之音"，胡乱"穿靴"。一般来讲，主要有以下七种：

1. 总结式。即对全文的主要内容和基本思想作出进一步的概括和归纳，以加深人们的认识，明确行文意图。例如，毛泽东的《湖南农民运动考察报告》在讲完十四件大事之后，作一段总述："总上十四件事，都是农民在农会领导之下做出来的，就其基本的精神说来，就其革命意义说来，请读者们想一想，哪一件不好？"接着揭露和批驳了蒋介石和国民党反动派对农民运动的恐惧和攻击，起到了总结作用。

2. 展望式。即用充满激情和希望的笔调，对未来作美好的憧憬，从而激励人们为实现文中所提目标不懈地努力，奋力拼搏。例如，《××市公安局关于盗窃倒卖工业用铜案件的调查报告》，其结尾是："我们认为，只要认真做好了这些工作，盗窃倒卖工业用铜的犯罪活动是完全可以制止住的。"对正在发展蔓延中的事态或问题的前景和发展方向作出预测，便于上级机关作出针对性的指示。

3. 号召式。即在正文部分阐述今后一定时期内的工作任务或奋斗目标后，号召人们为实现这一任务或目标而积极进取。例如，毛泽东的《新民主主义论》结尾："新中国站在每个人民的面前，我们应该迎接它。新中国航船的桅顶已经冒出地平线了，我们应该拍掌欢迎它。举起你的双手吧，新中国是我们的！！"语句铿锵有力，读来令人振奋，备受鼓舞。

4. 警告式。为使文中规定事宜得以顺利实施，对有可能违反这一规定的人事先提出告诫，行文时即可用警告式结尾。例如，《陕甘宁边区政府、第八路军后方留守处布告》，结尾是："右列四条，全边区军民人等一律遵照，不得违背，倘有不法之徒，胆敢阴谋捣乱，本府本处言出法随，勿谓言之不预。切切。此布。"用语坚定有力，不容置疑，具有极其强大的震慑和警策作用。

5. 指令式。即对正文中所阐述的主要措施、意见或办法，提出明确而又具体的贯彻落实意见。例如，《××省公安厅关于2022年上半年民警违法乱纪情况的报告》在正文叙述了6种违法乱纪行为和4种违法乱纪案件上升的主要原因后，结尾写道："根据上述情况，我们拟定选其典型事件连续通报，联系实际对民警加强法纪政策教育，加强政治思想工作。"

6. 要求式。指上级机关向下级机关行文发布指示，同时要求下级机关将落实、执行情况在特定时间内反馈回去，抑或征求下级机关对文件的意见或建议。

7. 自然式。即随着正文结束自然而然地收尾，意尽言止，干净利落。

除上列几种情形之外，有些文种的结尾常用一些具有固定格式的习惯用语，如请示用"妥否，请批示""当否，请回复"；批复用"特此批复"；通知用"特此通知"等，具有简洁、凝练、庄重的特点。

26　公文写作中的层次安排

公文作者在构思过程中，为了更好地表达主旨，动笔前总要考虑先写什么，后写什么，共分几部分内容来写等，将其反映到文字上即是行文的层次。具体地讲，层次是指文章各部分内容表达的先后顺序，是客观事物发展的阶段性和人的思维发展过程在文章中的反映。它体现着作者对全局和局部、总"纲"和细"目"所作的总的布局安排。

层次的结构方式较为灵活，没有固定不变的模式。尽管如此，也并非毫无规律可循，特别是公文，其层次的安排方式通常表现出一些规律性的特征。归纳起来，主要有：

1. 并列式。即将全文内容划分成若干层次，每一层次之间是并列关系。综合性的报告、总结、计划等文体常用此法。例如，刘少奇于1943年3月写的《六年华北华中工作经验的报告》一文，其层次安排即采用了并列式结构。全文共分为两大部分；一是抗战准备时期与抗战初期华北工作的经验；二是抗战初期与发展时期华中工作的经验。每一部分又分别分作两个时期，每一时期都是既写情况又写经验教训。这样，两大部分之间在内容安排上构成并列关系，每一部分所述的内容项目又构成并列关系。这种层次安排方式，每一层次都具有相对独立性，但各层次之间又有必然的联系，都同时为表现全文主旨服务。应当注意的是，采用这种层次安排方式，严禁各行其是，互不相关。

2. 递进式。即按事物自身的内在联系和逻辑发展顺序来安排层次，由浅入深，由表及里，层层深入，各层之间为层层递进的纵深关系。请示、报告、总结、计划、纪要等文体常用此法。例如，有一篇《××市××区人民政府办公会议纪要》，其在层次的安排上按会议进程的先后顺序依次写明了3项决定事项：一是×××同志传达了市加快发展奶牛、改善牛奶供应会议精神和本区集体发展奶牛的安排；二是×××同志传达了市人防工作会议精神；三是×××同志汇报了本区人防工作情况以及下一年工作安排。全文依会议的时间顺序以及决议事项的先后顺序来结构层次，有条不紊，清晰明确。

3. 连贯式。即按事情发展的经过和时间的先后顺序安排层次，各层之间浑然贯通，连成一体。重大事故调查报告、重点工程及重要经济技术活动情况报告、专题性调查报告、表彰或批评性通报等文种常用此法。例如，××市纪委筹备组的《关于处理分房建房中违纪事件的通报》，全文总共包括3层：一是列举出当前党员、干部中非法占地建房等严重不正之风的种种表现；二是这种不正之风带来的危害；三是对党员、干部提出的要求。从结构布局上看，全文层次清楚，观点明确，前后贯通，气韵流畅。

4. 总分式。即先总说，后分说；或先分说，后总说，使行文析理入微，眉清目楚。工作总结、综合性报告等文种常用此法。例如，毛泽东的《关于打退第二次反共高潮的总结》一文，先总述第二次反共高潮被打退之后国际国内的新形势以及在新形势下研究打退反共高潮经验教训的必要性。然后，分八个问题讲述经验教训，由总到分，相互映衬，珠联璧合。

27　公文写作中的段落设置

段落又称自然段，是构成文章的基本单位。划分段落是作者写作思路发展的一个步骤，它能清楚地表现行文的层次结构。分段主要是便于层次表达。

公文写作中划分段落的基本原则是：

1. 单一性。即每一段只能说明一个中心意思；同时，一个意思要在一段内集中讲完，做到意向清晰，段旨明确，使人一目了然。

2. 完整性。即每一段落要完整地表达一个意思，而不要将一个问题分在两段表述；同时，各段之间要相互贯通，内在联系紧密，符合逻辑顺序。

3. 明确性。即段旨应明确、突出，一般是起句立意，用扼要语句将该段主旨加以概括和提炼，置于段首，而后再进行阐述。这样，既醒目，又鲜明。

划分段落的方法一般有三种：一是按事物的单一性和完整性原则分段。段落较多的大型公文多用此法；二是按事情条项进行分段，即分条标项；三是篇段合一，即全段为一篇。

28　公文写作常见的过渡形式

过渡是指层次、段落之间的衔接与转换。由于一篇公文总是由一层一层意思、一段一段内容编织、连缀而成，由这层意思向另一层意思转换，由这段内容向另一段内容发展，中间往往需要过渡。"过渡"运用恰当，会使全文脉络贯通，气韵流动，文势自然顺畅，从而起到一种承上启下、穿针引线的作用，使全篇内容组织严密，浑然一体。否则，会使行文思路跳宕，给人以散乱隔断之感，读来枯燥乏味。

公文中运用过渡的方式通常有三种：一是词语过渡，即用一些具有连接作用的关联词语进行过渡，如"因此""总之""所以""统摄上述""由此观之""但是""然而""可是""其实""相反地"等。二是句子过渡，即用一句话将上下文内容连接起来。例如，通报文种，常用"现将有关事项通报如下"作为通报缘由转向通报事项部分的固定性过渡语。三是段落过渡，即用一段话将上下文内容连接起来，这种过渡方式在公文写作中也较常见。

过渡的类型一般也有三种：

1. 因果过渡法。 即前文所述内容为"因"，由此而引出的结论是"果"，以结果承接起因，常用"为""为此""特此"等过渡词作标志。例如，《国务院办公厅关于深入推进跨部门综合监管的指导意见》的开头部分："深入推进跨部门综合监管，是加快转变政府职能、提高政府监管效能的重要举措。近年来，各地区各部门认真贯彻落实党中央、国务院决策部署，着力加强和创新监管，取得积极成效，但一些地区一些领域仍然存在监管责任不明确、协同机制不完善、风险防范能力不强以及重复检查、多头执法等问题。为进一步加强跨部门综合监管，维护公平有序的市场环境，切实降低市场主体制度性交易成本，推动高质量发展，经国务院同意，现提出如下意见。"

2. 递进过渡法。 即承接的意思比前文进了一层，既连接上文，又深入了一步。例如，《国务院批转农业农村部、水利部关于全国灌溉管理工作会议的报告的通知》先肯定了灌溉管理工作的成绩，进而用"但是"转折，指出其存在的主要问题，然后又用一过渡句"因此，各地对于灌溉管理工作，还须注意以下几个问题"，语意与上文具有递进关系，既承接了上文，又开启了下文。

3. 连续过渡法。 前后两部分内容一脉相承，前后是连续关系，常用"现将""现就"等词语连接。例如，《××省人民政府关于加强市场管理的通告》一文的开头："为了进一步发展生产，搞活经济，有效地维护社会主义市场经济秩序，发展安定团结的政治局面，根据国务院指示精神，现将加强市场管理的有关规定颁发通告如下……"

过渡应在怎样的情况下使用呢？一般来讲，有四种情况：一是论述概况或问题由"总"到"分"时需要过渡；二是由"分"到"总"时需要过渡；三是内容转换时需要过渡；四是表达方式、表现手法变换时需要过渡。

29　公文写作常见的照应形式

照应亦称伏应，是指一篇公文的前后、上下内容要相互呼应。"问渠那得清如许，为有源头活水来"（朱熹语），前有因，后有果；既有源，又有流，前呼后应，勾连紧密，给人以完整、紧凑之感。

照应方法，通常有以下三种：

1. 题文照应。即所述内容要紧紧围绕标题进行叙述，又叫"照应题目"。这种照应的好处是可使全文主旨鲜明、集中，能更好地为表现中心内容服务。

2. 首尾呼应。即指开头所提问题，在结尾处应作出交代，做到首尾圆合，浑然一体。这种照应的优点在于，它可使行文结构严谨，天衣无缝，令人无懈可击。

3. 行文中处处照应。即在行文中"瞻前顾后"，要注意内容的相互关系和逻辑性，不能自相矛盾或前后相悖，顾此失彼，挂一漏万。

30　公文格式标准化的意义

1. 公文作为一种特定体式的文体，在国家政治生活、经济建设和社会管理活动中起着十分重要的作用。公文格式即公文的表现形式，具体是指公文由哪些要素项目组成以及各要素项目在公文文面上的分布位置及相关要求。规范的公文格式不是人们任意强加给公文的，而是公文本身的一种客观需要，是其写作结构的一种规律性表现，它不仅体现公文的法定权威性和约束力，而且有利于提高工作效率，保证政令畅通。公文格式不规范，不仅影响公文的质量和美观，更重要的是会影响公文的效力，甚至由于格式不规范而造成各种谬误，直接影响公文的严肃性和应有作用的发挥，有时还会因此造成重大失误。

2. 公文格式标准化是公文处理工作本身所需要的。公文处理要实现规范化、制度化、科学化，公文格式的标准化是重要前提。公文格式标准化，将会给公文处理工作带来极大方便，有利于提高工作质量和效率。公文处理工作是机关的一件大事，也是频次最高的一项日常工作。办文部门每天都在制发公文，如果没有一定的规则，一个领导一个要求，一个秘书一种格式，不仅大大增加了文秘人员的工作量，而且也影响党政机关的形象。如果对公文的格式不重视，甚至认为它是细枝末节，只要公文内容不出错，格式规范与否无伤大雅，那样不仅会损害机关工作的形象，而且还会影响机关工作的质量和效率。因此，公文格式标准化是公文处理工作科学化、制度化和规范化的基本前提。

3. 公文格式标准化是与国际接轨的必然要求。 随着20世纪80年代初国际标准A4型纸作为国际公文用纸以来，各国和国际组织均普遍使用A4型纸制作公文。当然，采用A4型纸应满足一定的条件，一是印刷设备，二是办公设备，如复印机、打印机等。从目前的技术基础来看，我国各级党政机关绝大多数都已满足这些基本条件，因此，将公文用纸统一规定为国际标准A4型，对于提升公文的外在表现形式质量，提高纸张使用效率，方便公文印制和归档管理起到非常重要的作用，这是公文纸张使用方面的一次飞跃。

4. 公文格式标准化是信息化时代的必然要求。 当前人类社会已经进入信息化时代，计算机和现代化的文印设备已普遍进入办公室，使用计算机进行公文处理的最大好处就是提高办公效率，改善办公环境和办公条件，对提高公文的制作水平和质量起到积极作用。如果没有统一的公文格式标准，通过计算机排版打印出来的公文风格各异，这对公文的严肃性和有效性将产生不利影响。如果有了统一的公文格式标准，就可以由相关的软件开发人员依据标准编制出党政机关公文制作模板，由此而生成的公文就一定是标准化的。

31 党政机关公文格式的组成要素

公文格式专指法定（或称主要）公文文种外形结构的组织与安排，包括由哪些要素组成，以及这些要素在页面上的标识位置。根据《党政机关公文处理工作条例》和《党政机关公文格式》的规定，公文格式的组成要素主要包括份号、密级和保密期限、紧急程度、发文机关标志、发文字号、签发人、标题、主送机关、正文、附件说明、发文机关署名、成文日期、印章、附注、附件、抄送机关、印发机关和印发日期、页码等，共计18个。《党政机关公文格式》

将一篇完整的公文分为版头、主体和版记三部分。版头位于公文之首,位置相对固定,与人们通常所说的"红头文件"的"红头"部分对应;主体的特点是篇幅不固定,依据公文内容的长短而变化,由于公文的实质性内容均在此部分,因此称为"主体";版记位于公文之尾,位置相对固定。用一个形象的比喻,版头可称为公文的"头",主体称为公文的"身",版记称为公文的"脚"。

32 党政机关公文的技术、印刷、用纸要求

公文格式的技术、印刷、用纸要求是:

(1) 公文用纸幅面采用国际标准 A4 型,其成品幅面尺寸为:210mm×297mm。特殊形式的公文用纸幅面,根据实际需要确定。

(2) 公文用纸一般使用纸张定量为 $60g/m^2 \sim 80g/m^2$ 的胶版印刷纸或复印纸。纸张白度 80%~90%,横向耐折度≥15 次,不透明度≥85%,pH 值为 7.5~9.5。

(3) 公文使用的汉字、数字、外文字符、计量单位和标点符号等,按照有关国家标准和规定执行。民族自治地方的公文,可以并用汉字和当地通用的少数民族文字。

(4) 公文的版面规格,公文用纸天头(上白边)为 37mm±1mm,公文用纸订口(左白边)为 28mm±1mm,版心尺寸为 156mm×225mm。

(5) 在制版要求方面,要求版面干净无底灰,字迹清楚无断画,尺寸标准,版心不斜,误差不超过 1mm。

(6) 在印刷方面,要求双面印刷;页码套正,两面误差不超过 2mm。黑色油墨应当达到色谱所标 BL100%,红色油墨应当达到色谱所标 Y80%、M80%。印品着墨实、均匀;字面不花、不白、无断画。

(7) 在装订方面,要求左侧装订,不掉页,两页页码之间误差不超过 4mm,裁切后的成品尺寸允许误差±2mm,四角成 90°,无毛茬或缺损。骑马订或平订的公文应当:a) 订位为两钉外订眼距版面上下边缘各 70mm 处,允许误差±4mm;b) 无坏钉、漏钉、重钉,钉脚平伏牢固;c) 骑马订钉锯均订在折缝线上,平订钉锯与书脊间的距离为 3mm~5mm。包本装订公文的封皮(封面、书脊、封底)与书芯应吻合、包紧、包平、不脱落。

(8) 在用字方面，如无特殊说明，公文格式各要素一般用3号仿宋体字。特定情况可以作适当调整。一般每面排22行，每行排28个字，并撑满版心。特定情况可以作适当调整。

33 公文中的页码及其标识规则

(1)《党政机关公文处理工作条例》首次将页码规定为公文的格式要素之一，这充分说明页码是公文的一项重要组成部分，是保证公文完整性和有效性的标志。在公文中标注页码，还有利于对公文进行查阅、统计、检索、印制和装订，甚至有助于公文的防伪。

(2) 根据《党政机关公文格式》的规定，页码使用4号半角阿拉伯数字，置于版心下边缘之下，页码数字左右两边各空1个半角空格，放一条一字线。一字线距离版心下边缘7mm，单页码右边的一字线右空1字，双页码左边的一字线左空1字，这样即可保证从两个方向定位页码的位置。在页码数字两边各放置一条一字线主要是为了美观和阅读方便。

(3) 公文版记前有空白页的，即将版记放到最后一页时，前面会出现空白页的情况。在此种情况下，空白页和版记页均不标注页码，也就是说页码只标识到公文主体部分结束的那一页。

(4) 公文的附件与正文一起装订时，页码应当连续编排；附件与正文不一起装订时，附件另编页码。

34 公文的特定格式

所谓"特定格式"，是相对于公文的通用格式而言的，是公文通用格式的补充，通常包括信函格式、命令（令）格式、纪要格式三种，其公文组成要素的标注规则有别于公文的通用格式的要求。但在实际工作中，这些特定格式的公文被广泛使用，其作用和效力与通用格式的公文相同，只是表现形式有所不同。在具体实践中，应当结合本单位的实际情况正确选用公文的格式。如信函格式是针对非普发性公文所采用的一种格式，它是一种特定的公文格式，并不是一个文种，与我们通常所说的"函"文种有着很大的区别。长期以来，公文的信函格式被各级行政机关普遍使用，通常用于答复、解释或说明某一具体事项。相对于公文的通用格式而言，信函格式相对简单，易于操作，多见于通知、批复、意见、函等文种的公文之中。命令（令）格式则体现出了国家政令的权威性和统一性，根据《党政机关公文处理工作条例》的规定，命令（令）适用于公布法规和规章，宣布施行重大强制性措施，批准授予和晋升衔级，嘉奖有关单位和人员。值得注意的是，采用命令（令）格式只适用于命令（令）文种，具有专门性和单一性。纪要格式则是专门记载会议议定事项的一种固定格式。根据《党政机关公文处理工作条例》规定，纪要适用于记载会议主要情况和议定事项。在实际工作中，各级党政机关例行会议、专题会议等讨论议定的事项和会议主要情况可通过纪要的形式印发，作为指导机关开展工作的依据。由于纪要格式有别于公文的通用格式，而且目前各级党政机关的纪要格式五花八门，很难规定统一的样式。值得注意的是，纪要格式也只适用于纪要文种，纪要格式与纪要文种也是严格绑定的。采用上述特定格式印制的公文与通常文件格式印制的公文其作用与效力是相同的，只是表现形式有所不同。

35 发文机关标志的拟制规范

发文机关标志即我们通常所说的"红头文件"的"红头"。按照公文法规的规定，由发文机关全称或者规范化简称加"文件"二字组成，也可以使用发文机关全称或者规范化简称。其中前者通常被人们称为"大红头"，后者则往往称为"小红头"。联合行文时，发文机关标志可以并用联合发文机关名称，也可以单独使用主办机关名称。

在具体布局上，发文机关标志要居中排布，上边缘至版心上边缘为35mm，推荐使用小标宋体字，颜色为红色，字号大小不作硬性规定，由发文机关以醒目、美观庄重为原则酌情确定，但是最大不得等于或者大于22mm×15mm（高×宽）。

联合行文时，如需同时标注联署发文机关名称，一般应当将主办机关排列在前；如有"文件"二字，应当置于发文机关名称右侧，以联署发文机关名称为准上下居中排布。

36 发文字号的拟制规范

党和国家现行公文法规中都明确规定:"发文字号包括机关代字、年份、序号;联合发文,只标明主办机关的发文字号。"要注意"年份"必须用六角括号括入,不可用圆括号、方括号或者方头括号;序号不编虚位(即1不编为001,不加"第"字)。

在发文字号构成诸要素中,难度最大的当数发文机关代字。发文机关代字通常可以细分为三种情况:

一是所在行政区域代字。必须使用某一地域的规范化简称,如北京用"京"、上海用"沪"。二是机关代字。应该使用机关及其职能部门系统内通用的规范化简称作为统一的机关代字,如党委用"党"、政府用"政"或"府"、政府办公部门用"政办"或"府办"、交通行政管理部门用"交"、教育行政管理部门用"教"等。三是发文形式也可称为发文类型代字。目前,除了信函式公文在机关代字后标注"函"以外,其余发文一般都用"发"作为总的发文类型代字(个别地区除外)。有的地区还自己增设了"报""请""呈"等发文类型代字嵌入上行文的发文字号。至于上行文是否必须使用单独的发文类型代字,目前尚无统一规定,但不少机关在文号中是以"发""呈""函"三字分别作为下行文、上行文、平行文的发文类型代字的。

把区域代字、机关代字、发文类型代字三个部分合在一起,就构成了地方党政机关公文的发文代字。

37 公文标题的拟制要求

标题是一篇公文的"眉目",具有概括全文内容的重要作用。拟制公文标题的基本要求是:

1. 准确。 具体包括对事由的拟制要准确,要善于概括全文的中心内容,语意要完整准确,要与正文部分所反映的内容完全相符,不能出现"文不对题"的现象;文种名称确定得要准确,不能出现错用或者混用的现象。

2. 简要。 拟写公文标题,其事由部分对公文主要内容的概括要简洁,用语一定要高度概括和凝练，寥寥几字即解决问题，切忌繁琐芜杂。要用最省俭的文字涵盖丰富的内容，做到以少胜多，言简意赅，而不能写得过于冗长杂乱。特别是拟写批转、转发性通知标题时，一定要力求简化，力避"长蛇阵"式的标题。

3. 明晰。 即在拟写标题时，对公文主要内容的概括一定要做到表意清楚，不能使人感到费解或引起歧义。

4. 完整。 即在一般情况下，要载明发文机关名称、事由和文种三个要素，不可随意省略。

38 转文性通知标题的拟制要领

在通知的标题中，转文性通知的标题较为特殊。这种标题实际上也是三项式标题。它的结构是：发文机关＋事由（转发、批转、印发被转文件标题）＋文种（通知）。由于标题之中有标题（有时不止一个），所以这种标题通常较长，甚至会出现《××市人民政府关于转发××省人民政府关于转发国务院关于……（事由）的通知的通知的通知》这种冗长的情况。为使其简洁精练，可以采用以下方法：

1. 省略重复词语。 在标题《国务院办公厅关于转发××部〈关于……（事由）的意见〉的通知》中，"关于"和"的"都是重复的，删去第一个"关于"和"的"。同时，除法规、规章名称加书名号外，删去被转文件标题的书名号，标题成为：《国务院办公厅转发××部关于……（事由）意见的通知》。

2. 合并被转文件。 如果用一个通知来转发几个相关的文件，不应该在通知的标题中把被转文件标题一一列出，妥当的做法是将其合称为"……×个文件"。例如，国务院办公厅拟用一份通知来转发人社部、财政部有关工资标准的3个文件——《关于调整机关工作人员工资标准的实施方案》《关于调整事业单位工作人员工资标准的实施方案》《关于增加机关、事业单位离退休人员离退休费的实施方案》，这篇通知的标题是：《国务院办公厅转发人社部、财政部关于调整机关事业单位工作人员工资标准和增加离退休人员离退休费3个实施方案的通知》。

3. 文号替代标题。 如果被转文件标题过长，可用被转文件的发文字号替代之，如《××省人民政府关于转发国务院国发〔2023〕××号文件的通知》。

4. 删去中间层次。有的文件会被几层机关逐级转发，以致最后转发的机关难以撰拟公文标题。此时，对中间几层转发机关应该忽略不计，把标题写成：发文机关＋转发最上一级文件（或批转最下一级文件）＋通知，如《××县教育局转发教育部关于……（事由）意见的通知》。至于省教育厅、市教育局对教育部文件的转发情况，××县教育局可在自己通知的正文中加以说明。还要说明两点：一是如果通知的事项十分紧急，不可以把"紧急"二字直接写入公文标题的文种"通知"之前。因为公文的版头部分设有专门的紧急程度标识项目。二是如果通知的事项是对此前就同一内容所发通知的补充，可以在后发的通知标题中加入"补充"二字，放在文种"通知"之前。如此标注，可以提示阅文机关注意前后两个文件的内在联系与补充关系，便于对文件整体精神的把握与贯彻执行。

39 公文标题中介词"关于"的规范使用

拟制公文标题时，在发文机关名称和"事由"之间必须使用介词"关于"加以衔接，其中"关于"具有引进处理对象的作用。这里的处理对象可以是人，也可以是事。前者如《××关于×××同志违反财经纪律给予党内警告处分的决定》，后者如《国务院关于2022年度国家科学技术奖励的决定》。引进处理对象的主要作用是让收文者一看标题即知该公文要处理什么事情，以提高阅文效率。

要注意的是，对于印发、批转和转发性通知的标题，如果被印发、批转或转发的原文标题已含有介词"关于"，则在拟写时应予省略，而不应出现"关于"重叠使用的情况。如果原文标题不含有介词"关于"，则应保留。前者如《中共中央办公厅印发〈关于建立促进科学发展的党政领导班子和领导干部考核评价机制的意见〉的通知》，后者如《中共中央办公厅关于转发〈中共中央宣传部2023年宣传思想工作要点〉的通知》。

40 公文小标题的拟写要点

小标题又称分题、插题、层次标题。在公文写作中，尤其是那些头绪复杂、内容丰富、篇幅较长的公文，精心撰拟小标题，以概括揭示某一段落或层次的中心内容，突出某一件事或某项工作进程的阶段性，强调某种思想观点、措施或问题，从而让阅者准确地领会公文内容，是十分重要的。对长篇文章相间有序地设置这样的"窗口"，便产生疏朗醒目的美感。

公文写作中如何拟定小标题呢？应当主要把握以下六点：

1. 看是否准确恰当。 小标题对于本段所写的内容主旨而言，必须概括得准确无误，恰如其分。例如，有篇关于××工程的调查报告，题为《一颗盲目施工的苦果》，设立了这样几个小标题："钓鱼"工程，后患无穷；违反基建程序，造成浪费；合同没订，扯皮无穷；领导外行，吃尽苦头。其中第三个小标题下面的内容为：××工程一开工，"扯皮"之战就打响。遇到问题，主建、施工、设计三方各说各的理，问题不能顺利解决。这个工程自兴建以来，主建、施工和设计三方，竟连一份经济合同都没签订。设计图纸没有按时完成，拖延了工期，但设计单位不负经济责任；主建部门任意要求修改设计，不受任何契约约束；施工单位则是"老牛赶山，走着瞧"，来一部分图纸，要一部分钱，干一部分工程。外装修用的面砖就是一个三方扯皮的典型事例。主建单位要求由面砖改为水刷石，设计单位则坚持要用面砖；而面砖的采购，主建单位和施工单位又互相推诿、扯皮近半年之久。

这段文字是该项工程三方互相"扯皮"的活写真。作者将小标题拟为"合同没订，扯皮无穷"是极其准确恰当的。

2. 看是否明确集中。 拟定小标题，要特别注意不能过于杂乱，而要力求明确集中，写得越单一越好。不要将几个性质不同、不能相提并论的问题，硬性扯在一起，搞成"小杂烩"。同时，也不能将原本性质相同的问题分散到两个小标题中去说。例如，《×××2022年度工作总结》共列有4个小标题，其中第一个是："解放思想，广泛宣传，积极争取对外业务，努力开展多种经营"。不难看出，这个小标题的内容较为杂乱，既有思想政治方面的，又有生产经营方面的，将这些性质不同的事项硬性"捏"在一起，显得头绪纷繁，庞乱芜杂。

3. 看是否照应总题。 拟定小标题，要注意与全文总标题相呼应。总标题是对全篇内容的高度概括，是"纲"，各个小标题均是从不同角度、不同层面对总标题内涵的展示，是"目"。它们共同服务于总标题，呈现出一种"轮辐向心"和"众星捧月"的态势。例如，《中共中央、国务院关于保护森林发展林业若干问题的决定》一文共列有8个小标题：稳定山权林权，落实林业生产责任制；木材实行集中统一管理；对林业的经济扶持；木材综合利用和节约代用；抓紧林区的恢复和建设；大力育林造林；发展林业科学技术和教育；加强党和政府对林业的领导。可以看出，上述小标题是从八个方面制定了如何"保护"、如何"发展"的林业政策，丝丝入扣，不枝不蔓。值得注意的是，一些方针政策性较强的公文，如通知、意见等，其所设立的小标题往往呈现出一种规律性的特征，即通常在第一个小标题交代问题的重要性及必要性，中间各标题是有关指导思想、基本原则、总体目标以及主要任务、政策措施等方面的内容，最后则是组织领导方面的要求，也是从不同角度对总标题加以展示。

4. 看是否合乎逻辑。 拟定小标题，必须注意讲究逻辑性。从逻辑角度讲，公文总标题与小标题之间是领属关系，而各个小标题相互之间则是并列关系。撰写时要对其进行合理分类，符合逻辑，不能彼此包容或者相互交叉，不该并列的不能并列。对各个小标题的设置，还要照应全文主旨，分清性质、轻重、主次，仔细考虑其排列次序，做到条理清楚。

5. 看是否有艺术性。 拟定小标题，还要讲求艺术性。一般来讲，主要有四种方法：一是运用形象化的语句。例如，《中纪委关于加强纪检工作座谈会纪要》一文，其中最后一个小标题"自己干净才能帮助别人洗澡"，采用借喻手法，生动活泼，耐人寻味。二是运用对仗式。但这种对仗一般只是讲求字数的对称整齐，而非严格意义上的对仗。例如，"总结工作，增强信心""全党动手，上帮下促"等便是。三是运用排比式。例如，《全国农村工作会议纪要》下设五个小标题：关于农业生产责任制；关于改善农村商品流通；关于农业科学技术；关于提高经济效益、改善生产条件；关于加强思想政治工作和基层组织建设。以介词"关于"作提示语，统辖全"局"，结构紧凑，语势强劲，富于表现力。四是使用该段中具有概括性的"原话"。这在一些综合性的简报以及先进人物事迹材料中较为多见。

6. 看是否匀称和谐。 即指各个小标题的拟定，一定要顾及相互之间在形式上的整齐匀称，无论是在句式还是在字数上，都要尽量做到和谐顺畅，讲究布局上的美感，不能长短不一，参差不齐。例如，《全国农村工作会议纪要》一文所设的五个小标题，均是以介词"关于"作提示语，构成整齐的排比式布局，显得十分匀称和谐。而像前文《一颗盲目施工的苦果》一文所列的四个小标题，第一、第三和第四个小标题均是由八个字组成，但第二个小标题却不如此，破坏了标题的整体美。因此，可将其中的"基建"二字删去，以求和谐匀称。

41　公文标题的排列形式

公文标题仅有内容美是不够的,还要讲究形式美。所谓形式美,是指将构成公文标题的各内容要素,即发文机关、事由和文种诸要素在文面上妥当、合理地进行排列布局,使其清晰整洁、醒目匀称,给人以美感。按照《党政机关公文格式》的规定,公文标题"一般用2号小标宋体字,编排于红色分隔线下空二行位置,分一行或多行居中排布,回行时,要做到词意完整,排列对称,长短适宜,间距恰当,标题排列应当使用梯形或菱形"。据此,如果标题字数较少,即可居中排成单行;如果字数较多,就需要多行排布。在此种情况下,首先要做到词意完整,即在回行的情况下,不能把含义完整的词组分割成两行。例如,下面的示例即存在问题:

中共××市委××市人民政府
关于进一步整治和改善经济
发展环境的实施意见

这里,"经济发展环境"是一个完整的词组,在排列时将其分割到两行之中有欠妥当,应当改为:

中共××市委××市人民政府
关于进一步整治和改善经济发展环境的实施意见

其次是要做到排列匀称、长短适宜、间距恰当、醒目美观,标题排列一般使用梯形或者菱形。一般来说,标题应尽量简短,不要占用行数太多。标题多行时一般采用上梯形、下梯形或者菱形排布。公文标题一般不采用上下等长的排列形式,因为此种排列会使得公文标题的左右两端分别顶到公文版心的左右边缘,这样排列出来的公文标题会显得很难看。同时,公文标题一般也不排成上下长中间短的沙漏型。

再次,公文标题采用3号汉字字高的7/8作为行间距即可,不宜采用2号汉字字高的7/8,行距过大会使标题显得不够美观。如果标题所占行数太多会出现把正文挤出首页的情况,此时可做变通,即将标题上移,不必在分隔线之下空2行标注,可以只空一行或者不空行。总之要做到词意完整、对称美观的最佳效果。

还有,对于联合行文,如果联合行文的机关或单位名称不超过3个,应将联署机关或单位名称均在标题中显现出来；如果超过3个，为使标题排列趋于简洁，应当采取主办机关名称后加"等"字的表述形式。

42 主送机关常见的表现形式及其标注

主送机关是公文的重要格式要素，其常见的表现形式有以下三种情况。

1. 全称。只要主送机关名称不是很长，都可以采用这种形式，但普发性文件除外。

2. 规范化简称。如果主送机关名称很长，可以使用简称。例如，中国共产党中央委员会简称为"中共中央"、国家语言文字工作委员会简称为"国家语委"等。主送机关的这种简称形式虽然可以浓缩较长的机关名称，使之简练上口，但是这种简称不可随意乱造，必须是惯用或约定俗成的。

3. 统称。统称就是同级或者同类型机关概括性的总称，一般用于下行文。统称具体又分为"泛称主送""递降称主送"两种：

泛称主送。这是下行普发文件经常使用的主送形式，是指文件主送给同一级的各单位，如"各省、自治区、直辖市人民政府"。这种形式时常涉及同一级不同类的若干种机关，必须注意排列顺序。一般来说，它有如下排列原则：

一是"先外后内"顺序。即把同是下一级的各地方政府放在前、本机关的职能部门放在后。例如，国务院下行文常用的主送形式："各省、自治区、直辖市人民政府，国务院各部委、各直属机构"，就是地方政府在前、部委在后。再如，各省政府下行文经常采用的主送形式"各市、县人民政府，省政府各直属单位"，也是地方政府在前、直属单位在后。

二是"党政军群"之先后顺序。这个原则在党的文件中体现得最为明显。例如，中共中央普发文件常用的主送形式为："各省、自治区、直辖市党委，各大军区党委、中央各部委、国家机关各部委党组（党委），军委各总部、各军兵种党委，各人民团体党组"，更是"先外后内"与"党政军群"两个排列原则有机结合的体现。

三是标点符号的使用顺序。在"泛称主送"中，标点符号的使用也是有规律的。通常是同级同类机关之间用顿号，同级不同类的机关之间用逗号，主送机关结束之后用冒号。

递降称主送。是指文件主送给垂直几级的同类各单位，如"各省、市、县人民政府"。递降称主送的排列，起突出作用的还是"先上后下"、按级别排列的原则；在此基础上兼顾"先外后内"与"党政军群"的原则。

一份文件的主送机关采用何种形式标注，取决于行文方向、主送机关数量、主送机关名称的长短等多种因素，公文写作人员必须在综合考虑的基础上加以确定。

主送机关标注在正文之前、公文标题下空1行即第2行的位置。从左侧顶格用3号仿宋体字标印，回行时要顶格；最后一个主送机关名称后标全角冒号。这是标注主送机关的常规位置。当主送机关过多而使公文首页不能显示正文时，应把主送机关名称移至文尾，放在版记的抄送机关之上的位置。左空1字用4号仿宋体字标注"主送"，其后标注冒号及主送机关名称；主送机关名称回行时与冒号后的主送机关对齐；各机关名称之间用逗号分隔；在最后一个主送机关后标句号。这是主送机关标注的一个特殊位置。

43 抄送机关的标注及排列方法

抄送机关的排布位置，在公文末页的最下端，靠左空一字格，其上下各印一条分隔线，两条分隔线中间写抄送机关名称，要按照先上级、后平级、再下级机关的次序排列，在最后一个抄送机关名称后标句号。同时，其还要与印发机关和印发日期之间用分隔线隔开。

在具体排列上，对于不同级别的机关，应依先上级机关、再平级机关、后下级机关的次序；同级不同类的机关，要按党、政、军、群的顺序排列；人大、政协、法院、检察院应另起一行排在政府机关等抄送机关之后；如文件抄送给各民主党派的相应机构，则应另起一行列于抄送机关的最后。

抄送机关并非公文格式的必备要素。如果不需抄送，版记部分则只有印发机关和印发日期。

44 成文日期的标注及排列方法

成文日期是公文生效的标志，是公文的不可缺少的重要格式要素。根据《党政机关公文处理工作条例》的规定，公文的成文日期应当署会议通过或者发文机关负责人签发的日期。联合行文时，署最后签发机关负责人签发的日期。法规、规章，署批准生效的日期。电报则署实际发出日期。

另据《党政机关公文格式》的规定，成文日期用阿拉伯数字将年、月、日标全，年份应标全称，月、日不编虚位（即1不编为01）。成文日期在公文中的位置有两种安排方式：(1) 安排在标题之下，年、月、日用括号括起来，这是经会议集体讨论通过批准而又不以"红头文件"（即带有红色版头的文件）形式发出且无主送标识的公文。(2) 安排在文件末尾，发文机关署名之下；年、月、日的"日"字与版心右边缘空4个字格。成文日期必须写明年、月、日，使用阿拉伯数码标识。

45 公文用印的基本要求

根据《党政机关公文处理工作条例》的规定，公文中有发文机关署名的，应当加盖发文机关印章，并与署名机关相符。有特定发文机关标志的普发性公文、以电报形式发出的公文和纪要也不加盖印章。

公文用印与发文机关署名和成文日期具有密不可分的联系，它们互相协调，又互相统一，是一个完整的有机整体。其基本要求是：

对于加盖印章的公文，成文日期一般右空4字编排，印章用红色，不得出现空白印章。

单一机关行文时，一般在成文日期之上、以成文日期为准居中编排发文机关署名，印章端正、居中下压发文机关署名和成文日期，使发文机关署名和成文日期居印章中心偏下位置，印章顶端应当上距正文（或附件说明）一行之内。

联合行文时，一般将各发文机关署名按照发文机关顺序整齐排列在相应位置，并将印章一一对应、端正、居中下压发文机关署名，最后一个印章端正、居中下压发文机关署名和成文日期。印章之间排列要整齐、互不相交或相切，每排印章两端不得超出版心，首排印章顶端应当上距正文（或附件说明）一行之内。

对于不加盖印章的公文，单一机关行文时，在正文（或附件说明）下空1行右空2字编排发文机关署名，在发文机关署名下一行编排成文日期，首字比发文机关署名首字右移2字。如成文日期长于发文机关署名，应当使成文日期右空 2 字编排，并相应增加发文机关署名右空字数。

联合行文时，应当先编排主办机关署名，其余发文机关署名依次向下编排。对于需要加盖签发人签名章的公文，单一机关制发的公文加盖签发人签名章时，在正文（或附件说明）下空 2 行右空 4 字加盖签发人签名章，签名章左空 2 字标注签发人职务，以签名章为准上下居中排布。在签发人签名章下空 1 行右空 4 字编排成文日期。

联合行文时，应当先编排主办机关签发人职务、签名章，其余机关签发人职务、签名章依次向下编排，与主办机关签发人职务、签名章上下对齐；每行只编排一个机关的签发人职务、签名章；签发人职务应当标注全称。签名章一般用红色。成文日期中的数字用阿拉伯数字将年、月、日标全，年份应标全称，月、日不编虚位（即 1 不编为 01）。

46 公文的行款及行款规格

行款是指书写或排列文字的行列款式，包括字序和行序。例如，汉字原来直排时，字序由上而下，行序由右而左；现在横排的行款，字序由左而右，行序自上而下。按《党政机关公文格式》的要求，公文正文用 3 号仿宋体字，一般每面排 22 行，每行排 28 个字，并撑满版心。亦即公文第一行字顶格编排在版心左上角，公文最后一行字必须沉底到版心下边缘。但在特殊情况下也可作适当调整，即当公文排版后所剩余的空白处不能容纳得下印章或签发人签名章、成文日期时，可以采取调整行距、字距的方式解决。或者将字距行距调大，或者将字距行距调小，从而使正文和印章处于同一页上。

47 怎样标识公文的附件说明

根据《党政机关公文格式》的规定，公文如有附件，应当在正文下空 1 行左空 2 字用 3 号仿宋体字编排"附件"2 字，后标全角冒号和附件名称。如有多个附件，使用阿拉伯数字标注附件顺序号（如"附件：1.××××"）；附件名称后不加标点符号。附件名称较长需回行时，应当与上一行附件名称的首字对齐。

在附件说明的标注上常见问题主要有：（1）附件说明标识在公文生效日期后；（2）附件序号使用汉字；（3）所标识附件名称和实际附件的名称不完全一致；（4）附件名称后加句号；（5）"附件"2字后边的冒号和序号位置颠倒。

48 怎样标识公文的附件及其页码

根据《党政机关公文格式》的规定，附件应当另面编排，并在版记之前，与公文正文一起装订。"附件"二字及附件顺序号用3号黑体字顶格编排在版心左上角第1行。附件标题居中编排在版心第3行。附件顺序号和附件标题应当与附件说明的表述一致。附件格式要求同正文。

如附件与正文不能一起装订，应当在附件左上角第1行顶格编排公文的发文字号并在其后标注"附件"二字及附件顺序号。

对于以"主件—附件"构成的复体行文形式，由于附件与主件是密不可分的整体，因此，其页码应当连续编排，以保持其整体性和连贯性。

49 怎样正确排列公文的抄送机关名称

抄送机关是指除主送机关外需要执行或者知晓公文内容的其他机关，应当使用机关全称、规范化简称或者同类型机关统称。如有抄送机关，一般用4号仿宋体字，在印发机关和印发日期之上一行、左右各空1字编排。"抄送"2字后加全角冒号和抄送机关名称，回行时与冒号后的首字对齐，最后一个抄送机关名称后标句号。

如需把主送机关移至版记，除将"抄送"二字改为"主送"外，编排方法同抄送机关。既有主送机关又有抄送机关时，应当将主送机关置于抄送机关之上一行，之间不加分隔线。

不同级别的机关，应依先上级机关、再平级机关、后下级机关的次序；同级不同类的机关，要按党、政、军、群的顺序排列；人大、政协、法院、检察院应另起一行排在政府机关等抄送机关之后；如文件抄送给各民主党派的相应机构，则应另起一行列于抄送机关的最后。

50 "此页无正文"及特殊情况处理

"此页无正文"属于对公文排版时遇到的特殊情况的处理，在过去的公文处理实践中经常使用。对此，应当注意把握以下两点：

（1）到底在公文中是否允许使用"此页无正文"的编排方式，《党政机关公文处理工作条例》和《党政机关公文格式》中并没有作出明文规定。当正文之后所剩空白处不能容下印章或签发人签名章、成文日期时，一般应当采取调整行距、字距的措施解决。具体的调整方法是：当正文之后的空白只有一两行时，可以加宽行距，至少将一行文字移到下一页；如果正文之后的空白仅差一两行便可容下印章位置时，可以缩小行距或缩小一两行字距，挤出能容下印章的空间。这样，使印章与正文务必同处一页，不留任何空白。

（2）如果出现采取调整正文字距或行距的措施仍无法解决的极特殊情况，诸如多个机关联合下行文，联合行文的机关过多，无法实现正文与所有发文机关的印章同处一页，就应采取"此页无正文"的方法，即将印章加盖在下一页空白上，并在该空白页第一行标注"（此页无正文）"。这种情况可以通过加强排版的计划性，其目的主要有两点：一是说明正文内容在前页已经完结；二是防止末页被人撕下，伪造他用。

51 附件的含义及其标识规则

根据《党政机关公文处理工作条例》的规定，附件是指公文正文的说明、补充或者参考资料。对此，应当注意把握以下八点：

（1）附件是附属于公文正文的其他文字、表格、图形等材料，对公文正文起到解释、补充、说明或者印证、参考作用，是公文正文的有机组成部分，与正文具有同等效力。

（2）附件并非每份公文的必备要素，它主要包括与公文正文内容相关的文字材料、数据、名单、表格、图形等，这些内容如果穿插在公文正文中，往往容易隔断公文前后意思的联系而造成阅读上的不便，在这种情况下需要将其从公文正文中抽出来而作为公文的附件单独表述，既可以补充完善正文，又可使正文的内容简洁连贯。

（3）根据《党政机关公文格式》的规定，公文的附件需要另面编排，也就是说无论前一面留有多少空白，都需要另起一面。

（4）附件应当在版记之前编排，并与正文一起装订，这也是在实际操作中容易忽视的一点。如果在版记之后编排装订附件，由于版记是公文结束的标志，附件就不能视为公文的组成部分了。

（5）附件首页首先要在版心左上角第 1 行顶格编排"附件"二字，使用 3 号黑体字，如果有多个附件，后面必须紧跟附件顺序号，顺序号后无需加冒号。

（6）附件标题编排在首页第 3 行居中位置，附件序号和附件标题必须与附件说明中的内容完全一致。附件标题以及附件中行、字、段落等的编排与主体部分相应格式要素的要求一致。

（7）如果附件不能与公文正文一起装订，则应在附件首页版心左上角第 1 行顶格标注公文的发文字号加"附件"二字以及附件的顺序号。例如，正文中的附件标识为"附件：1. 2022 年度国家标准制修订计划项目"，在与正文不一起装订的附件左上角应顶格标注"国标委〔2023〕21 号附件 1"。

（8）值得注意的是，批转、转发、印发类公文，被批转、转发、印发的内容（如工作要点、工作总结、实施方案、领导人的讲话等）不属于公文的附件，在公文正文中不加附件说明，直接另面编排，所附内容首页也不标注"附件"二字，其他格式方面的要求与正文一致。

52 公文版记的标识规则

版记是公文不可缺少的重要组成部分，是公文结束的标志，对此，应当注意把握以下七点：

（1）版记一般由抄送机关、印发机关和印发日期等要素组成。

（2）置于公文的最后一页，版记的最后一个要素要置于最后一行。也就是说，版记一定要放在公文的最后，即公文的最后一面（《党政机关公文格式》规定公文双面印制）的最下面的位置。

（3）在实际操作过程中一定要注意版记必须处在偶数页上。假设公文内容很短，即使首页能够放得下版记内容，由于公文是双面印刷，也必须将版记移至第 2 页上，即便第 2 页除了版记没有任何内容。

（4）公文的篇幅如果在一个折页（即有 4 面）以上，这时公文的页数一般应是 4 的倍数（一般是用 A3 纸印制，骑马装订），此时版记也一定要放在最后一面，而不管前面的空白有多少（一般不会超过 3 面），版记页和空白页均不标页码。

（5）如果附件是被转发的文件，转发文件还应标识自己的版记。

（6）《党政机关公文格式》中规定版记中的各个要素与印发机关和印发日期之间加一条分隔线隔开，一是为了显示各要素之间的区别，二是如此设计显得美观。要注意第一个要素之上和最后一个要素之下也有一条分隔线，但这两条一头一尾的分隔线要比中间的分隔线略粗一些。按照规定，分隔线应与版心等宽，即 156mm，首条分隔线与末条分隔线的高度应为 0.35mm，中间的分隔线用细线，高度一般为 0.25mm。

（7）印发机关，是指发文单位的中心机构或业务主管部门。标注印发机关的目的，在于收文单位对文件内容中未尽事宜的询问或工作中遇有什么问题、什么情况需要联系、反映时，直接与印发机关的承办部门联系，不必什么事都找机关领导，以提高工作效率。

53　公文用语的基本要求

公文作为反映公务活动的工具，自然离不开语言，它是在提炼口头语言的基础上形成的，合乎语法、修辞和逻辑规范的书面语言。

公文的语言，是公文写作中一个极其重要的问题。可以说，一篇公文，无论其主旨如何正确、鲜明、深刻，材料如何充分、详细、具体，结构如何巧妙、合理、得体，但是，如果没有完美规范的语言作为载体，也不会取得令人满意的效果。因而，语言运用得好坏，直接关系公文的质量。读者对文件内容的理解和掌握，直至付诸实施，都是通过语言这个中间媒介来实现的。所以，在写作中，我们必须审慎仔细，下一番"爬罗剔抉，刮垢磨光"的功夫，认真学习和掌握公文的语言特点及其运用规律，写出合乎规范、质量较高的文书来，以适应工作需要。

公文是用来处理公务的文书，它在国家机关、社会团体和企事业单位的公务活动中发挥联系、传达或向社会宣布周知的作用。公文的实用性很强，其内容直接与社会生活的各个领域，与社会各阶层人们的工作、学习和生活紧密相连，并能产生直接的影响，这就决定了公文存在与文艺作品及政论文章等有所区别的语言特点。

1. 真实准确无假话。真实准确是公文的生命。真实准确无假话，这是优良文风的一个最基本要求，也是最重要的要求。

真实指的是确有其事。写进公文中的材料必须来自公务活动实际，不允许虚构和编造；准确指的是在表述时不夸大、不缩小，既不褒贬失当，更不文过饰非。只有内容真实、准确，才能具有说服力。因此，无论撰写何种公文，我们都应该做到"三不写"，即内容不真实的不写，材料没有落实的不写，没有了解清楚的不写。为此，在写作中必须做到：

一是避免产生歧义。某个说法或某一段话，可以这样理解，也可以那样理解，这就叫作歧义。例如，某单位发放奖金的规定，其中有一条是："病假、事假3天以上者，扣发当月奖金。"这句话既可以理解为请病假、事假3天不扣发奖金，也可以理解为请病假、事假3天就要扣发奖金。因为公文内容没有对"3天以上"这一基数进行限定，"3天以上"究竟包含不包含"3天"，令人费解。因此，理解与执行也就不同了。

二是防止褒贬失当。赞扬或贬损某一行为，所用词语超出或者没达到应有的程度，叫作褒贬失当。例如，某人在困难的条件下完成了一项具体任务，如果通报表扬时说成取得了很大成就，就属于评价过高；反之亦然。又如，把"错误"说成"罪行"，就是混淆了问题性质；而"错误极其严重，应当进行批评"之类的行文，则属于错误程度与采取措施不相称，处置不当。这样类似的语言表述都属于分寸不适，褒贬失当。

三是排除疏忽错漏。公文中的错漏现象多种多样，概括说来，可以分为两类：一类是粗心所致。例如，在起草公文过程中，前面说"下边分四点来说"，可实际上只说了三点，或者出现了第五点；前面说"一方面"，后文缺少"另一方面"。有时失之毫厘，差之千里，如漏掉一个"不"字，意思就截然相反；引用数字时多写一个"0"或少写一个"0"，一差就是10倍；如果把"10万"错成"10"，则是万倍之差。属于粗心造成的错漏，经过认真检查，不难发现并且加以纠正。还有一类错漏是由于思考不严密、分析不细所致，如有结论而缺少必要的情况和应有的分析，或者列举了情况、数字而没有接着加以论证等。

四是注意措辞得体。措辞要得体，就是指用语要与所写的公文文种体例相符。颁布政府法令应庄重严肃，报喜祝捷要热烈欢快，批驳错误观点要有理有力，提出希望要求应平和委婉等。报请性公文，用语要谦恭，讲究礼貌，结尾多使用"期待""恳请""给予指示"等，以表示下级对上级的尊重；而意见体公文，则要严谨、周密、明确，不能使用乞求式的语气；命令体公文，其用语必须斩钉截铁，毫不含混，避免出现依违两可的毛病，等等。

2. 严谨庄重无虚话。所谓严谨，是指公文中宣事说理要严密周全，交代清楚，合乎逻辑，前后不能自相矛盾，语言含义要确切。这是由公文的实用性和权威性所决定的。任何一份公文，如果写得语言虚浮，说话前后矛盾，不能自圆其说，这样，不仅不能体现机关工作严谨周密的作风，更主要的是会给工作带来损失。例如，用以传达贯彻党和国家的方针、政策，发布行政法规的公文，在语言表达方面若稍有疏漏，就可能被那些以"上有政策、下有对策"为能事的人钻空子。因此，公文语言要力求达到天衣无缝，令人无懈可击。

与严谨直接有关的是公文的语言必须庄重。所谓庄重，就是端庄持重，格调郑重严肃。只有用语庄重，无虚词浮句，无文学气息，所写的公文才更显得严谨。

语言严谨，首先是一个思想认识问题，认识深邃，思维严谨，才能保证语言表达的严谨；其次还有一个语言修养问题。专业功底深厚，用词准确恰切，也能够保证语言的严谨。因此，在写作过程中，对所选用的词语该限制时必须限制，不该限制时一定不要随便限制，避免节外生枝，出现纰漏。例如，"要勤俭节约，避免不必要的浪费"一语，这里的"不必要"就是多余的，因为"浪费"皆为"不必要"，刻意限制，节外生枝，反而出现漏洞。对一些关键性词语的界定也要注意做到严谨周密，防止出现歧义。例如，"会计员是经济管理人员"，即属定义过宽，应为"会计员是具有一般财务会计专业知识、能担负一般会计工作的人员"，这样定义，内涵更准确，也更严谨。

在长期的写作实践中，公文语言业已逐渐形成了具有特色的庄重语系，主要表现在：一是沿用文言词汇。诸如"兹""兹因""值此""惊悉"等词语，在公文中使用十分普遍，显得文雅庄重。二是专用词汇。诸如"任免""免职""呈报""审核"等，除了在公文中使用外，其他语体基本不用，带有一种较为浓厚的庄重色彩。三是大量运用偶数音节词语，如"破坏""隐瞒""通报""表扬"等合成词和词组，在公文中使用显得整齐匀称；而违法乱纪、不务正业、助人为乐、克己奉公、为政清廉、大快人心等四字格成语在公文中的运用也显得庄重文雅。四是较多使用对偶句和排比句的修辞手法。例如，"转变工作作风，提高办事效率""有的……，有的……，有的……"等，显得句式整齐，音节匀称，庄重严谨。五是多用介词结构。通常使用的介词主要有"为了""根据""关于""通过""除了""对"等，恰当地运用介词，能使行文语气庄重严肃，内容表达清楚。

3. 简明扼要无废话。 简明扼要是指公文使用的语言要精当不繁，忌冗长空泛，又不苟简，即服从行文目的和表现主旨的需要，当详则详，当略则略，力求以最少的文字表达最为丰富的内容。为此，应该注意以下三个方面：

一是认识明确，抓住实质；陈述事实，抓住关键；阐明观点，提出意见和办法，要抓住中心，切合公务实际。公文文字的简要，是与作者认识明确、内容简要联系在一起的。"始于意格，成于句字"，如果公文写作者对所要反映事物的了解失之片面、肤浅，写出的公文必然是言不称物，文不逮意。

二是善于概括，抓住事物特征。当今世界是信息时代，面对大量信息，公文写作者必须善于概括、提炼，准确地抓住事物的特征，这样才能切中肯綮。尤其一些反映大事、要事的公文，更需要概括。

三是删繁就简，用最简要的文字，精当地表达尽可能多的实际内容。删繁就简的方法很多，诸如删除多余的字、词、句、段，做到"篇无累句，句无累字"；灵活地运用各种专门用语，如"你局""该厂""本厂"等（称谓用语），"经""业经""兹经"等（经办用语），"近接""悉"等（引叙用语），"希望遵照""拟请"等（期望用语），"照办""可行""不可""不同意""同意"等（表态用语），"当否""是否可行""可行""是否同意"等（征询用语），"请批示""请审核""请回复""请指示"等（期复用语），"为此""对此"（综述过渡用语），"为要""为盼""特此函复"等（结尾用语）。根据实际情况，适当地运用这些专门用语，对于减少冗词赘语大有帮助。

4. 平实易懂无大话。 公文用语要求平实易懂，指的是语言平直自然、明白晓畅、恰如其分，不矫揉造作，忌堆砌华丽辞藻，忌滥用辞格，讲求于平淡之中见神奇，多用叙述、说明、议论，少用或者不用描写、夸张、渲染等手法，这是公文的重要特征。主要有三点：

一是不要堆砌辞藻，乱用修饰词语。公文用语要精练确切，修饰语不宜过多。要如实地反映事物的本来面目，不允许有类似"燕山雪花大如席""白发三千丈"之类的艺术夸张。妥帖的夸张，在诗歌中会成为名句，而在公文中则会成为笑话。有些公文的作者，为了追求生动性，往往在写作中使用一些修饰语和形象词之类，不仅使公文显得虚泛、空洞，失去说服力，而且形成一种装腔作势、矫揉造作的文风。

二是不要文白夹杂，故弄玄虚。公文中的遣词造句，应力求大众化，避免使用生僻晦涩的语句。有些公文中常常喜欢使用一些半文半白的词语，例如，放着现成的"他"不用，非用"其"；放着现代词"如果"不用，要用"若"等。这种做法，看似富有学究味，但其中的酸腐味、变质味很浓。

三是不要过多地引经据典。一些人在公文写作过程中，喜欢引经据典地说明自己的观点，这在一定条件下是允许的，有时可以增强语言的表达效果。但是引用过多过滥，则会适得其反，使人感觉有卖弄学问、华而不实之嫌。一般而言，引经据典仅限于一些事务性公文中，如领导讲话、调查报告等文种；但在通用性公文中一般不容许引经据典，特别是有些庄重严肃的公文，如请示、命令、通告、批复等是绝对不能使用的。

5. 鲜明生动无套话。公文写作一般要求写得平实、严谨、朴素，这是因为公文具有很强的政策性和实践性，特别是某些指令性、法规性很强的文件，诸如命令、通报、决议、条例等，更要写得庄重严肃。但这并不排斥公文语言的生动活泼，在保证内容真实的基础上，审慎地运用一些修辞手法可使公文的内容表达显得生动活泼，从而更有效地发挥它的作用。

公文语言鲜明生动，是指其所表现的公务活动内容必须富有新意，而不是人云亦云、平淡庸俗、无制发机关特质的内容。这首先要求制发公文的作者要有新鲜的思想，写进公文中的事例要典型。其次在表达手法上不能穿靴戴帽、套话连篇。公文不一定都是"板着面孔讲官话"，只要有创新的思维及丰富的公务活动内容，有好的文风，并切实掌握了公文写作的语言特点及要求，就可以把公文写得鲜明生动。

54 公文中模糊语言的正确使用

在公文写作中，我们在讲用语清楚、准确的同时，又万万不可忽略必要用语的"模糊性"，因为很多文件是十分需要模糊用语的。例如，属于词语方面的有"不少""近来""近期""早上""清晨""中午""傍晚""上午""下午""深夜""大家""许多""大多数""少数""极个别""绝大多数"等；属于句子方面的有"程度不同""总的来看""宏观运转""基本上做到了""初步取得共识""大体上看是可以的"等。这些模糊词语具有弹性，在本质上具有中介性，而且表意上又具有模糊性。所以公文需要这种模糊词语，是因为它在一定的环境下，不仅不会造成语言模糊，恰恰有利于语言的准确、清楚。当然模糊词语的使用是有条件的，只有在公文所反映的对象本身是模糊的，人们的认识是模糊的，实际情况又需要加以模糊表述的情况下，才能使用模糊语言，否则将会造成语言模糊。

概括起来，公文写作中常用的模糊语言大致有以下五类：

(1) 表示时间的主要有：最近、近日、近期、近来、目前、当前、以前、从前、过去、将来、将要、正在、一度、一直、一贯、许久、良久、长期、偶尔、有时、临时、前后、前几天、前些年、一段时间、适当时候、一个时期以来、今后几年、大部分时间等。

(2) 表示范围的主要有：每、各、数、个别、特殊、有的、一些、有些、某种、主要、基本、总的、部分、一部分、方面、某方面、少数、多数、大多数、绝大多数、许多、不少、几个、广大、广泛、任何、有关、相关、相应、将近、其他、其余、适当、以内、以外、以上、以下、大于、小于、左右等。

(3) 表示程度的主要有：略、略微、很、最、极、极其、一定、十分、非常、异常、特别、显著、充分、足够、重大、特大、普遍、一段、几乎、逐步、有所、比较、更加、深入、差不多、长足的、大力的、高度的、难以估量的、大体上、基本上、原则上、进一步、程度不同等。

(4) 表示频率的主要有：一再、再度、再三、多次、屡次、屡屡、频频、连连、次次、回回、往往、经常、不断、陆续、接近、反复、接二连三、连续不断、三令五申、三番五次、隔三差五等。

(5) 表示语气的主要有：大约、大概、可能、也许、或许、预计、估计等。

55 公文中模态词语的正确使用

"模态"系逻辑学术语，它是指事物所具有的规模和状态。在公文写作中，特别是在指令性和法规性公文写作中，为了突出其规范性和约束力，往往需要运用模态词语，如"必须""严禁""应当""不得"等，构成义务模态判断（或称规范模态判断），用以告知收文对象对公文内容的执行界限和幅度。这些模态词语，多系正反对举，运用于不同的语境之中，分别表示肯定或否定的意义，具有明显的观点或态度倾向。从中，收文对象能够确切了解和把握公文的要求是什么，应当怎样去做，做到什么程度以及不能怎样做，等等。可以说，要使公文的内容得以正确贯彻落实，决然不能离开这些具有特殊表意功能的模态词语。

需要特别注意的是，公文中的各种模态词语，在表意上具有严格的程度限制。因此，必须精心甄别，确切使用，不可粗疏草率。否则，就会不同程度地妨害公文内容的准确表达，并给执行环节带来麻烦，甚至造成不应有的混乱或损失。

下面试将公文写作实践中常用且最易出现问题的几组模态词语加以列举，并逐一作出辨析：

1. 必须、严禁。 这是一组具有正反意义的模态词语。它们均表示很严格，非这样做不可。其中"必须"用于正面，"严禁"用于反面。例如，"搞好党风和廉政建设，必须同经济建设、深化改革结合起来，必须同民主与法制建设结合起来，必须党风、政风、社会风气一起抓，必须充分发动和依靠广大人民群众，动员全党和全社会的力量，实行综合治理。"（《中共中央关于加强党风和廉政建设的意见》）此例中连续4次运用模态词语"必须"，构成义务模态判断中的应然判断，使公文内容具有强制性，不容置疑。要求"必须"如何去做，对于收文对象而言，即成为一种行为规范。又如，"严禁将武器、凶器、弹药和易爆、易燃、剧毒、放射性物品及其他危害飞行安全的危险品带上飞机或夹在行李、货物中托运。"（《中华人民共和国公安部通告》）此例中用模态词语"严禁"，构成义务模态判断中的禁止判断，表明"严格禁止"，其强制性显而易见。实践中，这组模态词语常常对应使用，即在一段文字中，既用"必须"规定正面内容，又用"严禁"规定反面内容，二者互为呼应，相辅相成，使得公文表意十分严密、完整。

2. 应、不应。 在严格程度上，此组模态词语较之前组相对弱些，但也不允许稍事忽略。它们都表示严格，在正常情况下均应遵照办理，其中，"应"用于正面，"不应"用于反面。前者如"对个体工商户偷税、抗税等违法行为，应按照国家税收法规进行严肃处理"。此条系对个体工商户的偷税、抗税行为的处理规定，用模态词语"应"表示执行的幅度，既表明了发文者的态度倾向，又易于收文单位理解和执行。后者如"对精神病人，呆傻人员，盲、聋、哑人，严重病患者，怀孕或哺乳未满一年的妇女，以及丧失劳动能力者，不应收容"。此例系对"不应收容"的对象范围所作的规定，运用模态词语"不应"，使得表意十分明确、突出，语气坚定有力。

3. 得、不得。 这也是一组具有对立关系的模态词语，其中"得"用于正面，表示可以或能够；"不得"用于反面，表示不可以或不能够。在指示性和法规性公文中，此组模态词语的使用频率很高。前者如"地名一律用全名，……仅在两个以上著名城市或著名省份联写在一起使人一看就明白的时候，始得用简称"（《中共中央关于纠正电报、报告、指示、决定等文字缺点的指示》）。此例是对地名表述问题的规定，即一律要写全称，只是在特殊情况下（两个以上著名省市联写使人一看即明），方可使用简称。用模态词语"得"后承"特殊情况"，表态明确，既恰切又庄重。后者如"接待国外旅游者比较集中的城市的宾馆、饭店，在旅游旺季，未经主管部门批准，不得接受安排会议任务"。此条系对接待国外旅游者比较集中城市的宾馆、饭店在旅游旺季不能安排会议的规定，用模态词语"不得"明确表示出发文者的观点和态度，既严明坚定，又不显强硬，便于收文单位遵照执行。

4. 可以、不许（可）。 此组模态词语在严格程度上较之前面几组又显轻些。其中，"可以"用于正面，表示允许有所选择，在一定条件下可如此去做，有一定的灵活性和自由度；"不许（可）"用于反面，其表意与上述"不得"相近。前者如《人民警察使用武器和警械的规定》第二条："人民警察在执行逮捕、拘留、押解人犯和值勤、巡逻、处理治安案件等公务时，可以根据本规定，使用武器和警械。"此例中运用模态词语"可以"构成义务模态判断中的允许判断，表示出"允许有所选择"的意向，给执行者以机动处置的权利。显然，它与前述"必须""应""得"等模态词语相比，语气较轻，其严格程度亦较舒缓。后者如"凡转发文电，并须将转发文电的上下款及年月日照旧保留，不可省略"（《中共中央关于纠正电报、报告、指示、决定等文字缺点的指示》）。此例中运用模态词语"不可"对转发文电的上下款及年月日的处理方法作出规定，语意明确，分寸适度。

5. 宜、不宜。 此组模态词语表示允许稍有选择，在条件许可时首先应当这样去做。其中，"宜"用于正面，"不宜"用于反面。这组模态词语也有一定的灵活性和自由度，但也不能随心所欲。例如，《国务院关于建立民族乡问题的通知》第二条："建立民族乡，少数民族的人口在全乡总人口中所占的比例，一般以30％左右为宜。"此条是对民族乡中少数民族人口比例的规定。"一般以30％左右为宜",其中"30％"是基准线,围绕这一比例可以略有浮动。由于使用模态词语"宜",使得表意十分明确、清晰,便于理解和把握。又如,《仓库防火安全管理规则》第十七条:"甲、乙类桶装液体,不宜露天存放……"此条是对甲、乙类桶装液体存放问题的规定。运用模态词语"不宜",表明并非硬性禁止,而只是在一般情况下的不适宜。语意明晰,措辞适度、得体,其执行的选择度和灵活性显而易见。

56 公文中古语词的使用

古语词是现代人为了满足交际的需要,进一步丰富现代汉语词汇,在现代汉语已经形成的基础上所吸收的古代汉语词汇。它包括一般所说的文言词和历史词。其中,前者所代表的事物和现象依然存在于人们的现实生活之中,诸如"若干""如此""之""乎""者""与""及""亦"等;后者则是在人们的现实生活中已经消失的历史上的事物或现象,如"宰相""钦差大臣""丞相"等。在公文写作中,古语词尤其是文言词的使用是常见的、大量的,它具有特殊的表意功能,如能恰当地运用,可使公文语言精练简约,典雅庄重,富有概括力,从而极大地增强表达效果。

古语词在公文中的应用范围极广,而且在长期的公文写作实践中,人们对古语词的使用已经形成了具有较为稳定的规律性特点。它既可用于公文标题之中,也可用于正文的主体部分,还可用于开头和结尾。兹概要举述如下:

1. 标题。公文标题中运用古语词,最主要的是"若干"一词。在表意上,此古语词较为宽泛,具有不定指性,但给阅者的概念却极为准确、明晰,而且由于它的使用,还给整个标题涂上了一层庄重古朴的色彩,例如,《中国共产党中央委员会关于建国以来党的若干历史问题的决议》,其中的"若干"即属于古语词。显见,由于它的使用,极大地增强了公文标题的表现力,倘若代之以具体概念,则不仅与实际情况不符,而且还会使整个标题黯然失色。

2. 开头。古语词在公文开头部分的运用频率也较高,其中最主要的有两方面:一是表示行文的引据,如《中共××市委××市人民政府关于××县县直属机关设置和编制总额的批复》一文的开头:"你县×年×月×日《关于县直属机关机构设置和人员编制的请示》收悉。"其中的"悉"即为古语词。二是用以表示行文的缘由，如《中共中央关于纠正电报、报告、指示、决定等文字缺点的指示》一文的开头："现在党政军来往电报及其他报告、指示、决定等文件，写得好的，确实不少。这些电报或文件，写得清楚明确，生动活泼，使人便于阅读，发生极大效力。但同时尚有许多文电，在文字上存在着严重缺点，必须予以纠正。这些缺点之最常见者，有滥用省略、句法不全、交代不明、眉目不清、篇幅冗长五类。兹分别规定纠正办法如下。"这段文字的中心意向在于阐述行文的缘由，以便使收文者深刻认识和了解发文的必要性和重要性。其中加着重点之处均为古语词，由于它们的使用，使得行文简练、庄重，表意明确严整。

3. 主体。公文正文之中使用古语词的频率更高，可谓俯拾皆是。例如，"或作讲演，则甲乙丙丁、一二三四的一大串；或作文章，则夸夸其谈的一大篇。无实事求是之意，有哗众取宠之心。华而不实，脆而不坚。自以为是，老子天下第一，'钦差大臣'满天飞。这就是我们队伍中若干同志的作风"（毛泽东《改造我们的学习》）。此例中运用了"钦差大臣"等一系列古语词，极其生动地为主观主义者画了像。又如，"这些朋友们的心是好的，他们也是爱国志士。但是'先生之志则大矣'，先生的看法则不对，照了做去，一定碰壁。因为估计不符合真相，行动就无法达到目的；勉强行去，败军亡国，结果和失败主义者没有两样。所以也是要不得的"（毛泽东《论持久战》）。此例中，作者运用古语词"先生之志则大矣"，具有明显的讽刺意义。

决定类、告知类和法规性公文中，古语词的使用就更为多见。这是由它们自身的性质和特点所决定的。

4. 结尾。公文结尾运用古语词的情形较多，主要表现为各种不同的结尾语，往往使用不同的古语词。例如，请示文种的结尾"妥否，请批示"。"妥否"一词的使用，既简练又庄重；其他诸如法规体公文如"本条例自发布之日起执行"、批复文种的结尾语"此复"、通知文种的结尾语"特此通知"、函文种的结尾语"即请函复""请予大力协助"，等等，均属此类。

由上所述，不难看出，在公文中恰当运用古语词具有极其重要的作用。首先，它可使行文简洁匀称，生动有力，富于节奏感。其次，它可使行文具有庄重严肃的感情色彩。最后，恰当运用古语词，还可以表达幽默、讽刺的意义。这些，可从上述实例中略见一斑，此不赘言。

公文中运用古语词应注意两点：一是要适度，不要用得过多过滥。否则，"之乎者也"之类充斥全篇，势必影响其表达效果；二是要贴切。即指对古语词的使用一定要注意结合特定的语境和上下文内容来进行，做到恰切得体，切忌牵强附会，生拼硬凑，否则就会使公文显得不伦不类，从而起不到应有的表达效果，甚至适得其反。

57　公文写作中的介词结构

在公文写作中，介词结构的使用频率极高。除部分纪要、简报、调查报告外，几乎所有公文的标题，都含有介词结构；许多公文的开头、结尾，由于表述的需要，也都使用一些约定俗成的介词结构。至于公文内容之间的过渡、公文中大量的推理等，在很多情况下，也离不开介词结构。

公文标题中的介词结构，只有一个，即由介词"关于"和它的宾语结合起来的介词结构。公文标题一般由三个要素组成，即发文机关名称、事由、文种。其中，事由就是由含有"关于"的介词结构来表示的。《中共中央关于全面推进依法治国若干重大问题的决定》这一标题中，"中共中央"是发文机关；"决定"是文种；介词结构"关于全面推进依法治国"，表示的是这份决定的"事由"。

那么，在公文标题中，为什么必须要有一个含"关于"的介词结构呢？因为在标题的三个要素中，"文种"是中心词，"发文机关"和"发文事由"，都是"文种"的限制语，都直接与"文种"发生关系。介词"关于"和"发文事由"组成介词结构之后，加上助词"的"，成为体词性结构，作为"文种"的定语，直接修饰和限制"文种"。而"发文事由"也因此不再与发文机关发生直接关系，如果在"发文机关"和"文种"之间没有"关于"和"事由"组成的介词结构，那么，"发文机关"就很容易与"事由"直接发生关系，因而也就取消了"发文机关"对"文种"的直接限制和直接关系，造成公文标题表述上的模糊不清。例如，《中共中央关于增强党性的决定》这个标题，从内容上看，增强党性的要求，是对全党每个党员和党的各级组织提出的，表意十分明确。如果将标题中的介词"关于"去掉，含有"关于"的介词结构也就不存在了，标题变为《中共中央增强党性的决定》。这样，标题的含义也很明确，但增强党性的要求，成为针对中共中央机关及其党员而提出的了，这就违背了制发公文的原意。究其原因，就是标题中去掉介词"关于"之后，"发文机关"与"事由"直接发生了关系，从而组成了一个新的词语，与"文种"发生关系。可见，由"关于"组成的介词结构，在"发文机关"和"事由"之间，的确起了隔离两者之间发生任何关系的作用。

不仅公文标题要使用介词结构，而且公文正文也离不开介词结构。许多公文正文的开头，或者段落的开头，往往用来说明行文的目的、根据、原因或者背景等，这时候，一般使用由介词"根据""依据""按照""遵照""为了""为此""由于""关于""鉴于""随着"等与名词、代词、名词性词组组成的介词结构，在句子中充当状语、定语，或者补语。

公文的结尾，亦时常使用一些含有"为要""为盼""特此函报""特此函商""特此函达"等介词的约定俗成的介词结构。

至于公文内容的过渡，其中的介词结构更是比比皆是。在"通知""决定""报告""规章制度"等文种写作中，往往通过使用介词结构，实现承接上文、引出下文的目的。其结构特点为：承接上文，用一介词结构，一般较为简短，如"根据……""为了……"等；引起下文，用一基本固定的结构形式，如"……特作如下决定""提出如下意见"等。

介词结构承上启下的过渡作用，不仅用于公文开头的写作，而且用于公文的总述与分述的连接中。这时常带有"总之""综上所述""据此""有鉴于此"等词语标志。

58 公文写作中汉字的使用规范

公文是传达贯彻党和国家的方针、政策，联系和处理各种公务的工具，具有很强的政策性、法定的权威性和现实的效用性，因此，要求其在用字方面必须做到标准化和规范化。

关于公文的用字问题，现行的法律法规依据最主要的有三个：一是《中华人民共和国国家通用语言文字法》，其中明文规定"党政机关应当以普通话和规范汉字为公务用语用字"。各级党政机关应当做规范汉字的积极倡导者和实践者，在拟制各类文件时应当严格依法办事，确保用字的准确和规范。二是《规范汉字表》。三是《现代汉语通用字表》。同时，在党和国家有关公文法规中也有明确规定。《党政机关公文处理工作条例》第十一条明确规定："公文使用的汉字、数字、外文字符、计量单位和标点符号等，按照有关国家标准和规定执行。民族自治地方的公文，可以并用汉字和当地通用的少数民族文字。"

第十九条第三款规定：公文起草应当做到"内容简洁，主题突出，观点鲜明，结构严谨，表述准确，文字精练"。这些，就是对公文中文字使用的规范化要求。

那么，公文用字怎样才能做到规范呢？可从以下三个方面着手：

第一，要严格执行党和国家制定并正式颁布的用字法规的规定，不写繁体字、异体字，也不随意滥造简化字。

首先，不写繁体字。1956年《汉字简化方案》公布并分批推行后，繁体字的使用范围受到了限制，即凡面向公众的社会用字必须规范化，要使用国家正式公布的简化字，已经被简化了的繁体字，只能用于古籍整理出版、文物古迹、书法艺术等方面。据此，公文用字应以国家正式公布的简化字为准。

其次，不用异体字。废除异体字是国家文字改革的重要内容之一，1955年国家公布的《第一批异体字整理表》，废除了1055个异体字。除翻印古书或用作姓氏以外，一般不能再用。对此，公文写作也需依照执行。然而，在实践中，这些不规范的异体字仍时有所见，应当坚决加以纠正。

最后，不要滥造简化字。公文中使用简化字应以国家公布的《规范汉字表》为准。凡是不符合表中规定的简化字，都不合规范，不能使用，更不能随意滥造。公文中如果运用不规范的简化字，或者随意滥造简化字，势必严重损害公文的质量和效用。

第二，要注意把握汉字的字形、字音、字义，坚决纠正错别字，也要防止出现漏字或多字。汉字是形、音、义的高度统一体，我们必须注意分辨多音字、同音字、形近字和多义字，做到正确使用。在公文写作实践中，因字的错用、漏用或多用而影响文意给工作造成损失者不乏其例。在公文工作实践中，类似事例很多。出现这些问题的原因，首先是公文撰制者的责任心不强，其次是对汉字的结构规律把握不准，特别是对同音异义字、形近字和多义字，不能正确加以区分。因此，公文写作人员必须努力加强自身的修养，要以严肃认真、一丝不苟的态度对待公文工作，同时还要努力提高自己的文字水平，力求不出现差误。

第三，要正确使用各种数字。公文用字包括数字的用法和书写在内。准确、科学地使用各种数字，是公文写作的一项重要内容，它直接关系公文的质量和办文效率。对此，在公文写作中应当注意。特别是涉及表示事物数量的增减、表示比例关系等的数字时，更要做到准确和规范，不容出现疏误。对于数字的使用，应当严格按照国家的有关规定执行，其中最主要的规范就是由原国家质量监督检验检疫总局和中国国家标准化管理委员会于 2011 年 7 月 29 日发布、2011 年 11 月 1 日正式实施的《出版物上数字用法》（GB/T 15835—2011），明确规定政府和企事业单位的公文，以及教育、媒体和公共服务领域的数字用法，参照这一标准执行。

然而，从公文写作实践来看，数字使用的不规范是一个比较突出的问题，主要表现为所用数字失实、失准，前后"打架"，表述不统一等。这些问题的存在，直接影响了公文的质量和效用，甚至给工作造成了不应有的损失。

59 正确运用机关或单位名称的"全称"与"简称"

公文中经常涉及机关或单位名称的表述问题，不仅版头部分要用，发文字号中要用，公文标题、落款（发文机关署名）以及印章中也要用。至于正文部分的写作，使用的就更多。但在表述时究竟是用其全称还是规范化简称，并无硬性规定，一般情况下二者是通用的。但有时需要根据具体情况作适当处理。主要是：

（1）以党政机关名义所发的文件，如系采用机关名称加"文件"形式的版头，其发文机关名称既可以使用全称，也可以使用简称。

（2）要根据文字的繁简确定使用全称或简称。例如，公文版头、标题、发文机关署名（落款）中所涉及的发文机关名称，究竟以使用全称还是简称为宜，应当根据实际情况酌定。一般而言，如果机关名称字数较多，特别是一些企业名称下设的二级甚至三级子公司，往往冠以一二十个字，为简洁起见，则通常应当使用简称，以使行文趋于简洁，并求得文面布局的醒目、匀称、美观。但需要注意的是，发文字号中的机关代字必须是简称，而且是高度浓缩了的称谓；印章中的发文机关名称则应使用全称，以示庄重、严肃。

（3）要根据公文的运行范围和内容性质酌情确定使用全称还是简称。一般而言，对于系统或机关单位内部运行的公文，其发文机关名称可以使用简称，既不会令人费解，又会使行文显得简练，便于接受；但对于那些政策性、规定性较强的公文以及会议性公文，如公报、决议、纪要等，则应以使用全称为宜，以体现行文的庄重性和严肃性。

（4）需要注意讲究规范。根据公文处理法规的规定，一般在公文写作中第一次使用机关名称时应当使用全称并用括号注明简称，下文再出现相同名称时，则始可用简称。

60 正确运用一些政策性很强的提法表述

在起草公文时，一定要注意各种政策性提法的规范表述，有些提法具有很强的时代特性，在写作时必须做到与时俱进，不能因循旧有的提法不变。例如，"国营企业"就是旧称，规范的称谓应当是"国有企业"；另外，根据中央的有关文件规定，公文中如果涉及"文化大革命"这个概念时，一定要加引号；"双百方针"即"百花齐放，百家争鸣"只能用一个引号，不能使用两个引号；还有，在公文中，不能把"中港澳台"并称；此外，根据中央的最新规定，在公文中不得将海峡两岸和香港并称为"两岸三地"；"台湾"与"祖国大陆"（或"大陆"）为对应概念，"香港""澳门"与"内地"为对应概念，不得弄混。还有，不得将南沙群岛称为"斯普拉特利群岛"，不得将钓鱼岛称为"尖阁群岛"，严禁将新疆称为"东突厥斯坦"，这是严肃的政治问题；此外，对各民族的称谓也要规范，不得使用旧社会流传的带有侮辱性的称呼，如不能称"回回""南蛮子"等，也不得随意使用简称，如蒙古族不能简称"蒙族"，"维吾尔族"不能简称"维族"，"哈萨克族"不能简称"哈萨"。还要注意禁止使用口头语言或专业用语中含有民族名称的侮辱性说法，不得使用"蒙古大夫"来指代"庸医"，不得使用"蒙古人"来指代"先天愚型"等。同时公文中有时涉及一些职务名称，要注意规范。例如，"村民委员会主任"应当简称为"村主任"，不得称"村长"，村干部不能称为"村官"。因为村委会是农村基层群众自治组织，不是行政单位，不是公务员系列，所以最严谨的称呼就是"村主任"了。

在公文中，对身体有伤疾的人士不能使用诸如"残废人""独眼龙""瞎子""聋子""哑巴""脑残""傻子""呆子""弱智"等蔑称，而应使用"残疾人""盲人""聋哑人""智力障碍者"等。还有不能说"卖淫女"，公安部有明确规定，应当表述为"失足妇女"。此外，根据最新规定，在公文中特别是在一些新闻文体中，不应使用诸如"哇塞""妈的"等俚语、脏话、黑话等。如果在引语中不得不使用这类词语，均应用括号加注，表明其内涵。近年来，网络用语中对脏话进行缩略后新造的"SB""TMD""NB"等，也不能使用。

还有，对文艺界人士，不得使用"影帝""影后""巨星""天王"等词语，一般可使用"文艺界人士""著名演员""著名艺术家"等。报道各种事实特别是产品、商品时不得使用"最佳""最好""最著名"等具有强烈评价色彩的词语。医药报道中不得含有"疗效最佳""根治""安全无副作用""药到病除""无效退款""国家级新药""最高技术"等，这些虚假的广告纯粹是坑害消费者，令人苦不堪言。

还有，在公文中涉及如下对象时不宜公开报道其姓名：（1）犯罪嫌疑人的家属；（2）涉及案件的未成年人；（3）涉及案件的妇女和儿童；（4）采用人工授精等辅助生育手段的孕、产妇；（5）严重传染病患者；（6）精神病患者；（7）艾滋病患者；（8）有吸毒史或被强制戒毒的人员。涉及这些人时，可使用其真实姓氏加"某"字指代，如"张某""李某"，不宜使用化名。对刑事案件当事人，在法院宣判有罪之前，不使用"罪犯"，而应使用"犯罪嫌疑人"。在民事和行政案件中，原告和被告的法律地位是平等的，原告可以起诉，被告也可以反诉，不要使用原告"将某某推上被告席"这样带有主观色彩的句子。

61 公文写作中数字的正确用法

公文写作离不开数字。它能够给人以确定无疑的概念，并能使人增强量的直感，从而加深对事物本质和规律的认识。公文中恰当地运用数字，能够起到文字表达所不能替代的作用，从而极大地增强行文的说服力；反之，如果运用不当，就会严重影响公文的质量和效用，甚至给实际工作造成难以预料的损失。因此，在公文写作中必须重视对各种数字的使用。

具体地讲，公文写作中运用数字应当注意做到以下五点：

1. 要真实。 具体而言，真实是指写进公文中的数字必须是从实践中得来，是确确实实存在的，而绝不是凭空杜撰甚至弄虚作假、胡乱编造的"水数字"。那种为了显示工作"业绩"抑或掩盖工作失误，欺上瞒下而有意编造数字的做法，必须坚决禁止。

2. 要准确。 准确是公文中运用数字的关键所在，它与真实相辅相成。具体是指写进公文中的数字，必须与客观实际相符合，要准确地反映事物发展变化的程度，决不能搞"主观推测"，或者使用"大概""也许""差不多""可能"等模糊度强的词语，有一说一，有二说二，决不能随意夸大或缩小。而要做到这一点，要求公文写作人员必须深入实际，认真进行调查研究，尽力获取第一手材料。同时，在语言表述上也要力求准确无误，给人以明晰的概念。应当明确的是，对于诸如"据不完全统计"之类的表述，因其如实反映出了客观事物的可靠程度，故而也是一种准确，而不应视为含糊不清。此外，公文中涉及的诸如"增加""减少"等词语后面所带"了""到"等表示事物数量增减的词语，表示概数和基数的词语，表示界限阈的词语等，要经常使用，也都要准确地加以表述，不能粗疏。

3. 要统一。即指写进公文中的数字一定要认真检查，仔细核实，确保前后一致，避免相互"打架"。各个分数之和要与总数相等，统计口径要一致，计量单位的使用也要前后一致，所列举的数字要具有可比性，以确保公文中数字表述的准确性和规范性。同时，对于数字的书写和使用也要保持统一，要严格按公文法规中的规定执行。对于同样数字，按规定应当使用汉字书写的，就不能随意改换成阿拉伯数字，反之亦然。决不能此处用汉字，而在彼处又用阿拉伯数字。

4. 要规范。即指对于数字的使用必须符合公文法规和其他有关规定，不能随意而为。哪些情况下要用汉字数字，哪些情况下又要用阿拉伯数字，都有特定的范围和要求，必须依照《出版物上数字用法》认真遵照执行。此外，按《党政机关公文格式》的规定，公文中的结构层次序数也有其特定的规范要求，即第一层为"一、"，第二层为"（一）"，第三层为"1."，第四层为"（1）"。要注意一般应按照这样四个层级顺序使用，但如果一篇公文的层次只有两层，那么如果第一层使用了"一、"，则第二层既可以使用"（一）"，也可以使用"1."，也就是说可以越级套用；而且对于结构层次序数的使用尽可能限在四层以内，不要过细过多；还要注意一般不用"首先""其次""再次"，"第一""第二""第三"，"此其一""此其二""此其三"等诸如此类的结构层次序数表示法。对此，实践中不少机关的公文做得很不够，应当加以纠正。

5. 要得当。在公文写作中，运用数字来反映事物的情状或变化，来说明有关问题，固然有其独特的作用，一般的说明性文字不能替代，这是无可置疑的，但是也要适可而止，要把握其运用的"度"，切不可过多过滥，或者流于玩弄数字游戏；或者恣意堆砌，搞数字罗列，犹如流水账一般，给人以枯燥繁冗之感。随意堆砌数字，将所要说明的问题淹没在数字的烟海里，这是十分有害的。

62 公文写作中四字格词组的运用

"四字格"词组是现代汉语词组的基本结构形式。由于它具有简洁凝练、匀称稳密、铿锵和谐、易读易记的特点,富于概括性和表现力,故在公文写作中被广泛地应用,并产生了极强的修辞表达效果。

从总体上看,公文中运用"四字格"词组主要有如下表意功能:

1. 表示方针、政策界限。 即通过"四字格"词组的运用来阐明党和国家的某项方针、政策。例如,邓小平在《贯彻调整方针,保证安定团结》一文中指出:"生产建设、行政设施、人民生活的改善,都要量力而行,量入为出。"(着重号系作者标加,下同)例中运用"量力而行""量入为出"两个"四字格"词组,很好地阐明了党的调整方针,同时也使行文显得精练无比。

2. 表示条件。 例如,邓小平的《在全国科学大会开幕式上的讲话》中有这样一段话:"无数的事实说明,只有把全副身心投入进去,专心致志,精益求精,不畏劳苦,百折不回,才有可能攀登科学高峰。"此例中连续运用四个"四字格"词组,构成整齐的排比句式,并列为攀登科学高峰的必要条件,很好地概括了四个方面意思。整段话整散结合,朴实无华,堪称典范。

3. 表示评价。 即运用"四字格"词组来表达一种主观对客观的认识或态度,它多见于下行公文之中。例如,"在长期的测绘工作中,他们不计较个人的名利得失,怀着对祖国和人民的无限忠诚,凭着高度的主人翁责任感和强烈的事业心,奔波跋涉、吃苦耐劳、不畏艰险、默默无闻地开拓进取,克服了种种难以想象的困难,多次经受住高山缺氧、沙漠干渴、冰雪严寒、高温酷暑、洪水猛兽和断水断粮等生与死的严峻考验。"(《国务院关于表彰国家测绘局第一大地测量队的决定》)例中连续运用"奔波跋涉""吃苦耐劳"等11个"四字格"词组,对国家测绘局第一大地测量队全体成员的工作热情和无私奉献精神作出了恰切、公正的评价。既有简洁匀称之效,又增强了语言的节奏感,使行文生动活泼,富有文采。

4. 表示列举。 即通过"四字格"词组的形式来列举某方面的问题和现象。例如,"官僚主义现象是我们党和国家政治生活中广泛存在的一个大问题。它的主要表现和危害是:高高在上,滥用权力,脱离实际,脱离群众,好摆门面,好说空话,思想僵化,墨守成规,机构臃肿,人浮于事,办事拖拉,不讲效率，不负责任，不守信用，公文旅行，互相推诿，以至官气十足，动辄训人，打击报复，压制民主，欺上瞒下，专横跋扈，徇私行贿，贪赃枉法，等等。这无论在我们的内部事务中，或是在国际交往中，都已达到令人无法容忍的地步。"（邓小平《党和国家领导制度的改革》）这段文字中先后运用了24个"四字格"词组（其中有相当一部分是成语），从不同角度、不同方面极其深刻而又有力地揭露了官僚主义的主要表现及其严重危害。同时，这些"四字格"词组中又蕴含着多种修辞方式的运用（包括比喻、排比、层递、借代、比拟、引用等），从而使行文既简洁凝练，又形象生动，令人拍案叫绝。

5. 表示情状或问题。 在公文写作中，运用"四字格"词组来表述有关方面的情况或问题也较多见。比较有代表性的如中纪委《关于共产党员必须严格遵守党章的通知》一文中有这样一段话："必须清醒地看到，有少数党员，包括一些党员领导干部无视党的政治纪律，公开发表违背党的路线、方针、政策的言论。他们捕风捉影，歪曲事实，蛊惑人心，……"例中运用"四字格"词组来说明在少数党员包括一些党员领导干部身上所存在的问题，指出了问题的严重程度，从而使人充分认识到行文的必要性和重要性。

6. 表示希望或要求。 例如，《国务院关于表彰全国劳动模范、先进工作者的决定》一文中有这样一段话："国务院希望获得全国劳动模范和先进工作者光荣称号的同志，谦虚谨慎，戒骄戒躁。保持和发扬自力更生、艰苦奋斗、无私奉献和拼搏进取的精神，再接再厉，奋勇前进，在我国社会主义现代化建设事业中做出新的更大的贡献。"此例中先后运用了8个"四字格"词组，对获得全国劳动模范和先进工作者光荣称号的同志提出殷切的希望和要求，语句精练，节奏明快，读之令人振奋，深受鼓舞。

7. 表示哀悼。 在公文中运用"四字格"词组，还具有庄重典雅的特点。特别是一些礼仪类公文，更多地借助"四字格"词组来组句成文。例如，毛泽东致蔡元培先生家属的唁电，通篇由7个"四字格"词组构成："孑民先生，学界泰斗，人世楷模，遽归道山，震悼何极！谨电驰唁，尚祈节哀。"区区28个字，深切表达了毛泽东的痛悼和慰问之情。而且，这种"四字格"词组的运用很适合哀祭文的语体特点，既简明扼要又庄重典雅，堪称范例。

8. 表示规范。 这主要见之于公约、守则、职业道德规范等规章制度类公文，通常以"四字格"词组的形式来结构成篇，用以作为人们的道德和行为规范。例如，某次列车《文明车厢公约》：

接待旅客　文明礼貌

敬老爱幼　服务周到
饮食供应　满足需要
窗明地净　环境美好
优良秩序　安全确保
欢迎旅客　监督指导

这种规章制度类公文，多系韵文，四字一组，合辙押韵，富有节奏感，故而具有极其广泛的适用价值。

63 公文写作中的专业术语

公文专业术语是人们在长期的公文写作实践中形成并使用的特殊语言，它对公文内容的准确表达具有十分重要的作用。可以这样说，专业术语的运用是公文门类在林林总总的社会科学领域得以立足的必要条件之一，也是充分发挥公文的社会效用的重要因素。没有这些专业术语，就显现不出公文学科的特色。因此，必须充分重视公文中各类专业术语的使用。

从总体上来看，公文中运用的专业术语主要有如下几类：

1. 称谓语。即公文中对不同的行文对象的特定称谓用语。常见的有"贵""该""本""我""你""他"等等。写作时，应当根据不同的行文方向和隶属关系，恰当选用，不可随意为之。

2. 起首语。即公文的开篇语，它在文中的位置，关系重大。公文写作不可不重视起首语的运用，因为它是行文先锋（开头）的"尖兵"，直接关系到全篇公文的命运。公文中常用的起首语大体上可分为四类：其一，表目的的，如"为""为了"等；其二，表根据的，如"根据""遵照""按照""依照"等；其三，表原因的，如"鉴于""由于""随着"等；其四，表态度、方式的，如"兹定于""兹有""兹派""兹将""兹介绍""欣闻""欣悉"等等。

3. 经办语。常用的有"拟""拟定""拟于""拟予""草拟"；"布置""部署""计划""决定""安排""审定""审核""审批""审签""批阅""批复"；"出示""出具""赋予""付诸""会同""会签""会审""会晤"；"实施""施行""公布""颁布""发布""颁发""颁行"；"报请""报告""报批""报呈""呈请""呈阅""呈签"；"递交""申报""递送""送审""传阅""提请"；"准予""签发""签署""签证""签字"；"业已""业经""报经""业于"；等等。

这类专业术语数量颇多，不胜枚举。

4. 时间语。 常用的有"最近""目前""不久前""迅即""时限""时效""时宜""顷刻""过去""现在"等。这些时间语，多系表量模糊而表意准确的模糊语言。

5. 期请语。 常用的有"请""务请""恳请""即请""请予""请示"；"希""希望""务希""即希""尚希""尚祈""尚盼""尚望"；"接洽""商洽""商定""商议""商酌"；"须即""须经""务须""应予""应当""悉力""悉心"等。

6. 询问语。 常用的有"当否""妥否""可否""是否可行""是否同意""是否妥当""意见如何"等。

7. 表意语。 常用的有"应""拟""责成""批准""同意""欠妥""不妥""照办""禁止""取消""力戒""力避""切勿""切记""严惩""严厉""查询""查勘""查证""酌定""酌办"等。

8. 谦敬语。 常用的有"承""承蒙""不胜""大力""通力"等。

9. 过渡语。 即公文层次或段落以及语句前后之间的连缀语。常用的有"为此""现将""特作""基于""对此""据此""总之""由此观之"等。

10. 结尾语。 即位于公文结尾部分的固定性语句，具有使行文显得简洁凝练、典雅庄重的功用。常用的有"此令""此复""特此通知""特此报告""希照此办理""请即遵照执行""现予公布""妥否，请批示""请予函复""为荷"等。

公文中常用的专业术语，大体即为以上10类。它们各有其特定的功用，实践中应特别注意把握以下三点：

1. 要真正弄清每一专业术语的确切含义，不可错用。 上述诸种公文的专业术语，各有其特定的含义，由此而具有不同的用途。因此，公文写作中必须做到正确使用，决不能粗疏。例如，何处应用"为荷"，何处应用"为要"，何处应用"为盼"，均有特定的使用要求。如果错用，就会影响乃至损害公文内容的正确表达。对此，应予特别注意。

2. 要严格区分各相近专业术语的使用界限，切忌混淆滥用。 上述诸多公文写作专业术语，其在表层意义上极其近似，如不严加区分，使用时极易导致混淆，而这对公文内容的确切表达无疑是有害的。因此，必须予以充分重视。如"签发"与"签署"、"应该"与"必须"、"申请"与"申报"、"审核"与"审签"、"拟定"与"拟订"等，这几组专业术语乍看颇为相近，但其各自的使用功能却有严格限制，不容随意滥用。否则，势必影响公文内容的准确表达。

3. 要根据不同的行文关系和职权范围，恰当选用专业术语。上述诸种专业术语的使用，在很大程度上取决于发文机关的职权范围和不同的行文关系。对上级机关的行文，在专业术语的使用上应当做到尊重、诚恳，如"妥否，请批示""以上报告如有不妥，请指示"等；对下级机关的行文，在专业术语的使用上即应做到坚决、肯定，如"此令""此复""希认真贯彻执行""特此通知"等；对平行机关或不相隶属机关的行文，在专业术语的使用上应当做到委婉、谦和，如"盼函复""为荷""为盼"等。对此，公文写作中如有忽视，造成错乱，就将直接影响公文的内容质量及其效用，甚至使行文目的和意图落空，招致不应有的麻烦或损失。

64 公文写作中的熟语运用

熟语是现代汉语中一种较为特殊的语言现象。它是人们久经沿用而定型的词组或语句，主要包括成语、惯用语、谚语、格言和歇后语等5种具体表现形态。由于熟语具有丰富的内容和精练的形式，富有表现力，故在公文写作中被不同程度地加以运用。

1. 成语。成语是一种相沿习用的固定词组，具有表意的整体性和结构的凝固性特点。在公文写作中，成语的使用是常见的、大量的。如能恰当地运用，可使公文语言表达趋于简洁凝练，富有概括力和节律感，从而极大地增强其修辞效果。就总体来看，公文中运用成语具有多种表意功能，诸如用以表示观点或态度，表示条件，表示列举，表示对比，表示评价，表示解释，表示情状或问题，等等。

公文写作中运用成语，首先要注意弄清其实际意义，不能"望文生义"。特别是有些成语往往是表面意义的比喻或引申，还有的带有较强的感情色彩。如不认真加以区分，就很有可能导致混用或错用，有损行文的表达效果。其次要注意成语本身内在的特点，切忌自编自造，或者随意变换、增减，以确保公文的质量。最后要注意做到恰当、得体，不能只为追求成语表意的简洁凝练而硬凑或堆砌成语，否则就往往会因辞害义，事与愿违。

2. 惯用语。它是口语中短小定型的习惯用语，其主要特征是简明生动，通俗有趣。一般由 3 个音节组成，表达整体意义。但其原有意义已发生转化，而被一种新的意义所代替。在公文写作中，恰当地运用惯用语，可使行文生动活泼，富有文采，从而增强其表达效果。

例如，"先是抓辫子，抓住辫子就从思想上政治上给戴帽子，从组织上打棍子，而这些都是从主观的框子出发的，是从定义出发的，那种定义又是错误的，并不合乎马克思列宁主义。"（周恩来《在文艺工作座谈会和故事片创作会议上的讲话》）此例中运用"抓辫子""戴帽子""打棍子"三个惯用语，极其形象而又生动地揭穿了在文艺工作中存在的主观主义的工作方法及其产生的根源，指出了问题的实质。这些惯用语的运用，如果代之以一般的平铺直叙，其表意效果显然相去甚远。

公文中所运用的惯用语很多，不胜枚举。要注意把握所用惯用语的实际意义，做到恰切、自然，切不可随意乱用，以免适得其反；还要注意它的适用场合。有些公文，诸如法规体公文和命令体公文，因其自身所固有的性质和特点，一般不宜使用惯用语。其他如事务性公文中的简报、调查报告、讲话稿等，对于惯用语的使用颇为多见。

3. 谚语。谚语是人民群众口头流传的通俗、简练而又含义深刻的固定语句，包括农业谚语、讽诫谚语和生活知识谚语等。它一般都能揭示客观真理，富于教育意义。由于谚语具有句式匀整、音调和谐、具体通俗、形象生动的特点，故在公文写作中适当地加以运用，能够有效地增强其表达效果。例如，"我们共产党员应该经风雨，见世面；这个风雨，就是群众斗争的大风雨，这个世面，就是群众斗争的大世面。'三个臭皮匠，合成一个诸葛亮'，这就是说，群众有伟大的创造力。中国人民中间，实在有成千成万的'诸葛亮'，每个乡村，每个市镇，都有那里的'诸葛亮'。"（毛泽东《组织起来》）这里，作者运用谚语"三个臭皮匠，合成一个诸葛亮"，用以表明人民群众的聪明才智和创造能力，既具体又形象，富有表现力。

公文中谚语的适用情形与惯用语大体相同，即它一般多用于事务性公文之中，指令性公文、法规性公文和呈请性公文一般不宜使用。

4. 格言。格言是具有教育意义的警句。一般是出自名人之手，而在群众中广泛流传的语句。格言内容精辟，蕴意深刻，能给人以警策和启示，并能增强行文的说服力。例如，"'流水不腐，户枢不蠹'，是说它们在不停的运动中抵抗了微生物或其他生物的侵蚀。对于我们，经常地检讨工作，在检讨中推广民主作风，不惧怕批评和自我批评，实行'知无不言，言无不尽'，'言者无罪，闻者足戒''有则改之，无则加勉'，这些中国人民的有益的格言，正是抵抗各种政治灰尘和政治微生物侵蚀我们同志的思想和我们党的肌体的唯一有效的方法。"（毛泽东《论联合政府》）此例中，作者集中地运用"流水不腐，户枢不蠹""知无不言，言无不尽""言者无罪，闻者足戒""有则改之，无则加勉"等四则格言，用以说明我们经常地检讨工作，在检讨中推广民主作风，开展批评和自我批评的必要性。语句精练，寓意深刻，能够促人警醒，催人奋进，具有很强的说服教育作用和艺术感染力。

5. 歇后语。歇后语是由近似谜面、谜底两部分组成的带有隐语性质的口头用语。有些公文，根据其内容表达的需要和特定的语言环境，恰当地运用歇后语，可使行文生动活泼，饶有趣味，并给阅者以深刻印象，收到较好的表达效果。例如，"这个工程自兴建以来，主建、施工和设计三方，竟连一份经济合同都没签订。设计图纸没有按时完成，延误了工期，但设计单位不负经济责任；主建部门任意要求修改设计，不受任何契约约束；施工单位则是'老牛赶山，走着瞧'，来一部分图纸，要一部分钱，干一部分工程。"（《一颗盲目施工的苦果——××工程的调查报告》）此例中，运用歇后语"老牛赶山，走着瞧"，十分形象而又生动地表现出施工单位对工作极端不负责任的拖拉作风。

公文中运用歇后语，要特别注意其适用的场合。在庄重性的公文中，不宜使用歇后语，以免产生副作用。

65 公文语段的主要结构形式

公文语段的组合标志是指公文语段中句子和句子之间的外在联结因素及其表现形式。它以一定的语言手段为媒介，在形式上将构成语段的各个句子有机地联系起来，其作用在于帮助收文者正确地认识句间关系，准确理解和把握公文中所表述的基本内容，并使之具有较强的逻辑性和严密性，从而更好地发挥其应用的效用。

从总体来看，公文语段的组合标志最主要的有如下九种：

（一）关联

即以关联词语为组合标志的语段。在公文语段中，能够用来组合句子的关联词语很多。诸如"因为""因此""所以""但是""然而""可是""由于"

等，它们既是组句的纽带，又能清晰地标识语句之间的关系。

（二）指代

即以指代词语为组合标志的语段。在公文语段中所运用的指代词语主要是指示代词和人称代词，而以指示代词最为多见。恰切地运用指代词语，能使公文语言表达简洁凝练，避免重复累赘，具有很强的修辞效果。

（三）物联

即以某一事物为组合标志所构成的语段。它可以是具体的"物"，也可以是具体的"事"，无论属于何种情形，都是作者思路的反映，是语段的意义中心所在。

（四）时间

即以时间词语为组合标志的语段。这种时间词语，可以是某一确切的时间，也可以是"最近""以前""现在""以后"等弹性概念。应当注意的是，以时间词语为组合标志的语段通常要按照时间的先后顺序进行表述，而不宜随意为之。

（五）承省

即以承省为组合标志而构成的语段。在公文中，这种承省包括承前省和蒙后省两种情形，与上述指代语段相比，具有同样的修辞作用，即它也可使用语言表达趋于简练，并避免不必要的重复。必须注意，运用承省语段一定要恰切适当，做到当省则省，不当省则不省。否则，当省而不省，就会使行文显得重赘拉杂；不当省而省，则会令人莫名其妙，不知所指。

（六）排比

即以句子的排比为组合标志所构成的语段。由于这种语段的内容紧密相关、结构相同或相似、语气一致，故能收到极强的修辞效果。

（七）比喻

即以连续用喻为组合标志所构成的语段。恰当运用比喻语段，可以收到形象生动、说理透辟的修辞效果。例如，毛泽东的《星星之火，可以燎原》一文的结尾，在对中国革命高潮快要到来的"快要"二字作出解释时，即运用了比喻语段："它是站在海岸遥望海中已经看得见桅杆尖头了的一只航船，它是立于高山之巅远看东方已见光芒四射喷薄欲出的一轮朝日，它是躁动于母腹中的快要成熟了的一个婴儿。"这里，作者采取连续比喻的方法，形象有力地说明了中国革命高潮到来的必然性，批驳了有关中国革命高潮的虚无主义论调，坚定了人们的必胜信念。

（八）设问

即以设问为组合标志所构成的语段。它在公文中的运用也较广泛，例如，毛泽东的《人的正确思想是从哪里来的？》一文的开头："人的正确思想是从哪里来的？是从天上掉下来的吗？不是。是人的头脑里固有的吗？也不是。人的正确思想，只能从社会实践中来，只能从社会的阶级斗争、生产斗争和科学实验这三项社会实践中来。"例中首先提出问题，引起读者的重视和思考，然后又从客观唯心主义和主观唯心主义的角度分别设问，并随即加以否定。通过论证，最后得出唯一正确的答案，破立结合，理据充分，令人信服。

（九）过渡

即以过渡段为组合标志所构成的语段。在公文中，这种过渡段较为多见，它能够起到承上启下的作用，使行文前后贯通和谐顺畅。

公文语段的内蕴比较复杂，其组合标志也多种多样。对其进行认真研究和把握，可以帮助我们强化逻辑思维能力，使语言表达更趋于准确、凝练、缜密、严谨，从而极大地提高公文写作的质量和水平。

66 公文中社会流行语的正确使用

各种社会流行语广泛地应用于社会政治、经济、文化、生活等各个领域，是特定时代社会生活、社会心理、社会热点，以及风俗、时尚、文化观念和价值取向的具体、生动的反映。社会流行语的出现和使用，给公文写作领域带来了一个不容回避的问题：公文中应当如何正确对待社会流行语？又该如何正确加以使用？

总体来看，近些年来所出现的社会流行语主要有这样五个方面的情况：

①反映党和国家的有关方针、政策，如"两手抓、两手都要硬""反腐倡廉""扫黄打非""严打""扫黑除恶""一带一路""三严三实""要实现四个新常态""党风廉政建设和反腐败斗争永远在路上""把权力关进制度的笼子里""治大国如烹小鲜""鞋子合不合脚，自己穿着才知道""要坚持'老虎''苍蝇'一起打"等；②反映社会经济繁荣发展的景象，如"市场经济""知识经济""外资企业"等；③反映人们的物质生活和精神生活的变化，如"外卖""电磁炉""蹦迪""家庭影院""5G网速"等；④反映人们生活观念、择业观念的变化，如"打工""第二职业""钟点工"等；⑤反映科技进步和发展的，如"上网""网吧""多媒体""互联网""克隆"等。

大量的社会流行语的涌现，正是我们这个不断发展、不断变化的社会的投影。公文作为表述社会组织（集团）意志的文书，担负着治国安邦、传递策令、沟通信息、实施管理的重要使命，它必然要涉及对社会流行语的使用，但具体如何使用，就要注意把握它的适用范围和界限，做到适度得体。

具体来讲，要在公文中正确使用社会流行语，应当注意做到如下三点：

一是留心观察，勤于积累。面对既繁杂纷呈又丰富多彩的社会流行语，公文写作者首先应当注意留心观察，广搜博取，并逐步加以积累，不厌其烦。这是在写作时能够正确运用的基础。

二是要准确理解和把握所用社会流行语的含义。每一条社会流行语都有特定的内涵，但有些流行语的"名"与"实"相去较远，倘若不求甚解，就难免导致错用。因此，弄清所用流行语的确切含义，是正确使用的关键，那种满足于一知半解、"想当然"甚至人云亦云的做法，是极其有害的。

三是要注意把握社会流行语的使用情境。具体是指：

（1）对于那些适应我国政治、经济和文化发展需要而产生的大量的社会流行语，因其代表和反映了人民的意志，富有新意和表现力，故而在公文中应当尽可能地吸收和运用，以极大地增强公文的表达效果。例如，"扫黄""打假""市场经济""知识社会""高科技""高品位""高消费""超一流""时代感""动感""空壳""僵尸""指尖上的形式主义""钉钉子精神""工匠精神"等，这方面的例子不胜枚举。

（2）对于那些术语化较强的社会流行语，在公文中应加以必要的阐释或说明，特别是在法规性、指令性公文中，更应如此。例如，北京市公安局发布的《关于加强北京地区"网吧"安全管理的通知》，文中涉及了"网吧"这一流行语，由于其较为术语化，而且因是"通告"，其所涉及的收文对象是一定范围内的人民群众，因此必须在文中对"网吧"的确切范围和含义作出清楚的定位阐释。该通知第一条规定："'网吧'是指通过计算机与公众信息网络联网，向消费者提供上机学习、信息查询和交流等服务的经营性场所。"这就使通告的收文对象对该通告的适用范围有了确切了解，有利于通告的贯彻施行。

（3）对有些社会流行语可作保守处理，需用即用，能不用者不用。例如，"打的""迪厅""老板""打工仔"等，对于诸如此类的流行语，公文中不宜用得过多，但有时会出现确需使用的情况，如为了加强道路交通管理或加强对公共娱乐场所的管理而制定相应的行政法规时，诸如"打的""蹦迪"等流行语就要不可避免地被写入其中，在这种情况下，就可使用。

（4）有些社会流行语的使用必须慎重，不能入文。这主要是指那些表意含混或者已被扭曲了本意甚至含有不健康因素在内的一些流行语，诸如"土力地什饼""发烧音响""酷毙了""很Q""帅呆了""酱紫""有木有""hold住""快手"等，如果盲目运用到公文中，不但起不到应有的表意功用，反而会令人莫名其妙，不知所云，使公文变得不伦不类，从而严重损害其质量和效用。同时，这些流行语也与公文的性质要求格格不入，必须严加注意。

67 公文写作要注意清除语言污染

公文是表述社会组织意志的文书，具有高度的政策性和法定的权威性，因此要求其用语必须准确精要、庄重平实、讲究规范。然而，必须看到和承认，近年来在社会上出现的一些不规范语言现象已使公文写作领域受到冲击，并由此产生了一定的语言污染。为了纯洁公文语言，确保公文语言运用的规范化，使之更好地发挥管理效能，必须全力找出"污染源"，并采取切实有效的措施，彻底加以清除。

总体来看，现阶段公文写作中存在的这种语言污染主要表现为如下五个方面：

1. 脱离实际的浮夸性言辞。公文用语应当实事求是，要如实反映客观事物的本来面貌，不能随意夸大或缩小。同时，对客观事物所作出的评价和结论也要恰切适度，既不能随意"扬善"，也不能无端贬抑或者"隐恶"。但有些公文却不是这样，往往"扬善"扬得过头，使用一些不切合实际的浮夸性言辞。特别是某些总结和报告文体的写作，无论工作做得好坏，也无论成绩大小，都要毫无例外地写上诸如"领导非常重视，方法得力""创历史最高水平""取得很大成绩"等等，夸大其词，读来令人"倒胃口"。可以说，这是社会上存在着的一种不正之风在公文写作中的反映。当然，我们并不是说类似语句绝对不能使用，而是主张要恰如其分，贴切适度。"成绩"是"较大""相当大"还是"很大"，"水平"是"较高""相当高"还是"很高"甚至"最高"，对于这些程度副词的使用必须精心审慎，要以事物的实际数量和具体程度为根据，要有个数量概念，不可信手拈来，更不可人为地拔高。

2. 枯燥乏味的套话空话。 公文写作中存在的空话套话是一种历史的流弊，它使公文变得拉杂冗长，空洞无物，向来为人们所反对。可以说，空话套话的存在是当今某些公文陷入"长蛇阵"而不能自拔的关键因素。它们的一个共同特点，就是"水分"太大，用很多文字却传达很少的信息，甚至根本不能传达任何信息。或是一些空洞的条条，或是一些枯燥的概念；或是开头"戴帽"，或是结尾"穿靴"，等等，不一而足。例如，写总结报告，不论有否必要，都要在开篇写上"在××××以来的大好形势下，在××××会议精神鼓舞下，认真贯彻了××××精神，反复学习领会了××××文件。通过学习，深刻认识到××××的重要性，进一步明确了××××的重要意义，从而大大提高了贯彻执行××××的自觉性。在提高认识的基础上，狠抓了××××，做到××××，取得了××××"等一系列冗词赘句，以致形成一种固定的模式和僵死套路，读来索然寡味，笼统空泛，令人生厌。

3. 某些社会流行语的滥用。 流行语是广为大众流传的一种口头用语，它比较直接客观地反映着社会思潮的变化变革，反映出社会群体意识的变化趋势，折射出现实生活在一定时间的习惯风尚。在公文写作中，适当地运用社会流行语，有利于增强行文的时代感和吸引力，收到形象生动的表达效果。但要注意对流行语的使用，应当有所选择，既要积极又要慎重，决不可"兼收并蓄"，否则就会对公文语言产生某种程度的污染。实践中，有些公文写作人员由于一味地"赶时髦"，盲目地"求生动"，以致造成对某些流行语的滥用，故应当从公文中予以清除，以便净化我们的公文语言。

4. 某些旧称及不恰切术语的使用。 例如，"×青天""父母官"等，原系旧社会中对封建官吏的称呼，具有鲜明的时代色彩和等级观念，在当今公文中，这类旧称的使用有所抬头，颇欠妥当。再如，"老板"这一称呼，时下颇为盛行，不仅一些国有企业的厂长、经理被称为"老板"，就连一些事业单位及部门的负责人，也被冠以"老板"的头衔。这种情况已经出现在当今某些公文中，必须加以纠正。因为按照《辞海》的诠释，"老板"是指私营工商业者的财产所有者，可见，对这一称呼是不能滥用的。

5. 某些公文中使用的故作深奥或者故弄玄虚之语。诸如"采取立体交叉式的谈心活动""多米诺效应""要树立整分合观念""产值裂变""××体系""××取向"等，这些"学术味"极浓的词句，往往令阅者疑惑不解甚至莫名其妙，也是一种不容忽视的语言污染，必须坚决予以清理。公文重在实用，其用语务须直白显露，言简意赅，来不得半点做作和卖弄。

68　公文写作中的用词规范

公文作为传递策令、沟通信息、推动公务活动开展的重要工具，特别注重对各种词语的选择和使用，讲究"炼词"的艺术性。它直接关系到公文的内容表达，关系到它的质量和效力。就通常而言，在公文写作中要做到正确用词，应当注意把握以下几点：

1. 要注意区别词语的不同含义，务求词义确切。现代汉语的词汇非常丰富，词义也极其复杂，从不同角度可以划分出不同的类别。在公文写作中，对于词语的使用首先应当做到词义要确切，包括同义词的辨析、词义的轻重、适应范围以及切合对象等方面，必须做到准确无误。要特别注意根据公文表达对象的要求，严格辨析同义词之间的细微差别，准确加以选用，使所用之词符合表达对象的实际。请看如下三例：

① "有来犯者，只要好打，我党必定站在自卫立场上，坚决、彻底、干净、全部消灭之（不要轻易打，打则必胜），绝对不要被反动派的气势汹汹所吓倒。"（《毛泽东选集》第 4 卷，人民出版社 1991 年版，第 1052 页）

这里，作者连用了"彻底""干净""全部"等三个近义词，突出强调了我党歼灭"来犯者"的态度和决心，语意极其强烈。

② "你们的这样许多言论行动，既然和敌人汉奸的所有这些言论行动一模一样，毫无二致，毫无区别，怎么能够不使人们疑心你们和敌人汉奸互相勾结，或订立了某种默契呢？"（《毛泽东选集》第 3 卷，人民出版社 1991 年版，第 864 页）

这段文字，作者一连用了"一模一样""毫无二致""毫无区别"等三个近义词语，旨在强调国民党反动派与敌人汉奸的言论行动完全相同，从而充分有力地揭露了国民党的反动本质。

③"我是主张先把本民族的东西搞通,吸收外国的东西要加以溶化,要使它们不知不觉地和我们民族的文化溶合在一起。这种溶合是化学的化合,不是物理的混合,不是把中国的东西和外国的东西焊接在一起。"(周恩来《在文艺工作座谈会和故事片创作会议上的讲话》)

此例中,通过"溶化""溶合""化合""混合""焊接"等意义上有联系但又有区别的词语的辨正,来形象地说明"溶化"是这样的,不是那样的,从而进一步阐明"溶化"的真实含义。

在对近义词进行认真区辨、准确使用的同时,还要特别注意对名词、动词、形容词和副词等关键词语的锤炼。因为锤炼体现着公文写作者语言表达的功力,如能恰当选用,可以收到最佳的修辞效果。

2. 要注意区别词语的感情色彩和语体色彩。对于感情色彩,主要指要明确表示出作者的意图和指向,或赞成或反对,或歌颂或暴露,必须旗帜鲜明,毫不隐讳,以增强语言的表现力。要正确区分褒义词、贬义词和中性词,不能错用或滥用,否则就会因褒贬失宜而影响词义的正确表达。对于语体色彩,主要包括口头语体色彩和书面语体色彩两种,要注意区别使用,既要用严谨、庄重、简洁而又典雅的书面语体,摒弃口头语体,勿使介入。例如,"宋庆龄同志……是爱国主义、民主主义、国际主义和共产主义的伟大战士,是保卫世界和平事业的久经考验的先驱,是全体中国少年儿童慈爱的祖母……"(《中共中央关于接收宋庆龄同志为中国共产党正式党员的决定》)这段话用词极富书面语体色彩,如果使用口头语体入文,如为了表示"亲切",将书面语词"祖母"换成同义词"奶奶",就会破坏全文的庄重色彩,削弱这一决定的严肃性。

3. 要注意区别词义在不同语境中的不同变化。即要掌握好一词多义的运用,既要注意它的基本意义又要了解它的引申意义,而这对于保证用词的准确性和丰富变化、提高公文写作的质量是十分必要的。应当说,一词多义,是语言发展的结果,因此,写作时要区分场合,正确使用。

4. 要注意选用通俗易懂之词,不要生造词语,也不要使用那些专业性特别强而别人难以看懂的专用语。比如,"龌龊""怯懦""彷徨"等词就不如"肮脏""胆小""犹豫"等词易懂。有人把"成人教育"生造成"成教",把"为外宾参观游览进行向导"生造成"旅游外导",还有人生造四字格式的成语"言笔交加""风雨联合"等,令人难懂。为了做到明白易懂,即使是专业性比较强的公文,也应在不损害内容表达的前提下,尽量写得让人看得明白。

5. 要掌握公文写作的特定用词。在公文写作的长期实践中,形成了一些特定的词语，不同的特定用词分别服务于不同语境的需要，掌握好这些特定用词对于提高公文写作速度是必要的。例如，"根据、遵照、为了、关于、随着……"均属公文开端用词；"我（处）、你（局）、本（委）、贵（校）"均属公文称谓用词；"拟请、恳请、特、报请、可否请批示"均属公文中的期求用词；"责成、交办、试办、办理、执行、可行、可办、同意、照办、批准、原则同意"等均属公文中审批、批办用词；"为荷、特此××、为……而努力、祝……"等均属公文的结尾用词。对上述一些公文常用词语，应当根据公文表达的不同对象和行文的不同关系，按照不同需要有选择地加以使用。

69 公文写作中的炼句艺术

句子是公文中的意义单位，意义明确与否及所能理解的难易程度与句子的繁简成正比。一篇公文正是通过若干个句子、运用一定的句式而集句成文，记载和传递形形色色的公务信息。因此，在写作过程中必须根据各种不同的情况使用恰当的句式，注重变化，使写出来的公文显得富有生气和活力。

公文写作中要正确使用句式，一般应当注意把握如下四点。

1. 要将长句和短句交替运用，使行文铿锵有力。长句是指形体长、词数多、结构比较复杂的句子，短句是指形体短、词数少、结构比较简单的句子。长句和短句，各有各的特点，其中前者表意严密，气势畅达，后者简明活泼，刚劲有力。公文写作中既不能单纯使用长句，也不能一味使用短句，而应将二者有机地结合起来，兼收并蓄，错落有致，使行文富于变化，从而增强其表达效果。例如，"世界在变化，我国改革开放和现代化建设在前进，人民群众的伟大实践在发展，迫切要求我们党以马克思主义的理论勇气，总结实践的新经验，借鉴当代人类文明的有益成果，在理论上不断扩展新视野，作出新概括。只有这样，党的思想理论才能引导和鼓舞全党和全国人民把中国特色社会主义事业不断推向前进。"例中通过长句和短句的交替运用，使行文铿锵有力，气势畅达。

2. 要将整句和散句结合起来，使行文错落有致。整句是指结构相同或相似、长短一致或接近的句子，散句是指结构灵活、长短不一的句子。与长句和短句一样，整句和散句也各有特点，在公文写作中也要将二者结合起来使用，以便使语言表达波澜起伏，引人入胜。例如，"或作讲演，则甲乙丙丁、一二三四一大串；或作文章，则夸夸其谈一大篇。无实事求是之意，有哗众取宠之心。华而不实，脆而不坚。自以为是，老子天下第一，'钦差大臣满天飞'。这就是我们队伍中若干同志的作风。这种作风，拿了律己，则害了自己；拿了教人，则害了别人；拿了指导革命，则害了革命。"（毛泽东《改造我们的学习》）此例是整句和散句交错运用的典范，其中整句有结构相似的，有结构相同的对偶句、排比句，还有字数相同的。不仅散中有整，而且整中见散，使行文错落有致，跌宕起伏，富有节奏，充分显示出了公文语言的感人力量。

3. 要注意把握几种常用的特定句式。 在长期的公文写作实践中，由于具体的内容表达需要，业已形成了一系列较为稳定的特殊句式，它以遵守一般写作炼句的修辞规律为基础，是公文写作中一些具有特殊规律性的句式组合。恰当地掌握这些特定句式，不仅可以提高公文写作的时效，而且还有利于将公文写得言简意赅，鲜明生动。从实际运用的情况来看，公文写作中所使用的特定句式主要有以下八种：

一是以"为""为了"作语言标志、以自我说明为特征的目的句式。在公文开篇交代行文目的，是公文的一种普遍而又基本的写法。其突出的特征就是以介词"为"或者"为了"作为语言标志，由发文主体直接阐述行文的目的。具体分为两种情况：①以"为"或"为了"作起首语，在其后直接写出目的对象和内容；②以"为"或"为了"作过渡语，在其后用"此""这一问题"等来指代先行语句中通过叙述所提出的公务活动中的问题，以此说明行文的缘由和必要性。

二是以"……了"为特征的陈述句式。在公文写作中，特别是工作报告、工作总结、通报、简报、调查报告等文种的写作，要大量使用以"了"为特征的陈述句式，其目的在于使语言表达趋于简练明快，给人以一目了然之感。它一般紧随"完成""解决""取得""克服""开展""推动"等动词之后，用以表达事物的已然时态，其后面接宾语，构成一种完成了某项工作或任务，解决了某一问题或困难，取得了某一成绩或进展的动宾句式。

三是以"必须""禁止"等强调语为特征的祈使句式。这种句式主要用于下行文之中，其作用在于进一步加强语势，给人一种令行禁止、不容置疑之感。具体分为两种情况：①带有命令语气以示肯定的句式。例如"必须搞好非典型肺炎的防治工作"，其中的"必须"即是强调性词语，用以表明发文者的观点或态度。②带有禁止语气以示否定的句式。例如，"严禁巧立名目，利用公款铺张浪费""不准以任何方式将公款私存"等，其中的"严禁""不准"等强调性词语具有庄重、严肃的语体色彩。

四是以"凡……者（的）"为标志的判断句式。"凡……者（的）"是公文中使用频率较高的一种句式，具有表"全称判断"的功用，表明所有这一类型的人或事物全部包括在内，无有例外。同时，它还具有庄严色彩。此外，应当注意，"凡……的"除具有表全称判断作用外，还往往带有贬义。

五是以"将"字结构组成的宾语提前句式。此种句式主要见之于批转或转发性通知以及以复体行文形式发布的通知、报告等文种的写作，通常用"现将"作为起首语，旨在提请收文对象注意，并使行文语气刚劲有力。例如，"现将《关于加强当前安全保卫工作的通知》发给你们，请认真贯彻执行。"显然，这种"将"字提宾的句式要比诸如"现在发给你们……"之类的正装陈述句具有较强的修辞表达效果。

六是前虚后实、以虚带实的"重后"句式。例如，请示的结尾用语即是如此，这里所说的重后，是指一句话中两种截然不同的含义，一个为虚，一个为实，而且前虚后实，即所谓"重点后置"。"是否可行，请批示""妥否，请批示"等语句中，发文主体所希望批的是"妥"而不是"否"，是"是"而不是"否"，前半句中的"否"只是一种虚意，而后半句才是实意，是行文的目的所在。这种重后句式，既使文字精练，又体现出了行文主体的肯定性要求与对工作的严肃态度。

七是把几个并列成分连在一起，由句中一个相同意思的成分综合成句的综说句式。它既可以是综说修辞在前、并列成分在后，也可以是并列成分在前、综说修辞在后。其作用主要在于使行文趋于简练，而且富有气势。例如，"必须大力加强干部队伍的革命化、知识化、年轻化和专业化建设"即为一个综说句式，其中"大力加强干部队伍"为综合，"革命化、知识化、年轻化和专业化"为四个并列成分，如果不采用综说句式，势必分成四个分句进行表述，而这又显然使行文繁冗累赘，令人生厌。

八是以数词缩语为特征的紧缩句式。公文写作讲求言简意赅，精练扼要，这是一条基本原则。为此，往往要对一些内容特定的长句通过附以数词的手法进行高度的浓缩，例如，把"一个国家、两种制度"概括为"一国两制"，把"严以修身、严以用权、严以律己，谋事要实、创业要实、做人要实"概括为"三严三实"，把"全面建设社会主义现代化国家、全面深化改革、全面依法治国、全面从严治党"概括为"'四个全面'战略布局"，把"去产能、去库存、去杠杆、降成本、补短板"概括为"三去一降一补"，把"政治意识、大局意识、核心意识、看齐意识"概括为"四个意识",把"道路自信、理论自信、制度自信、文化自信"概括为"四个自信"等,可以看出,以数词或数量词加名词或名词性词组的方式是这种紧缩句式的重要特征。应当注意的是,在公文中运用数词缩语必须做到表意明确清晰,切忌盲目追求紧缩而使句意难懂,令人费解甚至误解。

4. 要注意表意的明确性,不用含混不清似是而非的句子。诸如"麦苗正蜕变出油油的绿意",其中"蜕变"为何,"油油的绿意"又是一种什么形态,令人难以名状;至于类似"我被青春撞了一下腰""像雾、像雨,又像风""星星还是那个星星,月亮还是那个月亮,山还是那座山,梁还是那道梁""天不刮风天不下雨天上有太阳,……走了太阳来了月亮又是晚上"等晕天眩地的句子,更在摒弃之列。

70 公文写作中的引用规范

引用又称引语,是现代汉语修辞学中的重要"辞格"之一,其基本含义是指为了充分有力地说明问题而运用现成的话(包括文字材料)。在公文写作中,这种"辞格"被广泛运用,它可使行文目的更加明确,观点更为突出,理据更显充实,从而增强其说服力和论证性。同时,恰当地运用、引用,还能够收到言简意赅的表达效果,使行文语言生动活泼,丰富多彩。因此,要提高公文写作质量,充分发挥公文的社会效用,必须注重研究和把握引用的运用规律和技巧。

那么,公文写作中应如何运用引用呢?主要应认真掌握以下"八字诀":

(一)完整

所谓完整,是指在公文写作中,一定要保持引用材料的齐全和完备,力戒割裂肢解,顾此失彼。这里,引用材料无外乎下列 5 种:公文或其他文件材料、领导讲话、成语典故、民谚俗语、经典著作。引用时都必须做到齐全、完整,不容疏漏。在现行公文写作中,引用不完整的突出表现是在引用公文或其他文件材料时,或只引标题,或只引发文字号,这种引用方法都有失规范。那么,究竟怎样引用才算完整呢?正确的做法是应当先引标题,后引发文字号。引用外文应当注明中文含义。日期应当写明具体的年、月、日。由此可见,标题和文号是引用公文必备的要素，缺一不可，否则就是不完整的。

（二）准确

所谓准确，是指在公文写作中，必须保持引用材料的绝对准确，使引用材料与原文完全吻合，毫厘不差。具体地讲，主要包括以下两个方面内容：

其一，无论直引、意引或是二者综合运用，都必须做到准确无误。直引是直接引用有关原文，并用引号加以标明，其特点是既真实又准确。意引是对原文或原话进行综合归纳，作概括叙述，不加引号。与直引相比，它具有使行文简洁凝练、重点突出之功效。但是，由于这种引用是对原文或原话的概述，因而要做到准确，有一定难度。现行公文写作中，引用不准确的主要症结就在于此，或以偏概全，或断章取义，等等。要避免这一问题，必须对原文或原话进行认真揣摩，反复咀嚼，熟悉和掌握其确切含义，然后再选择恰当的语句对所要引用的内容进行概括，切忌掺杂个人的主观认识和评价。特别是对那些内容复杂、篇幅较长的原文，更应慎重从事。直引与意引相结合，系指在一段完整的引文中，既有直引，又有意引，二者互为补充，相得益彰。它可使公文内容表达既真实严整，又准确具体，具有直引和意引的双重效应。

其二，对原文中序数的引用以及法律、法规条款项目的引用必须做到准确无误。原用汉字作序数，引用时也须用汉字，不能随意更动。例如，《党政机关公文处理工作条例》全部采用以汉字数字标注序号的方法，引用时必须准确无误，如"根据《条例》第十七条第四项规定"，引用时就不能写成"根据《条例》第17条第4项规定"；原用阿拉伯数字作序号的也应如此。对于法律或法规的条款项目的引用，必须准确写明第×条第×款（项）。这里，对"款"或"项"的书写最易出现差错，往往将二者混淆。有的法律或法规采用条下设款的方式，而有的却不设款而直接设项。如何进行区别呢？唯一的方法是：起段为款，括码为项。引用时必须准确无误，不容粗疏。

（三）得体

所谓得体，包括三层含义：其一，引用必须结合上下文内容进行，使之衔接自然，勾连紧密。无论从思路还是行文语气方面都要做到贴切自然，天衣无缝。切忌牵强附会，将原本与行文关系不大甚至毫不相干的内容硬性扯在一起。那样，不仅达不到引用的目的，而且还会严重损害文稿的质量。其二，引用要适度，亦即对引语的选择要恰当、得体，只要能够说明问题即可。切忌贪大求全，致使引语过长过多，繁冗累赘，令人生厌。实践表明，引用失度，往往容易导致行文空洞无物，枯燥乏味，对此，必须严加注意。其三，引用还要尊重公文的语体风格，即要做到平实、明快、庄重。对于那些有损公文语体风格的内容诸如庸俗用语、歇后语、浮言藻句等等，一般不宜引用。现行公文写作中，引用不得体的主要表现有二：一是乱"贴标签"，生拉硬拽，或用有关理论去"套"实际工作中的问题，或将实际工作中的问题无限上"纲"，硬性提到思想路线、政治路线的高度，令人难以置信；二是喧宾夺主，随意滥引。或大段抄录，冲淡行文主旨；或画蛇添足，既长且空。这两种表现均有失得体，因此，必须予以注意。

（四）有序

所谓有序，是指：第一，公文中涉及的对引文出处的标注如经典著作的卷次、版次、页数或编、章、节、目，期刊的年度、期数、页数等要讲究顺序，不能任意颠倒；第二，引用公文一定要按照标题在先文号在后的顺序书写（如前所述）；第三，公文特别是司法文书中对有关法律或法规的条、款、项、目的引用也要讲究顺序。

目前，在实际写作中，引用无序的突出表现是在引用有关经典著作时，涉及其版次、卷次、页数的标注，或先写卷次，再写版次，后写页数；或先写卷次，再写页数，后写版次等等，很不统一。正确的方法是按"卷次—版次—页数"的顺序标注，即"××××（见《×××××》第×卷，××出版社×年版，第××页）"。其他诸如对有关著作的篇章节目以及期刊的年度、期数、页数等的标注问题相对较少。这里，还要注意对法律或法规中具体内容的引用，必须按照条、款、项、目的排列顺序，不能粗忽。但是，如果该法律或法规系采用条下不设"款"而直接列"项"的方式，则应打破这一程序，作"越位"处理。

总之，"完整、准确、得体、有序"八个字，是公文引用应当遵守之要诀。

71 公文写作中要正确运用名称

准确、科学、规范地表述各种事物名称，是公文写作的一项重要内容。关于这一问题，国家历来的公文法规都作出了比较明确、具体的规定。而且，在公文写作实践中，人们对各种名称的表述也逐渐形成了一系列较为固定的规范化要求。综合起来，主要应认真把握和遵循如下六条原则：

1. 统一性。是指在公文写作中，对于名称的运用，必须注意保持行文前后的一致性，不能出现同一名称在一篇或数篇公文中有不同的表述的情况。如果确有变动，则应用括号予以标注说明。此外，统一性原则还表现为对各种译名的表述要一致，亦即凡属外国国名和重要的或常见的人名、地名、党派、政府机构、报刊等的译名，均应以新华社的译名为准。

2. 明确性。在公文写作中，有些文种如通告等，往往需要运用专业术语（名称）。对此，必须准确理解其真正含义，对于那些类似和相关的术语，更要区别清楚，避免用错。难懂的术语能不用的最好不用，以保持名称表述的明确性。否则，就会影响公文内容的正确表达，妨害公文的应有效用。还有，要注意避免出现交代不清的名称。对于那些鲜为人知的物品名称或计量单位名称，如确需使用，应予以加注说明。一篇公文中第一次出现的县、市、地区、军分区、乡（镇）、村等名称之前应当冠以所属省份或地区名，但全国闻名的市例外；"组织上""领导上""上级""群众"等是集合名称，只能在泛指的情况下运用。只有这样，才能保证公文中名称表述的明确性。此外，各种名称在公文中第一次出现时，应尽量用全称。如果名称太长确需使用简称，则应在第一次出现全称时，后面用括号加以标注说明。简称要按照一般习惯用法简化，不要随便硬造或苟简。

3. 时效性。即指对于公文中的名称表述，一定要注意其时间效力。有些名称随着时间的嬗递和社会形势的变化而被明令禁用，有些名称又有新的更动，特别是人的职务、级别、单位等可能经常有所变动，这样，其原有的效力就会消失。对此，在公文写作中均应及时作出反应，注意分清场合，不可因循旧有名称不变。但是应该注意，使用新名称时应同时将原名称予以注明。此外，长度单位中的"公尺""公分""公厘"等系旧称，现已明令不用，故均应改用国家法定计量单位名称即"米""厘米""毫米"等。

4. 空间性。即指有些名称的使用还要受到地域的限制，因地而异。在不同地区，对于同一名称的使用包括其含义和用法等可能不尽一致。在此种情况下，必须慎重从事，不可草率造次。也就是说，对于名称的使用，应以普遍、能被一般读者或群众所熟悉为宗旨，而不要使用"地方名称"。

5. 程序性。公文写作中对于各种名称的表述还要注意讲求顺序，不可随意而为。主要包括：其一，对于人名的排列，既可按其姓氏笔画为序，也可以其职务级别为序。要特别注意涉及若干人的职务时，应根据场合按照有关规定正确排列；其二，对于地名，应当按照由大到小的顺序排列。如属同一层次的地名，则应按规定的顺序排列；其三，对于同级机关名称的连用，则应按其各自的法律地位和使用习惯排列。如县级机关应是"县委、县人大、县政府、县政协、县纪委"。其他层级机关的排列顺序亦是如此，不可前后错位；其四，各省、自治区、直辖市并称时，必须按照"各省、自治区、直辖市"的顺序排列。

6. 准确性。这是公文写作运用名称的关键所在。名称表述不准确，就失去了其存在的意义和价值。这里，要特别注意各种事物名称连用时其相互之间的逻辑关系，不能彼此包容或相互交叉。例如，"各机关、单位、工厂、学校"这种表述就有欠准确，因为"机关""工厂""学校"三个概念之间是并列关系，而"单位"与这三个概念之间则是属种关系。在逻辑学上，具有属种关系的概念（名称）不能并列使用；同时对有关条款项目的引用亦应做到准确，不能将"第×款"写成"第×项"。此外，还要注意对人名、地名及其他各种专用名称的表述，应当防止误用同音的别字，以保持其准确性。

72 公文写作要正确运用简称

简称又称缩略语，是现代汉语中词组的基本结构形式之一。它是事物的名称或固定词组简化了的称谓。简称不单纯是全称在数量上的减少，而是全称的科学概括和浓缩。使用简称以后，丝毫不影响全称的特定含义。在公文写作中，为使语言表达简洁凝练，富于概括性和表现力，往往要使用简称。特别是那些内容复杂、篇幅较长的公文，诸如纪要、工作报告、工作总结、综合性简报等，更是如此。

一般来讲，公文写作中使用的简称，其构成形式主要有以下七种：

1. 标数概括。这种简称具有多种表现形式，其总的特点是由数词加名词或名词化的词、词组这样两部分组成，例如，将"经济建设、政治建设、文化建设、社会建设、生态文明建设"简称为"五位一体"，将"不发通知、不打招呼、不听汇报、不用陪同接待，直奔基层、直插现场"简称为"四不两直"等；在这一总的特点之下又可将其划分为以下三种类型：一是单重式，这种标数概括简称通常由一个数词加名词或名词化的词、词组构成，如"四个新常态""四个意识"等;二是双重式,即由两个数词加名词或名词化的词、词组构成,如"双增双减""一个中心两个基本点""一国两制""三大纪律八项注意"等;三是多重式,即由三个或三个以上的数词加名词或名词性的词组构成,如"两参一改三结合""五有六定七不准""三级两类一网考""三去一降一补"等。

2. 取前舍后。如"蹲点调查"简称为"蹲点","蹲坑守候"简称为"蹲坑"。

3. 舍前取后。如"中国人民解放军"简称为"解放军",《中华人民共和国劳动合同法》简称为《劳动合同法》等。

4. 选取全称中有代表性的语素或词。如"中国共产党中央委员会"简称为"中共中央","全国人民代表大会"简称为"全国人大"等。

5. 合并相同成分。亦即省略两个词中的一个相同的语素,如"工业、农业"简称"工农业","离休、退休干部"简称"离退休干部","复员军人、转业军人、退伍军人"简称"复转退军人","病害、虫害"简称"病虫害"等。

6. 取全称首尾。亦即将全称的首字和尾字保留,省略其余的内容,如"中华人民共和国"简称"中国","扫除文盲"简称"扫盲","归国华侨"简称"归侨","微型计算机"简称"微机","整顿作风"简称"整风","外交部部长"简称"外长","军人家属"简称"军属"等。

7. 舍全称首尾。例如,"快速记录"简称"速记","历史地理"简称"史地","物理化学"简称"理化","中央企业"简称"央企","适宜居住"简称"宜居","人民警察"简称"民警"等。

公文中运用简称,主要应注意以下四个方面的问题:

第一,要有可接受性。亦即所使用的简称必须是已经约定俗成或者为公众所认可的,否则不宜使用。

第二,新创简称应力求表意准确、清晰,切忌含糊隐约,生僻晦涩,令人难解其义。例如,"整办",究竟是指"整党办公室",还是指"整顿市容办公室",令人费解。

第三,使用简称,尤其是新创或较少使用的简称,除"知名度"较高者如"一国两制""四项基本原则""一个中心两个基本点""'四个全面'战略布局"等外,必须先用全称,并用括号标注说明。如不予标注说明,就会给人以突兀之感,不知所指。

第四,要尽量避免使人产生歧义。例如,将"上海市测绘研究所"简称

"上测所","人造肉加工厂"简称"人肉厂","社会主义精神文明建设办公室"简称"社精办"等,应当坚决加以避免。

73 公文写作要正确运用事例

在公文写作中,有些文种如情况报告、工作总结、调查报告等,往往与事例有着不解之缘。如能正确运用,可使行文的观点或结论更加明确突出,更具说服力和论证性。同时,恰当地运用事例,还可有效地避免抽象、枯燥的弊端,使行文有血有肉,充满生气与活力。因此,要提高公文写作质量,特别是寻求情况报告、工作总结和调查报告等文种的高品位,必须注重对事例的运用。

那么,公文写作究竟如何运用事例呢?主要应认真把握如下"五性":

1. 真实性。真实是公文写作运用事例的基础和前提,事例不真实,就会失去其存在的意义和价值,造成不良影响和难以预料的损失。这里,真实包括两层含义:其一,它必须是现实生活中客观存在的,而不是公文写作人员为着某种目的随意杜撰的;其二,它必须能够反映客观事物的一定本质,而不是个别的、偶然的表象。要做到真实,就要求公文写作人员必须深入实际,认真进行调查研究,切实获取和掌握第一手材料,而决不能凭借传闻或者道听途说进行写作,更不允许随意编造。同时,还要有正确的思想意识和思想方法,不能随意扬"善"或隐"恶"。

2. 准确性。所谓准确,就是要确凿无疑,可靠无误。它与上述"真实"相辅相成,一本所系。它是公文写作运用事例的生命,特别是对于工作报告、工作总结和调查报告这类文种,在汇报工作、反映情况、总结成绩时,更要求事例运用要准确,包括对人物言论的记述,对有关问题或事件发生的时间、地点、过程、起因和结果的叙写,对有关数字、名称等的表达等,均应如此。如是间接材料,必须反复核实,方可运用。要做到准确,首先要求公文写作人员必须具有较强的语言表达能力,要能够用简明扼要的文字将所获取的事例恰如其分地描述出来。写入公文中的事例,必须与客观实际相吻合,不容出现差错。这样,用语要肯定,不宜使用诸如"也许""大概""可能"等模棱两可的词语(工作总结文种尤应禁忌),否则就有失准确;但是对于那些如实说明事物可靠程度的词语如"据不完全统计"等,不在此列。其次要求作者必须深入实际，注重调查研究，力争运用第一手材料。对此，上文在阐述事例的真实性要求时已很明确，此不赘言。只有在真实的前提下，才能保证事例的准确性。

3. 典型性。这是公文写作运用事例的关键。事例不典型，就缺乏说服力。所谓典型，究其含义，应是具有某种代表性的，能够集中反映一般事物的本质和规律的东西，它是同类事物的代表。典型既有正面的、先进的，也有反面的、落后的，还有代表事物的发展趋势或方向以及反映事物一般的、平均的发展水平的典型。由于作者在实践中所获取的事例往往不止一个，但又不能将它们都写入公文，在这种情况下，就应采用比较分析的方法，对这些事例进行认真权衡，反复比较，选用最有代表性、最能说明问题的事例即所谓典型事例入文。

4. 针对性。即对事例的运用，必须针对行文的观点或结论来进行，这是公文写作运用事例的目的和宗旨。缺乏针对性，就不足以说明问题。由于公文中的事例是为说明、印证所提观点或作出的结论服务的，因此对于事例的选用，必须紧紧围绕观点或结论进行。当然，观点或结论来源于事例，是从大量的事例中提炼升华而来，又反过来统辖事例。没有事例的扶助和烘托，观点或结论只能是空洞抽象的说教，也难以令人接受。但是，如果所运用的事例与观点或结论的结合不够紧密甚至相悖，即缺乏针对性，就会失去其自身应有的效用，有损于通篇公文的质量。为此，就要求对事例的运用，必须能够充分、有力地说明观点或结论，使二者相互印证，互为补充，达到有机的统一。

5. 生动性。生动性是公文写作运用事例的基本要求。事例不生动，就没有吸引力和可读性。由于事例是客观存在的事实，而事实本身往往就是五光十色、生动感人的，因此，写作时无需过多地刻意渲染、铺陈和藻饰，只要将事实客观、准确地描述出来，就会给人以生动之感。但是，常有这样的情况：原本很是生动的事例，由于作者的不适当描绘，却显得干瘪枯燥，笼统空泛，难以引起阅读者的兴趣。这样的事例，也就难以产生应有的效用。为此，就要求公文写作人员在具备较高语言表达能力的基础上，深入实际，准确、具体地了解和把握事实的来龙去脉，对其中的重要细节包括人物的一言一行，都不要轻易放过。

综上所述，真实性、准确性、典型性、针对性和生动性是公文写作运用事例必须遵循的基本原则。这五"性"之间彼此渗透，互为依存，互相补充，共同构成一个不可分割的整体。忽视其中任何一"性",所运用的事例就会变得黯淡无光。

74 公文写作中的省略技巧

省略,简略、疏略之意,亦可称为"删繁就简"。恰如其分地运用省略,并非易事。写作主体既需要具有深邃的思想和政治水平,又需要具备精深的语言文字功夫,还必须讲究高超的行文表达技巧。

公文写作中的省略技巧,大致有以下情形:

1. 对于社会实践提出的一些重大而敏感的政治问题,在公文写作中不能给予回避,而又难以表述时,就要敢于和巧于用省略来处置。

例如,在《胡乔木文集》第二卷中,收入了《谈〈关于建国以来党的若干历史问题的决议〉对"文化大革命"的几个论断》一文。此文是胡乔木于1980年9月21日在全国省、市、区第一书记座谈会上的讲话稿,写于《关于建国以来党的若干历史问题的决议》诞生之前九个月。此文有这样几段话,可以作为运用省略技巧的典范:

……最大的争论问题,就是毛泽东思想。我们认为,一定要讲毛泽东思想,而且毛泽东思想不包括毛主席的错误。……

我们党在很困难的条件下达到社会主义的胜利,虽然也有其他许多同志的贡献,但是,我们把他们的著作摆在一起,比方说,把少奇同志的著作,恩来同志的著作,跟毛主席的著作摆在一起一比,就可以看出来,在少奇同志的著作中,在恩来同志的著作中,就缺少很多东西,这是很难相提并论的。将来周恩来同志的选集出版以后,大家一看就可以看清楚。我们所要的毛泽东思想,就是这个毛泽东思想。……

我们现在写若干历史问题的决议,对毛主席的批判是够严厉的。以为今天把毛泽东搞得愈臭越好,这究竟会达到一种什么样的结果?究竟能够适合于什么人的利益?的确要认真思考一下。我们当然要实事求是,同时也不能不顾全大局。所以,我们还是以为,要坚持毛泽东思想,也用毛泽东思想的科学体系这个提法。……

胡乔木的这几段话出色地运用了省略的技巧。其中谈到有其他许多同志的著作,不能与毛泽东著作相提并论。可是只列举了刘少奇、周恩来的著作,而

"许多其他同志"就略而不提了，省得极好；在将少奇、恩来同志的著作与毛主席的著作进行比较时，只说少奇、恩来同志的著作中"缺少很多东西"，至于这"很多"究竟指的是什么？又略而不说了，省得绝妙；在谈到不能否定毛泽东和毛泽东思想时，接连用了两个设问：究竟会达到什么结果？究竟适合于什么人的利益？用得十分巧妙，妙就妙在只问不答，让读者去思索。继而在谈及对毛泽东及毛泽东思想的评价时，又进一步强调既要实事求是，又要顾全大局。而这当时的"大局"又是什么呢？又是略而不叙了。上述这些略而不提、不说、不叙之处，绝不是作者一时的疏忽。因为"他回答你的问题时，不但能说明是什么，而且说明为什么，总要讲出一番道理"，而是使用了"出手不凡，思想内容深邃，表述技巧高超，用字遣句讲究"的公文省略之法。

2. 对于公文表述中一些特定的内容，譬如读者一看便知的语义信息；标题中已经蕴含的内容；约定俗成或已被社会公认的人名、地名、事物名称等，也可以使用省略的技法来处理。例如：

中国共产党党内监督条例

第一章　总则

第一条　为加强党内监督，完善巡视制度，规范巡视工作，根据《中国共产党章程》，制定本条例。

第二条　党的中央和省、自治区、直辖市委员会实行巡视制度，建立专门巡视机构对下级党组织领导班子及其成员进行巡视监督。

第三条　巡视工作坚持党要管党、从严治党的方针，维护党的纪律，保证党的路线方针政策和中央重大决策部署的贯彻执行。

第四条　巡视工作坚持党的领导、分级负责，实事求是、客观公正，发扬民主、依靠群众的原则。

....

在这段引文中，"制定本条例"一句，省略了主语"中共中央组织部和中纪委"。因为主语具有不言即明的特性，所以省略之后，读者不会发生误解。

3. 对于一些含有附件的公文，附件所涉及的内容，在正文中也往往采用省略的办法来处置。

此外，公文中的某些内容，如果在已发的其他公文中已作过表述，本公文又需涉及，则亦可采用省略的办法处置。

75　公文写作中"要"字句的正确用法

"要"字句是公文中常用的一种特定句式，它通常出现于一句话的开头，用以表示"应该……""必须……"之意，对人们的行为起到一种提醒、希望、要求或命令的作用。恰当地运用"要"字句，能够增强行文的坚定性、原则性和论断性，使之观点鲜明、态度显豁、文字简要，具有很好的修辞表达效果。正因为如此，在公文写作中，"要"字句的使用频率很高。

值得注意的是，"要"字句应当根据不同的行文方向和公文文种恰当地加以使用。一般而言，下行文中的指示周知性的文种诸如决定、决议、通知、批复，等等，在表示希望、要求、提醒、命令人们去做某件事、采取某项行动时，往往要用这种"要"字句。例如：

"严明工作纪律。调查研究要严格执行中央八项规定及其实施细则精神，轻车简从，厉行节约，不搞层层陪同。要采取"四不两直"方式，多到困难多、群众意见集中、工作打不开局面的地方和单位开展调研，防止嫌贫爱富式调研。要加强调研统筹，避免扎堆调研、多头调研、重复调研，不增加基层负担。要力戒形式主义、官僚主义，不搞作秀式、盆景式和蜻蜓点水式调研，防止走过场、不深入。要在调查的基础上深化研究，防止调查多研究少、情况多分析少，提出的对策建议不解决实际问题。对违反作风建设要求和廉洁自律规定的，要依规依纪严肃问责。国务院各有关部门要根据各自的职能分工，加强对《计划》执行的指导、支持和监督。"（《中共中央办公厅印发关于在全党大兴调查研究工作方案的通知》）

上例中，通过运用7个"要"字句，向收文者提出要求，表示出应当怎样去做，语势坚定有力，论断性强，令人不容置疑。

但是，在上行文的请示、报告及意见等文种中，因其多属叙事、申明和祈使性的，故而只能使用计划、打算、商讨和请求性的语气，而不宜使用"要"字句。否则，就会显得很不得体。

还要注意的是，使用"要"字句一定要做到妥当适度，不可过多过滥。当前在一些文件、讲话和理论文章中，文风上存在的问题仍很突出。因为公文既要解决做什么的问题，还要解决怎么做的问题。一个"要"字必然有一批文字来解决怎么办的问题。公文不解决实际问题，就只能做一些陈旧性的、重复性的、假大空的东西出来。而这种假大空、这种文风，最后的避难所就是领导的官僚主义，就是领导疏于亲政。

76 公文中"该"字句的正确用法

"该"字句是公文中用于表示第三人称的特殊句式，能使行文体现出简洁、庄重的特色。但要注意的是，这个句式往往是带有贬义的，如"该同志思想一贯消极""该犯好逸恶劳"等。因此，必须注意不能滥用。实践中，很多同志对此把握不准，不论是用于表扬的还是用于批评的都用"该同志积极靠拢党组织""该生""该领导"等，是不尽妥当的。

77 公文中"将"字结构的正确用法

在现代汉语中，"将"字含义达10余种，在不同的语境使用，其含义相去甚远。在公文中出现的"将"字，大多是介词，取其"把"的含义，构成"现将……""兹将……""拟将……""已将……""还将……"等介词结构，分别用作起首语、承启语等。在具体文种的使用上，多见之于批转、转发和印发性通知，例如，"现将《党政机关公文处理工作条例》印发给你们，请照此执行"。

78 公文中"的"字结构的正确用法

"的"附在词语的后面，表明这个词语是名词的修饰语。在句子成分中，名词的修饰语称为定语，所以"的"是定语的标志。公文中使用"的"字结构时，要注意与"地"字结构助词相区别，以免误用。"的"字之后跟的是名词，"地"字之后跟的是动词或形容词，"地"字结构助词是动词或形容词的修饰语，在句子中作状语，"地"是状语的标志。"的""地"一字之差，区别很大。动词或形容词在文中充当主语或宾语时，它们便成了陈述的对象，或动作所涉及的对象，就被当成一件事物的名词化，此时的动词或形容词应用"的"字结构助词来修饰。以"的"字收尾的词组，在公文中还具有分类和指代作用，多指被贬的人和事物，如"以权谋私的""聚众闹事的"等。

79 公文中联合词组的正确用法

所谓联合词组，指的是词与词之间是联合、并列关系的词组。例如，"党政工青妇""工矿企业""民间团体""政策和策略""勤劳而勇敢""讨论并通过""贯彻执行""立场、观点和方法"等。表达公文内容要用到大量的联合词组。文中出现联合词组时，要注意连词的使用。

（1）两个名词联合常用"和"字相连。

（2）两个动词联合常用"并"或"并且"相连。

（3）两个形容词联合常用"而"或"而且"相连。

（4）多词联合可直连，如"农林牧副渔"，也可用顿号相连，如"团结、紧张、严肃、活泼"，还可以顿号与连词并用相连，如"试验、改良并推广"，前面各词之间用顿号，后面两词之间用连词。联合词组在文中可以充当句子的各种成分。

80 公文写作中"拟同意"一语的正确用法

"拟"有认为、打算、想要、考虑之意，是公文中用于表示谦敬的词语，通常出现于上行文的请示、报告及意见等文种的写作之中。在下行文的批复中，有时也要用到这一词语，且往往与"同意"连用。

值得注意的是，"拟同意"一语的使用具有较为严格的职责限定。它不仅具有"谦敬"之义，而且能够体现出主体的职责权限。有无"拟"字，是有无最后决定权的标志。这就是说，主体对某一事件或问题的处理若有决定权，即只需表明"同意"，而不宜用"拟同意"，以示肯定；而如果只有表态权却没有决定权，则以使用"拟同意"为宜。

81 公文写作中"进行"一词的正确用法

在公文写作中,"进行"是使用频率很高的一个词语,表示从事、做、开展等的意思。它一般用于这样两种情形:一是用于比较庄重、正式的行为,例如,"中华民族是世界上古老而伟大的民族,创造了绵延五千多年的灿烂文明,为人类文明进步作出了不可磨灭的贡献。一八四〇年鸦片战争以后,由于西方列强入侵和封建统治腐败,中国逐步成为半殖民地半封建社会,国家蒙辱、人民蒙难、文明蒙尘,中华民族遭受了前所未有的劫难。为了拯救民族危亡,中国人民奋起反抗,仁人志士奔走呐喊,进行了可歌可泣的斗争。"(《中共中央关于党的百年奋斗重大成就和历史经验的决议》)其中的"进行"是用于非常严肃的事情,因此,使行文显得庄重;二是用于持续性强的行为,例如,"各单位要将业务工作与正在进行的纪律作风整顿活动紧密结合起来,真抓实干,务求实效"。这里使用的"进行"修饰后面的"纪律作风活动",而该项活动显然不是短暂行文,需要"进行"一段时期,因此用"进行"是比较恰当的。

但在当前的公文写作中,我们却发现有些"进行"用得过滥,给人一种画蛇添足之感。例如,"公司迅速开会进行了研究,决定对张××进行批评教育,并对受到伤害的一方进行慰问,对其所受的损失进行赔偿,同时通报全体职工,向大家进行一次纪律教育。"这里的"进行"就用得很多,造成臃肿累赘。为此,可以采取变换句式的方法,将"对……""向……"的介词结构句式改为直陈的句式,如将"向大家进行一次纪律教育"改为"教育大家遵守纪律"等。

82 公文写作中必须使用小写汉字数字的情形

在公文写作中,除特定情形外,对于所涉及的数字均应使用阿拉伯数字。但在有些情况下,又必须使用汉字数字。主要有如下三种情形:

1. 非公历纪年。 干支纪年、农历月日、历史朝代纪年及其他传统上采用汉字形式的非公历纪年等,应采用汉字数字,如丙寅年十月十五日、腊月二十三、八月十五中秋、秦文公四十四年、太平天国庚申十年九月二十四日、日本庆应三年等。

2. 概数。数字连用表示的概数、含"几"的概数，应采用汉字数字，如三四个月、一二十个、四十五六岁、五六万套、五六十年前、几千、二十几、一百几十、几万分之一等。

3. 已定型的含汉字数字的词语。汉语中长期使用已经稳定下来的包含汉字数字形式的词语，应采用汉字数字。例如，"万一"、"一律"、"四书五经"、"三叶虫"、"星期五"、"不管三七二十一"、"七上八下"、"半斤八两"、"八九不离十"、"白发三千丈"、"五省一市"、"五四运动"、"相差十万八千里"、"不二法门"、"二八年华"、"一·二八"事变、"一二·九"运动等。

83 公文写作中必须使用阿拉伯数字的情形

在公文写作中，凡是能够使用阿拉伯数字而且又很得体的地方，均应使用阿拉伯数字。主要有如下三种情形：

1. 用于计量的数字。在使用数字进行计量的场合，为达到醒目、易于辨识的效果，应采用阿拉伯数字，如－125.03、34.5%、63%～68%、1∶500、97/98等；当数值伴随有计量单位时，如长度、容积、面积、体积、质量、温度、经纬度、音量、频率等，特别是当计量单位以字母表达时，应采用阿拉伯数字，如523.56km（523.56千米）、346.87L（346.87升）、5.34m²（5.34平方米）、605g（605克）、34～39℃（34～39摄氏度）、北纬40°（北纬40度）、120dB（120分贝）。

2. 用于编号的数字。在使用数字进行编号的场合，为达到醒目、易于辨识的效果，应采用阿拉伯数字。例如，电话号码：98888；邮政编码：063000；通信地址：北京市复兴路10号；汽车号牌：京A00001；公交车号：302路公交车；公文编号：中办发〔2023〕14号；刊物编号：CN11－1399；单位注册号：02050214；道路编号：101国道等。

3. 已定型的含阿拉伯数字的词语。现代社会生活中出现的事物、现象、事件，其名称的书写形式中包含阿拉伯数字，已经广泛使用并稳定下来，应采用阿拉伯数字，如5G手机、MP3播放器、G20峰会、维生素B12、95号汽油、"5·27"事件、"12·5"枪击案。

84 公文写作中在什么情况下既可以使用阿拉伯数字又可以使用汉字数字

根据《出版物上数字用法》的规定，在公文写作中如果表达计量或编号所需要用到的数字个数不多，选择汉字数字还是阿拉伯数字在书写的简洁性和辨识的清晰性两方面没有明显差异时，两种形式均可使用，例如，17号楼（十七号楼）、3倍（三倍）、第5个工作日（第五个工作日）、100多件（一百多件）、20余次（二十余次）、约300人（约三百人）、40左右（四十左右）、50上下（五十上下）、第4季度（第四季度）、第8天（第八天）、20世纪80年代（二十世纪八十年代）、2023年4月1日（二〇二三年四月一日）、12天（十二天）、1/3（三分之一）、0.5（零点五）、120周年（一百二十周年）、下午4点40分（下午四点四十分）、第45份（第四十五份）等。值得注意的是，如果要突出简洁醒目的表达效果，应使用阿拉伯数字；如果要突出庄重典雅的表达效果，应使用汉字数字。例如，十四届全国人大一次会议（不宜写为"14届全国人大1次会议"）、六方会谈（不宜写为"6方会谈"）。在同一场合出现的数字，应遵循"同类别同形式"原则来选择数字的书写形式。如果两数字的表达功能类别（如都是表达年月日时间的数字），或者两数字在上下文中所处的层级相同（如文章目录中同级标题的编号），应选用相同的形式。反之，如果两数字的表达功能不同，或所处层级不同，可以选用不同的形式。例如，2023年8月8日、二〇二三年八月八日，但不写为"二〇二三年8月8日"，第一章 第二章……第十二章，不写为"第一章 第二章……第12章"，但第二章的下一级标题可以采用阿拉伯数字编号。此外，要特别注意避免相邻的两个阿拉伯数字造成歧义的情况，例如，高三3个班、高三三个班，不写为"高33个班"；高三2班、高三（2）班，不写为"高32班"。但具有法律效力的文件、公告文件或财务文件中可同时采用汉字数字和阿拉伯数字。例如，35.5元，也可以写为"三十五元五角""35元5角""叁拾伍圆伍角"。

85 公文写作中计量单位的规范用法

《党政机关公文处理工作条例》第十一条规定，公文使用的汉字、数字、外文字符、计量单位和标点符号等，按照有关国家标准和规定执行。公文中常用的法定计量单位应当严格按照国家技术监督局于 1993 年 12 月 27 日批准、自 1994 年 7 月 1 日正式施行的《国际单位制及其应用》（GB 3100－93）使用。一般而言，主要有：

1. 质量（重量）单位：千克或公斤（kg）、吨（t）、克（g）、毫克（mg），不能用斤、市斤、两、钱。

2. 长度单位：千米或公里（km）、米（m）、厘米（cm）、毫米（mm），不用里、尺寸、公分。

3. 功率单位：千瓦（kW）、瓦（W），不用马力。

4. 功、热单位：焦耳（J），不用卡、千卡。

5. 体积（容量）单位：升（L），毫升（mL），不用公升、立升。也可用立方米、立方厘米。

6. 电量单位：千瓦·时（kW·h），不用度。

7. 土地面积单位：平方米（m^2）、公顷（hm^2）、平方公里（km^2），不用亩、分、厘、平方丈。

8. 力的单位：牛〔顿〕（N）、千牛〔顿〕（kN），不用公斤力、千克力。

86 公文写作中标点符号的正确用法

标点符号是书面语言重要的有机组成部分，它能帮助人们分清句子结构、辨明句子的语气、识别词语的性质。对公文写作来讲，标点符号更有其特殊的意义。往往一"点"之差，就会谬以千里。因此，对于公文中的标点符号问题，必须予以高度的重视。

一般来说，公文写作中对于标点符号的使用应当注意把握以下三点：

1. 要严格按照《标点符号用法》的规定使用。《标点符号用法》（GB/T 15834－2011）是国家质量监督检验检疫总局和国家标准化管理委员会于 2011 年 12 月 30 日发布、2012 年 6 月 1 日起正式施行的，其中将标点符号的种类规定为 17 种，各有其特定的用途标准。在公文写作中必须按照规定使用，以确保其规范化。

2. 要掌握标点符号的点放位置。 标点符号是辅助文字记录语言的符号，是书面语的有机组成部分，用来表示语句的停顿、语气以及标示某些成分（主要是词语）的特定性质和作用。公文中使用的标点符号可以分为点号和标号两大类，其中点号又分为句末点号和句内点号。句末点号包括句号、问号和叹号；句内点号包括逗号、顿号、分号和冒号。标号包括引号、括号、破折号、省略号、着重号、连接号、间隔号、书名号、专名号、分隔号。根据《标点符号用法》的规定，句号、逗号、顿号、分号、冒号均置于相应文字之后，占一个字位置，居左下，不出现在一行之首。问号、叹号均置于相应文字之后，占一个字位置，居左，不出现在一行之首。两个问号（或叹号）叠用时，占一个字位置，三个问号（或叹号）叠用时，占两个字位置，问号和叹号连用时，占一个字位置；引号、括号、书名号中的两部分标在相应项目的两端，各占一个字位置，其中前一半不出现在一行之末，后一半不出现在一行之首。破折号标在相应项目之间，占两个字位置，上下居中，不能中间断开分处上行之末和下行之首。省略号占两个字位置，两个省略号连用时占四个字位置并须单独占一行。省略号不能中间断开分处上行之末和下行之首。连接号中的短横线比汉字"一"略短，占半个字位置，一字线比汉字"一"略长，占一个字位置；浪纹线占一个字位置。连接号上下居中，不出现在一行之首。间隔号标在需要隔开的项目之间，占半个字位置，上下居中，不出现在一行之首。着重号和专名号标在相应文字的下边。分隔号占半个字位置，不出现在一行之首或一行之末。标点符号排在一行末尾时，若为全角字符则应占半角字符的宽度（即半个字位置），以使视觉效果更为美观。

3. 要尽量排斥各种异号的使用。异号是书面语言中使用的国家正式规定之外的标点符号，主要有这样四种：（1）用"△"或"●"标明顺序；（2）用"/"表示列车往返车次；（3）用"，"（逗号）作为数字中三位分节法的分节号；（4）用"××"代替人名、地名、数字或一些不便于明确表示的概念等。在公文中，应尽力排斥异号的使用。因为公文重在实用，无论内容的表达、格式的安排，还是语言的运用，包括标点符号的使用都应力求规范和正确，符合国家的有关规定，所以，对那些国家没作明文规定的异号不应随意使用，以维护其规范化和严肃性。

87 公文中结构层次序数的规范性要求

结构层次序数往往见于内容复杂、篇幅较长的公文。它的使用是否规范、正确，直接关系公文的条理是否清楚、外在结构是否合理。关于这一问题，《党政机关公文格式》中规定，公文中的结构层次序数，第一层为"一、"，第二层为"（一）"，第三层为"1."，第四层为"（1）"。这种结构层次序数标识方法，可以使人清楚地看出一篇公文大的层次及里面所包含的小层次，便于把握公文的脉络，从而为准确地理解和办理公文打好基础。在具体使用时，需要注意把握如下四点：

1. 要准确，不要写错。实践中常见的诸如"（一）、""1、""（1）、"之类的写法都是不符合规范的，应分别改为"（一）""1.""（1）"。

2. 要适度，不要过细。公文中使用的结构层次序数，法规中所规定的四个层次，一般而言即已够用。因此，应当将结构层次尽可能地控制在四层以内。实践中有些公文所使用的诸如"①""1)"，甚至A、B、C、D之类的层次序数均为不妥。公文中使用的结构层次序数过细过多，往往会给人以散乱、零碎之感，显得很不紧凑。

3. 要有序，不要越级。公文中的结构层次序数，一定要按照法规中规定的层级顺序使用，不能越级套用。因此，实践中所见的诸如"（一）、（1）"之类的表述，是不合规范的。但如果一篇公文的层次只有两层，那么如果第一层使用了"一、"，则第二层既可以使用"（一）"，也可以使用"1."，也就是说可以越级套用。如果只有一层，则只能使用第一层或者第二层，而不可以直接使用第三层，以免给人单摆浮搁之感。

4. 要合格，不要旁骛。是指对于结构层次序数的使用，应当采取序数显示的形式，尽可能地不用诸如"首先""其次""再次"，"第一""第二""第三"，"此其一""此其二""此其三"之类的结构层次序数表示法。

88 公文小标题序号之后顿号的规范使用

在许多公文中，带有序号小标题的一般形式是：一、△△△二、△△△三、△△△，而且仅限第一层小标题。不能否定，在公文小标题前使用序号可使层次分明，令人一目了然。但特别需要注意的是，在有些情况下可能会造成歧义，诸如在序号之后使用的顿号与公文其他部分内容表述中使用的顿号完全一样，以致序号与标题文字连为一体，使人难以分辨。在下列情况下，弊病十分明显：一、二类变三类；二、三次反复；三、四大效果。因此，为使公文小标题中的序号使用不失本意又有鲜明性，应当尽量避免在顿号之后再出现序号。对于采用第三层结构层次序数的，要注意其后应当紧跟下点号即"1.……2.……3.……"，而不可以使用顿号，以示区别。

89 公文中表示倍数数目字的正确用法

在公文中，倍数用于表示事物数量的增减，常与"为""到""了"配合。增加时，要注意将除原数外的增加数增加后的和数表述准确。例如，"增加""上升""提高""扩大""增长"等词后面附带"到""至""为"字，是用以说明加上增加数的和数；附带"了"或不带"了"字，则不包括本数在内。减少时，如"减少""降低""缩小"等词后面附带"到""至""为"字，是用以说明原数减去减少数的差数，带或不带"了"字，则不包括本数在内。例如，增加了3倍，即原为1，现为4；增加到3倍，则原为1，现为3。降低了60％，即原为100，现为40；降低到60％，即原为100，现为60。要注意不能用降低××倍或减少到××倍的表述，而只能用降低××％或减少了××％。

90 公文中表示比例关系数字的正确表达

在公文写作过程中经常涉及对有关比例关系的表述问题，撰写时要注意讲求规范。例如，降低到过去的70％，是指过去为100，现在为70；提高到过去的130％，是指过去为100，现在为130，现在比过去提高了30；比过去提高了80％，是指过去为100，现在为180；比过去降低80％，是指过去为100，现在为20；由过去的60％提高到80％，是指过去和现在两者的基数均为100，过去为60，现在为80；由过去的80％降低到60％，是指过去和现在的基数均为100，过去为80，现在为60。对此，一定要弄清楚，并要做到准确表述。

91 公文中"零"和"点"的规范表达

"零"和"点"在公文中经常用于表示事物的数量。应当注意的是，阿拉伯数字 0 在汉字中有"零"和"〇"两种表现形式。需要明确，凡用汉字并加位数词的数字，除年份可用"〇"外，其他应一律用"零"，如"二〇二三年"；但"二百零三公里"，不能写成"二百〇三公里"。"点"仅用于汉字数字，阿拉伯数字不用，如"零点六"或"0.6"，不能写作"零.6"或"0点6"。

92　公文中遇有空格标题的规范引用

公文中运用引用的一条基本原则是必须做到准确，即要忠实于原文，不能随意更动。不但内容上如此，就是在形式上也应这样办。因此，在写作实践中经常见到将原本采用空格方法处理的标题硬性加入一个逗号，有欠准确。例如，原标题为《求真务实　团结奋进》，引用后成为《求真务实，团结奋进》，严格而言是不符合规范的。实际上，在两个并列的四字格词组之间用空格形式隔开，是完全可以的，因为它并不影响文意的准确表达。不过在引用时尽可能地不要使间隔过长，一般以空 2 格为宜。

93　公文写作中篇前撮要的运用要求

"撮要"是公文写作中常用的一种重要技法，包括篇前撮要与段前撮要两种情况。其基本含义是用简明扼要的语句将一篇公文或公文中的某一层次或段落的核心内容加以概括，置于公文的篇首或段首。其目的是使公文所要表达的内容更加鲜明、突出、醒目，更加易于读者理解和把握，使之较为直接地领会全文的精神实质，达到提纲挈领、纲举目张之效。

公文写作中运用撮要表达技法，应当注意做到如下三点：

1. 确切。"确切"是撮要的生命所在。无论是篇前撮要还是段前撮要，其对全篇公文或对公文中某一层次或段落内容的概括务必准确恰当，既不能失之于宽，也不能失之于窄，否则就起不到撮要的作用。实践中，这种撮要句概括失准的现象并不在少数，应当加以注意。要对公文所要表达的内容加以确切了解和把握，抓住要害，弄清精髓，并要在用语上仔细揣摩，反复推敲，以求确切。

2. 精练。 既然是撮要，其对语言的运用就必然要十分简要精练。要用高度概括的语句对全篇公文或对其某一层次或段落的内容作出表述，切忌言不及义，拖沓烦冗。特别是段前撮要，有些层次或段落本来就较短，因而其段旨句就更加要求精练，必须做到"立片言而居要"，唯其如此，方能使之成为该段之"警策"，收到应有的表达效果。

3. 实在。 即指对于篇旨句和段旨句的概括必须切合公文的实际内容，切忌避"实"就"虚"，诸如篇旨句讲些目的、意义之类的"套话"，段旨句为求匀称和谐而有意拟制诸如"关于……问题"构成的排比句式之类，让人产生堆砌、拼凑之感。这里，我们绝不是否定各段旨句之间在布局结构上的匀称搭配，只不过是主张不要过分追求，刻意而为，进而使之成为一种文字游戏，那样会给公文内容的表达造成负面影响。

94 公文写作中语言密度的调整

公文语言应当是美的语言。它的这种美固然不像文学作品那样斑斓绚丽、五彩缤纷，但也同样应当是活泼生动、别具特色。而要做到这一点，其中很重要的一个方面就是要根据具体的内容表达需要合理地调整好语言的密度，使之疏密相间、张弛适度，读起来和谐悦耳、铿锵有力，能够给人以美感。

语言密度的大小与用字的多少成正比。字数多，则语言密度大；字数少，则语言密度小。公文写作要求以最小的语言密度来表现语言容量最为丰富的内容，做到言简意赅，文约意丰。但这只是问题的一个方面，而且是最主要的方面和最基本的要求；但在有些情况下，公文写作又必须使用密度大的语言，以便使之内容表达更为详尽、具体，更具有说服力和论证性。从实际情况来看，对于公文语言密度的调整主要应考虑如下四方面因素：

1. 要根据不同的文种特征及要求进行调整。 这就是说，公文语言密度的大小要受不同的文种的制约。不同的文种，其语言密度各异。一般而言，凡是涉及以陈述事实或阐述理由为主的公文，其语言密度往往较大，如工作报告、调查报告、先进事迹材料等。例如，一篇题为《关于公路建设资金审计情况的报告》，文中谈到"违反国务院关于禁止在公路上乱设站卡、乱罚款、乱收费的规定，收取车辆通行费"时，有这样一段表述："浙江、河北、云南等省在不符合规定条件的公路桥梁上设立站卡，收取车辆通行费 7.98 亿元。河北省

1991年以前改扩建110国道怀来至宣化段，总投资1.03亿元，其中银行贷款仅为100万元，其余全部为财政性资金，但省交通厅在1992年未经省人民政府批准（1996年省人民政府才发文核准），违规设站收费，截至1998年底，已累计收取车辆通行费1.72亿元，相当于银行贷款的172倍。"这是一段语言密度较大的文字，特别是对河北省交通厅违规收取车辆通行费的表述，列示了一系列具体数字，并作了相应的说明和折算，从而使违规的程度及情节更加明确具体，进一步增强了行文的说服力。而那些带有告知和指令性的公文，其语言密度一般相对较小，往往只需将有关内容交代明白即可，不需过细陈述，如通知、公告、通告、命令、批复、函等文种通常这样做。值得注意的是，即便是同一事件，在不同的文种中其语言密度的大小也会有所不同。例如，在事故性调查报告中，对有关事实的叙述要求详尽、具体，要交代出事故发生的来龙去脉，给人以完整的印象，这样其语言密度就大；而据此拟写的处分决定或者批评性通报，其对有关事实的叙述则要予以概括，语言密度要小。因此，在写作过程中要视具体情况来考虑删存，使语言密度适当。

2. 要根据公文不同的结构要素进行调整。一篇公文的结构无外乎是由标题、正文和结尾这样几个基本要素组成，不同的要素对语言密度调整的要求也不相同，写作时必须分别对待，恰当处置。就通常情况而论，标题、正文的开头部分以及结尾，其语言密度相对要小。特别是公文的标题，它是全篇的眉目，必须准确、简要地概括出公文的主要内容，而要做到简要，其用语必须高度精练、浓缩，尽可能地将语言密度控制在最小限度之内，切忌拉杂冗长。实践中不少类似"一字长蛇阵"式的公文标题，都是缘于未能恰当处理这个问题所致。开头部分是公文行文的"先锋"，是全篇内容的总括，一般要交代清楚行文的目的、依据、缘由、背景等诸项内容，其用语也要求简明扼要，开门见山，力戒言不及义，套话连篇。而要做到这一点，就要求其语言密度要小，要富有概括性，寥寥几句即说明问题，给人以单刀直入、开宗明义之感。如果开头部分语言密度过大，就往往会导致行文铺陈过多，令人难得要领，不利于阅者准确迅速地理解和把握公文的中心意旨，进而也就不利于公文内容的贯彻施行。主体部分是用来阐述公文内容的，是标题"事由"要素及开头所述内容的具体化，因而其语言密度较大，特别是有些所涉及内容事项较为单一的公文，其语言密度就更大。例如，有一篇题为《关于表彰肖××等同志英勇救列车的通报》，其正文部分有这样一段文字："共青团员肖××同志是××火车站客运班的服务员。今年1月30日中午1时许，她和班里的同志正在站台迎接快要进站的243次旅客快车，突然在相距进站的火车30多米处，有辆满载卧具的三轮车，由于一个车轮在接车股道骤然悬空，连人带车翻到道心，眼看一场人死车覆的事故就要发生……"这段文字，其语言密度是很大的，将事情发生的相关要素作了详细、具体的阐述，而这对于揭示受表彰人物的公而忘私、奋不顾身的精神并据以作出表彰决定，显然又是十分必要的。倘若叙述过于疏略，亦即语言密度过小，就不足以说明问题，因而也就削弱了其应有的说服力。公文结尾部分是全篇的收束，要求干净利落、意尽言止，力戒画蛇添足，无病呻吟。反映到文字上，要求其语言密度一定要小，只要能说明问题即可。甚至有些公文干脆省略结尾，更显得简洁利落。

值得提及的是，不少公文正文部分的写作往往采用撮要标目的表达技法，其在某一层次或段落之前需要设立一个段旨句，以清眉目。要注意这个段旨句也应同公文标题一样，其语言密度一定要小，切不可失之于长。

3. 要根据不同的行文目的进行调整。每篇公文都有明确的行文目的，这样反映到内容表达上就势必有所侧重，或是着重陈述事情的经过和缘由，或是重在分析产生问题的原因，或是着重提出解决问题的办法和措施等，而这也就相应地对其语言密度的调整作出了限定。例如，情况报告的写作，一般要分为问题或情况概述、集中分析产生问题的原因、提出解决问题的意见和办法等三部分，而这三部分内容的详略处理亦即语言密度的调整是不同的，其中第一部分内容要略写，语言密度要小，这是没有疑义的；关键是第二、三部分的叙写，其语言密度的大小应视不同的行文目的而定。如果行文重在分析原因，则第二部分的语言密度要大；反之，如果行文的目的重在提出解决问题的办法，则第三部分的语言密度要大，第二部分的语言密度相对要小。

4. 要根据不同的表达方法和内容转换的需要进行调整。公文写作中经常使用一些独特的表达方法，反映到语言的疏密上也很有特点。例如，虚笔与实笔相结合是为了使主述事件与中心观点不重复表述而采取的一种重要手法，其中"实"是指详细、具体、全面、深刻，"虚"是对实而言，即指略其详情、概其轮廓，舍其细节、取其整体，省其外延、选其内涵，弃其全文、留其要领。在一篇公文中，对于事件或道理，如在前面做实写，即语言密度大，则在后面只能使用虚写，语言密度要小。还有，公文中经常使用的"但书"方法，即先从正面说，虚虚肯定，然后用"但是"加以转折，作"但"后文章，这种写法，随着其内容的转换，前面往往使用小密度的语言，寥寥几笔，而在"但"后则使用高密度的语言，进行具体阐述，从而使行文疏密有致，重点突出，也使公文的内容表达更趋完整和严密。

95 公文写作怎样正确运用叙述

叙述是文章的基本表达方式之一，其基本特点在于陈述"过程"，把人物的经历或事物发展变化的过程用语言表述出来，即开始怎样、经过怎样、结果如何，这就是叙述所要介绍和交代的主要内容。人物、事件、时间、地点、原因、结果是叙述的六要素。在公文写作中，叙述这种表达方式被广泛地运用。但这种叙述与文学作品的叙述具有明显区别，文学作品对人物、行为、经历的叙述，可以根据作者的创作意图和作品的主题，展开想象，对材料加以生发、扩展；而公文则不能，它要忠于事实真相，忠实于事物发展的本来面貌，严禁渲染、夸张和想象，要根据特定的材料选取最能说明问题、最有能力表现主旨的主要事实和情况加以叙述。

公文写作中运用叙述的方法多种多样，不拘一格，常用的主要有下述四种：

1. 顺叙。顺叙是按照事件发生、发展的时间先后顺序进行叙述。它是最基本、最常用的叙述方法。使用这种叙述，可使全文的思路，包括层次段落的先后顺序，与所写事物发展变化的先后顺序一致，脉络分明，条理清楚。一般有两种情况：一是按人物活动或事件发生发展的时间顺序进行叙述；二是按人物活动或事件发生发展的空间顺序进行叙述。

2. 倒叙。倒叙是把事情的结局或后面发生的事情片段提到开头来写，然后再按事件的发展顺序叙述。其主要目的在于引起阅者注意，或将最后的结局、主要事实告诉阅者，给人留下一个深刻的印象。

应当注意，倒叙并非倒文，不是将整个事件倒过来叙述，而是将某一部分提前，其他仍是顺叙写法。在使用时要从内容、形式的需要出发，而不能为倒叙而倒叙；同时，还要交代清楚契合点，即由倒叙转为顺叙的接榫口，要有明确的界限和必要的文字过渡，做到衔接自然、顺畅。

在公文中，倒叙有其特殊的功用和表现形式，即先论后说，章法倒悬，先把篇旨、段旨写在前面，然后再加以说明。对此，《中共中央关于纠正电报、报告、指示、决定等文字缺点的指示》中强调指出："一切较长的文电，均应开门见山，首先提出要点，即于开端处先用极简要文句，说明全文的目的或结论，唤起阅者注意，使阅者脑子里先得一总概念，不得不继续看下去。"总结、报告等文种常用这种方法。有时，因表达需要，往往先说明写文件的目的，多用"为""为了"等介词作发端，直接说出行文目的，也属倒叙法，如通知、规定、条例等文种多用此法。

3. 插叙。插叙是指将叙述的线索暂时中断，插入一段与表现主旨有关的另一事件。插叙结束后，仍回到原来的中心事件的叙述中去。由于插叙的内容和目的不同，其作用也不一样，但总体来看则是扩大叙述的跨度，丰富叙述的内容，使文章紧凑、有致。

4. 分叙。分叙是指叙述在同一时间、不同地点发生的事情。在文章学中，分叙被称为"花开两朵，各表一枝"。与顺叙、倒叙和插叙相比，它不是在持续时间上向纵的方向发展，而是在同一时间内向横的方向叙述，其作用在于将头绪纷繁、错综复杂的事情写得有条不紊、眉清目楚。综合性的工作报告和工作总结等文种常用此法。

在公文写作中，要正确运用叙述这一表达方式，需要做到以下三点：

一是准确、完整。即在叙述时必须从实际出发，实事求是地交代人物的活动、经历情况以及事件发生的时间、地点、原因、结果等诸要素，不能疏漏。有时为表达简练起见，可将"原因"和"结果"进行合并，即写成"为什么"。

二是简洁、概括。公文的叙述要求文字简洁，概括性强，而不要求详叙。因此，它常常使用概括的方式，即用明确而又简洁的文字将许多事物的共同特点或某一事物的发展变化特点表述出来。这种写法，能给阅者以总的清晰的印象。

三是灵活、得体。由于公文的叙述方式不止一种，因而写作时应根据内容表达的需要灵活选用，不可拘泥于某一种。一般来讲，顺叙最为常用，应重点掌握，同时，叙述时还应注意详略得当，因事物有主次之分，叙述时也要突出重点，不能平分秋色。重要的、对事物发展过程起关键或决定作用的就详写，反之则略写。

96 公文写作怎样正确运用议论

议论就是讲道理，论是非，辩曲直。它是在一篇文章中作者通过运用大量的事实材料，以逻辑推理来明辨是非、阐明道理，从而表明自己的观点或主张的一种文字表述。议论包括三要素，即论点、论据和论证。论点是第一要素，是作者对论题所持的观点，具有"统帅"作用，挈领文章的全局。论据是作者为了证明论点的正确性或者反驳反面论点而选择的事实或理论依据。它应具有真实性和典型性，力求新颖。论证，又称"论证过程"，是以论据来证明论点的过程和方法，其目的在于揭示论点与论据之间的逻辑关系。议论在公文中的运用极为广泛，其重点是运用逻辑推理的方法进行论是与斥非，主要有如下五种方法：

1. 排他法。排他法是公文写作的论证方法之一，即围绕某一论题，假设可能有的种种论点，通过论证否定其中之一以外的各种论点，这"其中之一"就得到了间接的证明。

必须注意，运用排他法一定要穷尽一切可能，只有这样，才能使论点得以证明；否则，稍有疏漏，论点便会架空，不堪一击。

2. 例证法。例证法也是一种重要的论证方法。它是运用事实材料作为论据，列举典型事例来证明论点的论证方法。其特点是具有证明的直接性，不论是由事实推出原理（或论点），还是为了证明原理（或论点）而列举事实，从逻辑学的角度来讲，都属于归纳推理，即事实是作者推理的前提，是得出结论的根据，是用来直接证明论点的论据。例如，"目前，许多地区集市卫生情况不好，传播疾病的情况相当严重。今年××县泜水镇后村集市上有人把患肺喘病死亡的牛加工成熟肉出售，结果使5个乡、18个村、378人发生严重中毒，经百般抢救仍有人死亡。某些地区有一种严重的肠道疾病，也有通过集市而发生传播的现象。"这里，作者为了论证"许多集市卫生情况不好，传播疾病的情况相当严重"这一论点，举出了"集市上有人把患肺喘病死亡的牛加工成熟肉出售"这一实例作为论据，论据充分，令人信服。

3. 对比法。对比法是例证法的一种表现形式，两者的区别在于，对比法要将两种事物加以比较，于举例比较中讲清道理，阐明事物的本质。它能将事物的性质区别得十分明显，从而使是非观念明朗化，产生强烈的说理效果。同时，还能给读者以丰富的内容，给人以启迪。例如，毛泽东在《改造我们的学习》一文的第三部分，将马克思列宁主义的学风与主观主义的学风加以比较，系统地阐述了两者的具体表现形式，在比较中说明了主观主义态度的危害性，讲清了马克思主义态度的重要性。在对比中，论证了问题，树立了鲜明正确的观点。

4. 分析法。分析法是通过分析问题而进行论证的方法。即用马克思主义的立场、观点和方法，对事物加以分析，通过分析问题、剖析事理来揭示论点和论据之间的因果关系，从而阐明论点的正确性。其作用在于能将问题说深说透，事理明晰、透彻。例如，毛泽东在《反对党八股》一文中提出这样一个论点："无论对什么人，装腔作势借以吓人的方法，都是要不得的。"为了论证这一观点的正确性，毛泽东从几个方面阐述了"要不得"的原因：

> 因为这种吓人战术，对敌人是毫无用处，对同志只有损害。这种吓人战术，是剥削阶级以及流氓无产者所惯用的手段，无产阶级不需要这类手段。无产阶级的最尖锐最有效的武器只有一个，那就是严肃的战斗的科学态度。共产党不靠吓人吃饭，而是靠马克思列宁主义的真理吃饭，靠实事求是吃饭，靠科学吃饭。至于以装腔作势来达到名誉和地位的目的，那更是卑劣的念头，不待说了。

这段文字，从"吓人战术"的作用、根源、危害等方面进行分析，深入剖析了问题的实质，同时，树立起自己的观点，从而有力地证明了论点的正确性。

5. 引证法。引证法就是引用经典性言论、科学上的公理和定理以及生活中的常理作为论据来证明论点的正确性。其作用在于或引出论题，或对某些论点进行引申，或对某些论点进行阐释，或直接用来证明论点。由于引用的言论、事理都是众所公认的，因而用它来证明论点，就可避免从头论证的麻烦。其方式有二：一是直引，即在行文中直接引用，以引号、着重号、括号、黑体字等表明；一是意引，所引内容不用符号标明，而是用作者的语言概述。因此，运用这种方法，必须注意所引内容的准确性和完整性，要反复核实，认真推敲，切忌断章取义；同时，还要注意引用的科学性，要恰到好处，自然得体，切忌牵强附会。

在公文写作中，要正确运用议论这一表达方式，需要注意做到如下三点：

一是论点正确、鲜明。公文中议论的论点必须正确地反映客观的真实情况，不能虚构和假设。否则，议论就失去了存在的价值，有损公文的严肃性。要"吃透两头"，既要符合党和国家的方针政策规定，又要符合工作实际，做到有理有据，入情入理。

二是论据充分、可靠。公文中议论的论据主要有三种：其一是事实论据（事情的概况和原委）；其二是理论论据（党和国家的法律法令或行政法规、方针政策以及上级的文件指示精神、某一会议的议项）；其三是历史论据（案件中的原始资料）。使用时必须注意其真实性和可靠性。否则，论据失真，论点也就无所依附，站不住脚。事实论据要确凿可靠，有据可查，合乎实际；理论论据要完整引用，不能断章取义，甚至肆意歪曲。要围绕观点恰当地选用材料，做到观点和材料相统一。

三是论证周密、有力。论证是运用逻辑推理阐明论点和论据关系的过程。有两种形式，即立论和驳论。公文写作中使用论证主要采用立论方式，对所提观点、意见和主张作正面论述，即使对某个问题持否定态度，一般也从正面加以阐明，而不去直接反驳。论证时思维要周密，推理要合乎逻辑，只有这样，才能令人信服，不容置疑和辩驳，具有强大的说服力。

97 公文写作怎样正确运用说明

说明也是公文写作的一种常用表达方式，指用言简意明的文字把事物的形状、性质、特征、成因、关系、功用等，解说或介绍清楚。它是相对叙述、议论而言的一种表达方式，依其应用范围的不同，可以分为实体事物说明和抽象事理说明两大类。前者用于对人、事、物的介绍，后者用于阐明事理、意义。但它又不同于叙述和议论，说明重在表现形式上的真实性、准确性和科学性。

说明在公文写作中的运用相当广泛。例如，命令体公文中的办法或措施、决定类公文中的内容指示、知照性公文中的情况介绍、法规性公文中的条款项目等都需要借助说明来加以表述。因此，要加强对说明的研究，认真掌握其特点和规律，这对提高公文的质量是极为有益的。

公文写作中常用的说明方法主要有以下五种：

1. 比较法。比较法是指选择有外部或内部联系的事物进行比较，使读者更容易把握说明的内容，增强说明的效果。用于比较的对象，既可以是阐释抽象事理的比较，也可以是解说实体事物的比较。例如，《××部关于20××年第一季度机械工业生产情况的通报（摘要）》，其中有这样一段说明性的文字：

今年一季度机械工业生产大幅度增长。工业总产值累计完成175.16亿元，为年计划低限的27.6%，比去年四季度增长17%，比去年同期增长34.4%，为经济调整以来同期的最高水平。平均日产值逐月保持上升势头。机械工业基础强的省、市,增长速度一般低于全国水平;基础一般或薄弱的省、区,增长速度很高,一般在40%以上。

这段比较性说明文字,先将第一季度的机械工业增长幅度与上一年四季度以及上一年同期作纵向比较;然后又将机械工业基础强的省、市的增长速度与基础一般和薄弱的省、市作了横向比较,这就使20××年第一季度机械工业生产产值的多少、形势的优劣及与上一年的异同清晰地表述出来了,给人留下了深刻印象。

2. 诠释法。 诠释法是对概念进行解释的说明方法,因为有些概念简要概括,其字义往往不易使人理解,在这种情况下,就可运用诠释法把简单难懂的概念具体化,亦即对概念所反映事物的本质属性作必要的说明。此外,由于有些概念不需要下定义,或者有些概念过于复杂,抑或因为人们受知识经验以及思想方法等方面的限制而使下定义有困难,也可采用诠释的说明方法。

3. 图表法。 图表说明也是一种重要的说明方法,即指借助插图、表格、照片进行说明的方法。其优点是能使全文内容集中概括,使人一目了然;同时,还能补充文字说明的不足。图表说明主要有两种形式:一是图,有些事物要有插图才说得清楚,这样就常常在文字之间配上插图或照片以辅助文字说明,能收到直观形象的效果;二是表,即为了说明问题,把有关数字或某些内容列成表格,这样说明既清晰集中,又能进行比较,便于理解和记忆。图表说明反映在公文写作中,主要用于进行业务统计分析,这在总结类文体中较为多见。

4. 分类法。 分类说明是将事物按照一定的标准分成并列的几个方面进行说明的方法。其作用有三:一是显示被说明对象的轮廓,给人以概括的了解;二是区分出各个类别的差异,帮助人们掌握说明对象的各个特性;三是能使全文头绪清晰,层次分明,使人容易接受。分类说明主要用于内容比较复杂、涉及面广的事物。反映到公文写作中,有些事物和事理,其本身就具有明显的条理性,或者各具特征,或者各有角度。例如,计划文种,从不同的角度可将其分为不同的类别。按其性质分有工作计划、生产计划和学习计划;按其范围分有个人计划、单位计划和专题计划;按其时间分有年度计划、季度计划、月份计划等。

5. 数据法。 数据说明是指用数据来说明事物某方面特征的方法。其作用在于用数据来说明事物或事理,容易使人获得具体的印象,让人一目了然。在公文写作中,数据说明的使用较为广泛,常见于通报、报告、调查报告、计划、总结、简报等类文体中。例如，有一份题为《关于太师屯乡村干部报酬情况的调查报告》，其中有这样一段文字："实践证明，干部报酬与职责和经济利益挂钩，充分调动了广大干部的工作积极性，促进了生产的发展。生产发展，收入增加。20××年，全乡总收入2550万元，比20××年增长49％；纯收入1625多万元，比20××年增长61％；群众分配额1500万元，比20××年增加698万元，增长80％；人均收入586元，与20××年的316元增加270元，增长幅度居全县首位。人均存款141元，比20××年增加54元。"

这段文字运用一系列准确、具体的数字充分而有力地说明了"干部报酬与职责和经济利益挂钩，充分调动了广大干部的工作积极性，促进了生产的发展"这一结论。这与那些单调、空洞的说教相比，显然是不可同日而语的。

公文写作中运用说明的表达方式，应当注意以下三点：

一是要反映事物的特征。特征即一事物区别于他事物的特性。说明能否达到目的，关键在于能否把握事物的特征，只有抓住了特征，把特征解说明白，才能给人以深刻的印象。

二是要坚持客观求实的态度。说明重在表述客观事物的本质、特点和规律，揭示事物发展的内部联系，因此，必须坚持科学的态度，客观地、实事求是地进行解说或介绍，切忌主观臆断，更不能凭空编造。

三是用语要准确、简洁、朴实。说明要客观地解说事物和剖析事理。因此，就要求在语言运用上准确无误地揭示客观事物的本来面貌；同时，还应注意用语的简洁洗练，通俗畅达，摒弃冗词赘句，力戒矫揉造作，华而不实。

98 公文写作怎样做到明确

公文写作要做到明确无疑，清晰可鉴，让人一目了然，这是一条最基本的要求，也是顺利实现行文目的、确保公文质量和效用的前提条件。关于这一点，著名教育家叶圣陶在《公文写得含糊草率的现象应当改变》一文中曾经说过："公文不一定要好文章，可是必须写得一清二楚，十分明确，句稳词妥，通体通顺，让人家不折不扣地了解你说的是什么。"这就把公文写作的明确性问题提到了一个很高的地位来认识。大量的公文写作实践告诉我们，离开明确这一基础和前提，就会让收文对象难以理解和把握公文的内容，并给执行环节造成障碍。对此，必须给予足够的重视。

公文写作要做到明确，其基本的要求就是要直来直去，把行文的目的、依据、内容明白无疑地传输给收文对象，不使之产生理解和执行上的偏差。而要做到这一点，看似简单实则不凡。但就总体而言，公文写作中的明确主要应当包括如下五个方面的内容：

1. 观点要明确。 即在公文写作过程中要注意明确提出问题，然后靠深刻有力的分析，揭示事物的本质和内在联系，经过分析、综合使问题得到鲜明的解决或回答。毛泽东在《反对党八股》一文中，批评"甲乙丙丁，开中药铺"的写作方法，就是指文章写作中存在的只罗列现象，而不提出、分析和解决问题的不良文风，属于观点不鲜明。公文写作的明确性程度如何，是体现公文质量与水平的重要标志。它要求一篇公文中所提出的观点和主张必须旗帜鲜明，毫不隐讳。赞成什么，反对什么；提倡什么，禁止什么；同意什么，否定什么，都必须直陈己见，让人一目了然。特别是决定、通知、批复等诸多下行文，更需如此。即便是报告、请示等上行文，如提出几种可供选择的建议、办法或措施，也要明确提出发文单位的倾向性意见，这样做有利于信息的传递以及问题的研究和解决。切忌吞吞吐吐，模棱两可，更不能八面玲珑，回避矛盾。

2. 叙事要明确。 叙事是公文写作中运用最广泛的一种表达方式。除计划体、法规体公文一般不采用叙事和指令性文体较少使用叙事外，其他如通知、通报、报告、请示、纪要、调查报告、讲话稿、典型材料等都必须以叙事为基础。而公文叙事的最基本要求就是要"实叙其事，从某年月日而来，从何人何地何证据。——叙明，语语确凿，不得一词娇艳，毋庸半句虚浮"（太平天国《戒浮文巧言谕》）。如果叙事失之明确，过于简略，就会令人莫名究竟，难得要领。

3. 逻辑要明确。 是指公文写作中所运用的概念、判断和推理必须合乎逻辑规则，让人明确所指。在公文写作实践中，因违反逻辑而导致表意不明的问题时有所见，例如，有一份《中共××县委政法委关于政法部门加强联合，共同搞好社会治安秩序整顿工作的通知》，其中对"政法部门"就使用了诸如"政法单位""政法机关""政法各部门""公检法司""政法治安管理部门""政法、公安机关"等各种不同的称谓，前后不一，造成混乱。因此，当同一概念在一篇公文中不止一次出现时，必须做到前后一致，明确无误。同时，所运用的判断和推理也都要遵循明确性的原则。

4. 结构要明确。 由于公文的内容、社会功用以及收文对象不同于一般文章，因而就决定了其结构上的特殊性，既要明确反映每篇公文的策见内容，又要着眼于为实际应用服务。这就要求在谋篇布局上必须注意讲究艺术，突出表现为要普遍使用标题显旨、篇前撮要、分设小标题、提炼段旨句、标示序码等手段，甚至在法规性文件中要专门采用章条款分列的形式等，以使公文结构视觉化，条分缕析，眉目清楚，明确无疑。在具体行文过程中，还要顾及层次段落的划分、过渡照应的安排、背景情况的交代甚至句子结构的设置等，都要处理得恰切得体，它们是确保公文写作臻于明确所不可缺少的重要因素。

5. 用语要明确。 即公文用语要简明通俗、明白晓畅，不要生造谁也不懂的话，也不要使用那些生僻难懂的古语词，要能够使收文对象所接受、所使用，使之愿意读、读得懂。实际上，关于公文写作的明确性问题，1951年2月颁发的《中共中央关于纠正电报、报告、指示、决定等文字缺点的指示》（以下简称《指示》）一文针对诸多文电在文字上存在的严重缺点，就列举出滥用省略、句法不全、交代不明、眉目不清、篇幅冗长等五大类，而这些都是直接导致公文失之明确的重要原因和主要表现。值得注意的是，这篇《指示》中不仅提出了"问题"，更重要的是给出了解决"问题"的具体办法，尤其是针对"眉目不清"的现象所作出的开门见山、篇前撮要、段前明旨的规定，意义十分重大，影响深远，对公文写作如何做到明确具有极强的针对性和指导意义。因此，在公文写作过程中，要使之符合明确性的要求，必须依循《指示》中的诸项规定去做，真正将其落到实处。

99 公文写作怎样做到准确

公文以实用为目的，以传递治理国家的策令为内容，因而要求其无论是思想观点的阐述还是语言文字的表达等，均须做到准确明了，恰如其分，以充分发挥其应有的社会效用。在这方面，毛泽东为我们树立了光辉的典范。从《毛泽东选集》第1—4卷（人民出版社1991年版）所载的90篇公文来看，"准确性"表现得最为突出。而且，毛泽东在他的著述中也曾经对公文写作的准确性问题作过许多精辟的论述，从而构成了毛泽东公文风格和公文理论体系的一个重要组成部分。

毛泽东对公文写作准确性的论述，比较集中地体现在《工作方法六十条》这部光辉文献中。他指出："文章和文件都应当具有这样三种性质：准确性、鲜明性、生动性。"并且进一步强调"作经济工作的同志在起草文件的时候，不但要注意准确性，还要注意鲜明性和生动性。不要以为这只是语文教师的事情，大老爷用不着去管，重要的文件不要委托二把手、三把手写，要自己动手，或者合作起来做"。可见，毛泽东极其注重和提倡公文写作的准确性的问题，把它放在最主要的核心位置。

从总体上看，公文的准确性主要体现在以下四个方面：

1. 策见的准确。具体地讲，就是公文中所要反映和体现的基本立场、观点，所提出的措施、意见和办法等，必须准确明晰，不容置疑。如果策见不准确，即使在事实、文法和逻辑方面没有差错，也不能挽救这一篇公文，使其由错误的变成正确的。这样的公文，对于实际不具任何指导意义，而只能走向反面。

要做到策见准确，就要求在公文中对事物的观点和态度要鲜明、显豁，提倡什么，反对什么，必须十分明确，决不能模棱两可，含混隐讳，让人难以捉摸。在这方面，毛泽东的公文写得很具特色，不妨归结为八个字："思想深邃，策见分明"。例如，《新解放区土地改革要点》（1948年2月15日），这篇指示的第二条内容是："新区土地改革应分两个阶段。第一阶段，打击地主，中立富农。又要分几个步骤：首先打击大地主，然后打击其他地主。对于恶霸和非恶霸，对于大、中、小地主，在待遇上要有区别。第二阶段，平分土地，包括富农出租和多余的土地在内。但在待遇上，对待富农应同对待地主有所区别。总的打击面，一般不能超过户数百分之八，人口百分之十。在区别待遇和总的打击面上，半老区亦是如此。老区一般只是填平补齐工作，不发生此项问题。"这段文字将新解放区土地改革的政策阐述得极为清楚、明确，包括土地改革的阶段、步骤、方法直至待遇等问题，均规定得具体、细致，界限分明。这样，就使整个土地改革工作有"规"可循，便于确切掌握和执行。

2. 事实的准确。事实是指用以说明和证实观点或结论的事件或情况，是公文准确性的基础和前提。公文中的事实表述不准确，所提出的策见就会变得无所依托，缺乏说服力和论证性，从而也就从根本上失去了通篇公文的意义和价值。

要做到事实表述的准确，要求对有关事件或情况的叙述，必须从实际出发，实事求是。真实地反映出事实发生的本来面目和客观过程，既不能随意扬"善"，也不能随意隐"恶"，更不能凭空编造。对于一些细微的问题，诸如有关时间、地点、人物言论、数字等，均应如此。以毛泽东的《关于情况的通报》（1948年3月20日）为例，其中有这样一段文字："……总计我军现有南北两线大小十个兵团，正规兵力已达五十个纵队（等于国民党的整编师），一百五十六个旅（等于国民党的整编旅），一百三十二万二千余人，平均每旅（三个团）人数八千左右。此外，尚有非正规军，包括地方兵团、部队、游击队、后方军事机关、军事学校等在内，一百一十六万八千余人（其中作战部队占八十万人）。全军总计为二百四十九万一千余人。而在一九四六年七月以前，我们只有正规军二十八个纵队，一百一十八个旅，六十一万二千余人，平均每旅（三个团）人数不足五千；加上非正规军六十六万五千余人，总计一百二十七万八千余人。可以看出，我们的军队现在是壮大了。旅的数目增加不多，每旅的人数却大为增加。经过二十个月作战，战斗力亦大为增加。"这段文字的中心意向是阐明我军发展和壮大的事实情况，列举一系列的数字，采用对比手法，对我军的现有实力作出了准确而又合乎实际的介绍，给人以清晰、确切的印象。特别是其中涉及的数目字，用得极其准确，没有诸如"左右""大约""也许""差不多"等模糊度较强的词语。而要做到这一点，没有认真细致的调查研究，没有严谨求实的工作态度，显然是不可能的。

3. 文法的准确。 公文的准确性还表现为必须遵守文法。必要的主语、谓语、宾语必须完备无误，否则，就会导致句意不明。单句复句，必须分清，不要使用组织错误和不合理的句子。代名词，必须紧跟所代的名词。形容词、副词词尾，尽可能分用"的""地"加以区别。其中形容词是形容名词的，例如，"伟大、光荣、正确的中国共产党"，放在名词之前用"的"字区别之。副词主要是形容动词的，例如，"坚定不移地走中国特色社会主义道路"，放在动词之前加"地"字区别之。如此，方能使语意清晰、表达准确。

遍查毛泽东的公文，对于义法问题十分讲究，也很正确。不妨随机举出一例："我党一切领导同志必须随时拿马克思主义的科学的领导方法去同主观主义的和官僚主义的领导方法相对立，而以前者去克服后者。主观主义者和官僚主义者不知道领导和群众相结合、一般和个别相结合的原则，极大地妨碍党的工作的发展。为了反对主观主义的和官僚主义的领导方法，必须广泛地深入地提倡马克思主义的科学的领导方法。"（《毛泽东选集》第3卷，人民出版社1991年版，第902页）这段文字共包括三个分句，每个分句的主词、宾词、述词都很完备，对形容词和副词词尾的"的""地"使用也极为正确、规范，合乎文法。

4. 逻辑的准确。 对此，毛泽东曾有多次论述，其中最主要的还是《工作方法六十条》第三十七条，着重指出："准确性属于概念、判断和推理问题，这些都是逻辑问题。鲜明性和生动性，除了逻辑问题以外，还有词章问题。现在许多文件的缺点是：第一，概念不明确；第二，判断不恰当；第三，使用概念和判断进行推理的时候又缺乏逻辑性；第四，不讲究词章。"并且进一步强调："看这种文件是一场大灾难，耗费精力又少有所得。一定要改变这种不良的风气。"可见，毛泽东将准确性问题归结为"逻辑问题"，充分说明了其在公文内容表达中的重要性。公文写作必须合乎逻辑，包括概念、判断、推理的运用等，都必须符合逻辑规律，以保证公文内容的准确表达。毛泽东的公文非常注重行文的逻辑性，既准确又严密，具有极强的说服力和论证性。例如，毛泽东在《中国革命战争的战略问题》中有这样一段文字："中国革命战争的主要敌人，是帝国主义和封建势力。中国资产阶级虽然在某种历史时机可以参加革命战争，然而由于它的自私自利性和政治上经济上的缺乏独立性，不愿意也不能领导中国革命战争走上彻底胜利的道路。中国农民群众和城市小资产阶级群众，是愿意积极地参加革命战争，并愿意使战争得到彻底胜利的。他们是革命战争的主力军；然而他们的小生产的特点，使他们的政治眼光受到限制（一部分失业群众则具有无政府思想），所以他们不能成为战争的正确的领导者。因此，在无产阶级已经走上政治舞台的时代，中国革命战争的领导责任，就不得不落到中国共产党的肩上。"（《毛泽东选集》第1卷，人民出版社1991年版，第183—184页）这段文字所要解决的是中国革命的领导权问题。列举了两方面的具体事例加以论证，即中国革命战争既不能由资产阶级来领导，也不能由农民群众和城市小资产阶级来领导，并进行了确凿、有力的分析，通过论证，排除了第一、第二两种可能性，最后归纳出结论：中国革命战争的领导责任，只能落在无产阶级政党即中国共产党的肩上，具有极强的逻辑性，准确严密，令人信服。

100 公文写作怎样做到简洁

公文写作应力求简短。对此，毛泽东指出："我们应该研究一下文章怎样写得短些，写得精粹些……文章太长了，有谁来看呢？"（《反对党八股》）他还指出："'精兵简政'。讲话、演说、写文章和写决议案，都应当简明扼要。"(《党委会的工作方法》)他很形象地将那种烦冗拖沓、又臭又长的公文喻为"懒婆娘的裹脚"。那么，公文写作何以能"短"？主要应从以下五方面着手：

1. 一事一文，主旨明确。公文行文必须做到主旨明确、集中、单一，力戒枝蔓横生，烦冗芜杂。每份公文要解决什么问题，必须首先确立一个明晰的中心，然后再紧紧围绕这一中心去组织材料。除综合性报告以外，一般应采用"一事一文"的方法，特别是请示类公文，更应如此。这样做，既便于承办，又便于事后整理归档，并能有效地缩短行文篇幅。否则，一文数事，势必形成"多中心"，造成冗长杂乱的现象，令人不得要领，从而影响行文目的的顺利实现。

2. 用语简洁明快，干净利落。公文要直接地、迅速地传递某种信息，因此，其用语必须做到言简意赅，精练概括。具体包括：

其一，摒弃不必要的解释和说明。在公文写作中，为使阅者准确理解有关内容，有时需要对其进行解释或说明。但要注意遵循"必要"和"适度"的原则，切忌过多过滥，造成篇幅上的繁琐和冗长。这样，对于"亦即""就是说""换言之"等诸如此类的解释或说明性语句，应尽力避免。

其二，删掉可有可无的字、词、句、段。公文初稿写完后，要反复检查，认真修改，重点应在语言表达方面下些功夫，竭力将可有可无的字、词、句、段删去，毫不可惜。为此，要特别注意：删掉这一字、词、句、段对公文内容有没有影响？会不会使人产生歧义？上下文义是否仍然连贯、顺畅？等等。如无妨碍，则应大胆删削，以省减文字，缩短篇幅。

其三，淘汰层层"套话"，既不要开头"戴帽"，也不能结尾"穿靴"。现行公文写作中，"套话"屡禁不止，其表现有二：一是开头"戴帽"，如"在中央×××文件精神指引下，在上级党委、政府的关怀下，在本单位领导的直接指挥下，经过全体干部和职工的共同努力……"等；二是结尾"穿靴"，如"让我们共同奋斗吧！""我们虽然取得了上述成绩，但距离领导要求还相差很远"等。这两种倾向，只能导致文字表达上的空洞浮泛，而不具任何实际意义，均应坚决剔除。

3. 贵用"直笔"。草拟公文应当做到"直述不曲"，这是由公文本身的性质所决定的。公文具有很强的政策性和指导性，因此在撰写时必须做到直言其事，只要能将有关内容准确清楚地表达即可，力戒拐弯抹角，含蓄隐讳。多用概括性、陈述性的语言，少用或不用描写性、抒情性的语言。对事物或问题的情状作过多铺陈或"渲染",势必导致篇幅上的冗长杂乱,从而影响公文的质量及效用。

4. 适当运用缩略语。 缩略语是语句或语意的概括和浓缩,如能恰当使用,可使公文内容简洁精练,富于概括性和表现力。以数概省略为例,将"一个国家,两种制度"缩略为"一国两制";将"全面建设社会主义现代化国家、全面深化改革、全面依法治国、全面从严治党"缩略为"四个全面"战略布局,等等,很显然,后者精练概括,易于记忆,同时又能节省笔墨,缩减篇幅。

5. 要善于运用数字和图表说明问题。 在公文写作中,特别是在总结类文体的写作中,往往涉及对事物的特征、性状、本质等的介绍,在这种情况下,如用文字表述,未免过于烦冗。倘能列举数字进行说明,则不仅能使阅者对所述内容有较具体的了解,还可使行文简洁凝练,说服力强。图表说明也是如此,它通常借助插图、表格、照片等进行说明,能使公文内容集中概括,令人一目了然,可以代替许多烦冗的文字叙述。

101 公文写作怎样做到庄重

公文与一般文章和文学作品的一个重要区别,就在于它是党和国家用来传递策令、指挥工作、沟通信息、推动公务的重要工具和手段,具有高度的政策性和实用性,它一经制发,有关单位和人员都有付诸落实的责任,不能稽缓延误。公文的这种特殊性质决定了其用语必须做到庄重,以正确体现其语体特点和功能。

那么,公文写作怎样才能做到庄重呢?就总体来看,主要应从如下四个方面着手:

1. 适当运用文言词语和文言句式。 在当今公文中,文言词语和文言句式的使用频率很高,它们能使公文语言表达趋于简练和庄重,表现力极强。诸如"此复""收悉""贵(厂、局)""为荷""兹……""业经""即予""凡……者"等,不胜枚举。这些文言词语和文言句式的使用,给公文涂上了一层古朴庄重的色彩。

2. 运用规范的书面语言,少用或不用口语和俗语。 书面语和口语是两种重要的语言表达形式,它们各有各的特点,各有各的适用场合,各有各的表达效果。其中口语给人的感觉是亲切、自然，而书面语则显得庄重严肃。正因如此，写进公文中的语言，应当是规范化的书面语言，口语和俗语不能入文。同样一个概念，口语和书面语即应有所区别，如"钱——资金""做小买卖的——商人""媳妇——妻子""奶奶——祖母""上西天——逝世"等，这些对应概念，公文写作中只能使用后者，如果用了前者，既不规范，又有失庄重，与公文的语体特点和要求不相协调。

3. 要使用通行的标准语言，不用方言土语以及表意模糊的社会流行语。 写进公文中的语言，必须是现代汉语的标准语，对于那些大多数人无法弄懂的方言土语要尽可能地避免使用。因为它妨碍公文信息的准确交流，容易引起误解错用，同时也有损公文的庄重性。

4. 多用叙述性、陈述性语言，忌用描绘性、抒情性语言。 公文写作讲究"直陈其事"，用朴实无华的文字将事情交代清楚即可，决不能随意铺陈、渲染和藻饰，滥用文学语言，以维护公文用语的庄重性。

102 多读公文名篇　提高写作水平

时下，经常有人慨叹：写作水平特别是公文写作水平难以提高，不少公文写得干瘪枯燥，令人乏味，缺乏应有的表达效果。为此，其难免感到困惑，进而对公文写作水平的提高失去信心。在此，我们建议要静下心来，多读一些公文的名篇佳作，从中体会其高超的写作艺术，并坚持不断地实践，这样日复一日，公文写作水平一定会有明显提高。那么，中国公文的名篇在哪里？

在我国公文的历史发展长河中，名篇佳作层出不穷。它们在立意用材、运局谋篇以及语言表达等诸多方面均颇具匠心，令人钦佩不已。认真阅读这些公文名篇，仔细揣摩其高超的写作技巧，挖掘其实质，把握其真谛，对于提高当今的公文质量，使之写得更加准确、鲜明和生动，具有不容忽视的借鉴价值和指导意义。

经验告诉我们，多读名篇是提高公文写作水平的有效途径。因为从这些名篇佳作之中，我们不仅能体会到每篇公文独具的特色，而且能从更加深广的角度领略作者的为文之道，悟出写作的技巧和规律来。然而值得注意的是，很多公文作者对此做得还很不够，他们没有（似乎不愿）投入相当的时间和精力，细心研读那些文质并美的公文名篇，而在撰文实践中又常常慨叹没有可资借鉴的范本，这是很偏颇的。当今不少公文的品位不高、质量不佳，恐怕与此有很大关系。因此，每位公文写作者都应首先认识上位，找来古今中外的名篇精品（当代公文最为重要），仔细研读，悉心领会，以便不断提高自己的写作能力，写出符合要求的高质量的公文来。

中国公文的名篇在哪里？它遍布浩如烟海的古代、现代和当代公文之中。纵观几千年来中国公文的历史发展进程，可以清楚地看出这一点。

中国古代公文，是中国古代文学艺苑里的奇葩，是中国传统文化的构成部分。由于古代公文写得文约、辞美、体严、法理相寓、长于方略，以至于不少公文的上乘之作都被列入中华文学名篇，历千百年而不衰。像秦代李斯的《谏逐客书》，汉代刘邦的《入关告谕》、司马迁的《报任安书》、贾谊的《论积贮疏》、晁错的《论贵粟疏》，三国蜀汉诸葛亮的《出师表》、曹操的《求贤令》《置屯田令》《举贤勿拘品行令》，晋朝李密的《陈情表》，唐代魏征的《谏太宗十思疏》、韩愈的《论佛骨表》，宋代王安石的《答司马谏议书》等，都是古代公文中的精品，均写得独树一帜，立意宏深，文采粲然，读来脍炙人口，具有振荡人心的艺术魅力。认真研读这些名篇，能够使人眼界大开，受益匪浅，并能给人以美的享受。特别是它们所运用的高超的写作技巧和精美的语言，尤应值得我们学习和借鉴。

从以往的实践来看，我们对于古代公文名篇的研读确实给予了相应的重视，但程度还不够。很多人都是从相关的基础写作书籍或是从公文著述、期刊内零散篇章的赏析性介绍中略有了解，很不系统。时至今日，类似《古代公文名篇荟萃》《古代公文名篇集录》方面的书籍颇为少见，这不能不说是一大憾事。因此，尽快组织编辑有关古代公文名篇汇释之类的书目，对于继承和挖掘祖国丰厚的文化遗产，推动当今公文工作的开展，从而做到"古为今用"，是非常必要的。

中国现代公文继承了古代公文的优良传统，并且在此基础上有了更大的发展，涌现出一大批文质并美的公文佳作。值得称道的是，现代公文名篇的形成具有突出的特点，即它们多出自伟人之手，见之于他们的文集之中，这就使中国现代公文的名篇佳作显得颇为丰厚和集中。其中，毛泽东的公文是现代公文的光辉典范。通读《毛泽东选集》（人民出版社1991年版）第1卷至第4卷所载的90篇公文，均写得观点鲜明，论证深邃，笔调洒脱，语言精美，实为中国公文发展史上不可多得的名篇精品。毛泽东在公文写作中所运用的诸多技法，颇富指导意义。特别是他的语言运用，写得出神入化，文采飞扬，读之气势酣畅恢宏，语句浓缩精粹，节奏铿锵有力，形象鲜明生动，给人一种强烈的艺术震撼力和美的享受。这在中国几千年来的历史伟人中，几乎是绝无仅有的。毛泽东的公文永远是中国公文的楷模和骄傲。

除毛泽东外，其他老一辈无产阶级革命家也在长期的革命生涯中写下了大量的公文佳作，而且各具特色，如《刘少奇选集》《周恩来选集》《朱德文集》《陈云文选》《邓小平文选》中的许多公文篇章，都是难得的名篇精品。认真地阅读这些范文，对于提高我们的写作质量，肯定大有教益。

在中国当代公文领域，名篇佳作更是灿若群星，数不胜数。这些公文篇章，是适应我国社会主义现代化建设和改革开放的新形势需要而产生的，具有鲜明的时代特色。收入《三中全会以来重要文献选编》（上下两册，人民出版社1982年版）一书中的很多篇目以及党的十八大以来党和国家高级领导机关所制发的一系列文件，都是难得的公文精品。这些名篇，不仅思想水平高，现实针对性强，而且富有写作艺术魅力，其用语之精粹、说理之透彻、笔势之雄劲，令人百读不厌。

由上可见，每个公文工作者均应积极搜猎，从相关的基础写作书籍中，从伟人的著作中，从当代浩繁的报刊中去发现，去学习，去借鉴，坚持长久，必有所获。事实会告诉您：多读公文名篇，将给您的写作能力插上腾飞的翅膀。

103 公文快写的诀窍

在机关公文写作中，经常会遇到一些"十万火急"的特殊情况，或因上级机关领导前来视察、指导、调查研究，或召开紧急会议，需要为领导起草讲话稿以及相关的文件，有些文件需要在一两天甚至三五个小时内完成，往往令机关写作人员措手不及。在这种情况下，有经验的机关写作快手，写作速度极快，而且能写出令领导满意的公文。有些出手"不快"的机关写作人，却感到文思不济，一筹莫展。领导越催心里越慌，情况越急越写不出东西来。可见临时应急写作公文对机关文秘人员来说，是一项"刺刀见红"的硬任务，是一种必备的看家本领。机关写作人员要有应急快写的本领，除了要具备深厚的公文写作功底外，还得掌握一些公文写作技术方面的诀窍。主要是：

（一）理清思路，定准主旨

机关公文写作应听命于领导安排，把握领导的意图，遇到应急写作任务时，更应当准确地把握领导意图。因此，在短时间内吃透领导意图，理清写作思路，定准主旨，搭好写作框架，便成为"快写"的第一道难关，闯过这一关要把握好"三准"。

一是领导意图要吃准。应急写作前的理解领导意图与平时写作有所不同。不但需要领导简单交代清楚应写什么，而且要凭机关文秘人员平时对领导思路的把握，与领导一道确定写作的框架等重点。如果机关文秘人员平时写作的公文适应领导"套路"，是领导真正的参谋和助手，那他在紧急情况下，肯定会"心有灵犀一点通"。只要领导稍加指点，便可确立写作主旨。否则，即使领导反复交代意图，写出的文稿也难以适应领导的"胃口"。

二是文稿主旨要定准。应急写作主旨的确定不仅要考虑领导意图，而且要研究实际需要。应当迅速摸清紧急会议或活动本身的背景、内容、要求和重点。明确紧急会议解决的是什么问题、上级领导视察重点了解哪方面情况等，在领导思路和本次活动要求的结合上动脑筋。这样吃准了"两头"，确定的主旨才会有较强的针对性和实用性。如果偏离会议或活动的中心，南辕北辙，文稿就失去使用效益，成为次品或废品。

三是需求心理要摸准。应急写作前，要努力吃透对象对材料的期求心理。因为，公文写作材料既是供本单位领导用的，更是供收文对象看的或听的。只有掌握收文对象的期求心理，文稿才能写到要害处，说到点子上，才会有使用效益。比如，撰写一份向上级汇报工作的材料，就需要仔细揣摩、研究上级领导近期所关注的重点是什么；哪些情况属于一般化的情况，引不起领导的兴趣；哪些情况有本单位的特色，有创造性，可能会引起领导注意等，做到知其所好。总之，只有吃透用文的意图，同时掌握收文对象的期求，写起来才能有所遵循，有的放矢，文稿才能适时适用，一举成功。

（二）调动积累，参考借鉴

平时积累是快写的基础。俗话说："养兵千日，用兵一时。"公文写作也是如此，如果平时没有各种写作材料的大量积累和储备，遇到应急写作就难免要"无米下锅"。应急写作对于材料的调用，不同于平时写作对材料的收集使用，它主要是为了借鉴、参考和比照。

一是借鉴平时积累，迅速凝练主旨。公文写作的基本任务和要求是，要根据上级的指示，结合下面的实际情况，提出问题，分析问题。要抓准问题，拿出解决问题的好意见、好办法，就必须有一个科学的思维方法。平时积累的材料只是反映过去某一时期、某一阶段的材料，即使质量再高，也不可能照搬照用。应急写作用它，主要是为了拿出与本次写作相关的或所需情况相类似的材料进行分析、比较，从而启发写作思路，以便对当前工作的实际情况进行更好的综合、抽象和概括，凝练新的主旨和观点。

二是参考平时积累，选取所需材料。确定写作主旨后，需要围绕主旨选取真实性、具有典型意义和现实意义的材料。由于时间关系，应急写作需用的材料不可能全部使用临时收集的现成材料。事实上，有些材料也无需现时收集，如年度工作总结、单项工作经验、近期专题汇报材料等，可以根据需要截其断面，在文字上进行修改、使用。同时，翻阅平时的旧材料，还可以从中受到启示，顺着某一思路和线索迅速收集一些新材料和例证。应急快写材料是有规律的。一般是急用的主要材料要靠现时收集，而次要材料则要利用积累的资料；应急快写直接需要的材料要靠直接收集，而一些间接材料就可以利用以往的积累；应急快写需要的专题材料或个性材料要现时提供，而一些反映情况的材料则可以参照平时的积累。

三是比照以往积累，衬托说明主题。平时积累的材料中有大量基础性的情况数据和曾经发生过的生态性情况数据，比如，本单位的工作范围、基础性的情况数据等，可以直接选用。动态性的情况和数据及工作的进度，事物的发展、变化，工作的进展等材料，可以作为对比情况和比照数据加以使用。

（三）巧用"套路"科学组合

临时应急快写，对机关文秘人员的写作功底无疑是一个最直接、最现实的考验和检阅。要适应快写的需要，文秘人员必须对公文的写法和要求十分熟悉，平时要摸索出一些公文写作的路数，掌握一些写法上的"样式"，紧急情况下可以急中生智，拿来使用。综合一些实践中的经验，套用"模式"写作有以下"五法"：

一是选用法。就是根据各种文稿的不同要求，有针对性地选择某些常用手法。公文的种类不同，文头、文尾有突出的文体特点，对于这些特点，机关写作人员一般容易掌握，只要留意通常是不会出错的。在正文内容的写法上，各种文体也有明显的区别，机关写作人员要善于把握其特点，遵循其规律。掌握了规律，写起来就会顺手，就能加快写作的速度。

二是套用法。公文内容各有不同，但在写作框架上往往形成一些相对固定的模式。有人说："天下文章一大套，就看会套不会套。"这种说法不一定正确，生搬硬套不会写出什么好文章，可是在实际写作中，某些类型的公文稿框架结构的确是可以套用的。在时间比较紧迫、来不及创新构思的情况下，写作人员完全可以从篇章结构、格式布局上参考、借鉴或套用现成文稿的写法。

三是搬用法。就是将以往所写的文字材料中的某些内容搬来使用。一些重要的理论观点和政策提法是相对稳定的，在一个时期内不会有什么大的变化。大的观点，如"一带一路"倡议、习近平新时代中国特色社会主义思想、中国式现代化、"十四五"规划等，在应急文稿写作中涉及这类理论性、政策性的提法和阐述时，完全可以搬用以往的材料而不必另找另写。

四是泛用法。有些综合材料，可以在广泛的领域里或场合中多次反复使用。比较大型的主要的扩大会、工作会、表彰会及一些专业性会议的文稿，在本年度内完全可以作为全面工作或某一部门工作情况的坐底材料，其中的一些内容在这个会上可以讲，那个会上也可以说，能在这一次的场合汇报，也能在另外场合汇报。对于这类材料，应急写作时拿来一截使用即可，不必每次都有"新套路"。

五是调用法。就是对现有材料，按照新的要求，重新调整，结合使用。如有些文稿的基础很好，与应急需用的文稿又相似，在这种情况下，只要从内容详略、布局轻重、层次先后等方面加以调整，或者加上一些新掌握的具体实例，交换一些反映最近工作进度的数字，稍加改头换面即可应急使用。

以上所述的仅仅是公文应急写作中的一些应急办法，绝非教人投机、偷懒或抄袭，其中有些做法在平时的公文撰写中不宜套用。写文章是老老实实的学问，来不得半点的虚伪和含糊。在日常的公文写作中，机关文秘人员无论如何不能养成照抄、照套的毛病，应当积极投身艰苦的写作实践之中，研究公文写作规律，摸索公文写作技巧，努力写出构思精巧、结构合理、立意新颖、语言精确的高质量公文，练就一手对文字材料锤炼、推敲、精琢细磨的真功夫。只有具备了公文写作的真功夫，才会成为应急快写的高手。

104 民主生活会的规范表述

关于民主生活会的表述,在实践中不够一致。例如,有的称为"党委民主生活会",有的称为"党委班子民主生活会",有的称为"领导班子民主生活会",还有的称为"党员领导干部民主生活会",究竟怎样表述才是正确规范的呢?

值得注意的是,公文写作中涉及的有关政策性很强的提法表述,一定要做到准确规范,要与上级机关文件和规定保持统一的口径,这是很重要的一条原则。特别是有些提法表述,会随着时代的发展和社会形势的变化而发生相应的改变,这就要求我们在公文写作中要做到与时俱进,及时地加以体现。就民主生活会而言,原来的提法确实是"党委民主生活会""党委班子民主生活会"等;后来有一段时间曾表述为"领导班子民主生活会",主要是把参加民主生活会的人员范围扩大了。因为称为"党员民主生活会"或者"党委班子民主生活会",与会人员就都应当是党员,但在实践中,有些单位的领导班子成员并不一定是党委委员甚至不一定是党员,但也需要参加民主生活会,于是就改称"领导班子民主生活会"。需要特别强调的是,到了2016年12月30日,中共中央印发了《县以上党和国家机关党员领导干部民主生活会若干规定》(以下简称《规定》),至此,民主生活会的表述又发生了重要变化。也就是说,在上述各种表述中,最正确、最规范的表述应当是"党员领导干部民主生活会",其他的提法不宜再用。根据上述《规定》,党员领导干部是指县以上党的各级委员会、纪律检查委员会的常务委员会委员、工作委员会委员、党委(党组)成员,以及县以上党和国家各部门(含人民团体)的党员领导干部,还包括各种经济组织、政治组织、文化组织和其他组织的党组(党委)成员。据此可见,"党员领导干部民主生活会"是特定称谓,参加会议的党员领导干部都叫"出席";如果有非党员领导参加,叫作"列席"。但是如果有上级党组织的领导参加,也叫作"出席",而不能称为"列席",这是一种特例。

105 不同类型的会议对与会人员的特定称谓

在公文写作实践中,经常涉及起草各种不同类型的会议文书,而出席会议的领导同志在讲话或者致辞时对与会人员的称谓就会有所不同。具体怎样才能做到既恰切又得体，这是由讲话或者致辞人和与会人员之间的关系所决定的。从实际情况来看，主要有如下五种情形：

1. 党的会议。由于与会人员都是党员，所以一律称为"同志们："。

2. 代表会议。包括人民代表大会、妇女代表大会、教职工代表大会、职工代表大会、中华全国文学艺术工作者代表大会等，这种类型的会议通常是既有正式代表，也有列席人员，因此可以称为："各位代表、各位来宾："。

3. 常规性会议。诸如经济工作会议、财政工作会议、农村工作会议、政法工作会议等，讲话人或者致辞人和与会人员处于"同一战壕"之中，所以通常也称为："同志们："。

4. 新闻发布会和记者招待会。在此种情况下，与会人员尽管身份单薄，但确实来自多家媒体，故对其称谓应使用："女士们、先生们、朋友们："。

5. 联谊会和展销会。在此种情况下，与会人员既可能有讲话人或者致辞人的上级，也可能有来自域外或者国外的嘉宾，所以对其称谓应当使用"尊敬的各位领导、各位来宾、朋友们、同志们："，如此比较合适、全面。

总之，无论何种会议，在讲话和致辞中的称谓必须做到规范简明、不杂不漏。所谓规范简明，是指讲话人或者致辞人必须使用约定俗成的适宜于正式场合的称谓，几个并列的称谓之间既不能互相涵盖，又不能有所遗漏。

106 真正的公文写作金句 20 例

在公文写作实践中，人们会经常从网上或者微信群里看见诸如"公文写作金句 500 题"之类的资料，其实并不是真正的金句，只是供读者模仿参照的素材，有时甚至根本就不能借用。必须强调指出的是，公文写作绝无捷径可走，需要从基本的原理入手，脚踏实地，多写多练，别无他途。在此给读者提供的古今中外名人所讲的至理名言，才称得上真正的金句，认真了解和掌握能够激发我们的思考力、想象力和创造力。主要有如下 20 例：

1. "**盖文章，经国之大业，不朽之盛事。**"（出自三国时期曹丕的《典论·论文》）将文章（主要是指公文）上升到治理国家的高度来认识，足见其重要性，很有指导意义。

2. "**言之无文，行而不远。**"（出自《左传》）用来形容用语没有修饰，就不会流传很远。这对公文的语言表达很有借鉴价值。

3. "凡事预则立，不预则废。"（出自《礼记·中庸》）深刻说明了制发公文做好前期准备工作的重要性。

4. "一字入公文，九牛拔不出。"（出自宋朝释师观的《颂古三十三首其一》）这句话形象地说明了公文用语一定要做到准确无误，因为公文是办理公务的依据和凭证。

5. "立片言而居要，乃一篇之警策。"（出自晋代陆机的《文赋》）意在指出写作公文时一定要做到撮要表达，开门见山，落笔入题，让人一上来就能够把握公文的核心内容。

6. "章表奏议，经国之枢机。"（出自南北朝时期刘勰的《文心雕龙》）此言一语道破了公文在国家治理过程中的地位和作用。

7. "事信而不诞。"（出自南北朝时期刘勰的《文心雕龙》）此言意在讲究公文中的叙事一定要真实可信，而绝不可以虚诞。

8. "文以辨洁为能，不以繁缛为巧。"（出自南北朝时期刘勰的《文心雕龙》）此言意在强调公文用语一定要简洁有力、精练扼要。

9. "改章艰于造篇。"（出自南北朝时期刘勰的《文心雕龙》）此言意在强调公文修改环节的重要性，修改文章要比写一篇文章难度更大。

10. "文章千古事，得失寸心知。"（这是唐代诗人杜甫的名句）意在说明文章包括公文是传之千古的事业，也是一项很辛苦的事业，其中的甘苦得失只有作者自己知道。

11. "凡为文以意为主，以气为辅，以辞采章句为之兵卫。"（出自唐代杜牧的《答庄充书》）这句话形象地说明了公文写作中的主旨、气势以及遣词造句的重要性。

12. "意犹帅也，无帅之兵，谓之乌合。"（出自清朝王夫之的《姜斋诗话》）极其明确形象地道出了公文主旨的"灵魂"和"统帅"作用。

13. "删繁就简三秋树，领异标新二月花。"（出自清朝郑板桥的《赠君谋父子》）意在指行文既要简练，又要有新意。

14. "多读乃藉人之功夫，多做乃切实求己之功夫，其益相去远矣。"（这是清朝唐彪的名句）是指公文写作重在多写多练，亲身实践。

15. "有真意，去粉饰，少做作，勿卖弄。"（出自现代文豪鲁迅的《作文秘诀》）意思是写文章不要刻意雕琢，以真实朴素为要。

16. "写完后至少要看两遍，竭力将可有可无的字词句段删掉，毫不可惜。"（出自鲁迅的《答北斗杂志社问》）意在强调文章修改的重要性。

17. "公文不一定要好文章，但必须写得句稳词妥，通体通顺，让人家不折不扣地了解你说的是什么。"（出自现代教育家叶圣陶的《公文写得含糊草率的现象应当改变》）意在强调公文写作必须做到明确无疑，不能生僻晦涩。

18. "文章和文件都应当具有这样三种性质：准确性、鲜明性和生动性。"（出自毛泽东的《工作方法六十条》）明确指出了优良文风的基本特征。

19. "写文章要讲逻辑，开头、中间、尾巴之间要有一种关系，要有一种内部的联系，不要互相冲突。"〔出自《毛泽东著作专题摘编》（下），中央文献出版社2003年版，第1547页〕明确指出要注意文章的准确性、条理性和前后的一贯性。

20. "简练是天才的姊妹。写得好的本领就是删掉那些写得不好地方的本领。"（这是俄国作家契诃夫的名言）强调写文章一定要做到简明扼要，删繁就简。

107 公文写作与数字"3"密不可分的联系

公文、公文写作与处理在诸多方面与数字"3"打交道，自觉或不自觉地接受"3"的制约与控制，这是公文处理中一条不以人的意志为转移的客观运行规律。

1. 公文的名称有3个，公文处理工作原则是3条，公文处理工作的目的有3点。 在"公文"这个名称的一前一后，人们通常还使用两个名称，一个是"文书"，一个是"文件"，合起来公文的名称实际有3个，这三个名称很难严格区分。从内涵来看，公文、文书、文件在许多情况下是通用的，具有同一性。比如，党委系统习惯上称公文为"文件"，行政系统人们一般称为"公文"，处理公文的工作通常称作"文书处理工作"，人们一般管担负文件管理工作的人叫"文书工作人员"甚至简称为"文书"，所以说三者名称实难区分。如果非要讲出一点区别，那就是外延有所不同，即文书的外延较宽，公文居中，文件较窄。公文处理工作的3条基本原则是：实事求是、精简、高效；公文处理工作的目的也是3个：及时、准确、安全。

2. 公文的不少格式项目与"3"密切相连。 例如，公文的密级共分3个等级，即绝密、机密与秘密；公文的标题包括3个构成要素，即"发文机关名称、事由、文种"；发文字号包括3个成分，即发文机关代字、年份、发文顺序号；公文的生效标志由成文日期、发文机关书名和印章3个要素组成；公文的成文时期，必须写明×年×月×日，仍然是3个成分。

3. 公文的行文方向由3个方面构成。 即上行文、下行文和平行文。

4. 公文的发文处理程序分为3个步骤。 即拟稿、审核、签发。

5. 公文的主旨由3个要素组成。 一是中心思想要素，即公文中通过议说方式所表达的意见、要求、办法、措施和主张等。二是原委、背景要素，即公文中通过叙述方式提出的问题，也可以说是行文原因或制发文件的"燃烧点"。三是写作目的要素，即公文中通过"自我说明"形式所表示的公文作者的写作目的，它一般直陈文首，表露于外。这三要素的关系是：中心思想是公文主旨的核心，原委、背景是主旨确定的基础，写作目的反映了主旨的期望成分。

6. 公文结构处处显示"3"。 如一篇完整公文的结构，从整体上看，其外形通常由"开头—主体—结尾"3部分组成，其内在逻辑形式也是3点，即"总—分—总"。文字详略为"凤头—猪肚—豹尾"3种形式。它还有一条万变不离其宗的内在规律，即它的外形结构，在"开头—主体—结尾"的基础上，可以是变化多端的，如篇段合一、撮要分条、章条款分列、全面分块、分列小标题、条项贯通、正反列句等，但它的内在结构存在着一条基本规律，这就是"提出问题—分析认识问题—解决问题"，所以公文的内在结构是这样"3个问题"的串联，这是受党和国家公务活动的客观实际所决定的，我们党和国家公务活动的客观运动规律基本上表现为提出、分析认识与解决问题，而作为党和国家完成公务活动的重要工具之一的公文，必然与党和国家公务活动的客观运动形式保持一致。

7. 公文的表达方式是叙、议、说三者的融合。 公文写作在表达方式上，除法规性文件外，一般都采用3种形式，即以说明为主，兼以议论与叙述，这也是公文写作与文学写作在表达方式上的一个明显不同。说明、议论与叙述，在公文中不是各自割据的，而是三者不可分割地融合于一体。此3种形式的融合，首先表现在整个篇章上，其次表现在段句上。

8. 公文主体层次的布局制约在3个形式之中。 即纵式、横式与纵横结合式。

9. 公文段落设置要遵循3条原则。 一是在构段的方法上，表现为专一性和完整性。即在一个段落里，集中表达一个主旨；每个段落的内容是完整的，不管段落长短，都应把段的意思表达完。二是在段落的表现形式上，不少的是段、章、句合一。比如，有些发布法规的命令、通知，全文就是一句话，也可以看作一个独立的段；一些规章制度性的公文段落，常以条款形式出现，一条就是一段，这些都是别的文体比较罕见的组段情形。三是在段旨的表达上，多采用明显的手法，即在段落之首有一个概括全段意思的句子。

10. 在文件的具体撰写上，更与"3"有着不解之缘。 比如，人们写总结通常要讲"3 大块"，即情况概述、经验做法或体会、存在问题及今后意见。写纪要，一般分作 3 个部分，即会议的基本情况、对过去一段工作的总结、今后工作部署要求。写情况报告，通常采用"3 段式"，即"情况—原因—下步意见"。撰写调查报告，一般是成绩（变化、特点、效果）、原因（经验、做法、作用）、结论（意见、建议、启示）3 个层次。写表扬或批评性的通报，一般先写事故发生的情况，再分析发生的原因，最后写今后防止的办法。写批转、转发、公布性的通知，一般先对被批转、转发、公布文件表明态度，通常采用"将"字第二宾语提前句式，再来强调意义，最后是提出希望或要求。公开告知性的文件，包括公告、通告，它们的写法也是首先写发布的原因、依据和目的；其次写告知事项内容；再次写结尾。法规性文件更是万变不离其"3"，通常都由"总则""分则""附则"3 部分组成。

总之，公文与公文写作跟"3"的关系太密切不过了。作为从事文秘工作的人员，要提高自身的业务素质，特别是增强撰写公文、处理文件的能力，就不能不注意这个"3"的规律，只有自觉地把握公文中的"3"的哲学才能大大提高驾驭公文的能力。

108 公文写作与"灵感开发"

公文写作究竟讲不讲"灵感"？在这里我们首先需要弄清什么是"灵感"。所谓"灵感"，主要是指文学写作过程中突然爆发出来的一种豁然贯通、文思如潮、创造力高度发挥、艺术构思神速进展的心理状态。它具有突发性、偶然性和易逝性的特征。讲公文写作靠的是"灵感开发"，显然是不符合公文写作的实际运动过程的。公文写作与文学写作，前者主要表现为逻辑思维，后者主要表现为形象思维。因此，公文写作更多的是需要对问题的敏锐观察、冷静的思考分析和解决问题的能力与高度的事业心责任感。一份公文什么时候去写、写什么、写给谁，在很大程度上不是取决于个人的写作愿望或意图，更不能靠一时迸发的"灵感",而是决定于领导的意图,或依照决策层的意愿,决定于客观解决问题的必需,在机关单位主要领导人的授意下进行"遵命"写作。显然这种特殊的写作情形与个人的"灵感"很难合拍。你的"灵感"来了想马上去"创作",可谁会买你的"账"?你的"灵感"未发,可领导要你立刻写一篇讲话稿,写一份"请示",发一份"通知",你说"我还没有灵感"那行吗?笔者认识的不少同志是从事文字工作的秘书,是从文件堆里跌打滚爬多少年摔打出来的,深知公文是"遵命性"的写作。建议讲公文的同志们还是多讲点实际的吧,少讲"灵感""扩张力"等玄话,少说一点"揭开了公文写作千古之谜"之类的大话吧!公文需要的是用实实在在的话,讲实实在在的理,办实实在在的事。"公文学"说到底是一门实用的学科,别把它跟浩瀚高深的文学等肩齐背。

109 公文写作中政策思想的连贯性

所谓公文的政策思想,是指通过公文这个载体传递方针、政策、主张、观点等。所谓连贯一致,是说我们通过公文传递的政策规定、方针主张、思想观点,在时间上要维系前前后后,保持"昨天—今天—明天"的持续;在空间上要维系上下左右——保持上下之间、左右同步。对上级的政策规定不要自作主张,对同级的意见不要"唯我是从"。这就要求我们看问题、办事情,既要瞻前又要顾后,不切断事物的来龙去脉,这对于维护党和国家的权威与集中统一,取信于民是十分重要的。

要保持公文政策思想的系统连贯性,一般应注意以下三点:

1. 注意前前后后。即保持过去与现在为解决某一问题所制发的文件在政策上的系统连贯,不要忽东忽西,前后矛盾,使下级无所适从。例如,我们看到有的单位,由于班子更迭,新官上任,为显示"新"的高明与权威,对先前一些正确的主张、要求、规定一笔抹杀,重打鼓另开张,造成政策多变,这就损害了公文的系统性,也不利于领导形象的塑造。

2. 注意上上下下。要与上级文件的政策思想与基本原则保持系统连贯,这才有利于在公务活动中做到政策连贯、上下合拍、运转一致。在实际工作中,我们有时看到一些下级在制定实施上级某一政策的具体规定时,断了线、走了样、变了调、串了味,使本来应当连贯的政策出现脱节,损害了公文的权威。如某省人民政府，为了搞活企业，制定了"公司主要负责人活动基金按销售收入的5%～10%提取"的规定，而在具体贯彻中，这个省的税务部门制定的实施细则规定不超过5%。由于比例不一，致使下面无法执行。

3. 注意左左右右。为了保障上级某一政策的落实，下属各个主管部门必然要各自制定具体的实施办法。部门与部门之间有些规定的界限是清楚的，但也有些事情是出现交叉的。对于交叉性的问题，在制定具体的实施办法时，要及时沟通，做到相互沟通，相互协调一致，不能"一个和尚一本经、一个木鱼一口磬"，防止文件"顶牛"与"撞车"。

110 公文写作中的篇前撮要技法

篇前撮要是公文写作的一条基本要求，也是一种显旨技法。篇前即篇头，撮是文字简短，要即要领，是指全篇文章的中心思想与基本内容。它的基本意思是指在一篇公文的开头处，用简明扼要的语言，把全文的结论、总的观点、中心内容加以概括表达出来，这样可使人首先得到一个总的概念，一下子抓住全文要领，便于阅读全文和掌握全文的精神实质，达到纲举目张、提纲挈领的目的。这是公文写作中的一种常用的开头方法，也叫倒悬法（即章法倒悬），它和新闻导语的写法很类似。

"篇前撮要"在具体运用上，要因文而异，针对不同的文种采用不同的形式：

（1）综合性工作总结、工作报告、情况简报、会议纪要、调查报告等陈述性文件，其篇前撮要多表现为"情况概述式"。即使用非常简明的语言，或概述某一时期、某一方面工作的基本情况，或综合交代文中的基本内容，或简略写明会议的自然情况，或简要说明某一活动的主要收获等。

（2）章程、条例、规定、办法等规章制度性文件，其篇前撮要多表现为"提纲挈领式"。即或写一个"总纲"，或写一个"总则"，或写一个"前言"，或写"一、二、三……"几个条目。"总纲"用以阐明一个政党、社会团体的性质、地位、奋斗目标、指导思想、总的任务、基本要求等，是一个章程的"纲"；"总则""前言"和开头并列的"一、二、三……"几个条目，用来写明订立本规章制度的目的、意义、要求、根据、原因、动机、适用范围等，是一个规章制度的"要领"所在。

（3）意见（下行）、决定、决议、通知、通报、通告等决策指令性文件，其篇前撮要多表现为"目的依据式"。即把制发文件的目的、依据、原委、基本要求等，用简明的语言高度概括于文件的开端处。在交代目的时，通常以"为……""为了……"作句首，形成一个比较固定的目的句；在交代原委时，通常以"当前……""近一个时期……"等作句首；形成一个比较固定的陈述句；在阐述中心思想、基本要求时，通常以"为此……""决定……""必须……"等强调语作句首；在讲明依据时，更多在句首使用"根据……""遵照……""按照……"等。

（4）请示、申请函的篇前撮要多表现为"交代缘由式"。即在开头着重讲明请示的原因，却很少像决策指令性文件那样在开端处一般先交代目的。请示的目的句通常置于"缘由"之后，并以"为此……""为……""鉴于……""为解决上述问题……"等作句首，形成目的前置，这就是请示与申请函篇前撮要的特殊之处。

（5）批复、复函的篇前撮要多表现为"引述来文式"。即以引述来文的日期、发文字号或标题作为本文的开端。

（6）讲话稿的篇前撮要一般表现为"观点结论式"。即把讲话的中心观点及结论性的意见置于开头，然后再讲内容、事项和具体问题。为了吸引听者，做到"起句当如爆竹，骤响易彻"，有些讲话稿在交代观点、说明结论时又多采用"明知故问"的方法。

（7）计划、规划、工作要点、方案、安排等计划性文件，其篇前撮要基本表现为"起句立意式"，即开端处要用简明的语言，讲清制订计划的指导思想、总的目标与基本主张。

下篇

实用范例篇

法定公文类

1 决议

【适用范围】

根据《党政机关公文处理工作条例》的规定，决议适用于会议讨论通过的重大决策事项。

【实用范例】

中国共产党第二十次全国代表大会关于十九届中央委员会报告的决议

(2022年10月22日中国共产党第二十次全国代表大会通过)

中国共产党第二十次全国代表大会批准习近平同志代表十九届中央委员会所作的报告。大会高举中国特色社会主义伟大旗帜，坚持马克思列宁主义、毛泽东思想、邓小平理论、"三个代表"重要思想、科学发展观，全面贯彻习近平新时代中国特色社会主义思想，分析了国际国内形势，提出了党的二十大主题，回顾总结了过去五年的工作和新时代十年的伟大变革，阐述了开辟马克思主义中国化时代化新境界、中国式现代化的中国特色和本质要求等重大问题，对全面建设社会主义现代化国家、全面推进中华民族伟大复兴进行了战略谋划，对统筹推进"五位一体"总体布局、协调推进"四个全面"战略布局作出了全面部署，为新时代新征程党和国家事业发展、实现第二个百年奋斗目标指明了前进方向、确立了行动指南。大会通过的十九届中央委员会的报告，是党和人民智慧的结晶，是党团结带领全国各族人民夺取中国特色社会主义新胜利的政治宣言和行动纲领，是马克思主义的纲领性文献。

大会认为，报告阐明的大会主题是大会的灵魂，是党和国家事业发展的总纲。全党要高举中国特色社会主义伟大旗帜，深刻领悟"两个确立"的决定性意义，坚决维护习近平同志党中央的核心、全党的核心地位，全面贯彻习近平新时代中国特色社会主义思想，弘扬伟大建党精神，自信自强、守正创新，踔厉奋发、勇毅前行，为全面建设社会主义现代化国家、全面推进中华民族伟大复兴而团结奋斗。

大会指出，我们党立志于中华民族千秋伟业，致力于人类和平与发展崇高事业，责任无比重大，使命无上光荣。全党同志务必不忘初心、牢记使命，务必谦虚谨慎、艰苦奋斗，务必敢于斗争、善于斗争，坚定历史自信，增强历史主动，谱写新时代中国特色社会主义更加绚丽的华章。

大会高度评价十九届中央委员会的工作。党的十九大以来的五年，是极不寻常、极不平凡的五年。五年来，以习近平同志为核心的党中央高举中国特色社会主义伟大旗帜，全面贯彻党的十九大和十九届历次全会精神，坚持马克思列宁主义、毛泽东思想、邓小平理论、"三个代表"重要思想、科学发展观，全面贯彻习近平新时代中国特色社会主义思想，团结带领全党全军全国各族人民，统揽伟大斗争、伟大工程、伟大事业、伟大梦想，统筹推进"五位一体"总体布局，协调推进"四个全面"战略布局，统筹新冠肺炎疫情防控和经济社会发展，统筹发展和安全，坚持稳中求进工作总基调，全力推进全面建成小康社会进程，完整、准确、全面贯彻新发展理念，着力推动高质量发展，主动构建新发展格局，蹄疾步稳推进改革，扎实推进全过程人民民主，全面推进依法治国，积极发展社会主义先进文化，突出保障和改善民生，集中力量实施脱贫攻坚战，大力推进生态文明建设，坚决维护国家安全，防范化解重大风险，保持社会大局稳定，大力度推进国防和军队现代化建设，香港局势实现由乱到治的重大转折，坚决开展反分裂、反干涉重大斗争，全方位开展中国特色大国外交，全面推进党的建设新的伟大工程，如期打赢脱贫攻坚战，完成全面建成小康社会的历史任务，实现第一个百年奋斗目标，迈上全面建设社会主义现代化国家新征程，向第二个百年奋斗目标进军。五年来，以习近平同志为核心的党中央审时度势、守正创新，敢于斗争、善于斗争，团结带领全党全军全国各族人民有效应对严峻复杂的国际形势和接踵而至的巨大风险挑战，以奋发有为的精神把新时代中国特色社会主义不断推向前进，攻克了许多长期没有解决的难题，办成了许多事关长远的大事要事，推动党和国家事业取得举世瞩目的重大成就。

大会强调，党的十八大召开十年来，我们经历了对党和人民事业具有重大现实意义和深远历史意义的三件大事：一是迎来中国共产党成立一百周年，二是中国特色社会主义进入新时代，三是完成脱贫攻坚、全面建成小康社会的历史任务，实现第一个百年奋斗目标。这是中国共产党和中国人民团结奋斗赢得的历史性胜利，是彪炳中华民族发展史册的历史性胜利，也是对世界具有深远影响的历史性胜利。十年来，我们全面贯彻党的基本理论、基本路线、基本方略，采取一系列战略性举措，推进一系列变革性实践，实现一系列突破性进展，取得一系列标志性成果，经受住了来自政治、经济、意识形态、自然界等方面的风险挑战考验，党和国家事业取得历史性成就、发生历史性变革，推动我国迈上全面建设社会主义现代化国家新征程。新时代十年的伟大变革，在党史、新中国史、改革开放史、社会主义发展史、中华民族发展史上具有里程碑意义。中国共产党在革命性锻造中更加坚强有力，中国人民焕发出更为强烈的历史自觉和主动精神，实现中华民族伟大复兴进入了不可逆转的历史进程，科学社会主义在二十一世纪的中国焕发出新的蓬勃生机。

大会强调，新时代十年的伟大变革，是在以习近平同志为核心的党中央坚强领导下、在习近平新时代中国特色社会主义思想指引下全党全国各族人民团结奋斗取得的。党确立习近平同志党中央的核心、全党的核心地位，确立习近平新时代中国特色社会主义思想的指导地位，反映了全党全军全国各族人民共同心愿，对新时代党和国家事业发展、对推进中华民族伟大复兴历史进程具有决定性意义。新时代新征程上把中国特色社会主义事业推向前进，最紧要的是深刻领悟"两个确立"的决定性意义，增强"四个意识"、坚定"四个自信"、做到"两个维护"，自觉在思想上政治上行动上同以习近平同志为核心的党中央保持高度一致。

大会强调，马克思主义是我们立党立国、兴党兴国的根本指导思想。实践告诉我们，中国共产党为什么能，中国特色社会主义为什么好，归根到底是马克思主义行，是中国化时代化的马克思主义行。党的十八大以来，我们党勇于进行理论探索和创新，以全新的视野深化对共产党执政规律、社会主义建设规律、人类社会发展规律的认识，取得重大理论创新成果，集中体现为习近平新时代中国特色社会主义思想。党的十九大、十九届六中全会提出的"十个明确"、"十四个坚持"、"十三个方面成就"概括了这一思想的主要内容，必须长期坚持并不断丰富发展。只有把马克思主义基本原理同中国具体实际相结合、同中华优秀传统文化相结合，坚持运用辩证唯物主义和历史唯物主义，才能正确回答时代和实践提出的重大问题，才能始终保持马克思主义的蓬勃生机和旺盛活力。继续推进实践基础上的理论创新，首先要把握好习近平新时代中国特色社会主义思想的世界观和方法论，坚持好、运用好贯穿其中的立场观点方法，坚持人民至上，坚持自信自立，坚持守正创新，坚持问题导向，坚持系统观念，坚持胸怀天下，开辟马克思主义中国化时代化新境界。

大会提出，从现在起，中国共产党的中心任务就是团结带领全国各族人民全面建成社会主义现代化强国、实现第二个百年奋斗目标，以中国式现代化全面推进中华民族伟大复兴。

大会指出，在新中国成立特别是改革开放以来长期探索和实践基础上，经过党的十八大以来在理论和实践上的创新突破，我们党成功推进和拓展了中国式现代化。中国式现代化，是中国共产党领导的社会主义现代化，既有各国现代化的共同特征，更有基于自己国情的中国特色。中国式现代化是人口规模巨大的现代化、全体人民共同富裕的现代化、物质文明和精神文明相协调的现代化、人与自然和谐共生的现代化、走和平发展道路的现代化。中国式现代化的本质要求是：坚持中国共产党领导，坚持中国特色社会主义，实现高质量发展，发展全过程人民民主，丰富人民精神世界，实现全体人民共同富裕，促进人与自然和谐共生，推动构建人类命运共同体，创造人类文明新形态。

大会指出，全面建成社会主义现代化强国，总的战略安排是分两步走：从二〇二〇年到二〇三五年基本实现社会主义现代化；从二〇三五年到本世纪中叶把我国建成富强民主文明和谐美丽的社会主义现代化强国。未来五年是全面建设社会主义现代化国家开局起步的关键时期，主要目标任务是：经济高质量发展取得新突破，科技自立自强能力显著提升，构建新发展格局和建设现代化经济体系取得重大进展；改革开放迈出新步伐，国家治理体系和治理能力现代化深入推进，社会主义市场经济体制更加完善，更高水平开放型经济新体制基本形成；全过程人民民主制度化、规范化、程序化水平进一步提高，中国特色社会主义法治体系更加完善；人民精神文化生活更加丰富，中华民族凝聚力和中华文化影响力不断增强；居民收入增长和经济增长基本同步，劳动报酬提高与劳动生产率提高基本同步，基本公共服务均等化水平明显提升，多层次社会保障体系更加健全；城乡人居环境明显改善，美丽中国建设成效显著；国家安全更为巩固，建军一百年奋斗目标如期实现，平安中国建设扎实推进；中国国际地位和影响进一步提高，在全球治理中发挥更大作用。

大会强调，全面建设社会主义现代化国家，是一项伟大而艰巨的事业，前途光明，任重道远。前进道路上，必须牢牢把握以下重大原则：坚持和加强党的全面领导，坚持中国特色社会主义道路，坚持以人民为中心的发展思想，坚持深化改革开放，坚持发扬斗争精神。全党必须坚定信心、锐意进取，主动识变应变求变，主动防范化解风险，不断夺取全面建设社会主义现代化国家新胜利。

大会同意报告对未来一个时期党和国家事业发展作出的战略部署,强调必须完整、准确、全面贯彻新发展理念,加快构建新发展格局、着力推动高质量发展,坚持社会主义市场经济改革方向,坚持高水平对外开放,加快构建以国内大循环为主体、国内国际双循环相互促进的新发展格局,构建高水平社会主义市场经济体制,建设现代化产业体系,全面推进乡村振兴,促进区域协调发展,推进高水平对外开放。要实施科教兴国战略、强化现代化建设人才支撑,坚持教育优先发展、科技自立自强、人才引领驱动,办好人民满意的教育,完善科技创新体系,加快实施创新驱动发展战略,深入实施人才强国战略,加快建设教育强国、科技强国、人才强国。要发展全过程人民民主、保障人民当家作主,坚定不移走中国特色社会主义政治发展道路,坚持党的领导、人民当家作主、依法治国有机统一,坚持人民主体地位,充分体现人民意志、保障人民权益、激发人民创造活力,加强人民当家作主制度保障,坚持和完善我国根本政治制度、基本政治制度、重要政治制度,全面发展协商民主,积极发展基层民主,巩固和发展最广泛的爱国统一战线。要坚持全面依法治国、推进法治中国建设,围绕保障和促进社会公平正义,坚持依法治国、依法执政、依法行政共同推进,坚持法治国家、法治政府、法治社会一体建设,完善以宪法为核心的中国特色社会主义法律体系,扎实推进依法行政,严格公正司法,加快建设法治社会。要推进文化自信自强、铸就社会主义文化新辉煌,激发全民族文化创新创造活力,增强实现中华民族伟大复兴的精神力量,巩固全党全国各族人民团结奋斗的共同思想基础,建设具有强大凝聚力和引领力的社会主义意识形态,广泛践行社会主义核心价值观,提高全社会文明程度,繁荣发展文化事业和文化产业,增强中华文明传播力影响力。要增进民生福祉、提高人民生活品质,坚持在发展中保障和改善民生,鼓励共同奋斗创造美好生活,扎实推进共同富裕,完善分配制度,实施就业优先战略,健全社会保障体系,推进健康中国建设。要推动绿色发展、促进人与自然和谐共生,牢固树立和践行绿水青山就是金山银山的理念,站在人与自然和谐共生的高度谋划发展,坚持山水林田湖草沙一体化保护和系统治理,统筹产业结构调整、污染治理、生态保护、应对气候变化,加快发展方式绿色转型,深入推进环境污染防治,提升生态系统多样性、稳定性、持续性,积极稳妥推进碳达峰碳中和。

　　大会强调,国家安全是民族复兴的根基,社会稳定是国家强盛的前提。必须坚定不移贯彻总体国家安全观,把维护国家安全贯穿党和国家工作各方面全过程,健全国家安全体系,增强维护国家安全能力,提高公共安全治理水平,完善社会治理体系，确保国家安全和社会稳定。

大会强调，如期实现建军一百年奋斗目标，加快把人民军队建成世界一流军队，是全面建设社会主义现代化国家的战略要求。必须贯彻习近平强军思想，贯彻新时代军事战略方针，坚持党对人民军队的绝对领导，坚持政治建军、改革强军、科技强军、人才强军、依法治军，坚持边斗争、边备战、边建设，坚持机械化信息化智能化融合发展，加快军事理论现代化、军队组织形态现代化、军事人员现代化、武器装备现代化，提高捍卫国家主权、安全、发展利益战略能力，有效履行新时代人民军队使命任务。

大会强调，"一国两制"是中国特色社会主义的伟大创举，是香港、澳门回归后保持长期繁荣稳定的最佳制度安排，必须长期坚持。要全面准确、坚定不移贯彻"一国两制"、"港人治港"、"澳人治澳"、高度自治的方针，坚持依法治港治澳，维护宪法和基本法确定的特别行政区宪制秩序，落实"爱国者治港"、"爱国者治澳"原则。要坚持一个中国原则和"九二共识"，坚持贯彻新时代党解决台湾问题的总体方略，坚定反"独"促统，牢牢把握两岸关系主导权和主动权，坚定不移推进祖国统一大业。

大会同意报告对国际形势的分析和外交工作的部署，强调中国始终坚持维护世界和平、促进共同发展的外交政策宗旨，致力于推动构建人类命运共同体，坚定奉行独立自主的和平外交政策，始终根据事情本身的是非曲直决定自己的立场和政策，坚持在和平共处五项原则基础上同各国发展友好合作，坚持对外开放的基本国策，坚定奉行互利共赢的开放战略，积极参与全球治理体系改革和建设，推动全球治理朝着更加公正合理的方向发展，愿同世界各国一道弘扬和平、发展、公平、正义、民主、自由的全人类共同价值，共同应对各种全球性挑战。

大会强调，全面建设社会主义现代化国家、全面推进中华民族伟大复兴，关键在党。我们党作为世界上最大的马克思主义执政党，要始终赢得人民拥护、巩固长期执政地位，必须时刻保持解决大党独有难题的清醒和坚定。必须持之以恒推进全面从严治党，深入推进新时代党的建设新的伟大工程，以党的自我革命引领社会革命，落实新时代党的建设总要求，健全全面从严治党体系，全面推进党的自我净化、自我完善、自我革新、自我提高，坚持和加强党中央集中统一领导，坚持不懈用习近平新时代中国特色社会主义思想凝心铸魂，完善党的自我革命制度规范体系，建设堪当民族复兴重任的高素质干部队伍，增强党组织政治功能和组织功能，坚持以严的基调强化正风肃纪，坚决打赢反腐败斗争攻坚战持久战。

大会号召，全党全军全国各族人民紧密团结在以习近平同志为核心的党中央周围，牢记空谈误国、实干兴邦，坚定信心、同心同德，埋头苦干、奋勇前进，为全面建设社会主义现代化国家、全面推进中华民族伟大复兴而团结奋斗！

【简析】

这篇决议写得策见明确，架构清晰，内容丰富，事项具体，彰显出了决议文种的应有特色，是我党历史上一份十分珍贵的文献。全文开门见山，起句立意，直截表明行文的观点即"批准习近平同志代表十九届中央委员会所作的报告"，并进行总体评价，给人以单刀直入、简洁明快之感。主体部分分别以"大会认为""大会强调""大会同意""大会指出""大会号召"等提领性语句，从不同侧面、不同角度对党的二十大报告所提出的有关党的建设和国家发展所取得成就的阐述以及今后的工作目标，既实事求是，又精当恰切，充分体现出了决议文种的谋篇技巧与逻辑架构，特别是在语言运用上，通过一系列四字句和六字句的恰当使用，使行文显得简洁洗练，富有声律美和节奏感，例如，"全党全军全国各族人民紧密团结在以习近平同志为核心的党中央周围，牢记空谈误国、实干兴邦，坚定信心、同心同德，埋头苦干、奋勇前进，为全面建设社会主义现代化国家、全面推进中华民族伟大复兴而团结奋斗。""健全全面从严治党体系，全面推进党的自我净化、自我完善、自我革新、自我提高，坚持和加强党中央集中统一领导，坚持不懈用习近平新时代中国特色社会主义思想凝心铸魂，完善党的自我革命制度规范体系。"此外，文中还大量使用排比修辞，例如，"继续推进实践基础上的理论创新，首先要把握好习近平新时代中国特色社会主义思想的世界观和方法论，坚持好、运用好贯穿其中的立场观点方法，坚持人民至上，坚持自信自立，坚持守正创新，坚持问题导向，坚持系统观念，坚持胸怀天下，开辟马克思主义中国化时代化新境界。"此例中，连续使用了7个"坚持"作为提示语构成排比修辞，分别从不同侧面、不同角度加以阐释，十分准确恰当，富有文势，极大地增强了行文的表达效果。

2 决定

【适用范围】

根据《党政机关公文处理工作条例》的规定，决定适用于对重要事项作出决策和部署、奖惩有关单位和人员、变更或者撤销下级机关不适当的决定事项。

【实用范例】
例文1

中共中央关于认真学习宣传贯彻党的二十大精神的决定

(2022年10月29日)

为深入学习宣传贯彻党的二十大精神，把全党全国各族人民的思想统一到党的二十大精神上来，把力量凝聚到党的二十大确定的各项任务上来，作出如下决定。

一、充分认识学习宣传贯彻党的二十大精神的重大意义

中国共产党第二十次全国代表大会于10月16日至22日在北京举行。这是在全党全国各族人民迈上全面建设社会主义现代化国家新征程、向第二个百年奋斗目标进军的关键时刻召开的一次十分重要的大会，是一次高举旗帜、凝聚力量、团结奋进的大会。大会高举中国特色社会主义伟大旗帜，坚持马克思列宁主义、毛泽东思想、邓小平理论、"三个代表"重要思想、科学发展观，全面贯彻习近平新时代中国特色社会主义思想，分析了国际国内形势，提出了党的二十大主题，回顾总结了过去5年的工作和新时代10年的伟大变革，阐述了开辟马克思主义中国化时代化新境界、中国式现代化的中国特色和本质要求等重大问题，对全面建设社会主义现代化国家、全面推进中华民族伟大复兴进行了战略谋划，对统筹推进"五位一体"总体布局、协调推进"四个全面"战略布局作出了全面部署。大会批准了习近平同志代表十九届中央委员会所作的《高举中国特色社会主义伟大旗帜，为全面建设社会主义现代化国家而团结奋斗》的报告，批准了十九届中央纪律检查委员会的工作报告，审议通过了《中国共产党章程（修正案）》，选举产生了新一届中央委员会和中央纪律检查委员会。

习近平同志的报告，深刻阐释了新时代坚持和发展中国特色社会主义的一系列重大理论和实践问题，描绘了全面建设社会主义现代化国家、全面推进中华民族伟大复兴的宏伟蓝图，为新时代新征程党和国家事业发展、实现第二个百年奋斗目标指明了前进方向、确立了行动指南，是党和人民智慧的结晶，是党团结带领全国各族人民夺取中国特色社会主义新胜利的政治宣言和行动纲

领，是马克思主义的纲领性文献。《中国共产党章程（修正案）》体现了党的十九大以来党的理论创新、实践创新、制度创新成果，体现了党的二十大报告确定的重要思想、重要观点、重大战略、重大举措，对坚持和加强党的全面领导、坚定不移推进全面从严治党、坚持和完善党的建设、推进党的自我革命提出了明确要求。

党的二十届一中全会选举产生了以习近平同志为核心的新一届中央领导集体，一批经验丰富、德才兼备、奋发有为的同志进入中央领导机构，充分显示出中国特色社会主义事业蓬勃兴旺、充满活力。

学习宣传贯彻党的二十大精神是当前和今后一个时期全党全国的首要政治任务，事关党和国家事业继往开来，事关中国特色社会主义前途命运，事关中华民族伟大复兴，对于动员全党全国各族人民更加紧密地团结在以习近平同志为核心的党中央周围，高举中国特色社会主义伟大旗帜，坚定道路自信、理论自信、制度自信、文化自信，为全面建设社会主义现代化国家、全面推进中华民族伟大复兴而团结奋斗，具有重大现实意义和深远历史意义。

二、全面准确学习领会党的二十大精神

学习领会党的二十大精神，必须坚持全面准确，深入理解内涵，精准把握外延。要原原本本、逐字逐句学习党的二十大报告和党章，学习习近平总书记在党的二十届一中全会上的重要讲话精神，着重把握以下几个方面。

1. 深刻领会党的二十大的主题。高举中国特色社会主义伟大旗帜，全面贯彻习近平新时代中国特色社会主义思想，弘扬伟大建党精神，自信自强、守正创新，踔厉奋发、勇毅前行，为全面建设社会主义现代化国家、全面推进中华民族伟大复兴而团结奋斗。这是党的二十大的主题，明确宣示了我们党在新征程上举什么旗、走什么路、以什么样的精神状态、朝着什么样的目标继续前进的重大问题。高举中国特色社会主义伟大旗帜、全面贯彻习近平新时代中国特色社会主义思想，是要郑重宣示，全党必须坚持以马克思主义中国化时代化最新成果为指导，坚定中国特色社会主义道路自信、理论自信、制度自信、文化自信，坚持道不变、志不改，确保党和国家事业始终沿着正确方向胜利前进。弘扬伟大建党精神，是要郑重宣示，全党必须恪守伟大建党精神，保持党同人民群众的血肉联系，保持谦虚谨慎、艰苦奋斗的政治本色和敢于斗争、敢于胜利的意志品质，确保党始终成为中国特色社会主义事业的坚强领导核心。自信自强、守正创新，踔厉奋发、勇毅前行，是要郑重宣示，全党必须保持自信果敢、自强不息的精神风貌，保持定力、勇于变革的工作态度，永不懈怠、锐意进取的奋斗姿态，使各项工作更好体现时代性、把握规律性、富于创造性。全面建设社会主义现代化国家、全面推进中华民族伟大复兴，是要郑重宣示，全党必须紧紧扭住新时代新征程党的中心任务，集中一切力量，排除一切干扰，坚持以中国式现代化全面推进中华民族伟大复兴。团结奋斗，是要郑重宣示，我们必须不断巩固全党全国各族人民大团结，加强海内外中华儿女大团结，形成同心共圆中国梦的强大合力。

2. 深刻领会过去5年的工作和新时代10年的伟大变革。党的十九大以来的5年，是极不寻常、极不平凡的5年。5年来，以习近平同志为核心的党中央，高举中国特色社会主义伟大旗帜，全面贯彻党的十九大和十九届历次全会精神，团结带领全党全军全国各族人民，统揽伟大斗争、伟大工程、伟大事业、伟大梦想，有效应对严峻复杂的国际形势和接踵而至的巨大风险挑战，以奋发有为的精神把新时代中国特色社会主义不断推向前进，攻克了许多长期没有解决的难题，办成了许多事关长远的大事要事，推动党和国家事业取得举世瞩目的重大成就。党的十八大召开10年来，我们经历了对党和人民事业具有重大现实意义和深远历史意义的三件大事：一是迎来中国共产党成立一百周年，二是中国特色社会主义进入新时代，三是完成脱贫攻坚、全面建成小康社会的历史任务，实现第一个百年奋斗目标。这是中国共产党和中国人民团结奋斗赢得的历史性胜利，是彪炳中华民族发展史册的历史性胜利，也是对世界具有深远影响的历史性胜利。10年来，我们全面贯彻党的基本理论、基本路线、基本方略，采取一系列战略性举措，推进一系列变革性实践，实现一系列突破性进展，取得一系列标志性成果，经受住了来自政治、经济、意识形态、自然界等方面的风险挑战考验，党和国家事业取得历史性成就、发生历史性变革，推动我国迈上全面建设社会主义现代化国家新征程。新时代10年的伟大变革，在党史、新中国史、改革开放史、社会主义发展史、中华民族发展史上具有里程碑意义。

新时代10年的伟大变革，是在以习近平同志为核心的党中央坚强领导下、在习近平新时代中国特色社会主义思想指引下全党全国各族人民团结奋斗取得的。党确立习近平同志党中央的核心、全党的核心地位，确立习近平新时代中国特色社会主义思想的指导地位，反映了全党全军全国各族人民共同心愿，对新时代党和国家事业发展、对推进中华民族伟大复兴历史进程具有决定性意义。"两个确立"是党在新时代取得的重大政治成果，是推动党和国家事业取得历史性成就、发生历史性变革的决定性因素。全党必须深刻领悟"两个确立"的决定性意义,更加自觉地维护习近平总书记党中央的核心、全党的核心地位,更加自觉地维护以习近平同志为核心的党中央权威和集中统一领导,全面贯彻习近平新时代中国特色社会主义思想,坚定不移在思想上政治上行动上同以习近平同志为核心的党中央保持高度一致。

3. 深刻领会开辟马克思主义中国化时代化新境界。马克思主义是我们立党立国、兴党兴国的根本指导思想。实践告诉我们,中国共产党为什么能,中国特色社会主义为什么好,归根到底是马克思主义行,是中国化时代化的马克思主义行。党的十八大以来,国内外形势新变化和实践新要求,迫切需要我们从理论和实践的结合上深入回答关系党和国家事业发展、党治国理政的一系列重大时代课题。我们党勇于进行理论探索和创新,以全新的视野深化对共产党执政规律、社会主义建设规律、人类社会发展规律的认识,取得重大理论创新成果,集中体现为习近平新时代中国特色社会主义思想。党的十九大、十九届六中全会提出的"十个明确"、"十四个坚持"、"十三个方面成就"概括了这一思想的主要内容,必须长期坚持并不断丰富发展。只有把马克思主义基本原理同中国具体实际相结合、同中华优秀传统文化相结合,坚持运用辩证唯物主义和历史唯物主义,才能正确回答时代和实践提出的重大问题,才能始终保持马克思主义的蓬勃生机和旺盛活力。不断谱写马克思主义中国化时代化新篇章,是当代中国共产党人的庄严历史责任。继续推进实践基础上的理论创新,首先要把握好习近平新时代中国特色社会主义思想的世界观和方法论,坚持好、运用好贯穿其中的立场观点方法,切实做到坚持人民至上、坚持自信自立、坚持守正创新、坚持问题导向、坚持系统观念、坚持胸怀天下,在新时代伟大实践中不断开辟马克思主义中国化时代化新境界。

4. 深刻领会新时代新征程中国共产党的使命任务。从现在起,中国共产党的中心任务就是团结带领全国各族人民全面建成社会主义现代化强国、实现第二个百年奋斗目标,以中国式现代化全面推进中华民族伟大复兴。党的二十大对全面建成社会主义现代化强国两步走战略安排进行了宏观展望,重点部署了未来5年的战略任务和重大举措。这是一项伟大而艰巨的事业,前途光明,任重道远。当前,我国发展进入战略机遇和风险挑战并存、不确定难预料因素增多的时期,各种"黑天鹅"、"灰犀牛"事件随时可能发生。我们必须增强忧患意识,坚持底线思维,做到居安思危、未雨绸缪,准备经受风高浪急甚至惊涛骇浪的重大考验。前进道路上,必须坚持和加强党的全面领导,坚持中国特色社会主义道路,坚持以人民为中心的发展思想,坚持深化改革开放,坚持发扬斗争精神，既不走封闭僵化的老路，也不走改旗易帜的邪路，坚持把国家和民族发展放在自己力量的基点上，坚持把中国发展进步的命运牢牢掌握在自己手中，不断夺取全面建设社会主义现代化国家新胜利。全党必须牢记，坚持党的全面领导是坚持和发展中国特色社会主义的必由之路，中国特色社会主义是实现中华民族伟大复兴的必由之路，团结奋斗是中国人民创造历史伟业的必由之路，贯彻新发展理念是新时代我国发展壮大的必由之路，全面从严治党是党永葆生机活力、走好新的赶考之路的必由之路。这是我们在长期实践中得出的至关紧要的规律性认识，必须倍加珍惜、始终坚持，咬定青山不放松，引领和保障中国特色社会主义巍巍巨轮乘风破浪、行稳致远。

5. 深刻领会中国式现代化的中国特色和本质要求。在新中国成立特别是改革开放以来长期探索和实践基础上，经过党的十八大以来在理论和实践上的创新突破，我们党成功推进和拓展了中国式现代化。中国式现代化，是中国共产党领导的社会主义现代化，既有各国现代化的共同特征，更有基于自己国情的中国特色。党的二十大概括了中国式现代化的中国特色，即中国式现代化是人口规模巨大的现代化，是全体人民共同富裕的现代化，是物质文明和精神文明相协调的现代化，是人与自然和谐共生的现代化，是走和平发展道路的现代化。党的二十大对中国式现代化的本质要求作出科学概括：坚持中国共产党领导，坚持中国特色社会主义，实现高质量发展，发展全过程人民民主，丰富人民精神世界，实现全体人民共同富裕，促进人与自然和谐共生，推动构建人类命运共同体，创造人类文明新形态。这个概括是党深刻总结我国和世界其他国家现代化建设的历史经验，对我国这样一个东方大国如何加快实现现代化在认识上不断深入、战略上不断成熟、实践上不断丰富而形成的思想理论结晶，我们要深刻领会、系统把握，特别是要把这个本质要求落实到各项工作之中。

6. 深刻领会社会主义经济建设、政治建设、文化建设、社会建设、生态文明建设等方面的重大部署。在经济建设上，要完整、准确、全面贯彻新发展理念，加快构建新发展格局，着力推动高质量发展，构建高水平社会主义市场经济体制，建设现代化产业体系，全面推进乡村振兴，促进区域协调发展，推进高水平对外开放，推动经济实现质的有效提升和量的合理增长。在政治建设上，要发展全过程人民民主，加强人民当家作主制度保障，全面发展协商民主，积极发展基层民主，巩固和发展最广泛的爱国统一战线。在文化建设上，要推进文化自信自强，建设社会主义文化强国，建设具有强大凝聚力和引领力的社会主义意识形态，广泛践行社会主义核心价值观，提高全社会文明程度，繁荣发展文化事业和文化产业，增强中华文明传播力影响力，铸就社会主义文化新辉煌。在社会建设上，要坚持在发展中保障和改善民生，扎实推进共同富裕，完善分配制度，实施就业优先战略，健全社会保障体系，推进健康中国建设，不断实现人民对美好生活的向往。在生态文明建设上，要推进美丽中国建设，加快发展方式绿色转型，深入推进环境污染防治，提升生态系统多样性、稳定性、持续性，积极稳妥推进碳达峰碳中和，促进人与自然和谐共生。

7. 深刻领会教育科技人才、法治建设、国家安全等方面的重大部署。党的二十大把握国内外发展大势，在党和国家事业发展布局中突出教育科技人才支撑、法治保障、国家安全工作。在教育科技人才上，要坚持教育优先发展、科技自立自强、人才引领驱动，加快建设教育强国、科技强国、人才强国，办好人民满意的教育，完善科技创新体系，加快实施创新驱动发展战略，深入实施人才强国战略，不断塑造发展新动能新优势。在法治建设上，要坚持全面依法治国，坚持走中国特色社会主义法治道路，建设中国特色社会主义法治体系、建设社会主义法治国家，完善以宪法为核心的中国特色社会主义法律体系，扎实推进依法行政，严格公正司法，加快建设法治社会，推进法治中国建设。在国家安全上，要坚定不移贯彻总体国家安全观，健全国家安全体系，增强维护国家安全能力，提高公共安全治理水平，完善社会治理体系，坚决维护国家安全和社会稳定。

8. 深刻领会国防和军队建设、港澳台工作、外交工作等方面的重大部署。在国防和军队建设上，要贯彻习近平强军思想，贯彻新时代军事战略方针，坚持党对人民军队的绝对领导，全面加强人民军队党的建设，全面加强练兵备战，全面加强军事治理，巩固提高一体化国家战略体系和能力，如期实现建军一百年奋斗目标，加快把人民军队建成世界一流军队。在港澳台工作上，要坚持和完善"一国两制"制度体系，落实中央全面管治权，落实"爱国者治港"、"爱国者治澳"原则，落实特别行政区维护国家安全的法律制度和执行机制，支持香港、澳门发展经济、改善民生、破解经济社会发展中的深层次矛盾和问题，发展壮大爱国爱港爱澳力量；坚持贯彻新时代党解决台湾问题的总体方略，牢牢把握两岸关系主导权和主动权，坚持一个中国原则和"九二共识"，团结广大台湾同胞共同推动两岸关系和平发展、推进祖国和平统一进程，坚定反"独"促统。在外交工作上，要始终坚持维护世界和平、促进共同发展的外交政策宗旨，致力于推动构建人类命运共同体，坚定奉行独立自主的和平外交政策，坚持在和平共处五项原则基础上同各国发展友好合作，坚持对外开放的基本国策，积极参与全球治理体系改革和建设，弘扬全人类共同价值。

9.深刻领会坚持党的全面领导和全面从严治党的重大部署。全面建设社会主义现代化国家、全面推进中华民族伟大复兴，关键在党。我们党作为世界上最大的马克思主义执政党，要始终赢得人民拥护、巩固长期执政地位，必须时刻保持解决大党独有难题的清醒和坚定。经过党的十八大以来全面从严治党，我们解决了党内许多突出问题，但党面临的执政考验、改革开放考验、市场经济考验、外部环境考验将长期存在，精神懈怠危险、能力不足危险、脱离群众危险、消极腐败危险将长期存在。全党必须牢记，全面从严治党永远在路上，党的自我革命永远在路上，决不能有松劲歇脚、疲劳厌战的情绪，必须持之以恒推进全面从严治党，深入推进新时代党的建设新的伟大工程，以党的自我革命引领社会革命。要落实新时代党的建设总要求，健全全面从严治党体系，坚持和加强党中央集中统一领导，坚持不懈用习近平新时代中国特色社会主义思想凝心铸魂，完善党的自我革命制度规范体系，建设堪当民族复兴重任的高素质干部队伍，增强党组织政治功能和组织功能，坚持以严的基调强化正风肃纪，坚决打赢反腐败斗争攻坚战持久战，全面推进党的自我净化、自我完善、自我革新、自我提高，使我们党坚守初心使命，始终成为中国特色社会主义事业的坚强领导核心。

三、认真做好党的二十大精神的学习宣传

学习宣传党的二十大精神，既要整体把握、全面系统，又要突出重点、抓住关键。要把着力点聚焦到习近平总书记是党中央的核心、全党的核心，习近平新时代中国特色社会主义思想是党必须长期坚持的指导思想上；聚焦到党的十九大以来的重大成就和新时代10年的伟大变革上；聚焦到把握好马克思主义中国化时代化最新成果的世界观和方法论，坚持好、运用好贯穿其中的立场观点方法上；聚焦到中国式现代化在理论和实践的创新突破上；聚焦到贯彻落实党的二十大作出的重大决策部署上；聚焦到以习近平同志为核心的新一届中央领导集体是深受全党全国各族人民拥护和信赖的领导集体上；聚焦到习近平总书记是全党拥护、人民爱戴、当之无愧的党的领袖上。

1.切实抓好学习培训。紧密结合党中央即将在全党开展的主题教育，面向全体党员开展多形式、分层次、全覆盖的全员培训，组织广大党员干部认真学习党的二十大精神。党中央将举办新进中央委员会的委员、候补委员学习贯彻党的二十大精神研讨班。各级党委（党组）理论学习中心组要把学习党的二十大精神作为重点内容，制定系统学习计划，列出专题进行研讨。各地区各部门要举办培训班、学习班，集中一段时间对全国县处级以上党员领导干部进行集中轮训，分期分批对党员干部进行系统培训。基层党组织要采取多种形式，组织广大党员干部认真学习党的二十大精神。要把学习党的二十大精神作为党校（行政学院）、干部学院教育培训的必修课，作为学校思想政治教育和课堂教学的重要内容，组织开展对相关教材修订工作，推动党的二十大精神进教材、进课堂、进头脑。在学习培训中，要运用好《党的二十大报告辅导读本》、《党的二十大报告学习辅导百问》等辅导材料。

2. 集中开展宣讲活动。从现在起到明年年初，在全国范围内集中开展党的二十大精神宣讲活动。党中央将组织学习贯彻党的二十大精神中央宣讲团，赴各省区市开展宣讲。各地要参照这一做法，抽调骨干力量组成宣讲团，深入企业、农村、机关、校园、社区进行宣讲。坚持领导带头，中央政治局同志和各省区市、中央各部门主要负责同志在所在地方、分管领域亲自宣讲，各级党政军群主要负责同志带头宣讲，以实际行动带动广大党员干部群众的学习。开展面向党外人士的宣讲工作，增进党外人士对党的二十大精神的认知认同。要着力增强宣讲的说服力、亲和力和针对性、有效性，紧密联系广大党员干部群众思想和工作实际，把党的二十大精神讲清楚、讲明白，让老百姓听得懂、能领会、可落实。

3. 精心组织新闻宣传。各级党报、党刊、电台、电视台要精心策划、集中报道，大力宣传党的二十大精神，宣传全党全社会对党的二十大的热烈反响和积极评价，宣传各地区各部门学习贯彻党的二十大精神的具体举措和实际行动。要充分利用各种宣传形式和手段，采取人民群众喜闻乐见的形式，使宣传报道更接地气、更动人心，引导广大党员干部群众坚定信心、同心同德，埋头苦干、奋勇前进。要积极开展网络宣传，把网络传播平台作为党的二十大精神宣传的重要阵地，坚持分众化、差异化、精准化，开设网上专题专栏，制作推出新媒体产品，开展网上访谈互动，在网络宣传上展现新面貌、新作为，推动形成网上正面舆论强势。要精心组织对外宣传，多渠道宣介党的二十大精神，宣介我国推动经济社会发展的重大举措，充分反映国际社会的积极评价，生动展示我们党和国家的良好形象。

4. 深入开展研究阐释。围绕党的二十大精神，确定一批重大研究选题，组织专家学者深入研究，撰写刊发一批有分量的理论文章。组织召开系列理论研讨会，交流研究成果，深化思想认识。中央主要媒体要通过推出权威访谈、开设专栏等形式，从不同角度撰写推出相关文章，分析背景、提取要点，进一步延伸阐释深度和广度，各省区市主要报刊理论专版、专刊同步开设相关专栏。针对广大党员干部群众关注的热点问题，各媒体要主动邀请有关部门负责同志，进行深入解读，加强正面引导，回应关切。针对思想理论领域可能出现的模糊认识和错误观点，要组织专家学者撰写重点理论文章和短文短评，及时进行辨析澄清。

四、坚持知行合一，贯彻落实好党的二十大作出的重大决策部署

学习宣传贯彻党的二十大精神，要立足我国改革发展、党的建设实际，坚持学思用贯通、知信行统一，把党的二十大精神落实到经济社会发展各方面，体现到做好今年各项工作和安排好今后工作之中。

1. 坚决做到"两个维护"。学习宣传贯彻党的二十大精神，要推动全党深刻领悟"两个确立"的决定性意义，增强"四个意识"、坚定"四个自信"、做到"两个维护"，以实际行动践行对党忠诚。要健全总揽全局、协调各方的党的领导制度体系，完善党中央重大决策部署落实机制，确保全党在政治立场、政治方向、政治原则、政治道路上同党中央保持高度一致，确保党的团结统一。要加强党的政治建设，严明政治纪律和政治规矩，落实各级党委（党组）主体责任，提高各级党组织和党员干部政治判断力、政治领悟力、政治执行力。

2. 切实推动改革发展稳定。要把党的二十大精神转化为指导实践、推动工作的强大力量，统筹推进"五位一体"总体布局、协调推进"四个全面"战略布局，紧紧抓住解决不平衡不充分的发展问题，着力在补短板、强弱项、固底板、扬优势上下功夫，推动经济社会持续健康发展。要坚持在发展中保障和改善民生，着力解决好人民群众急难愁盼问题，完善社会治理体系，畅通和规范群众诉求表达、利益协调、权益保障通道，及时把矛盾纠纷化解在基层、化解在萌芽状态。要切实做好新冠肺炎疫情防控工作，落实党中央"疫情要防住、经济要稳住、发展要安全"的明确要求，坚决筑牢疫情防控屏障，最大限度保护人民生命安全和身体健康。

3. 防范化解风险挑战。当前，世界百年未有之大变局加速演进，世界之变、时代之变、历史之变正以前所未有的方式展开，这是改革开放以来从未遇到过的，给我国的现代化建设提出了一系列新课题新挑战，直接考验我们的斗争勇气、战略能力、应对水平。要保持时时放心不下的精神状态和责任担当，始终做好应对最坏情况的准备，不信邪、不怕鬼、不怕压，知难而进、迎难而上，统筹发展和安全，全力战胜前进道路上各种困难和挑战。要加强斗争精神和斗争本领养成，着力增强防风险、迎挑战、抗打压能力，主动识变应变求

变,主动防范化解风险,依靠顽强斗争打开事业发展新天地。

4. 坚定不移全面从严治党。要推动全面从严治党向纵深发展,保持战略定力,始终绷紧从严从紧这根弦,不断解决党内存在的突出矛盾和深层次问题。要全面加强党的思想建设,坚持用习近平新时代中国特色社会主义思想统一思想、统一意志、统一行动,组织实施党的创新理论学习教育计划,建设马克思主义学习型政党。要坚持全心全意为人民服务的根本宗旨,树牢群众观点,贯彻群众路线,尊重人民首创精神,坚持一切为了人民、一切依靠人民,始终保持同人民群众的血肉联系,始终接受人民批评和监督,始终同人民同呼吸、共命运、心连心。要加强实践锻炼、专业训练,注重在重大斗争中磨砺干部,增强干部推动高质量发展本领、服务群众本领、防范化解风险本领,牢牢把握工作主动权。

五、切实加强组织领导

学习宣传贯彻党的二十大精神,是当前和今后一个时期全党全国的首要政治任务。各级党委(党组)要把学习宣传贯彻党的二十大精神摆上重要议事日程,切实加强组织领导。

1. 切实负起领导责任。各级党委(党组)要提高政治站位,按照党中央部署,结合本地区本部门实际,作出专题部署,提出具体要求,着力抓好落实,迅速兴起学习宣传贯彻党的二十大精神的热潮。各级组织、宣传部门和其他有关部门,要在党委(党组)统一领导下,密切配合。组织部门要把学习宣传贯彻党的二十大精神与干部教育培训工作、加强领导班子建设和基层党组织建设结合起来。宣传部门要扎实做好党的二十大精神宣传工作,营造学习贯彻党的二十大精神的浓厚氛围。工会、共青团、妇联等群团组织要充分发挥自身优势,开展各具特色的学习教育活动。要加强工作指导,加强督促检查,及时发现解决存在的问题。

2. 牢牢把握正确导向。要坚持团结稳定鼓劲、正面宣传为主,弘扬主旋律、传播正能量,巩固壮大主流思想舆论,着力用党的二十大精神统一思想、凝聚力量。要严格按照党中央精神全面准确开展宣传,把准方向、把牢导向,牢牢把握宣传引导的主导权、话语权。要加强对热点敏感问题的阐释引导,全面客观、严谨稳妥,解疑释惑、疏导情绪,最大限度凝聚社会共识。要落实意识形态工作责任制,按照谁主管谁负责和属地管理原则,切实加强对各类宣传文化阵地的管理,防止错误思想言论和有害信息传播。

3. 着力提升实际效果。要坚持贴近实际、尊重规律,紧密联系广大党员干部群众的新期待，努力增强学习宣传贯彻党的二十大精神的吸引力感染力和针对性实效性。要创新形式载体，丰富方法手段，善于运用群众乐于参与、便于参与的方式，采取富有时代特色、体现实践要求的方法，在拓展广度深度上下功夫，使学习宣传既有章法、见力度，更重质量、强效果。要充分运用新技术新应用，强化互动化传播、沉浸式体验，努力扩大工作的覆盖面和影响力，让正能量产生大流量。

各地区各部门要及时将学习宣传贯彻党的二十大精神的情况报告党中央。

【简析】

这是一篇部署指挥性决定。学习宣传贯彻党的二十大精神，是中共中央作出的一项重大战略决策，是当前和今后相当长的一段时间内全党的首要政治任务。行文开门见山，直截了当地交代了行文的目的，引出决定事项。主体部分以立题的形式，分别从充分认识学习宣传贯彻党的二十大精神的重大意义；全面准确学习领会党的二十大精神；认真做好党的二十大精神的学习宣传；坚持知行合一，贯彻落实好党的二十大作出的重大决策部署以及切实加强组织领导等五个大的方面，从不同的角度，涵盖不同的领域，对如何学习宣传贯彻党的二十大精神这一重大战略决策进行详尽具体而又周密严谨的阐述，内容集中，条理清晰，结构紧凑，堪称典范。此类决定，在内容安排的总体布局上具有明显特征，突出表现为其所设置的各种决定事项，通常都是首先表述诸如重要性和必要性等方面的内容，中间是相关办法和措施；而最后一项又通常是关于加强组织领导方面的要求。而且在内在结构表现形式上，则体现出"为什么做—做什么—怎样做"的模式，具有很强的逻辑性，十分严谨细密。对此，这篇决定非常规范，值得细细品味和借鉴。值得提及的是，文中所列的五个分标题，除第一个以外，每个标题之下都采用撮要标目的写作技法，即先用一个撮要句（以序号引领）对该层次或段落进行高度概括，然后再进行具体阐述，而且文中还十分讲究用语的精整和谐，也是这篇决定的显著特色之一。此外，这篇决定中还大量使用四字句、六字句以及排比修辞等，例如，"自信自强、守正创新，踔厉奋发、勇毅前行，是要郑重宣示，全党必须保持自信果敢、自强不息的精神风貌，保持定力、勇于变革的工作态度，永不懈怠、锐意进取的奋斗姿态，使各项工作更好体现时代性、把握规律性、富于创造性。""中国式现代化，是中国共产党领导的社会主义现代化，既有各国现代化的共同特征，更有基于自己国情的中国特色。党的二十大概括了中国式现代化的中国特色，即中国式现代化是人口规模巨大的现代化，是全体人民共同富裕的现代化，是物质文明和精神文明相协调的现代化，是人与自然和谐共生的现代化，是走和平发展道路的现代化。"使行文富有节奏感和可读性，表现力极强。此外，像"咬定青山不放松""巍巍巨轮、乘风破浪""黑天鹅""灰犀牛"以及"不信邪、不怕鬼、不怕压"等比喻手法的运用，更加形象生动，极大地增强了行文的表达效果。

例文 2

中共中央　国务院　中央军委
关于给陈冬、刘洋颁发"二级航天功勋奖章"
授予蔡旭哲"英雄航天员"荣誉称号
并颁发"三级航天功勋奖章"的决定

（2023 年 3 月 3 日）

2022 年 6 月 5 日，神舟十四号载人飞船成功发射，航天员陈冬、刘洋、蔡旭哲驾乘飞船顺利进入天和核心舱，在轨驻留 6 个月，先后进行 3 次出舱活动，完成空间站舱内外设备及空间应用任务相关设施设备的安装和调试，开展一系列空间科学实验与技术试验，于 2022 年 12 月 4 日安全返回。神舟十四号载人飞行任务，是空间站在轨建造以来情况最复杂、技术难度最高、航天员乘组工作量最大的一次载人飞行任务，首次实现两艘载人飞船同时在轨、两组航天员在轨轮换，创造了货运飞船与空间站交会对接最快世界纪录、单次载人飞行任务 3 次出舱全新中国纪录，为空间站后续建造和运营奠定了坚实基础，标志着中国航天事业高水平科技自立自强迈出新步伐，加快建设航天强国实现新突破，对提升我国综合国力和民族凝聚力，激励全党全军全国各族人民自信自强、守正创新、踔厉奋发、勇毅前行，不断夺取新时代中国特色社会主义新胜利，具有重要意义。

神舟十四号载人飞行任务圆满成功，凝聚着广大科技工作者、航天员、干部职工、解放军指战员的智慧和心血。陈冬、刘洋、蔡旭哲同志是其中的杰出代表，他们矢志报国、团结协作，向世界展示了强大的中国精神、中国力量。陈冬同志 2 次执行载人飞行任务，成为首位在轨时间超过 200 天的中国航天员。刘洋同志是我国首位进入太空的女航天员，此次再担重任、建功太空。蔡旭哲同志扎实训练、艰苦磨砺，光荣入选神舟十四号乘组，圆满完成担负任务。为褒奖他们为我国载人航天事业建立的卓著功绩，中共中央、国务院、中央军委决定，给陈冬、刘洋同志颁发"二级航天功勋奖章"，授予蔡旭哲同志

"英雄航天员"荣誉称号并颁发"三级航天功勋奖章"。

陈冬、刘洋、蔡旭哲同志是不忘初心、牢记使命、献身崇高事业的时代先锋,是探索宇宙、筑梦太空、建设航天强国的标兵模范。党中央号召,全党全军全国各族人民要以习近平新时代中国特色社会主义思想为指导,全面学习、全面把握、全面落实党的二十大精神,以受到褒奖的航天员为榜样,紧密团结在以习近平同志为核心的党中央周围,深刻领悟"两个确立"的决定性意义,增强"四个意识"、坚定"四个自信"、做到"两个维护",坚定信心、同心同德,埋头苦干、奋勇前进,大力弘扬"两弹一星"精神和载人航天精神,为全面建设社会主义现代化国家、全面推进中华民族伟大复兴作出新贡献!

【简析】

这是一份颁发奖章、授予荣誉称号的表彰性决定。正文开头部分先用一个自然段交代神舟十四号载人飞船成功发射的概况及其重大意义,此即行文的依据和背景情况,在此基础上引出予以表彰的事项。最后用一个自然段进一步对全党全军全国各族人民提出总体希望和要求,句子长短交替使用,读起来铿锵有力、和谐悦耳,体现出了时代特色,也使表彰决定的文外意义更加彰显。从总体上看,全文写得层次清楚,条明理晰,布局严谨,用语得体,是一篇值得细细品味的表彰性决定的佳作。

3 命令(令)

【适用范围】

根据《党政机关公文处理工作条例》的规定,命令(令)适用于公布行政法规和规章、宣布施行重大强制性措施、批准授予和晋升衔级、嘉奖有关单位和人员。

【实用范例】

例文1

中华人民共和国主席令

第一号

根据中华人民共和国第十四届全国人民代表大会第一次会议的决定,任命李强为中华人民共和国国务院总理。

中华人民共和国主席　习近平
2023年3月11日

【简析】

这是一篇非常规范的任命令。发文机关标志采用"发文主体加文种"的结构形式，题下标明令号；正文部分采用篇段合一的结构形式，将发布命令的依据及任命事项明确具体地交代出来，便于受文单位贯彻执行。最后是落款和成文日期。

例文2

××省人民政府关于实行封山禁牧的命令

各市、县、区人民政府，省人民政府各工作部门、各直属机构：

为了巩固退耕还林（草）成果，加快生态环境建设步伐，实现生态、经济、社会可持续发展，省政府决定在全省实行封山禁牧。特发布命令如下：

一、封山禁牧的区域是，××市、××市、××市、××市各县、区的全部行政区域；××市、××市、××市各县、区的××以北地区；××市、××市、××市各县、区的林业用地（包括退耕还林还草地）；××市、××市、××市各县、区××以南地区的林业用地。从20××年4月1日起实行封山禁牧。

二、在封山禁牧区域内，严禁放牧（主要指羊），严禁毁林开荒，严禁非法砍伐林木、侵占林地，严禁毁林采种、非法采脂、剥皮、挖根和乱挖野生苗木，严禁非法狩猎和野外用火，严禁非法采石、采矿和取土，严禁损坏、移动生态建设标志和设施。

三、封山禁牧后，各地要抓住国家实施西部大开发的机遇，采取人工造林、封山育林相结合的方式，加快退耕还林（草）步伐，提高退耕还林（草）质量。要大力调整农业和农村经济结构，依托资源，面向市场，发展区域特色经济，努力增加农民收入。要加快建设高标准基本农田，为解决好群众长远生计创造基础条件。要加快农村基础设施建设，着力开发再生能源，改善群众生产生活条件。要推行人工种草、秸秆利用、舍饲养畜，改进畜牧业生产方式，大力发展畜牧业。对生产条件差、生存环境恶劣；居住分散、边远的人口，要与扶贫开发相结合，坚持有土安置的原则，有计划地实行移民搬迁，确保退耕还林退得下、还得上、稳得住、能致富、不反弹。

四、各级政府要把封山禁牧工作列入重要议事日程，认真研究，周密部署，精心组织实施。要运用群众喜闻乐见的宣传形式和手段广泛宣传，教育群众，提高认识，自觉实行封山禁牧。要界定区域，设立标志，健全管护制度，落实管护责任。各级生态环境保护部门要坚持造林与管护相结合的原则，履行职责，依法加大管护工作力度。对因监管不力使封山禁牧工作流于形式的，要追究有关部门的责任。各级农畜行政部门要加强技术指导和服务工作，全力推行舍饲养畜。各级水利行政等有关部门都要立足本职，搞好服务，促进封山禁牧工作顺利实施。

省长　×××

20××年3月10日

【简析】

这是以××省人民政府的名义发布、由省长签署的关于实行封山禁牧的行政令，全文主旨明确，层次清晰，结构严谨，行文规范。

（1）本文标题使用的是下行文常用的"三项式标题"。

（2）主送机关排列体现了"先外后内"的原则。

（3）开头的"发令缘由"以"目的句"领起、用承启语承上启下干净利索。

（4）由承启语引出的四条"命令事项"层次清楚、结构严谨：第一条明确了封山禁牧的区域与开始时间；第二条用七个"严禁"对封山禁牧的"封"与"禁"进行了准确阐释；第三条用六个"要"阐述了封山禁牧区的发展方向，其中第二条与第三条，一禁一行，一反一正，对比强烈，止行清楚，写得甚好；第四条用七个"要"对"各级政府""各级生态环境保护部门""各级农畜行政部门"和"各级水利行政等有关部门"分别提出了工作要求，也可把此条视为全文的要求式结尾。

（5）机关发令、首长签署，体现了机关发令的统一做法。

4　公报

【适用范围】

根据《党政机关公文处理工作条例》的规定，公报适用于公布重要决定或者重大事项。

【实用范例】

中国共产党第二十届中央委员会第二次全体会议公报

(2023年2月28日中国共产党第二十届中央委员会第二次全体会议通过)

中国共产党第二十届中央委员会第二次全体会议，于2023年2月26日至28日在北京举行。

出席这次全会的有中央委员203人，候补中央委员170人。中央纪律检查委员会副书记和有关部门负责同志列席会议。

全会由中央政治局主持。中央委员会总书记习近平作了重要讲话。

全会听取和讨论了习近平受中央政治局委托作的工作报告，审议通过了中央政治局在广泛征求党内外意见、反复酝酿协商的基础上提出的拟向十四届全国人大一次会议推荐的国家机构领导人员人选建议名单和拟向全国政协十四届一次会议推荐的全国政协领导人员人选建议名单，决定将这两个建议名单分别向十四届全国人大一次会议主席团和全国政协十四届一次会议主席团推荐。审议通过了在广泛征求意见的基础上提出的《党和国家机构改革方案》。习近平就《党和国家机构改革方案（草案）》向全会作了说明。全会同意把《党和国家机构改革方案》的部分内容按照法定程序提交十四届全国人大一次会议审议。

全会充分肯定党的二十届一中全会以来中央政治局的工作。一致认为，面对严峻复杂的国际环境和艰巨繁重的国内改革发展稳定任务，中央政治局全面贯彻党的二十大和二十届一中全会精神，高举中国特色社会主义伟大旗帜，全面贯彻习近平新时代中国特色社会主义思想，坚持稳中求进工作总基调，更好统筹国内国际两个大局，更好统筹疫情防控和经济社会发展，更好统筹发展和安全，兴起学习宣传贯彻党的二十大精神热潮，隆重悼念江泽民同志，做好全国人大、全国政协换届准备工作，动态优化调整新冠疫情防控措施，着力推动经济稳步回升、促进高质量发展，扎实推进社会主义民主法治建设和宣传思想文化工作，切实保障和改善民生，坚决维护国家安全和社会稳定，开启中国特色大国外交新征程，进一步深化全面从严治党，各项工作迈出新的步伐。

全会强调，开好十四届全国人大一次会议和全国政协十四届一次会议，对进一步动员全党全国各族人民为全面建设社会主义现代化国家、全面推进中华民族伟大复兴而团结奋斗，具有重大意义。

全会认为，党的十八大以来，以习近平同志为核心的党中央把深化党和国家机构改革作为推进国家治理体系和治理能力现代化的一项重要任务，按照坚持党的全面领导、坚持以人民为中心、坚持优化协同高效、坚持全面依法治国的原则，深化党和国家机构改革，党和国家机构职能实现系统性、整体性重构，为党和国家事业取得历史性成就、发生历史性变革提供了有力保障，也为继续深化党和国家机构改革积累了宝贵经验。

全会指出，党的二十大对深化机构改革作出重要部署，对于全面建设社会主义现代化国家、全面推进中华民族伟大复兴意义重大而深远。必须以习近平新时代中国特色社会主义思想为指导，以加强党中央集中统一领导为统领，以推进国家治理体系和治理能力现代化为导向，坚持稳中求进工作总基调，适应统筹推进"五位一体"总体布局、协调推进"四个全面"战略布局的要求，适应构建新发展格局、推动高质量发展的需要，坚持问题导向，统筹党中央机构、全国人大机构、国务院机构、全国政协机构，统筹中央和地方，深化重点领域机构改革，推动党对社会主义现代化建设的领导在机构设置上更加科学、在职能配置上更加优化、在体制机制上更加完善、在运行管理上更加高效。

全会强调，各地区各部门要站在党和国家事业发展全局高度，充分认识党和国家机构改革的重要性和紧迫性，深刻领悟"两个确立"的决定性意义，增强"四个意识"、坚定"四个自信"、做到"两个维护"，自觉把思想和行动统一到党中央决策部署上来，坚决维护党中央决策部署的权威性和严肃性，坚定改革信心和决心，加强组织领导，不折不扣把机构改革任务落到实处。

全会认为，深入学习宣传贯彻党的二十大精神，是当前和今后一个时期全党的首要政治任务，要推动学习宣传贯彻往深里走、往实里走。要丰富载体、创新手段，以人民群众喜闻乐见的形式推动党的二十大精神进机关、进企事业单位、进城乡社区、进校园、进军营、进各类新经济组织和新社会组织、进网站，使党的二十大精神真正深入人心。领导干部要继续在全面学习、全面把握、全面落实上作表率，深刻认识新时代十年伟大变革的重大意义，熟练掌握习近平新时代中国特色社会主义思想的世界观、方法论和贯穿其中的立场观点方法，整体把握新时代新征程党和国家事业发展的目标任务、战略部署、重大举措，紧密结合本地区本部门具体实际制定好、实施好贯彻落实的具体方案、具体举措，切实把党的二十大精神落实到位。

全会强调，当前，世界百年未有之大变局加速演进，世界进入新的动荡变革期，我国发展进入战略机遇和风险挑战并存、不确定难预料因素增多的时期，必须准备经受风高浪急甚至惊涛骇浪的重大考验。我国改革发展稳定依然面临不少深层次矛盾，需求收缩、供给冲击、预期转弱三重压力仍然较大，经济恢复的基础尚不牢固，各种超预期因素随时可能发生。全党同志必须坚定信心，保持战略清醒，发扬斗争精神，做到"三个更好统筹"，努力实现今年各项目标任务。要完整、准确、全面贯彻新发展理念，加快构建新发展格局，着力推动高质量发展。要认真贯彻执行党中央关于新阶段疫情防控的决策部署，落实好"乙类乙管"各项措施。要努力扩大内需，切实提升产业链供应链韧性和安全水平，进一步优化市场化法治化国际化营商环境，有效防范化解重大经济金融风险，守住不发生系统性风险的底线。要着力加强保障和改善民生各项工作，落实落细就业优先政策，保障好困难群众的基本生活，扎牢社会保障网，补齐医疗卫生特别是城乡基层医疗卫生公共服务的短板，完善生育支持政策体系。全面推进乡村振兴，巩固拓展脱贫攻坚成果，防止发生规模性返贫。

全会指出，要坚定不移深化改革开放，紧紧围绕全面建设社会主义现代化国家的目标，推出一批战略性、创造性、引领性改革举措，加强改革系统集成、协同高效，在重要领域和关键环节取得新突破。要坚持和完善社会主义基本经济制度，完善中国特色现代企业制度，加强和完善现代金融监管，推动高水平对外开放，统筹谋划好各领域的改革。注重完善改革落实机制，推动改革举措落地见效，不断增强社会主义现代化建设的动力和活力，把我国制度优势更好转化为国家治理效能。

全会强调，要深入贯彻落实党的二十大对党的建设作出的战略部署，时刻保持解决大党独有难题的清醒和坚定，健全全面从严治党体系，以党的政治建设为统领，扎实推进党的各方面建设，推动新时代党的建设新的伟大工程向纵深发展。在全党深入开展学习贯彻习近平新时代中国特色社会主义思想主题教育，要科学谋划、精心组织，强化理论学习和运用，取得实实在在的成效。要抓好换届后的领导班子思想政治建设，严格执行民主集中制，营造风清气正的政治生态，形成团结协作、敢于担当、善作善成的生动局面。要坚持以严的基调强化正风肃纪，持续深化纠治"四风"，大兴调查研究之风，大力弘扬求真务实、真抓实干的作风，真正做出经得起历史和人民检验的实绩。要一体推进不敢腐、不能腐、不想腐，坚决打赢反腐败斗争攻坚战持久战。

全会号召，全党全国各族人民更加紧密地团结在以习近平同志为核心的党中央周围，高举中国特色社会主义伟大旗帜，弘扬伟大建党精神，牢记"三个务必"，自信自强、守正创新，锐意进取、顽强拼搏，扎实推进中国式现代化建设，为实现党的二十大确定的目标任务而共同奋斗。

【简析】

例文《中国共产党第二十届中央委员会第二次全体会议公报》第一自然段为引言，交代了召开会议的时间、地点，紧接着陈述会议的基本情况，交代了出席会议的人员以及会议的主要议题，然后集中反映会议的决定事项，并用"全会指出""全会认为""全会强调""全会号召"等标志性语句提领，全面反映出会议的议定事项和主要精神，并在结尾段发出号召，撼人心魄，催人奋进。从全文的写法上看，此类公报与决议和纪要有异曲同工之处。

5 公告

【适用范围】

根据《党政机关公文处理工作条例》的规定，公告适用于向国内外宣布重要事项或者法定事项。

【实用范例】

例文1

财政部关于延续实施残疾人就业保障金优惠政策的公告

财政部公告2023年第8号

为促进小微企业发展，进一步减轻用人单位负担，现就延续实施《财政部关于调整残疾人就业保障金征收政策的公告》（财政部公告2019年第98号）相关优惠政策公告如下：

一、延续实施残疾人就业保障金分档减缴政策。其中：用人单位安排残疾人就业比例达到1%（含）以上，但未达到所在地省、自治区、直辖市人民政府规定比例的，按规定应缴费额的50%缴纳残疾人就业保障金；用人单位安排残疾人就业比例在1%以下的，按规定应缴费额的90%缴纳残疾人就业保障金。

二、在职职工人数在30人（含）以下的企业，继续免征残疾人就业保障金。

三、本公告执行期限自2023年1月1日起至2027年12月31日。对符合本公告规定减免条件但缴费人已缴费的，可按规定办理退费。

特此公告

财政部

2023 年 3 月 26 日

【简析】

这是内容事项较为单一的一类公告。标题由发文机关名称、事由和文种3个要素组成，其下注明发文字号；正文部分首先用一个自然段表明行文的目的并引出内容事项，然后采取直接分条的形式，交代出了发布的公告事项，包括"延续实施残疾人就业保障金分档减缴政策"、适用范围和执行期限，让人一目了然。最后以专用尾语"特此公告"作结。从行文的语势上看，显得严谨庄重，干净利落。

例文 2

××省××市人民法院
公　　告

（2023）××1083 破 1 号

××市中级人民法院于 2022 年 12 月 21 日作出（2022）××10 破申 6 号民事裁定书，裁定受理××新材料科技有限公司破产清算一案，并指定本院审理。本院于 2023 年 1 月 17 日作出（2023）××1083 破 1 号决定书，指定××律师事务所担任××新材料科技有限公司破产管理人。

××新材料科技有限公司的债权人应于 2023 年 3 月 17 日前向××新材料科技有限公司管理人申报债权，书面说明债权数额、有无财产担保及是否属于连带债权，并提供相关证据材料，债权申报须知及申报格式文本。在人民法院确定的债权申报期限内，债权人未申报债权的，可以在破产财产最后分配前补充申报；但是，此前已进行的分配，不再对其补充分配。为审查和确认补充申报债权的费用，由补充申报人承担。债权人未依法申报债权的，不得依照《中华人民共和国企业破产法》规定的程序行使权利。

本院定于 2023 年 3 月 31 日上午 9：30 在××省××市人民法院第二审判庭召开××新材料科技有限公司破产清算案第一次债权人会议。依法申报债权的债权人为债权人会议成员，有权参加债权人会议。参加会议的债权人系法人或其他组织的，应提交营业执照、法定代表人或负责人身份证明书，如委托代理人出席会议，应提交特别授权委托书、委托代理人的身份证件或律师执业证，委托代理人是律师的还应提交律师事务所的指派函；债权人系自然人的，应提交个人身份证明，如委托代理人出席会议，还应提交特别授权委托书、委托代理人的身份证件或律师执业证，委托代理人是律师的还应提交律师事务所的指派函。

特此公告

2023年1月18日

【简析】

这是一篇关于企业宣布破产的公告。与前例相比，这篇公告在结构布局上也很完整。开头部分首先概述××市中级人民法院已经受理××新材料科技有限公司破产一事，交代出发布公告的背景和缘由，然后分别将××新材料科技有限公司的债权人需要做什么以及该院召开破产清算案第一次债权人会议的相关程序和要求予以交代，十分明确具体，便于理解和掌握。此类公告所涉及的事项属于法定事项。

6 通告

【适用范围】

根据《党政机关公文处理工作条例》的规定，通告适用于在一定范围内公布应当遵守或者周知的事项。

【实用范例】

**海南省人民政府关于
在博鳌亚洲论坛2023年年会期间
禁止小型航空器具和空飘物飞行活动的通告**

琼府函〔2023〕31号

为确保博鳌亚洲论坛2023年年会安全顺利举办，根据《中华人民共和国飞行基本规则》（国务院、中央军委令第509号）等法律法规的规定，省政府决定在博鳌亚洲论坛2023年年会期间加强小型航空器具和空飘物飞行活动管理。现将有关事项通告如下：

一、自 2023 年 3 月 27 日 8 时起至 3 月 31 日 24 时止，琼海市及文昌市、万宁市、定安县、屯昌县、琼中黎族苗族自治县行政区域空域实施临时管控，禁止一切单位、组织和个人的轻型和超轻型飞机、轻型直升机、滑翔机、三角翼、动力三角翼、滑翔伞、动力伞、热气球、飞艇、无人机、航空模型、空飘气球、系留气球等低空慢速小型航空器和空飘物在地面以及空中进行起降、飞行活动。期间，需要利用小型航空器进行应急作业的飞行活动，须按照有关程序严格履行审批手续。

二、在禁飞期间，涉及小型航空器、航空器材管理和使用的单位，要加强对小型航空器和空飘物的监控，严格落实禁飞规定。公安、交通、文体、市场监管、气象、民航安全监督管理等部门，要按照各自职责分工，加强日常监督检查，切实落实监管责任。

三、对不遵守本通告规定、妨碍空中安全的单位和个人，由民航、文体、气象等部门按照各自职责依法予以处理；对危害公共安全、扰乱公共秩序的，由公安机关依法予以处罚；构成犯罪的，依法追究其刑事责任。

特此通告

海南省人民政府
2023 年 3 月 21 日

【简析】

这篇通告的标题和发文字号均由 3 个要素组成，既完整又规范；正文由 3 层内容组成。第一自然段为第一层，交代了发布通告的目的和依据；紧接着用"现将有关事项通告如下："的过渡句引出主体部分，这是全文的主体和核心，也是行文的重点所在，具体阐述通告的事项。既有对博鳌亚洲论坛 2023 年年会期间加强小型航空器具和空飘物飞行活动管理的起止时间以及所涉及范围的规定，又有对不遵守本通告规定、妨碍空中安全的单位和个人将如何作出处罚的规定，内容规定十分完整、全面，而且正反对举，相辅相成，显得非常明确具体。从行文技巧上看，全文条理清楚，前后衔接顺畅，堪称通告写作的范例。

7 意见

【适用范围】

根据《党政机关公文处理工作条例》的规定，意见适用于对重要问题提出见解和处理办法。与其他文种相比,意见具有行文方向的多向性,它既可以上行,也可以下行,还可以平行。

【实用范例】

例文 1

××市公安局××分局
关于进一步强化社区警务工作的意见

市局:

  在刚刚过去的一年,我分局在市局的正确领导下,立足于建立打防控一体、警企民联动的治安防范体系,大力推进社区警务战略,全面强化基础工作和队伍建设,突出解决让人民满意的问题。特别是通过警力的整合、阵地的前移、打防布局的调整和民力资源的开发,切实提高了对社会治安的控制能力,初步实现了市委提出的"社会治安要打翻身仗"的目标。

  新年伊始,万象更新,公安工作任重而道远。作为全市管辖区域面积最大、人口最多、地理位置最为重要的龙头分局将如何把握机遇,迎接挑战,与时俱进,是摆在我们面前的现实问题。早在去年年末,分局党组已着手对新一年的公安工作进行了分析和研究,并提出了"整体工作上水平、重点工作搞突破"的工作思路。与此同时,分局按照市局提出的"打防要有新力度,改革要有新突破,服务要有新举措,形象要有新变化"的工作要求,一方面,由党组成员深入基层单位,进行深入调查研究,认真查摆,及时发现当前工作特别是社区警务工作中存在的问题和不足;另一方面,责成朱涛同志组织有关人员赴外地市公安机关进行考察和学习,用先进的经验和做法来完善自身的不足。经过一系列的调查和论证,分局党组在立足现有,深挖潜能,通过调整人口管理手段和方式来推进社区警务工作的深入开展这一问题上达成了共识,并准备先行启动,先期试点。

  一、当前人口管理方式的不足之处

  (一)实效性不强。我们对社区民警人口管理的要求是"两知"和"两熟悉"。"两知",即社区民警对在责任区居住年满16周岁以上和45周岁以下的男性,以及有违法犯罪经历的女性要普遍熟悉,要达到知身份、知现实表现;"两熟悉",即责任区民警和群众互相认识、互相熟悉。在责任区工作半年以上的民警熟悉率要达到60%,一年以上的要求达到80%,两年以上的要求达到

95％以上。另外,对暂住人口、出租房屋、重点人口、"五种"监视对象及轻微违法犯罪人员等均有详细的较高标准的熟悉规定。

从我们实际工作的情况看,存在两个问题。一是由于社区民警在人口熟悉上的工作量大,很难达到规定的标准。社区民警在熟悉并管理人口的同时,还要负责辖区安全防范、治安管理及刑事犯罪的打击工作,特别是治安案件的查处工作牵扯了民警很大一部分精力,使其难以真正沉到社区开展人口熟悉工作,更谈不上达到上级规定的人口熟悉标准。由于工作负担大,责任区民警的思想压力沉重,工作态度消极。多数民警都是临阵磨枪,在考核时下"功夫",想"办法",应付现象突出。另外,由于工作量大,导致工作的重点不突出,以至于削弱了需要管好的几类特殊人口的管理力度,失去了人口管理的效力,难以实现管理人口的目的。二是现行的人口管理方法在实际工作中发挥作用不明显。现行的人口管理办法是计划经济条件下人口管理方式的延伸,至今也没有做大幅度的调整和改进。由于当时人员的流动极小,流窜犯罪少,因此此种管理方式有效。但随着形势的发展变化,随着人口流动大潮的出现,流窜犯罪的问题突出。20××年,本区人员违法的共有427名,仅占全区实有人口的万分之四。从破案情况看,本区人员在本区作案的有312起,仅占全区破案的13％。因此,将工作的重点放在本区的人口管理上,只能是事倍功半,效果不明显。

(二)警力耗损问题突出。20××年4月警力整合后,我局初步实现了"小机关,大基层"的警力分布格局,基层派出所的警力也由过去的534名增至838名,占全局总编制的63％,有效解决了基层警力不足的问题。目前,我局共有513名社区民警(不包括59名兼片副所长)。以我区实有的291000户计算,平均每名社区民警管理560户左右。这部分人员主要负责人口管理和居民区的安全防范。从去年的统计数据来看,一方面,居民区可防性案件共发生1136起,仅占全区发案总数的13.2％。用全局40％多的警力来控制仅占全区发案13.2％的可防性案件,即使是可防性案件大幅下降,也不能不说是一种警力的浪费。另一方面,路面案件发生3111起,占全区发案总数的36.2％,由于没有专业巡防力量,仅靠社区民警兼职工作,难以得到有效控制。与此同时,治安案件日益增多。由于程序复杂,查处的难度较大,在没有专职治安民警的前提下,为了使这些案件及时得到查结,社区民警要付出很大的精力,以至于人口管理和社会面控制的力度不强,顾此失彼。

二、调整人口管理方式的设想及可行性

(一)改变现有的人口管理方式。借鉴外地市人口管理的成功经验,我们将对现行的人口管理方式进行调整。具体的管理方法为"三管三到位"：重点人口重点管，即管好两头，一头是党政领导、人大代表、政协委员、著名企业家、知名人士等，主要是保证上述易受侵害目标的安全；另一头是有前科劣迹和刑嫌人员、治安危险分子及其他重点人员，对于上述人员必须全部熟悉，预防并控制其实施犯罪；一般人口微机管，也就是通常所说的中间段的人员，主要是通过输入微机和警务通，便于查询即可，另外，输入的过程，也就是对人口的一种熟悉；流动人口和暂住人口必须管。对这部分人员，由社区民警加上辅警人员对其进行动态式管理，及时发现、登记、照相、办证、跟踪管控。此种管理方式可以将社区民警从繁重而又不必要的工作中解脱出来，充分体现了"优化筛选、突出重点、提高效率，为打击和管理服务"的原则。

（二）扩大责任区民警的管理户数。由于人口管理方式的改变，工作效率的提高，使扩大责任区民警的管理户数的设想变为现实。以每名民警管理1200户计算，仅需243名警力。以××派出所和××派出所为例：××派出所辖区人口有9300户，按新的人口管理办法，需要重点管理的人口仅有120名，其中需要重点保护的对象40名，重点人口80名；××派出所辖区人口有12190户，按照新的人口管理办法，需要重点管理的人口有172名，其中需要重点保护的对象12名，重点人口160名。虽然责任区民警的管理户数增加了一倍，但实际需要管理的人员总量大幅减少。在警力减半的前提下，由于重点突出，工作效率有所提高。至于责任区民警管理的具体户数，可以1200户为标准，结合实际情况上下浮动。

（三）增设派出所领导下的巡防警和治安警。从我区情况看，路面案件虽然有所下降，但是仍然没有得到很好的控制，要想拉动发案总量的大幅下降，必须在控制路面案件上下大功夫。同时，由于形势的要求，治安案件的查处工作也应当作为派出所的一项重要工作予以加强。因此，在条件允许的前提下，通过设立派出所领导下的巡防警和治安警，来加大社会面巡控和治安案件的查处力度，实属必要。如果按新的人口管理办法，在不影响管理效果的前提下，我们可以从社区民警中抽出270名警力，平均每个派出所10名。根据派出所的工作实际，科学安排巡防警和治安警的人数，分别负责社会面的巡控和治安及刑事案件的查处。

（四）对派出所领导下的各警种实行捆绑式考核，强化彼此间的协作与配合。将巡防警和治安警沉入到社区，与社区民警一同工作，实行警长负责制。一方面在警种职能各有侧重的前提下，实现了警力资源的集中共享；另一方面便于加强警种之间的协作与配合。真正做到社区防范一起搞，刑事案件一起破，治安案件一起查，通过打击发现防范中的薄弱环节，通过巡防为打击服务，通过查处案件提高民警化解矛盾的能力。也就是说，通过挖自身潜能，发挥警务区内各警种的整体合力，实现"一专多能"，真正将派出所和社区建设成为机动灵活的战斗实体。

××市公安局××分局（公章）
20××年1月14日

【简析】

这是一篇建议性意见，写得很规范。全文就如何进一步强化社区警务工作问题表明见解，进行精当而切实的阐述，并提出了具体的处理办法。首先对过去一年的工作进行扼要回顾，明确新一年工作的主要任务和设想，以此作为行文的依据和缘由，然后转入主体部分。主体部分分为两大层次，一是"当前人口管理方式的不足之处"，从实效性不强和警力耗损问题突出两个方面加以阐述；二是"调整人口管理方式的设想及可行性"，针对所存在的问题，提出了"改变现有的人口管理方式""扩大责任区民警的管理户数""增设派出所领导下的巡防警和治安警""对派出所领导下的各警种实行捆绑式考核，强化彼此间的协作与配合"等四个解决办法，理据充分，富有说服力。从写作手法上看，全文以介绍背景和缘由开篇，采用撮要句提领各个层次内容，然后自然引出解决措施，而且善于运用数字来说明问题，从而使得全文的内容安排及结构布局十分严谨有序，用语精练流畅。

例文2

中共中央办公厅　国务院办公厅
关于进一步完善医疗卫生服务体系的意见

为深入贯彻党中央关于实施健康中国战略的决策部署，推动全面建立中国特色优质高效的医疗卫生服务体系，为人民群众提供全方位全周期健康服务，现提出如下意见。

一、总体要求

（一）指导思想。以习近平新时代中国特色社会主义思想为指导，深入贯彻党的二十大精神，把保障人民健康放在优先发展的战略位置，贯彻新时代党的卫生与健康工作方针，总结新冠疫情防控经验，坚持以人民健康为中心，坚持预防为主，坚持医疗卫生事业公益性，推动医疗卫生发展方式转向更加注重内涵式发展、服务模式转向更加注重系统连续、管理手段转向更加注重科学化治理，促进优质医疗资源扩容和区域均衡布局，建设中国特色优质高效的医疗卫生服务体系，不断增强人民群众获得感、幸福感、安全感。

（二）工作目标。到2025年，医疗卫生服务体系进一步健全，资源配置和服务均衡性逐步提高，重大疾病防控、救治和应急处置能力明显增强，中西医发展更加协调，有序就医和诊疗体系建设取得积极成效。到2035年，形成与基本实现社会主义现代化相适应，体系完整、分工明确、功能互补、连续协同、运行高效、富有韧性的整合型医疗卫生服务体系，医疗卫生服务公平性、可及性和优质服务供给能力明显增强，促进人民群众健康水平显著提升。

二、优化资源配置，加强人才队伍建设，推进能力现代化

（一）提升卫生健康人才能力。发展壮大医疗卫生队伍，把工作重点放在农村和社区。加大基层、边远地区和紧缺专业人才培养扶持力度，缩小城乡、地区、专业之间人才配置差距。推进农村卫生人才定向培养，落实执业医师服务基层制度，鼓励医师到基层、边远地区、医疗资源稀缺地区和其他有需求的医疗机构多点执业。激励乡村医生参加学历教育、考取执业（助理）医师资格，推进助理全科医生培训。加强公共卫生、全科、儿科、重症医学、呼吸、精神科、传染病、老年医学等领域急需紧缺专业人才培养培训，完善公共卫生与临床医学复合型人才培养机制。继续加强全科专业住院医师规范化培训，实施全科医生转岗培训，扩大全科医生队伍。加强医教协同，落实毕业后教育和继续教育，完善住院医师规范化培训制度。实施医学高层次人才计划，培养一批领军人才。实施中医药特色人才培养工程。

（二）提高公共卫生服务能力。健全公共卫生体系，加强专业公共卫生机构和医院、基层医疗卫生机构的公共卫生科室标准化建设。完善各类专业公共卫生机构人员配备标准，加强疾病预防控制能力和队伍建设。构建资源联动、统一质控、信息共享的公共卫生实验室检测网络，提升检验检测能力。健全监测预警体系，提高重大疫情早发现能力。加强重大疫情防控救治体系和应急能力建设，建立健全分级、分层、分流的重大疫情救治机制。完善公共卫生应急管理体系，分级分类组建公共卫生应急队伍。制定医疗卫生机构公共卫生责任清单，明确各类医疗机构公共卫生人员岗位职责和配备要求，并纳入绩效考核内容。健全公共卫生医师制度，探索赋予公共卫生医师处方权。探索建立基层军医到地方急救机构执业培训机制。

（三）强化城乡基层医疗卫生服务网底。加强乡镇卫生院和社区卫生服务中心规范化建设，发展社区医院，健全临床科室设置和设备配备。强化常见病多发病诊治、公共卫生、健康管理和中医药服务能力，提升传染病筛查、防治水平，加强重大慢性病健康管理，开展居民心理健康指导，增强乡镇卫生院二级及以下常规手术等医疗服务能力。根据人口分布情况，优化设置社区卫生服务站和村卫生室，建设中心村卫生室，对人口较少的村可通过巡回医疗、邻（联）村延伸服务、上级医疗卫生机构驻村服务等方式，方便群众看病就医。创新乡村医疗卫生人才使用机制，加强县域医疗卫生人才一体化配备和管理，有条件的地方可通过县管乡用和乡聘村用等方式，提高乡村医疗卫生岗位吸引力。

（四）突出县级医院县域龙头地位。加强县级医院（含中医医院，下同）临床专科和管理能力建设，强化县级医院公共卫生服务职能。发展急诊科、妇产科、儿科、重症医学科、中医科、精神科、老年医学科、康复医学科、感染性疾病科等学科，提升肿瘤、心脑血管疾病等重大疾病诊疗能力，鼓励依托现有资源建立相关专科专病中心。统筹推进医疗人才组团式帮扶国家乡村振兴重点帮扶县医院工作。通过多种方式加强三级公立医院对口支援县级医院建设。

（五）推进医学医疗中心建设。依托高水平医院布局国家医学中心，按规划开展国家和省级区域医疗中心建设，提高医疗服务和重大传染病救治能力，带动全国和区域整体医疗服务水平提升。支持高水平医院建设疑难复杂专病及罕见病临床诊疗中心、人才培养基地和医学科技创新与转化平台，以满足重大疾病临床需求为导向加强临床专科建设，组建专科联盟和远程医疗协作网。鼓励各地在重大健康问题、重点临床学科、紧缺专业、健康产业发展等领域支持建设优秀创新团队。

（六）扩大康复和护理等接续性服务供给。通过支持医疗资源丰富的地区将部分公立医疗机构转型为护理院和康复医院、支持社会力量举办等方式，增加康复、护理等专科医疗机构数量，完善接续性服务体系，扩大康复医疗、老年护理、残疾人护理、母婴护理、社区护理、安宁疗护及营养支持等服务供给。规范社会办医发展。

三、加强分工合作，促进分级诊疗，推进体系整合化

（一）健全家庭医生制度。以基层医疗卫生机构为主要平台，建立以全科医生为主体、全科专科有效联动、医防有机融合的家庭医生签约服务模式，提供综合连续的公共卫生、基本医疗和健康管理服务。引导二级及以上医院全科医生作为家庭医生或加入基层家庭医生团队，在基层医疗卫生机构提供签约、

诊疗等服务。完善签约服务筹资机制，有条件的地区可探索将签约居民的医保门诊统筹基金按人头支付给基层医疗卫生机构或家庭医生团队。健全签约服务收付费机制。落实签约居民在就医、转诊、用药、医保等方面的差异化政策，逐步形成家庭医生首诊、转诊和下转接诊的服务模式。

（二）推进城市医疗联合体建设。结合新型城镇化、人口老龄化发展趋势，合理布局各级各类医疗卫生机构，明确功能定位。在城市地区网格化布局由市级医院、区级医院、社区卫生服务机构、护理院、专业康复机构、安宁疗护机构等组成的医疗联合体。市级医院以业务合作、人才培养、技术支持等为纽带，加强与区级医院的分工协作，探索区级医院与社区卫生服务机构一体化管理等多种形式，形成以市带区、区社一体、多元化的发展模式，完善连续通畅的双向转诊服务路径。社会办医疗机构可牵头组建或参加医疗联合体。建立统一协调的医疗联合体管理体制，科学制定举办、运营、监管等各方权责清单。

（三）推进县域医共体建设。在农村地区以县域为单位发展医共体，由县级医院牵头，其他若干家县级医疗卫生机构及乡镇卫生院、社区卫生服务中心等为成员单位。推进紧密型县域医共体建设，实行县乡一体化管理，逐步实现行政、人事、财务、业务、用药目录、信息系统等统筹管理，建立责任、管理、服务、利益共同体。建立开放共享的影像、心电、病理诊断和医学检验等中心，推动基层检查、上级诊断和检查检验结果互认。加强医共体内部和医共体间床位、号源、设备的统筹使用。持续推进医疗卫生乡村一体化管理。完善以医共体为单位的绩效考核，从就医和诊疗秩序、医疗卫生服务能力、医疗卫生资源利用、医保基金使用效能等方面考核医共体整体绩效。

（四）加强防治结合。创新医防协同、医防融合机制。公立医疗机构设立公共卫生科等直接从事疾病预防控制工作的科室。全面推进医疗机构和专业公共卫生机构的深度协作，建立人才流动、交叉培训、服务融合、信息共享等机制。探索疾病预防控制专业人员参与医疗联合体工作，建立社区疾病预防控制片区责任制，完善网格化的基层疾病预防控制网络。以重点人群和重点疾病管理为主要内容，优化公共卫生服务，对孕产妇、婴幼儿、学生、职业人群和老年人等开展针对性的健康促进和预防保健服务。

（五）促进医养结合。合理布局养老机构与综合医院老年医学科、护理院、康复疗养机构、安宁疗护机构等，推进形成资源共享、机制衔接、功能优化的老年人健康服务网络。建立健全医疗卫生机构与养老机构业务协作机制，积极开通养老机构与医疗机构的预约就诊、急诊急救绿色通道，提升养老机构举办的医疗机构开展医疗服务和药事管理能力，协同做好老年人慢性病管理、康复和护理服务。推动基层医疗卫生机构支持老年人医疗照护、家庭病床、居家护理等服务。

（六）发挥中医药重要作用。支持中医药传承创新发展，加强中医药服务体系建设，发挥中医药在治未病、重大疾病治疗和康复、传染病防治和卫生应急等方面的重要作用。建立中医传染病临床救治和科研体系，依托高水平中医医院建设国家中医疫病防治基地，打造中医药疫病防治和紧急医学救援队伍。完善中西医会诊制度，深入开展重大疑难疾病中西医临床协作。实施中医药康复服务能力提升工程。支持有条件的中医医院牵头建设医疗联合体，加强基层医疗卫生机构中医馆建设。坚持古为今用、守正创新，坚定文化自信，推动中医药健康养生文化创造性转化、创新性发展。

四、提高服务质量，改善服务体验，推进服务优质化

（一）保障医疗服务质量安全。建立高水平医疗质量管理与控制体系，健全覆盖主要专业的国家、省、市三级医疗质量控制组织。完善医疗质量安全管理制度和规范，严格落实医疗质量安全核心制度。完善医疗服务行为规范，提升医疗服务标准化、规范化水平。医疗机构建立健全全员参与、覆盖临床服务全过程的质量管理与控制工作制度，全面实施临床路径管理。完善以结果为导向的服务质量数据系统评估、反馈和激励机制。探索建立医疗服务点评制度。提高药品供应保障和药学服务水平。

（二）提高医疗卫生技术水平。加强临床医学、公共卫生和医药器械研发体系与能力建设，发展组学技术、干细胞与再生医学、新型疫苗、生物治疗、精准医学等医学前沿技术。加快卫生健康科技创新体系建设，突出医疗卫生机构创新资源聚集平台的作用，依托高水平医疗机构建设国家临床医学研究中心。坚持临床研究和临床救治协同，强化科研攻关在重大公共卫生事件应对中的重要支撑作用，推进重大传染病、重大疾病等相关疫苗、检测技术、新药创制等领域科研攻关。努力突破技术装备瓶颈，加快补齐高端医疗装备短板。

（三）促进服务连续性。完善分级诊疗技术标准和工作机制。鼓励医疗机构开展服务协调工作，指导协助患者转诊。健全多学科联合诊疗和查房制度。建立胸痛、卒中、危重孕产妇、危重新生儿和儿童、创伤等重大急性病救治中心，提供救治绿色通道和一体化服务。探索基层医疗卫生机构与上级医疗机构设立慢性病联合门诊，开展常见慢性病治疗、预防和康复。

（四）提升服务便捷性。积极运用互联网、人工智能等技术，持续优化服

务流程。建设智慧医院，推行分时段预约诊疗和检查检验集中预约服务，推广诊间结算、移动支付、线上查询、药物配送等服务。整合打通相关线上服务终端。推进居民电子健康档案应用，完善授权调阅和开放服务渠道及交互方式。逐步拓展日间医疗服务，扩大远程医疗覆盖范围。积极推进新生儿相关证件多证联办。大力推动免疫规划等公共卫生服务便捷化。优化跨省异地就医直接结算服务。

（五）增强服务舒适性。改善就诊环境，优化设施布局，加快老年友善医疗机构建设。支持为行动不便的老年人、失能和半失能人员、重度残疾人等提供上门服务。强化医务人员服务意识，加强医患沟通，促进人文关怀，保护患者隐私。落实优质护理要求，持续加强临床心理、麻醉镇痛、用药指导、营养指导等服务。健全医务社工和志愿者服务制度。充分发挥人民调解主渠道作用，健全化解医疗纠纷的长效机制，构建和谐医患关系。

五、加强科学管理，压实责任，推进管理精细化

（一）健全现代医院管理制度。坚持和加强党对医院工作的全面领导，认真落实党委领导下的院长负责制，健全公立医院议事决策制度，构建党委统一领导、党政分工合作、协调运行的工作机制。健全维护公益性、调动积极性、保障可持续的公立医院运行新机制。实行全面预算绩效管理。全面开展公立医院绩效考核，完善以公益性为导向、以健康产出和服务质量为主的绩效考核体系，增加分级诊疗相关指标的权重，按照管理层级和机构类型分级分类实施考核评价。按照权责一致原则，进一步理顺高等学校附属医院管理体制机制。

（二）完善专业公共卫生机构管理。推进公共卫生服务体系改革，优化完善疾病预防控制机构职能设置，规范面向社会提供的公共卫生技术服务。选优配强领导班子，实行岗位分级分类管理，提高专业技术人才比例。严格执行技术规范，强化质量控制、风险防范和绩效考核。

（三）加强基层医疗卫生机构管理。完善基层医疗卫生机构能力标准，进一步明确资源配置、服务能力和管理制度建设要求。建立健全符合基层功能定位和服务特点的评价评审体系。加强基层医疗质量管理，将其纳入国家医疗质量管理与控制体系。强化绩效考核，将服务质量数量、运行效率、患者满意度等作为主要考核内容，强化考核结果共享和运用。

六、深化体制机制改革，提升动力，推进治理科学化

（一）完善政府投入机制。建立稳定的公共卫生事业投入机制，落实政府对专业公共卫生机构和基本公共卫生服务经费的投入保障责任，落实医疗机构

承担公共卫生服务任务的经费保障政策。强化区域卫生规划和医疗机构设置规划在医疗卫生资源配置方面的规范作用。按规定落实政府对符合区域卫生规划的公立医院投入政策，加大对中医医院和基层医疗卫生机构的投入倾斜力度。建立持续稳定的中医药发展多元投入机制。

（二）健全服务购买机制。深化医疗服务价格改革，建立分类管理、医院参与、科学确定、动态调整的医疗服务价格机制。完善"互联网＋"医疗服务、上门提供医疗服务等收费政策。推进医保支付方式改革，完善多元复合式医保支付方式。健全符合中医药特点的医保支付方式。探索对紧密型医疗联合体实行总额付费，加强监督考核，实行结余留用、合理超支分担。逐步提高基层医疗卫生机构提供的服务在医疗服务总量和医保基金支付中的占比。建立长期护理保险制度。积极发展商业健康保险。

（三）完善编制和人事制度。合理制定并落实公立医疗卫生机构人员编制标准，建立动态核增机制。推动医疗联合体内公立医疗卫生机构编制分别核定、统筹使用，人员统一招聘和管理。改革公立医院岗位管理制度，优化基层医务人员招聘标准和程序。深化卫生专业技术人员职称制度改革，以品德能力业绩为导向，科学设置评价标准，把医德医风放在人才评价首位。

（四）深化薪酬制度改革。落实"允许医疗卫生机构突破现行事业单位工资调控水平，允许医疗服务收入扣除成本并按规定提取各项基金后主要用于人员奖励"要求，建立健全适应医疗卫生行业特点的薪酬制度。全面深化公立医院薪酬制度改革。合理核定专业公共卫生机构绩效工资总量和水平，切实保障公共卫生医师待遇。医疗机构公共卫生科室人员收入不低于所在医疗机构人员平均工资水平，探索建立相应津贴补贴制度。落实基层医疗卫生机构绩效工资政策，合理核定基层医疗卫生机构绩效工资总量和水平。落实基层符合条件的高层次人才工资分配激励政策。落实乡村医生待遇，做好乡村医生社会保障工作。

（五）发挥信息技术支撑作用。发展"互联网＋医疗健康"，建设面向医疗领域的工业互联网平台，加快推进互联网、区块链、物联网、人工智能、云计算、大数据等在医疗卫生领域中的应用，加强健康医疗大数据共享交换与保障体系建设。建立跨部门、跨机构公共卫生数据共享调度机制和智慧化预警多点触发机制。推进医疗联合体内信息系统统一运营和互联互通，加强数字化管理。加快健康医疗数据安全体系建设，强化数据安全监测和预警，提高医疗卫生机构数据安全防护能力，加强对重要信息的保护。

（六）加强综合监管。健全多元化综合监管体系，创新监管方式，重点加强服务要素准入、质量和安全、公共卫生、机构运行、从业人员、服务行为、医疗费用、行业秩序和健康产业监管。建立健全医疗卫生行业行风建设工作体系，开展廉洁从业专项行动，加大监督检查、执纪执法力度，维护公立医疗卫生机构公益性，依法规范社会办医疗机构执业行为。加强法治建设，推进相关领域法律法规制定和修订工作。健全依法联合惩戒体系，强化责任追究和联动问责。

七、组织实施

（一）加强组织领导。坚持和加强党的全面领导，强化地方各级党委对医疗卫生服务体系改革发展的领导责任。各省（自治区、直辖市）政府要高度重视建设优质高效医疗卫生服务体系，将其列入政府工作目标和考核目标，制定具体实施方案，落实各项任务，因地制宜加强体制机制创新。

（二）细化配套措施。各相关部门要认真履行职责，协同推进医疗卫生服务体系建设工作，及时制定出台配套政策，加强协作配合，形成工作合力。以区域为单位、以整体绩效为重点，建立医疗卫生服务体系监测评价机制。

（三）加强宣传引导。围绕改革目标和重点任务，积极宣传工作进展和成效，做好政策解读和相关培训，及时总结推广地方好的做法和经验，主动回应社会关切，为医疗卫生服务体系改革发展营造良好社会环境。

【简析】

从现实使用情况看，下行意见的篇幅一般比较长，这是由意见的内容所决定的，因为它是用于对重要问题提出见解或处理办法，而且多数都属于指导性的，所以不是简单的一段或几段所能承载的。这篇意见紧紧围绕"进一步完善医疗卫生服务体系"这一主题，首先在开头部分开门见山，明确指出了行文的目的，并用"现提出如下意见"的过渡句提领下文，显得非常简洁，直接切入主题，转入主体部分。

主体部分从"总体要求""优化资源配置，加强人才队伍建设，推进能力现代化""加强分工合作，促进分级诊疗，推进体系整合化""提高服务质量，改善服务体验，推进服务优质化""加强科学管理，压实责任，推进管理精细化""深化体制机制改革，提升动力，推进治理科学化"等6个方面加以展开，每一部分都具有相对独立性，但同时又有内在的必然联系。可以看出，行文系从指导思想、工作目标、工作任务和重点、方式方法等不同侧面、不同角度加以阐述，使意见的主旨具体化，既提出了问题，又对问题进行了简明扼要的分析，并着重给出了解决问题的办法和措施。既务虚，又务实，虚实结合，相得益彰。

从表现形式上看，全文虽然是从6个大的方面进行阐述，但更注重条理的统一性。本意见是针对进一步完善医疗卫生服务体系而言的，先说总体要求包括指导思想、工作目标等方面的内容，然后交代具体的工作任务及办法措施，符合人们的认知程序和事理发展顺序，前后相连，浑然一体，这种写法对于处理重要问题着重从办法上来提出解决措施的意见具有参考价值。而且，全文重在阐明进一步完善医疗卫生服务体系的基本要求和方式方法，占用篇幅较大；而对于有关总体要求包括指导思想、工作目标等方面内容的表述则相对简略，从而使行文重点突出，主次分明，便于意见的贯彻执行。

从行文的内在逻辑结构上可以看出，第一个分标题所讲的总体要求包括指导思想和工作目标的内容属于"务虚"，后面的 5 个分标题之下所阐述的具体办法和措施属于"务实"，使行文虚实结合，相得益彰。而且在结构布局上，第一个分标题属于总的原则要求，后面 5 个分标题属于具体的工作措施，这是此类意见写作最普遍、最常用、最基本的内在逻辑结构模式。每个分标题之下都采取了显示段旨的小标题的形式。总之，全文主旨显露，要求清楚，结构明确，令人一目了然，很值得我们认真研究和借鉴。

8 通知

【适用范围】

根据《党政机关公文处理工作条例》的规定，通知适用于发布、传达要求下级机关执行和有关单位周知或者执行的事项，批转、转发公文。在党政机关、企事业单位所制发的公文中，通知可以说是发文数量最多、使用频率最高的一个文种。

【实用范例】

例文 1

国家卫生健康委关于发布大型医用设备配置许可管理目录（2023年）的通知

国卫财务发〔2023〕7 号

各省、自治区、直辖市及新疆生产建设兵团卫生健康委：

根据《中华人民共和国基本医疗卫生与健康促进法》《医疗器械监督管理条例》规定，经国务院批准，现发布《大型医用设备配置许可管理目录（2023

年)》，请遵照执行。

国家卫生健康委

2023年3月3日

【简析】

这是一篇发布性通知。标题采用三要素俱备的形式，交代出发文机关名称、发布对象和文种；主体部分采用篇段合一的结构模式，开门见山交代出发布的依据和内容，并提出明确具体的要求。

例文 2

湖北省人民政府办公厅关于认真做好
大风降温天气防范应对工作的通知

鄂政办电〔2023〕4号

各市、州、县人民政府，省政府各部门：

根据最新气象资料分析，受强冷空气南下影响，预计3月11—12日，我省将有大风降温天气。过程降温幅度一般7～9℃、局部达10℃以上，13日早晨最低气温大部地区降至3～6℃；全省有偏北风4～5级，阵风7～9级；10日夜间至11日南部有小雨、局部中雨。此次天气过程时值全国两会和春耕春种重要时期，各地各部门各单位要高度重视，积极做好防范应对工作。现将有关事项通知如下：

一、切实压紧压实责任。各地各部门各单位要坚决贯彻落实习近平总书记关于防灾减灾救灾系列重要指示批示精神，坚决克服麻痹思想和侥幸心理，压紧压实防范应对责任，加强会商研判和信息发布，增强全社会风险意识，保障正常生产生活秩序。各级领导干部要超前部署，精准施策，扛牢"促一方发展、保一方平安"政治责任，守护好人民群众生命财产安全。

二、加强重点行业领域隐患排查整治。各地各部门各单位要针对大风降温天气状况，开展重点行业领域隐患排查整治和风险防控。应急管理部门要加强危化品行业防水、防潮、防风、防降温、防雷电措施和设施检查，遇有安全风险应停工停产。住建部门要指导施工单位对施工场所的脚手架、深基坑、起重机械、施工围挡、工人宿舍、户外广告牌等设施设备进行全面加固，遇有大风天气，应停止室外高空作业。交通运输部门要加强港口作业管理，做好人员避险、设备避风工作，督促航运企业严格执行禁（限）航规定，严禁大风恶劣天气下冒险航行。公安交管部门要加强交通运输车辆和驾驶人员的安全教育，强化路面管控，化解危及人身安全的风险隐患。

三、积极做好春耕春种、土壤增墒和蓄水保水工作。农业农村部门要及时指导各地检修加固蔬菜大棚，落实好保温抗冻措施，加强露地蔬菜降渍排湿和病虫害防治，做好果（茶）园树体管理。各地要结合本地区生产实际，利用好本轮降雨过程，加强分类指导，做好土壤增墒工作，适时中耕培土、追肥提苗、促进壮苗，提高抗逆性。迟播和缺苗的田块要趁墒间苗移栽，种满种足。要采取堵、截、引、提等措施，拦蓄地表径流充蓄水库、塘堰、沟渠，增加蓄水量。

四、加强宣传引导和值班值守。各地各部门各单位要针对本轮大风降温天气过程可能产生的影响，及时发布应急避险预警。要严格落实24小时值班制度和领导带班制度，密切关注天气趋势，强化信息报送。各级各类救援队伍要保持值班待命状态，发生险情及时响应、科学施救，最大限度减少人民群众生命财产损失。

湖北省人民政府办公厅
2023年3月10日

【简析】

这是一篇指示性通知。全文先用一个独立且简短的开头撮要，表明发布通知依据和基本情况，让人感受到行文的重要性和必要性，并用"现将有关事项通知如下："这一惯用过渡语句提领下文，转入主体部分。从结构布局上讲，全文采用"总—分"的结构形式，开头部分为"总"，然后分别从"切实压紧压实责任""加强重点行业领域隐患排查整治""积极做好春耕春种、土壤增墒和蓄水保水工作"以及"加强宣传引导和值班值守"等4个方面进行具体阐述，此为"分"。从整体上看，全文内容严整、结构顺畅，任务明确、要求具体，是指示性通知写作的典范。

例文3

市政府办公厅转发市城市管理局
关于南京市2023年城市管理工作实施意见的通知

宁政办发〔2023〕3号

各区人民政府，市府各委办局，市各直属单位：

市城市管理局拟定的《南京市2023年城市管理工作实施意见》已经市政

府同意，现转发给你们，请认真遵照执行。

南京市人民政府办公厅
2023年1月21日

【简析】

这是一篇转发性通知。这种通知在写法上一般包含两层意思：一是批转或转发的原因、依据或目的；二是批转或转发的一般性要求。常用"现转发给你们，请认真贯彻执行""现转发给你们，请结合实际情况参照执行"等固定性语句。内容复杂一些的则提出具体的执行要求。

例文4

眉山市人民政府 关于潘×× 周××等任免职的通知

天府新区眉山管委会、各县（区）人民政府、市级各部门（单位）：

眉山市第五届人民政府46次常务会议决定：

任命：

潘××为眉山市人民政府国防动员办公室主任；

陈××为眉山市人民政府国防动员办公室副主任；

杨×为眉山市文化广播电视和旅游局副局长（挂职一年）。

免去：

周××四川天府新区眉山管理委员会副主任职务；

鲜××四川彭山经济开发区管理委员会副主任职务；

张×眉山市应急管理局副局长职务；

陈×眉山市经济合作局副局长职务；

李×甘眉工业园区管理委员会副主任职务。

因机构更名（撤销），潘××、陈××原任职务自然免除。

眉山市人民政府
××××年3月20日

【简析】

这是一篇干部任免职的通知。除标题和主送机关外，正文部分首先交代清楚任免的依据，然后依次列出任免事项。值得注意的是，在被任免人员姓名之后，有的时候使用"任"字，有的时候使用"为"字，这与被任免事项的重要程度和人数多少有所关联。而且从语法角度讲，正文的提领语句如果使用了"任命:"则后面一律使用"为"字。另外，行政职务的任免，被任免人员姓名之后不带"同志"二字，这是因为被任免人员有的不是党员。对此，需要加以注意。

9 通报

【适用范围】

根据《党政机关公文处理工作条例》的规定，通报适用于表彰先进、批评错误、传达重要精神和告知重要情况。

【实用范例】

例文1

福建省人民政府关于表彰
首届"福建慈善奖"获得者的决定

闽政文〔2023〕133号

各市、县（区）人民政府，平潭综合实验区管委会，省人民政府各部门、各直属机构，各大企业，各高等院校：

慈善事业是中国特色社会主义事业的重要组成部分，是社会文明进步的重要标志。党的十八大以来，以习近平同志为核心的党中央高度重视慈善事业发展，习近平总书记就完善慈善制度、推动慈善事业健康发展等作出一系列重要指示，为我们做好慈善工作提供了根本遵循。近年来，省委、省政府带领全省广大党员、干部和群众坚持以习近平新时代中国特色社会主义思想为指导，深入贯彻落实习近平总书记关于慈善工作重要指示精神，弘扬慈善文化、搭建慈善平台、强化行业监管，全省慈善事业持续健康发展，在扶贫济困、扶老救孤、恤病助残、科教文卫、应急救援等方面发挥了重要作用、作出了积极贡献。为表彰先进，经省委、省政府研究，决定授予曹德旺等78个爱心个人、项目和单位首届"福建慈善奖"。

希望受到表彰的个人和单位珍惜荣誉、再接再厉，充分发挥模范带头作用。希望社会各界以"福建慈善奖"获得者为榜样，积极投身慈善事业，传播真善美、传递正能量，共同营造人人向善的良好社会氛围，为奋力谱写全面建设社会主义现代化国家福建篇章作出新的更大贡献。

附件：首届"福建慈善奖"获奖名单

福建省人民政府
2023 年 3 月 14 日

【简析】

这是一篇表彰性通报。正文开头部分采用总括的手法，概括表述出了慈善工作的重要性以及自党的十八大以来所取得的成就，并由此引出行文的目的和缘由，用语高度凝练，言简意赅；然后另起一段提出了明确具体的希望和要求。从总体上看，全文结构层次清晰，逻辑缜密，首先概述事实，继而作出表彰，然后提出希望要求，这样环环相扣，给人一种水到渠成之感，不容置疑。值得提出的是，此文所表彰的对象既有个人又有单位，故而在叙述事实时偏重于概括。如果是具体的人物，则对其先进事迹行为的叙写就要相对详尽一些，而且要予以分析评价，强调事件的意义，挖掘原因。这是写作表彰性通报应予以特别注意之处。

例文 2

工业和信息化部
关于批评北京奇虎科技有限公司和深圳市
腾讯计算机系统有限公司的通报

北京奇虎科技有限公司、深圳市腾讯计算机系统有限公司，相关互联网信息服务提供者：

近日，北京奇虎科技有限公司和深圳市腾讯计算机系统有限公司（以下简称两公司）在互联网业务发展中产生纠纷，采取不正当竞争行为，甚至单方面中断对用户的服务，影响了用户的正常业务使用，引起用户不满，造成了恶劣的社会影响。事件发生后，工业和信息化部高度重视，会同相关部门及时了解情况，平息争议，坚决维护用户合法权益和市场秩序。经研究，现对两公司通报批评，并对两公司及相关互联网信息服务提供者提出如下要求：

一、责令两公司自本文件发布 5 个工作日内向社会公开道歉，妥善做好用户善后处理事宜。

二、责令两公司停止互相攻击，确保相关软件兼容和正常使用，加强沟通协商，严格按照法律的规定解决经营中遇到的问题。

三、我部将依据职权，会同相关部门对两公司涉嫌违反相关法律规定的行为进行进一步调查处理，责令两公司做好配合工作。

四、责令两公司从本次事件中吸取教训，认真学习国家相关法律规定，强化职业道德建设，严格规范自身行为，杜绝类似行为再次发生。

五、相关互联网信息服务提供者要引以为戒，遵守行业规范，维护市场秩序，尊重用户权益，共同促进互联网行业健康、稳定、持续发展。

工业和信息化部
20××年11月20日

【简析】

这是一篇批评性通报。开头部分先概括交代了事件的基本情况，用语高度概括；主体部分从 5 个方面对两家公司及相关互联网信息服务提供者提出了非常明确具体的要求，指明问题的性质，具有很强的针对性和指导性。从结构布局上讲，全文结构完整，行文主旨清楚、逻辑严密，令人一目了然。

例文 3

锦州市人民政府办公室关于 2023 年第一季度暨 3 月份全市政府网站和政务新媒体检查情况的通报

锦政办公开〔2023〕6 号

各县（市）区人民政府（管委会），市政府各部门，市（中省）直各单位：

为认真贯彻落实国务院和省政府有关文件精神，进一步加强政府网站标准化建设，1 月至 3 月，市政府办公室会同市大数据中心对全市政府网站和政务新媒体进行了检查，现将有关情况通报如下：

一、第一季度政府网站和政务新媒体监管情况

（一）政府网站检查情况。目前全市共有政府网站 36 家，第一季度累计检查 108 家次，未发现不合格网站，总体合格率为 100%。

（二）政务新媒体抽查情况。第一季度累计抽查全市各类政务新媒体 150 个，未发现不合格新媒体，总体合格率为 100%。

二、3 月份政府网站和政务新媒体监管情况

（一）政府网站和政务新媒体检查抽查情况。3 月份，市政府办公室会同市大数据中心对全市在运行的 36 家政府网站全覆盖进行了检查，并抽查了 50 家政务新媒体，未发现不合格政府网站及政务新媒体，合格率均为 100%。

（二）办理网友找错的情况。3 月份，全市政府网站未收到"我为政府网站找错"留言。

（三）存在的主要问题。一是个别网站存在表述错误、信息更新不及时的问题；二是个别部门政策解读信息未及时报送，未落实《辽宁省人民政府办公厅关于印发〈政策文件解读工作规范（试行）〉的通知》（辽政办〔2022〕43号）。

三、工作要求

（一）严格信息发布审核。在政府网站和政务新媒体发布信息时，切实落实信息发布审核制度，确保信息内容安全准确。

（二）加强政府网站和政务新媒体监管。各县（市）区、各部门要强化政府网站和政务新媒体的监督管理，落实好值班值守等监管制度。

锦州市人民政府办公室
2023年3月30日

【简析】

这是锦州市人民政府发布的关于2023年第一季度暨3月份全市政府网站和政务新媒体检查情况的通报。全文先用一个自然段扼要交代了行文的目的和背景情况，紧接着用"现将有关情况通报如下："的过渡句转入通报事项部分。整个主文部分由三大层次组成：第一季度政府网站和政务新媒体监管情况、3月份政府网站和政务新媒体监管情况以及工作要求。从逻辑结构布局上讲，这三个方面内容既有整个第一季度和3月份政府网站和政务新媒体监管情况的公示，还有对下一步工作的要求，前后贯通，内在结构顺序非常严谨清晰，表意清楚具体，令人深得要领。

10 报告

【适用范围】

根据《党政机关公文处理工作条例》的规定，报告适用于向上级机关汇报工作、反映情况，回复上级机关的询问。

【实用范例】

例文1

××镇党委关于巡察整改落实情况的报告

区委第×巡察组：

区委第×巡察组于20××年×月下旬至×月下旬对××镇党委进行了为

期×个月的巡察，并于20××年×月×日集中反馈和通报了巡察情况的意见。镇党委高度重视，严格按照要求，切实加强组织领导，坚持问题导向，针对存在的问题逐项进行研究，逐条制定改进措施，明确责任领导、责任单位、责任人员和完成时限，建立整改台账，倒排时间进行整改。于20××年×月×日组织召开专题组织生活会，重点对照检查《区委第×巡察组关于对××党委巡察情况的反馈意见》。目前，我镇对巡察组交办的7个方面15个问题均已全部整改到位。现将落实巡察整改工作情况报告如下：

一、端正态度，高度重视，正确对待巡察工作

巡察工作是推进全面从严治党、落实管党治党政治责任的有力抓手，也是改进工作作风、提高工作业绩的重要方法，更是密切党群干群关系的有效途径。镇党委主要负责人严格履行巡察整改第一责任人的责任，对巡察组反馈的意见建议高度重视、正确认识，把巡察问题整改工作当作当前的一项最主要的政治任务来落实。党委书记积极部署、主动作为，多次组织召开党委会、党政办公会、整改动员会、整改工作推进会等，专题研究部署巡察整改工作，对区委第×巡察组交办的事项坚决拥护、照单全收、对号入座，认认真真领会要求，仔仔细细剖析原因。切实把自己摆进去、把思想摆进去、把问题摆进去，从思想认识、工作作风、制度建设、纪律震慑等方面深挖问题根源、制定措施，为巡察整改工作的有序推进奠定了坚实的基础。

二、制定方案，落实责任，确保整改落地见效

为切实加强巡察整改工作的组织领导和落实，党委书记于20××年×月×日和×月×日，组织、主持、召开党委会，专题研究巡察整改工作，会议通过了区委第×巡察组巡察××镇党委工作反馈问题整改工作领导小组（××委发〔20××〕1号），成立了以镇党委书记为组长，党委副书记、人大主席为副组长，班子其他领导为成员的问题整改工作领导小组，领导小组下设办公室，设在党政办，由党委副书记兼任办公室主任，负责日常整改事务；制订了切实可行的《×××镇整改落实区委第×巡察组巡察反馈意见的实施方案》（××委发〔20××〕5号），党委书记对整改落实工作负总责，其他班子成员是分管范围内整改的第一责任人，相关办、站、所负责人是整改的直接责任人，负责具体问题整改落实，切实做到认真改、坚决改、彻底改，不打折扣、不留死角、不拖沓推辞。

三、结合实际，深入调研，建立台账限时整改

一是召开专题会议，及时梳理整改事项。20××年×月×日，党委书记亲

自召开了巡察整改领导小组办公室会议，对巡察提出的7个方面15个问题逐项进行了清理，并就存在的问题督促班子成员及时认领、深刻剖析原因，及时组织相关责任人对问题及整改措施进行研讨。二是深入实际调研，科学制定整改措施。对存在的问题，党委书记率队，在深入各村、各单位进行调研的同时，组织班子成员分片深入村组进行调研，要求每位班子成员对交办的问题撰写调研提纲，并在班子会上进行交流汇报，确保整改措施科学有效。三是及时汇总意见，建立整改台账。在充分调研的基础上，党委书记于20××年×月×日召开了专题会议，逐项研究具体的整改措施，建立整改台账。由巡察整改办公室对意见和建议进行分类汇总，逐项梳理分类，按照分管领导和各办、站、所的工作职责，制定详细的整改方案，明确整改内容、整改目标、责任单位、责任领导、责任人员和整改时限。方案形成后，整改领导小组领导多次修改，提交党委会讨论通过。四是以正式文件形式下发各党支部，同时抄送区委巡察办，并在一定范围内向社会进行了公示，接受群众监督。

四、及时总结，建章立制，确保成果长效久远

注重巡察工作的总结和相关规章制度的完善，形成长效机制。一是建立健全了各项规章制度。按照巡察整改方案要求，我镇建立健全了《××镇党委会议事规则》《××镇行政办公会议议事规则》《××镇三重一大决策办法》《××镇机关管理制度》《××镇内部控制制度》等各项规章制度，从制度上加强规范约束。二是完善镇村干部学习制度和工作纪律规定，集中整顿财经纪律和工作纪律问题。实行领导班子带头值班、签到制度，严格执行请销假制度。由镇纪委对全体机关干部出勤情况定期或不定期进行督查，对违反工作纪律人员，严格按照有关规定给予处分，并由镇纪委进行约谈。每月定期（周一下午）集中学习，不断强化纪律意识。三是加强监督执纪问责，筑牢党风廉政防线。在整改过程中，我镇狠抓作风建设不松劲，并结合每月20日主题党日活动，将全面从严治党政治责任向基层延伸、压实。整改期间，我镇严格按照巡察工作要求，给予×人批评教育处理；全镇责令退回违规资金××万元，在全镇范围内形成了强烈的震慑，警示教育作用得到了有效发挥。

党委书记在巡察整改动员会、党委会、机关干部学习会和其他工作推进部署会上多次强调，对待巡察整改，不能敷衍了事，流于形式，更不能一阵风、走过场，我们必须要把巡察整改工作与党的建设、日常工作融为一体，从实际工作出发，以优异的工作成绩来验证巡察结果，以巡察成效来推动日常工作的

开展。今年继续将巡察整改工作列入全镇重点工作内容，同其他工作同部署、同落实、同检查、同考核，确保此次巡察整改工作的成效影响久远，为××镇早日实现农业强镇、生态重镇、风貌村镇、幸福城镇目标作出更大贡献。

专此报告

××镇党委（印章）
20××年×月×日

【简析】

巡察整改报告属于一种专题性报告，它要对巡察组所反馈回来的问题和意见进行全面整改之后对基本情况和结果作出报告。本文的标题完整载明了三个要素，既完整又规范；引言部分写得简明扼要，概括交待出了行文的背景和基本情况。特别是用高度凝练的语言反映出了落实整改的成效，给人留下深刻印象。紧接着使用"现将落实巡察整改工作情况报告如下："的惯用过渡语句提领下文。主体部分是行文的重点和核心，是从总体上对整改情况作出反馈。其作用在于表明对整改工作的总体态度和基本做法，因此在写法上通常采用分列小标题的形式，将其归纳成几个方面，逐一加以阐述。要特别注意讲究针对性，要紧紧围绕所存在的问题逐方面逐条逐项加以陈述，这样就能够从外形上给人以清晰明确之感。本文总共列出"端正态度，高度重视，正确对待巡察工作""制定方案，落实责任，确保整改落地见效""结合实际，深入调研，建立台账限时整改""及时总结，建章立制，确保成果长效久远"等四个方面的落实整改主要做法和措施。从写法上看，每个方面均紧密结合所存在的问题来写，而且内容完整、重点突出、用语简括、措施得力，令人信服。同时，文中特别注重运用具体事例和数字来说明问题，诸如"按照巡察整改方案要求，我镇建立健全了《××镇党委会议事规则》《××镇行政办公会议议事规则》《××镇三重一大决策办法》《××镇机关管理制度》《××镇内部控制制度》等各项规章制度，从制度上加强规范约束""在整改过程中，我镇狠抓作风建设不松劲，并结合每月20日主题党日活动，将全面从严治党政治责任向基层延伸、压实。整改期间，我镇严格按照巡察工作要求，给予×人批评教育处理；全镇责令退回违规资金××万元"，等等，从而极大地增强了行文的说服力。还有，4个小标题的提炼非常精准恰切、匀称和谐，显现出深厚的布局谋篇能力和文字锤炼功力。此外，此类专题报告在结尾部分通常应写有"以上报告如有不妥，请指示"抑或"专此报告"等惯用结尾语，既表明了行文的收束，又体现出了对收文者的尊重。本文采用了后者，使行文显得完整规范。

例文 2

××县人民政府
关于治理水质污染问题的报告

××市人民政府：

前接×政发〔20××〕106号函，询问我县水质污染原因及治理问题，现将有关情况报告如下：

我县水质现污染较严重，其主要原因：一是公众环境保护意识差，一些居民随意向河道坑塘倾倒垃圾。二是我县市政基础设施薄弱，无污水处理厂，居民生活污水直接排入大环境。三是近几年，我县"三业"发展较快，其废水杂物直接排入护城河及坑塘，造成水质严重污染。四是县纸厂停产治理后，虽有污水处理系统，但运行费用高，工程设计落后，不能做到不间断达标排放。

解决水质污染问题的根本途径：首先是建设污水处理厂，目前，县政府正在积极筹备之中。其次，加大宣传力度，提高全民环保意识，减少污水无序排放。再次，加大环保监督检查力度，确保排污企业治污设施正常运行，达标排放，促进水质好转。最后，环保部门依法行政，严格执法，从源头把关，减少各种污染。

专此报告

××县人民政府（印章）
20××年4月29日

【简析】

这是一则答复报告，是根据上级机关的询问而作出的回答。第一段简叙来文询问的事项，并过渡到正文；第二段、第三段是按照上级的所问所作的回答，先说水质污染较重，并从四个方面进行了解释，回答简明，符合事实。解决问题的根本途径也是从四个方面进行解答的。结尾使用了专门的结尾语。答复报告要注意有问有答，要有较强的针对性。

11 请示

【适用范围】

根据《党政机关公文处理工作条例》的规定，请示适用于向上级机关请求指示、批准。

【实用范例】

××县人民政府关于解决相关修编经费的请示

××市人民政府：

  根据《中华人民共和国城乡规划法》要求，今后所有建设项目必须在控规编制的指导下方可建设和实施，而我县总体规划现已不适应实际发展要求。为加快我县经济发展，适应社会主义新农村建设发展的需要，提高城乡规划的科学性、严肃性和操作性。我县决定，根据市域总体规划的要求，编制控制性详细规划，经与规划建设局共同研究后，确定规划编制范围为 3 平方公里，所需编制经费预计约 70 万元。为便于衔接，拟委托××市城市建筑设计研究院进行编制。恳请市人民政府帮助解决相关修编经费，并同意该项目采取"单一来源"谈判方式，由市公共资源交易管委会牵头向××市城乡规划研究院采购。

  以上请示妥否，请批示。

××县人民政府
2022 年 10 月 25 日

（联系人：林××）

【简析】

  这是××县人民政府写给××市人民政府的一份请示，全文主旨明确，重点突出，层次清晰，用语精练，有许多可资借鉴之处。

  标题由发文机关名称、事由和文种 3 个要素构成，直接揭示出请示的核心内容，令人一目了然。

  正文部分首先占用重头篇幅陈述"请示理由"，交代了行文的依据和缘由，即"我县总体规划现已不适应实际发展要求"，进而提出"根据市域总体规划的要求，编制控制性详细规划"，确定"规划编制范围为 3 平方公里，所需编制经费预计约 70 万元"，给人以充分翔实之感。在此基础上，提出行文的中心意图，并用"为……"这一特定目的句引出请示的具体事项。值得注意的是，与其他文种相比，请示的目的句位于第二层次之首，而不在行文的开篇，这是请示写作的一个重要特性。

  请示事项部分，以请求的口吻，提出具体明确的意见，即"恳请市人民政府帮助解决相关修编经费，并同意该项目采取'单一来源'谈判方式，由市公共资源交易管委会牵头向××市城乡规划研究院采购"，表意明确集中，既精练又扼要。这种写法很值得借鉴。

12 批复

【适用范围】

根据《党政机关公文处理工作条例》的规定，批复适用于答复下级机关请示事项。

【实用范例】

国务院关于《新时代洞庭湖生态经济区规划》的批复

国函〔2023〕9号

湖南省、湖北省人民政府，国家发展改革委：

国家发展改革委《关于报送〈新时代洞庭湖生态经济区规划〉（送审稿）的请示》（发改地区〔2022〕1654号）收悉。现批复如下：

一、原则同意《新时代洞庭湖生态经济区规划》（以下简称《规划》），请认真组织实施。

二、《规划》实施要以习近平新时代中国特色社会主义思想为指导，全面贯彻落实党的二十大精神，按照党中央、国务院决策部署，坚持稳中求进工作总基调，完整、准确、全面贯彻新发展理念，加快构建新发展格局，着力推动高质量发展，更好统筹发展和安全，全面深化改革开放，坚持创新驱动发展，以生态环境保护修复为前提，坚持以水定城、以水定地、以水定人、以水定产，着力构建和谐人水关系，着力推动产业绿色转型升级，着力增进社会民生福祉，把洞庭湖生态经济区建设成为更加秀美富饶的大湖经济区。

三、湖南省、湖北省人民政府要切实承担洞庭湖生态经济区高质量发展的主体责任，强化责任分工，完善工作机制，制定具体实施方案，确保《规划》明确的任务措施落到实处。《规划》实施涉及的重要政策、重大工程、重点项目等要按程序报批。

四、国务院各有关部门要按照职责分工，切实加强工作指导，围绕《规划》确定的总体目标和重点任务，在专项规划编制、重大项目安排、体制机制创新等方面给予积极支持。国家发展改革委要加强综合协调和督促指导，研究解决《规划》实施中的重点难点问题，会同湖南省、湖北省人民政府适时开展《规划》实施情况评估，总结推广经验做法。重大事项及时向党中央、国务院报告。

国务院
2023年1月26日

【简析】

这是一篇指示性批复。此类批复的正文一般在开头部分交代批复引据，应当载明来文机关名称、标题及发文字号，发文字号要用括号标注。引据之后，常用过渡句"经研究，现答复如下："或者"现就……问题答复如下：""现批复如下："等提领下文，即批复的具体事项。事项部分不论篇幅长短，都应首先表明态度，即表明同意还是不同意。如系同意，一般情况下不再叙写理由，只是在为了强调某一问题或进而有所需求时，才写有指示性的意见；如不同意，则需写明理由，以使下级机关理解和接受。这篇批复除明确表示"原则同意《新时代洞庭湖生态经济区规划》（以下简称《规划》），请认真组织实施"外，紧接着提出了4条具体意见。由于文字较长，文中又采用了"撮要分条"的结构形式，第一条是对请示事项的明确答复，后面几条是对落实措施的具体指示，前后相继，衔接顺畅，层次十分清楚。这里值得注意的是"同意"和"原则同意"的区别，所谓"原则同意"，说明有回旋的余地，并不是100%的"同意"。而之所以出现这种表述，通常是针对下级上报的方案、规划、纲要等文种作出的，因为这些文种所涉及的内容往往属于尚未确定的事项，需要在实践中不断检验、完善，如果切实可行，就是"同意"，不然就是"不同意"，就需要另作部署。

13 议案

【适用范围】

根据《党政机关公文处理工作条例》的规定，议案适用于各级人民政府按照法律程序向同级人民代表大会或者人民代表大会常务委员会提请审议事项。

【实用范例】

××省人民政府
关于提请审议《中华人民共和国著作权法实施细则》的
议　案

××省人民代表大会常务委员会：

为了鼓励全省公民积极从事有益于社会主义精神文明和物质文明建设的教育、科学、文学、艺术等创造性活动，促进优秀作品的创作与传播，提高全省科学文化水平，保护文学、艺术、科学作品作者和其他创作者的合法权益，省人民政府根据《中华人民共和国著作权法》制定了《实施细则》。现提请审议。

××省人民政府

20××年5月31日

【简析】

这是一份提请审议议案。与其他议案一样，此类议案的写法也较简单，正文部分主要是陈述议案的目的或依据以及提请审议的事项两项内容，最后表明提请审议的要求。在文字表达上一定要写得简明扼要，精练概括，寥寥几句即说明问题，既不要泼墨过多，也不要有过当之语，否则就会影响议案的应有价值。这篇议案写得符合规范。

14　函

【适用范围】

根据《党政机关公文处理工作条例》的规定，函适用于不相隶属机关之间商洽工作、询问和答复问题、请求批准和答复审批事项。

【实用范例】

例文 1

××集团公司关于商洽委托代培涉外秘书人员的函

××大学文学院：

本集团公司新近上岗的秘书人员缺乏专门的涉外秘书知识，业务素质亟待提高。据报载，贵院将于今年9月开办涉外秘书培训班，系统讲授涉外秘书业务、公关礼仪、实用文书写作等课程。这个培训项目为我集团公司新上岗的涉外秘书人员带来了一个难得的在职进修机会。为能尽快提高本集团公司涉外秘书人员的从业素质，我们拟选派8名在岗秘书人员委托贵院代培，随该班进修学习。有关代培费用及其他相关经费，将按时如数拨付。

是否可行，恳请函复为盼。

××集团公司（印章）
20××年7月20日

【简析】

这是一份商洽函。正文分六个层次：一是交代本单位在岗秘书人员的素质亟待提高，这是行文的背景和缘由；二是写明获悉对方开办秘书培训业务；三是认为对方的培训是我方秘书难得的在职进修机会；四是以"目的句"写明行文的目的；五是商洽的具体事项；六是使用结尾谦敬语请求对方答复。全文思路清晰，环环相扣，逻辑性强。"贵院""恳请函复为盼"一类具谦敬意味的词句，体现了商洽函的语体特征。

例文2

中共广西壮族自治区委宣传部
关于请求支持广西公选领导人才的函

西安交通大学党委宣传部：

今年初，国家批准实施《广西北部湾经济区发展规划》，广西北部湾经济区建设成为重要的国际区域经济合作区。为贯彻落实党的十八大精神，进一步深化干部人事制度改革，当前，广西拿出10个副厅级领导岗位，面向广西自治区以外的干部进行公开选拔；拿出38个政府处长岗位，面向区外区内的干部进行公开选拔（附公选简章）。请求你们支持贵单位符合条件的优秀年轻干部报名参加广西公开选拔领导人才，鼓励他们积极投身西部大开发，参与国家重要战略实施，广西将为他们锻炼成长提供重要平台。如果我们有幸获得贵单位的人才，只要上级机关工作需要，他们随时可以回到或者抽调借回去工作，我们期望成为中央国家机关培养锻炼优秀年轻干部的重要基地。

衷心感谢贵单位长期以来对广西少数民族地区的大力支持和热情帮助！

联系人电话：（略）

附：广西面向全国公开选拔人才简章

中共广西壮族自治区委宣传部
20××年3月19日

【简析】

这是一篇向不相隶属单位请求支持的申请函。行文将提出请求解决的背景、缘由、目的等交代得十分清楚明确，特别是需要对方予以支持的事项更是让人一目了然，毫无藻饰虚浮之词，而且表明对于选拔上的人才如果上级机关需要会随时愿意提供，即"期望成为中央国家机关培养锻炼优秀年轻干部的重要基地"。用语也很恰切得体，令对方易于接受，而这对于顺利实现行文的目的显然又是十分必要的。

例文3

教育部关于授予辽宁省大学生创业教育实训基地"国家大学生创业示范基地"称号的函

辽宁省人民政府：

辽宁省多年来一直高度重视高校毕业生就业创业工作，通过财政支持省、市建立大学生创业资金，完善创业政策体系，开展创业教育和创业培训，建立省、市、高校创业孵化基地等多种形式，为大学生创业创造条件、提供支持，取得显著成效和宝贵经验。特别是20××年建成辽宁省大学生创业教育实训基地，开展了创业教育、培训实训、企业孵化、项目对接、政策试验、理论研究、师资培训等一系列工作，为大学生自主创业提供了比较完善的配套服务，促进了一大批大学生成功创业，在全国起到了积极的示范作用。

为进一步发挥辽宁省大学生创业教育实训基地的示范作用，在全国范围进一步加大力度推进大学生创业工作，我部决定授予辽宁省大学生创业教育实训基地"国家大学生创业示范基地"称号。

特此函告，希望辽宁省大学生创业教育实训基地以此为契机，在你省政府的领导支持下，不断积极探索、开拓创新，为促进大学生自主创业作出更大贡献。

中华人民共和国教育部
20××年4月22日

【简析】

此文系教育部就授予辽宁省大学生创业教育实训基地"国家大学生创业示范基地"称号一事给辽宁省人民政府的告知函。从全文的结构布局与写法上看，标题采用三要素俱备的形式，交代出发函的机关名称、主要内容和文种，令人一目了然；主体部分总共分为三层内容，首先用扼要语句陈述辽宁省政府多年来对高校毕业生就业创业工作的重视、所采取的方法措施以及取得的显著成效，以此作为发函的缘由和依据，紧接着另段表明行文的目的和事项，最后提出相关的希望和要求，前后文意贯通，勾连紧密，严谨顺畅，一气呵成，是函文种写作的典范之作。

15 纪要

【适用范围】

根据《党政机关公文处理工作条例》的规定，纪要适用于记载会议主要情况和议定事项。

【实用范例】

例文 1

××镇党委扩大会议纪要

20××年6月4日晚上，镇党委书记柯××在镇政府南楼会议室主持召开了党委扩大会议，镇党委副书记、镇长吴××，人大主席方××，政协工委主任吴××，镇党委副书记方××，纪委书记王××，党委委员、副镇长王××，副镇长余××、胡×、王××，镇党委委员王××、储××、储××、胡××，正乡级干部刘××、胡××、储××，副乡级干部储××出席了会议。镇二级机构负责人、镇直有关单位、有关村负责人列席了会议。会议传达了近期县里召开的几个会议精神，研究了其他工作。现将会议主要精神纪要如下：

一、关于县养生园指挥部20××年第二次会议精神的传达贯彻情况

方××同志传达了县养生园指挥部20××年第二次会议精神；会议认为：县养生园指挥部第二次会议是对前期工作的总结和后期工作的部署，及时贯彻

落实好这次会议精神非常重要。

会议决定，根据当前××实际情况，要着力做好以下五项工作：(1)地热公司征地工作由方××同志牵头，四个征地工作要在6月想尽一切办法克服困难落实测绘表的签字任务；(2)罗城安置区建设工作由王××同志牵头，并对养生园指挥部书面报告请求拆迁，抽调人员要尽快到岗到位，集中时间、集中精力确保7月中旬完成38户拆迁协议签订任务；(3)园区路网建设要全力配合好，由王××同志牵头负责；(4)风情小镇路边搬迁工作由王××同志牵头，胡×、建设分局、土地所、司法所参与，在6月25日之前完成；(5)由余××、胡×二位同志分别牵头负责，在6月10日前完成高店、合形等两个组的征地确认表。

会议要求：要加快钾长石项目引水工程和第3批拆迁进度，镇党委、政府、各村各单位要统一思想，提高认识，加大工作力度，加快工作进度，让企业尽快出效益，让温泉得发展。

二、关于县集中整治生产建设环境动员大会精神的贯彻情况

方××同志传达了县集中整治生产建设环境动员大会精神。

会议认为：集中整治生产建设环境是一项非常重要的工作，是破解发展难题的重要举措，对推动重点项目和重点工程顺利实施，具有十分重要的意义。

会议决定：(1)成立××镇集中整治生产建设环境领导小组，吴××同志担任组长，方××、王××、王××、胡××四位同志为副组长，领导小组下设一室三组；(2)制定××镇集中整治生产建设环境行动方案；(3)召开动员大会。

会议强调，要全力以赴做好3项重点工作：(1)各村、各单位要认清形势，广泛宣传，形成强大的声势和攻势，认真开展好集中整治生产建设环境工作；(2)公安司法部门、相关村、协调办公室，要认真摸排重点打击对象，适时打击处理一批违法犯罪的人和事；(3)要在全镇重点村民组张贴关于开展生产建设环境集中整治行动的通告，公布举报电话，欢迎广大群众举报。

三、关于学习张××书记讲话，研究开展深化书记大走访活动

方××同志带领大家认真学习了张××书记讲话。会议认为：张××书记的讲话为我县发展明确了方向，指明了道路，给予了大力支持。

会议提出：各村、各单位要认真学习张××书记的讲话精神，迅速传达到广大群众中去；严格按照要求深化书记带头大走访活动；召开大走访活动动员大会。

会议还研究了"七一"表彰、文明创建、组织发展等工作；通报了养老中心、敬老院征地测绘工作等情况；传达贯彻了县食安会、武装会、关心下一代会和基层组织建设年视频会议精神。会议安排由王××同志牵头、纪委和财政分局参与，开展新农保和阳光村务工程两项工作的督查，由方××副书记牵头，纪委、组织委参与，组织召开莲花等部分村的民主生活会，由余××同志牵头组织开展中考安全检查等工作。会议确定：6月5日下午2点在镇六楼会议室召开镇集中整治生产建设环境和深化书记带头大走访活动动员大会。

会议要求，一定组织精干力量，做好四项工作：（1）要认清形势、识时务；（2）加强团结、解难题；（3）守岗尽责、抓落实；（4）摆正位置、多沟通。

【简析】

这是一篇内容完整、格式规范的纪要。正文部分首先用一个自然段交代了召开会议的基本情况，以此作为纪要的引言，接下来用过渡句"现将会议主要精神纪要如下："引出纪要的主体部分。主体部分分为三大部分即"关于县养生园指挥部20××年第二次会议精神的传达贯彻情况""关于县集中整治生产建设环境动员大会精神的贯彻情况""关于学习张××书记讲话，研究开展深化书记大走访活动"进行集中表述，显然这是会议所涉及的三个方面议定事项，采用分列小标题的形式，先明确交代会议议定事项，然后再进行具体阐述，使行文前后贯通，和谐顺畅，表意十分明确清晰，便于阅者准确地理解和把握会议的基本精神。还有，文中还注意运用"会议决定""会议认为""会议提出""会议要求"等标志性语句，集中反映会议的讨论情况和结果，体现出纪要写作的基本特色。

例文2

县长办公会议纪要

（×××）

××××××   2023年3月21日

××××××××××××

议题：

1. ××××××××××

2. ××××××××

　　会议决定：

　　1.……

　　2.……

　　3.……

　　4.……

　　出席人：×××、×××、×××

　　请假人：×××、×××

　　列席人：×××、×××

　　分送：×××、×××、×××

××××××××　　　　　　　　　　　　　　　2023年3月25日印发

【简析】

这是一篇规范的办公会议纪要，版头部分标有纪要标志，在其下居中编排编号，主体部分依次记载了会议的主要精神和议定事项，将所涉及和讨论的问题逐一表达，包括研究了什么问题、怎样决定的、如何具体落实等，写得较为规范。文后按规定要求标注了会议出席人、请假人和列席人名单，并标有完整规范的版记，值得借鉴参考。

事务文书类

16　计划

【适用范围】

计划是为完成某项工作任务而预先作出打算和安排的应用文体。在未来一定时间或一个阶段内打算做什么、怎么做、预期达到什么样的目标，将这些写成书面材料就是计划。

"计划"虽不是党和国家公文法规中确定的主要、正式文种，但我们对它的使用却是非常之多。可以说，大到国家，小到乡村、连队、车间、商店、学校，为了做好工作，搞好生产，组织好学习，都离不开计划。

【实用范例】

2023年学院党委工作计划

2023年××学院党委将在学校党委的领导下,以学校第一次党代会提出的目标和校党委2023年工作要点为指导,落实党的二十大和二十届二中全会精神,加强学习,做好基层党建工作,进一步改进教风学风,支持和配合学校的教学、科研和人事制度改革,保障学院的改革和稳定,为全院广大师生的发展提供更好的服务。

一、切实加强党的建设,确保学院党建工作稳步推进

1. 加强学习,统一认识。学院将利用党支部书记学习、中心组学习等平台,认真学习宣传贯彻党的二十大和二十届二中全会精神以及习近平总书记的重要讲话精神。创新平台,在师生中广泛开展社会主义核心价值观的宣传和德育教育工作,力争取得实效。

2. 重视思想教育,推进师德师风建设。重视大学生思想政治教育,通过多种形式,增强学生的德育意识和能力,培养学生的理想信念、公民责任。加强教师特别是青年教师思想政治教育工作,发挥好第一课堂的主阵地作用。

3. 做好服务,加强基层党组织建设。学院将继续推进"书香党员"学习型党组织建设工作。通过读书活动,提高党员的理论水平和党性觉悟。学院将继续联系社区,创新支部组织生活。做好上钢街道、三林街道的志愿者服务工作,进一步发挥学生党员的先锋模范作用。学院拟在高中开设"卿云职业教育服务站",让更多的党员教师参与服务。

4. 发展党员,做好党务公开。学院党委继续坚持数量与质量并举,进一步加强在优秀大学生、业务骨干中发展党员的工作,提高发展质量。学院将继续按照"坚持标准,改善结构,保证质量,慎重发展"十六字方针,做好我院学生党员的发展工作。学院党委还将进一步做好党务公开工作,维护、丰富党务公开网站内容。

二、服务学院内涵建设,重点加强人才培养建设

1. 服务学院内涵建设,深化改革。学院今年将在科研、研究生教育、教学改革、实验室建设、对外合作办学和学科发展上进行改革,推出一些新举措。学院将加强党政联席会议制度,共同商讨学院发展大计,聚焦"人才培养",全面提升教育事业发展质量,为改革保驾护航。

2. 重视师资队伍建设，加强人才培养。学院将重点关注新任教师的培养，通过结对子、帮教等形式，提升青年教师的教学能力；通过教学激励计划提高骨干教师的教学积极性和主动性；采用制度化的听课、研究、讨论、建议等手段，帮助老教师更上一层楼。学院还将配合行政做好新引进人才的工作。

3. 提升辅导员队伍专业化，促进学生工作。学院将抓好辅导员队伍建设，通过指导辅导员党建、学风、心理、职业教育、社区等专项工作培养辅导员的专业化，通过培养学生工作的科研能力提升辅导员的理论素养。辅导员队伍专业化的提升将会很大地促进学生工作的有效性，学生工作将在日常思想教育、学生发展性问题的解决上、学生创新教育等方面有所突破。

三、加强廉洁教育，努力构建和谐学院

1. 重视廉洁教育，加强廉政建设。强化班子成员"一岗双责"意识，抓好责任分解、责任报告、责任考核和责任追究。加强对学院重点领域和关键环节的监管；组织广大党员认真学习《中国共产党党员领导干部廉洁从政若干准则》《××市高校领导干部廉洁自律若干规定》等文件，加强党员干部廉洁从政和教师廉洁从业教育；通过廉洁教育，让广大党员学生从我做起，增强廉洁意识。

2. 发扬民主，加强班子建设。建设"团结合作、开拓创新、廉洁高效"的学院领导班子，提高领导班子的综合素质和管理水平。继续完善学术委员会、学位委员会、教授委员会、教职工代表大会制度，营造学院"集体决策、院长负责、教授治学、民主监督"良好氛围。制定领导班子联系群众制度并予以实施。

3. 创新发展，建设"卿云工作室"。卿云工作室为××教委资助的学生职业教育工作室，工作室将开始面向全校开设"职业教育工作坊"和"咨询室"、设立院企俱乐部，邀请企业的校友和嘉宾来指导我们的职业教育活动、制作《大学生面试技巧与礼仪》的音像制品、指导学生创新创业、完成校基金课题、举办两场兄弟学院参与的职业交流沙龙和论坛。通过职业教育活动，让更多的学生能够明确目标，努力行动。

4. 夯实学风，助学生成才。围绕《交通运输学院学风建设若干意见》，依托海博学社，继续"海燕"学风建设系列项目，以各项学风活动为载体，通过感恩教育、诚信教育、励志教育、职业教育、心理教育、帮困教育、廉洁教育、安全教育、社区教育、学生素质拓展等活动的开展，按照"点、线、面"的方式，全面开展学院学风建设。通过学风建设各项活动，能更好地营造学院学术和人文氛围，引领学生更健康地成长成才。

5. 齐抓共管，做好维稳工作。继续做好2023届毕业生的就业工作，不断走访联系企业，力争就业率和签约率有新突破。健全完善全院学生的心理危机干预网络和跟踪预警机制。做好重点人群、重点部位、重点场所以及重要时段的安全稳定工作。

6. 完善制度，支持工会工作。支持院工会根据本院特点组织开展各项活动，丰富教职工的业余生活，在工作中给予积极的引导。院领导支持工会为群众办实事、办好事、解难事；加强学院教代会制度化、规范化建设；做好教职工生活帮困工作，尽量满足不同层面教职工的不同需求。

7. 凝聚力量，做好统战工作。做好少数民族学生工作。关心体弱多病的教师。定期走访困难、生病等需要看望的老同志。关心退休老教师的生活，发挥老教授"关心下一代"的作用。

【简析】

这篇工作计划的篇幅并不长，只有2300余字，但却写得井井有条、干净利落，毫无生拼硬凑的赘余之感，合乎计划体公文的规范要求。此文首先用一个自然段交代出制订计划的指导思想和主要目标，给人以总体印象，然后分三大部分进行阐述，包括"切实加强党的建设，确保学院党建工作稳步推进""服务学院内涵建设，重点加强人才培养建设""加强廉洁教育，努力构建和谐学院"，可以看出，这几个专题都与党委系统的工作密切相关，而且在每个专题之下都列有具体可行的内容，在表现形式上采用撮要标目的表达方式，先列出段旨句，提领一项工作内容，紧接着进行简要阐释，体现出一种"做什么""怎样做""做到什么程度"的内在逻辑结构模式，使人"看得见""摸得着""用得上"，没有空话、套话以及正确的"废话"的拖累，而是通过实实在在的方式方法来推动学院党建工作的进一步开展，从而描绘出一幅令人振奋的新一年党建工作的蓝图，使人意气风发地按照计划行事，并最终完成任务。在这方面，此文值得认真品读和借鉴。

17 纲要

【适用范围】

"纲要"是一种重要的计划体公文。它是一种既具有远景发展设想，又具有较强的政策性、思想性、指导性的提纲挈领式的计划性文种。

与其他计划性文种相比，其突出的特点是：在时间上，不像"设想"的跨度那么大，又不似"计划""安排"的跨度那么小，多在5—10年；在空间上，局面比较大，多用于全局或某一方面重要工作的发展设计；在内容上，多为经济和社会发展，文字表述多为条款式，即由若干方面的诸多条条组成，全文的条条统一排列序号。

【实用范例】

"十四五"社会保障事业发展规划纲要

一、指导思想

高举中国特色社会主义伟大旗帜，全面贯彻党的十九大和十九届二、三、四、五、六中全会精神，深入贯彻习近平总书记系列重要讲话精神，全面推进"四个全面"战略布局，以创新、协调、绿色、开放、共享的新发展理念为引领，按照"坚守底线、突出重点、完善制度、引导预期"的思路，坚持民生为本、人才优先工作主线，深入实施就业优先战略和人才优先发展战略，建立更加公平更可持续的社会保障制度，深化人事制度改革和工资收入分配制度改革，构建更加和谐稳定的劳动关系，提升基本公共服务能力和水平，推动全县人力资源和社会保障工作继续走在全市前列，为全面建成小康社会提供支撑和保障。

——围绕中心、服务大局。坚持党的领导，自觉服从、服务于县委县政府中心工作和改革发展稳定大局，增强政治意识、大局意识、核心意识、看齐意识，紧紧围绕全面建成小康社会奋斗目标，努力完成人力资源社会保障部门承担的各项任务。

——以人为本、共建共享。坚持人民主体地位，努力践行以人民为中心的发展思想，以实现人的全面发展为目标，进一步健全基本公共服务体系，改善公共服务供给，通过人人参与、人人尽力实现人人共享，使人民群众有更多获得感。

——深化改革、创新驱动。增强改革创新精神，发挥改革的突破性和先导性作用，围绕使市场在资源配置中起决定性作用和更好发挥政府作用，深化重点领域和关键环节改革，推动理论创新、制度创新、政策创新，为人力资源和社会保障事业发展提供持续动力。

——统筹协调、突出重点。统筹兼顾不同群体利益关系，充分考虑地区发展差异，促进政策之间的衔接平衡，增强工作的系统性、整体性和协同性。坚持目标导向和问题导向，加强系统谋划，集中攻坚克难，着力补齐短板、化解矛盾。

——践行法治、维护公平。全面推进人力资源和社会保障法治建设，坚持依法行政，运用法治思维和法治方式深化改革发展。推进"放管服"改革和"一次办好"改革。以制度公平保障群众权利公平，以政策落实保证群众权利实现，努力维护和平衡好各类群体的权益。

二、主要目标

"十四五"时期，全县人力资源和社会保障事业发展的主要目标是：

——实现更加充分和更高质量就业。就业规模持续扩大，就业结构更趋合理，就业环境更加公平，城乡均等的公共就业创业服务体系更加健全。"十四五"时期，实现城镇新增就业×万人，高校毕业生总体就业率稳定在×%以上，城镇登记失业率控制在×%以内。

——完善覆盖全民的社会保障体系。按照全覆盖、保基本、多层次、可持续的原则，全面建成覆盖全民、城乡统筹、权责清晰、保障适度、可持续的多层次社会保障体系。到"十四五"末期，全县各类保险参保率达到×%以上。

——加强人才队伍建设。坚持人才优先发展，提高人才质量，优化人才结构，做大做强适应经济社会发展的人才队伍。到"十四五"期末，专业技术人才总量达到×人，高技能人才总量达到×人。

——深化事业单位人事制度改革。事业单位人事制度改革进一步深化，形成符合事业单位特点、规范有序、充满活力的人事管理制度。

——推动形成合理有序的工资收入分配格局。工资收入分配制度改革不断深化，企业、机关事业单位工资决定和正常调整机制进一步完善。企业工资分配宏观调控体系更加健全。机关事业单位工资结构更加优化。工资收入水平稳步提高，工资收入分配秩序更加规范、差距逐步缩小。

——构建更加和谐稳定的劳动关系。劳动关系工作体制进一步完善，到"十四五"末期，企业劳动合同签订率达到×%以上。去产能工作继续稳步推进，优化升级本地区产业结构，积极落实国家政策，保障企业和职工合法权益，继续促进劳动关系和谐稳定。劳动人事争议调解成功率达到×%以上，劳动人事争议仲裁结案率达到×%以上，劳动保障监察举报投诉结案率达到×%以上。

——提升公共服务能力。建成覆盖城乡、标准统一、内外协同、方便快捷的标准化、信息化、一体化公共服务体系，服务水平和群众满意度明显提升，公共服务均等化基本实现。

三、工作任务

（一）推动实现比较充分和更高质量就业

坚持劳动者自主就业、市场调节就业、政府促进就业和鼓励创业的方针，实施就业优先战略和更加积极的就业政策，深入推进体制机制创新，着力解决结构性就业矛盾，有效应对失业风险，努力实现比较充分和更高质量的就业。

1. 大力实施就业优先战略

把促进充分就业作为发展的优先目标，把稳定和扩大就业作为经济运行合理区间的下限，健全经济发展与就业增长联动机制，将市场就业导向、经济转型升级需求和劳动者就业创业意愿有机结合起来，促进就业与产业转型升级、新型城镇化、信息化等发展战略的良性互动、深度融合。坚持分类施策，提高劳动参与率，着力培养新的就业增长点，扩大城镇就业规模。强化就业工作领导机制建设，完善就业考核工作体系，把就业成效作为评价经济社会发展成果的重要指标，进一步强化政府促进就业的法律责任。

2. 实施更加积极的就业政策

加强就业政策与财税、金融、产业等政策的衔接，形成有利于促进就业的综合性经济政策体系。加强就业政策与教育、社会保障等政策的衔接，促进就业政策的公平与公正。围绕解决结构性就业矛盾、鼓励劳动者自主创业、提高就业质量，进一步完善积极的就业创业政策。加强对灵活就业、新就业形态的政策支持，促进多种形式就业，支持企业吸纳重点群体就业。积极发展家庭服务业，重点推进规范化、职业化建设。发挥失业保险援企稳岗作用。

3. 促进以创业带动就业

深入开展大众创业、万众创新。着力解决劳动者创业过程中融资难、税负重、门槛高等问题，使民营经济和小微企业成为巨大的"就业容纳器"。加强创业孵化基地、创业园区和众创空间等新型创业平台建设，建立面向人人的创业服务平台，促进产业资源、创业资本、高端人才等创业创新要素和各类服务向创业平台聚集。加强创业导师队伍建设，完善创业导师服务机制。推进创业型城市、街道（乡镇）建设，积极培育创业生态系统，对工作成效显著的，按规定予以表彰。积极参加各级开展的创业大赛、创业峰会、创业创新项目推介和成果展示等助推活动。

4. 统筹做好重点群体就业工作

继续把高校毕业生就业摆在就业工作的首位，深入实施高校毕业生就业促进和创业引领计划，加强职业指导和就业见习。健全高校毕业生到基层就业的服务保障机制，参与实施高校毕业生基层培养计划。技师学院高级工班、预备技师班和特殊教育院校职业教育类毕业生可参照高校毕业生属地享受相关就业补贴政策。配合供给侧结构性改革，加大再就业支持力度，实施再就业帮扶行动，做好化解过剩产能中职工安置工作。统筹城乡就业，健全完善城乡劳动者平等就业制度，促进农村劳动力转移就业和外出务工人员返乡创业。加强对就业困难人员的就业援助，规范公益性岗位开发和管理，对就业困难人员实行实名制动态管理和分类帮扶，确保零就业家庭、最低生活保障家庭等困难家庭至少一人实现就业。

5. 完善人力资源市场机制

充分发挥市场在人力资源配置中的决定性作用。深入贯彻落实《省人力资源市场条例》，完善人力资源市场管理制度，规范人力资源市场秩序。建设统一规范的人力资源市场，打破城乡、地区、行业分割和身份、性别歧视，维护劳动者平等就业权利。增强劳动力市场灵活性，促进劳动力在地区、行业、企业之间自由流动。推进人力资源市场诚信体系和标准化建设，提高人力资源市场管理信息化水平。规范招人用人制度，尊重劳动者和用人单位市场主体地位，消除影响平等就业的制度障碍和就业歧视。规范就业中介服务，大力发展人力资源服务业，加强人力资源服务业从业人员培训，加强人力资源服务产业园建设，重点培育具有示范引领作用的龙头企业和行业领军人才。支持人力资源服务机构推进管理创新、服务创新和产品创新，不断提高市场竞争力。支持行业协会建设，形成市场自律机制，促进政府、协会、市场主体之间的良性互动。

（二）完善覆盖全民的社会保障体系

1. 基本实现法定人员全覆盖

全面实施全民参保计划，促进和引导各类单位和符合条件的人员长期持续参保，实现法定人员全覆盖。开展全民参保登记，对各类人员参加社会保险情况进行全程跟踪，实现源头管理和精确管理，为全民参保提供基础支持。鼓励积极参保，持续参保。

2. 完善社会保障制度体系

不断完善城镇职工基本养老保险和城乡居民基本养老保险及补充养老保险制度，不断扩大养老、失业、工伤保险覆盖率。全面落实机关事业单位养老保险制度改革政策。规范基本养老保险缴费政策，完善缴费激励约束机制。按照"先保后征"原则，积极推进被征地农民养老保险政策落实。完善失业保险制度，建立失业保险金标准与最低工资标准挂钩联动制度，落实好失业保险基金省级统筹制度。完善工伤保险制度，积极探索适应灵活就业人员的工伤保险保障方式，严格执行上级制定的工伤保险待遇结构和标准；积极推进工伤预防与工伤康复，制定工伤预防费使用管理办法；依法规范工伤认定和劳动能力鉴定工作。完善社会保险转移接续政策，建立更加便捷的社会保险转移接续机制。实施职业年金制度，扩大企业年金制定覆盖范围，鼓励发展商业养老保险，促进商业保险与社会保险、补充保险相衔接，形成多层次的保障体系。探索做好渐进式延迟退休年龄政策的实施准备工作。

3. 建立待遇合理调整机制

积极完善多缴多得激励机制，逐步建立社会保险待遇合理调整机制，适当提高退休人员基本养老金和居民基础养老金标准。确保养老金按时足额发放。进一步完善失业保险金标准调整机制，适度提高失业保险待遇水平。完善工伤保险待遇正常调整机制，适度提高工伤保险待遇水平。

4. 确保基金安全可持续运行

完善社会保险基金预算和监管制度，严格规范社保基金征缴行为，做好基础养老金统筹征缴工作，实现社会保险基金的安全可持续运行，与公共财政预算有机衔接，实现财政对社会保障投入的规范化和制度化。坚持精算平衡，建立健全稳定可持续的社会保险筹资机制，分清政府、企业、个人等的责任。强化基金征缴、支付、管理和投资运营的监督检查。做好划转部分国有资本充实社会保险基金相关工作。加大社会保险领域违法犯罪行为打击力度，完善社会保险欺诈查处和移送制度，健全社会保险监督行政执法与刑事司法衔接机制。完善基金监督信息系统，健全社会保险违法失信行为联合惩戒机制。

（三）建设规模宏大的高素质人才队伍

坚持党管人才原则，充分发挥政府人才综合管理职能作用。大力实施人才优先发展战略和人才强省战略，破除束缚人才发展的思想观念和体制机制障碍。以高层次专业技术人才和高技能人才为重点，突出"高精尖缺"导向，努力造就一支规模宏大、结构合理、素质优良、富有创新精神的高素质人才队伍，形成具有国际竞争力的人才制度优势。

1. 深化人才发展体制机制改革

贯彻落实中央和省、市、县委深化人才发展体制机制改革的意见，加快转变政府人才管理职能，保障和落实用人主体自主权，健全市场化、社会化的人才管理服务体系。建立以创新创业为导向的人才培养支持机制，完善产学研用协同创新体系，创新技术技能人才培养模式，大力培养支撑中国制造、中国创造的技术技能人才队伍。完善以品德、能力和业绩为重点的人才评价机制，分类推进人才评价机制改革，建立完善符合各类人才和岗位特点的评价方式；推进职称制度改革，落实《职称评审管理暂行规定》，完善职称评审办法，提升评价科学性。开展新型职业农民职称评定工作，抓好"双定向""定向评价、定向使用"基层职称评审制度，乡镇专业技术人才"直评、直聘"，新冠疫情防控一线医务人员职称评审倾斜等制度的落实，加强职称评审事中事后监管；规范职业资格准入和评价管理，推进职业资格与职称制度有效衔接。健全有利于人才资源合理有效配置的顺畅流动机制，促进人才在不同性质单位、不同地域间有序自由流动；提高基层人才收入保障水平，促进人才向基层一线和欠发达地区流动。强化体现人才智力价值的激励保障机制，创新知识、技术、技能、管理等要素参与收益分配的形式，探索采取人才期权股权激励方式，收益分配重点向创新创业人才倾斜。

2. 加强专业技术人才队伍建设

以高层次创新型人才为核心，积极推进专业技术人才队伍建设。实施重大人才工程，着力发现、培养、集聚一批战略科学家、科技领军人才，继续做好"国家百千万人才工程"、享受国务院颁发政府特殊津贴专家和省、市有突出贡献的中青年专家等人选的推荐选拔和培养工作。积极开展省、市专家服务基地申报工作。实施支持青年人才创新创业的政策措施，建立多层次、多渠道的青年拔尖人才培养管理体系。深化专家服务基层活动，创新激励机制，加大招才引才力度，为经济社会转型发展提供人才智力支撑。积极申报设立博士后科研工作站和省、市博士后创新实践基地，吸引更多高层次人才来我县创新创业。加强专业技术人员继续教育，深入实施专业技术人才知识更新工程。加强基层专业技术人才队伍建设，研究制定符合基层专业技术人才队伍特点和成长规律的政策措施。

3. 加强技能人才队伍建设

以提升职业技能为核心，建设工种相对齐全、技艺精湛的高技能人才队伍。全面深化"校企合作"。加快推进我县产业转型升级急需紧缺高技能人才培养。发挥技师传艺带徒作用。充分利用"技师学院"，以一对一结对方式培养高技能人才，并带动技能人才的素质提升，实现产业领域技能人才梯次发展。以提高质量和提升服务为重点，大力推行国家职业资格证书制度。逐步试点开展企业技能人才自主评价。全面加强质量管理，努力实现由扩大规模、注重质量到质量第一、兼顾数量的转变，由粗放型管理向提升服务品质转变，由社会效益与经济效益兼顾到突出社会效益第一转变。鼓励和支持各行业和企业积极开展各种形式的岗位练兵和技能竞赛等活动，建立新兴产业技能人才快速成长通道。

（四）深化事业单位人事制度改革

进一步分类推进事业单位人事制度改革，重点推进从事公益服务事业单位的人事制度改革和人事管理工作。完善聘用制度，加强聘用合同管理。健全岗位管理制度，建立岗位设置动态调整机制，规范组织竞聘上岗。推行事业单位管理岗位职员等级晋升制度。完善事业单位公开招聘制度，探索符合不同行业、专业和岗位类型特点的分类考试考核办法，逐步提高公开招聘的科学化水平。加强事业单位工作人员培训工作，推进事业单位岗位培训、在岗培训、转岗培训、专项培训。进一步规范我县事业单位工作人员考核，强化考核结果使用；进一步探索建立我县公立医院创新编制管理后的事业单位人事管理办法。

（五）深化工资收入分配制度改革

1. 健全科学的企业工资机制、正常增长机制和支付保障机制。建立统一规范的企业薪酬调查和信息发布制度，为深化企业工资收入分配制度改革提供基础数据和决策信息。完善最低工资制度，保障低收入劳动者基本生活。完善工资指导线制度，不断提高职工工资水平，扩大中等收入群体比重。继续深化国有企业负责人薪酬制度改革，规范国有企业收入分配秩序，对不合理的偏高、过高收入进行调整，缩小工资水平差距。

2. 深化机关事业单位工资制度改革

落实事业单位工作人员和机关工勤基本工资正常调整机制，按政策规定及时调整基本工资标准。深入推进事业单位实施绩效工资工作，合理调控事业单位绩效工资水平，研究建立事业单位高层次人才分配激励机制，探索完善符合事业单位特点、体现岗位绩效和分级分类管理的工资收入分配制度。进一步加强和规范工资管理，完善政策体系。

（六）提升基本公共服务能力和水平

1. 推进基本公共服务均等化

建立健全覆盖城乡劳动者的就业创业公共服务体系和覆盖城乡全体居民的社会保障体系，完善普惠性的公共就业创业服务制度，创新公共就业创业服务供给模式，完善公共就业创业服务功能。建立更加高效便捷的社会保险经办服务体系，整合经办服务资源，合理配备经办管理服务人员。健全社会保险社会化管理服务体系，将符合条件的退休人员全部纳入社区管理。健全人才公共服务体系和服务平台，加强高层次、高技能人才服务平台建设，加快完善高效便捷的海外人才来我县工作、出入境、居留等管理服务，实施引进高层次高技能人才服务绿卡制度。

2. 推进公共服务标准化

编制全县人力资源和社会保障公共服务清单，全面公开服务事项，简化办事环节和手续。以公共就业服务管理、社会保险经办业务、人事人才管理、劳动关系协调、社会保障卡发行应用管理等为重点，研制一批地方标准，规范公共服务范围、服务内容、服务流程，科学确定各项服务所需的设施设备、人员配备、经费保障等标准，加快推进名称统一、标识统一、机构统一、柜台统一的窗口服务品牌建设。

3. 推进公共服务信息化

推广"互联网＋"人社服务模式，积极配合全市加快与省社保公共服务平台等业务专网平台对接融合，推动数据共享和业务协同。拓展提升我县人社移动平台等服务事项，推动实现业务网上办理、移动办理。深化社会保障"一卡通"建设，加快第三代社保卡、电子社保卡发行应用。推进全市电子签章、电子档案系统与业务系统深度融合，支持扩大秒办、不见面办理事项。推进人社大数据开发应用，深化养老待遇资格"静默认证"改革，通过数据共享、大数据分析，实现待遇资格认证业务自动办理。建立纵深防护和协作运营的网络安全保障体系，增强信息安全保障能力。

4. 推进公共服务一体化

按照入口统一、业务协同、柜员经办、线上线下结合的原则，构建人力资源和社会保障系统内部决策、执行、监督的一体化管理和统筹协调机制，以及人力资源和社会保障部门与税务、公安、民政、银行等部门机构间的协调配合机制，逐步实现政策制度一体化、业务流程一体化、数据库和信息共享平台一体化、线上线下服务一体化、部门协同一体化，全面提高人力资源和社会保障部门的公共服务能力和水平。坚持试点先行、典型引路，在全省范围内稳步推进公共服务"标准化、信息化、一体化"建设实施工作。

5. 加强公共服务能力建设

加强人力资源和社会保障公共服务设施建设，进一步提升县级人力资源市场和社会保障服务中心建设。以便民服务中心建设为契机，继续加强乡镇（街道）基层人力资源和社会保障服务平台建设，提升业务经办能力，进一步理顺经办管理服务体制机制，创新多元化公共服务供给模式，改善服务环境、更新设施设备。依托现有资源建立农民工综合服务平台。加强人力资源和社会保障系统队伍建设，统筹抓好系统干部教育培训、"练兵比武"、评比表彰和窗口单位作风建设。实施社会保障百千万人才工程，努力培养社会保险精算等专业人才。加强劳动关系工作队伍建设，根据办案需要充实增加仲裁员、调解员，推动劳动保障监察专业化建设。

四、保障措施

"十四五"时期，全县人力资源和社会保障事业改革发展任务艰巨，必须广泛动员各方面力量，强化保障措施，努力实现本规划确定的各项目标任务。

1. 加强党的建设

不断巩固拓展"不忘初心、牢记使命"主题教育成果，深入学习贯彻习近平总书记的讲话精神，落实各项党员教育管理制度，规范党支部建设，落实全面从严治党主体责任，坚持"一岗双责"，细化责任分工。深入推进全系统党风廉政建设和反腐败工作，推进廉政教育常态化，严格落实中央"八项规定"，为确保规划落实提供根本保证。

2. 强化法治建设

建立健全全县人力资源和社会保障法规政策体系，加强规范性文件动态管理。深化行政审批制度改革，持续推进简政放权，优化服务，进一步提升服务效能，规范工作流程，主动依法办事，接受社会监督。

【简析】

纲要是一种重要的计划体公文。它是对某一时期或某一方面的重要工作如何完成，从指标、要求、方法、步骤到措施所作出的书面回答，具有极其重要的指导和规范作用。一般而言，纲要不同于方案、安排、打算等计划体公文，突出表现为它只是一种提纲挈领式的粗线条勾勒，而且适用时间也较长。正因为如此，在写法上，这种计划有其特定的内容要求与表现形式。这篇《"十四五"社会保障事业发展规划纲要》采用分部分的结构模式，很有特色，全文共分为4个大问题，分别从指导思想、主要目标、工作任务、保障措施等方面加以阐述。而且在具体写法上采取了"虚实结合"的方式，其中前面两部分属于"务虚"，侧重于指导思想和主要目标的阐述，后面两部分则是"实写"，交代具体的工作任务和保障措施，从而使行文虚实相应，相得益彰。对于如何加强和推进社会保障这一惠及国计民生的重大问题阐述得非常准确到位，使人"看得见、摸得着"，十分清晰，给人以一目了然之感，有很强的说服力和可信度，易于贯彻落实。

18 要点

【适用范围】

要点也是一种重要的计划体公文。它以简要的文字，反映一个单位在一定时间内工作计划的主要方面和要点，内容十分扼要。

"工作要点"指通常在一个时期的工作计划正式出台（如年初需等上级机关的"计划"）之前，先制订"工作要点"发给下级，待正式的计划出台后，"工作要点"的使命即告完结，所以人们也称它为"准计划"。它与"一般计划"的最主要区别在于一个"要"字。"要点"，顾名思义，就是一般工作计划的主要之点，这种"要"突出体现为：内容是工作的主要方面，不像"计划"要兼顾各方；内容是工作的重要之点，比较原则，不像"计划"兼顾一般，比较具体；内容表述十分扼要，一般篇幅较短，不像"计划"往往需要较长的篇幅。

【实用范例】

2023年煤矿安全工作要点

2023年煤矿安全工作的总体思路是：认真贯彻落实党的二十大、党的二十届二中全会和中央经济工作会议精神，坚持"安全第一，预防为主，综合治理"的方针，牢固树立以人为本、安全发展的理念，以深入贯彻落实《国务院关于进一步加强企业安全生产工作的通知》（以下简称国务院《通知》）精神为核心，以强化企业安全生产主体责任为重点，继续深入开展"安全生产年"活动，进一步加强煤矿安全基础建设，加强安全监察监管，不断深化安全生产"三项行动""三项建设"，着力降低事故总量，有效防范和坚决遏制重特大事故，努力开创"十四五"时期煤矿安全生产工作新局面。

根据上述总体思路，要突出抓好以下8个方面、31项重点工作：

一、深入贯彻执行国务院《通知》要求，进一步推动企业落实主体责任

紧紧抓住机遇、深入贯彻落实国务院《通知》精神，扎实有效推动各项工作。

1. 加大宣传贯彻力度。健全完善一整套机制和制度，通过继续深化"安全生产年"活动，深入持久地开展学习宣传，领会好、执行好国务院《通知》精神。

2. 加大执行落实力度。督促各地制定出台贯彻落实的实施办法和配套措施，强力推动企业安全生产主体责任落实到位，规范煤矿安全生产行为。切实加强煤矿领导现场带班、隐患治理和事故查处挂牌督办等重要制度的落实。

3. 加大监督检查力度。定期组织专项调研督导活动，通过督促检查煤矿企业落实国务院《通知》精神的具体做法、了解各地贯彻落实进展情况，并针对存在的问题，提出改进和加强的意见建议，务必把国务院《通知》的每一条要求都落实到位，进一步推动煤矿企业落实安全生产主体责任。

二、强化安全监察监管，进一步推进"打非治违"行动深入开展

紧紧围绕落实国务院《通知》精神及有关要求，进一步加大执法力度，扎实推进"打非治违"。

4. 明确"打非"重点。以非法违法生产经营建设行为和事故多发地区、新建技改、整合重组煤矿为重点，抓住关键，实施准确打击、重点打击、有效打击，该停产整顿的要坚决停产整顿，该取缔的要坚决取缔，该关闭的要坚决关闭。

5. 强化"打非"责任。推进地方加强对安全生产执法工作的组织领导，完善联合执法机制，依法严厉打击非法违法生产经营建设行为；对"打非"工作不力、未能取得实质性进展，特别是包庇纵容非法违法行为、因非法违法导致事故发生的有关责任人，要严肃追究责任。

6. 规范企业行为。督促企业健全完善安全生产规章制度，加强煤矿生产过程安全管理，严肃处理违章指挥、违章作业、违反劳动纪律的行为。

三、强力推进先抽后采、综合治理的根本措施，进一步深化煤矿瓦斯防治工作

7. 突出预防为主。以落实保护层开采和大面积预抽煤层瓦斯区域防突措施为重点，督促煤矿企业严格做到不采突出面、不掘突出头；把能否落实"两个四位一体"综合防突措施作为评估煤矿是否具备煤与瓦斯突出防治能力的重要指标，有效提升矿井防治技术水平。

8. 强力推进抽采达标。认真落实《煤矿瓦斯抽采基本指标》要求，出台

《瓦斯抽采达标规定》，督促煤矿企业建立瓦斯抽采达标自我评估体系，组织各地开展瓦斯抽采达标监督检查和专项监察，建立和完善瓦斯抽采管理和考核等制度，督促高瓦斯和突出矿井严格落实瓦斯应抽尽抽、不抽不采的要求，对抽采不达标的矿井实施停产整顿。

9. 强化瓦斯防治基础工作。修订《矿井瓦斯等级鉴定办法》，进一步规范矿井瓦斯鉴定工作，从基础入手严格矿井瓦斯管理。加快瓦斯灾害防治等关键技术、先进装备的推广应用，进一步推进煤矿建设瓦斯防治工作体系，落实"通风可靠、抽采达标、监控有效、管理到位"的要求。

10. 加强现场管理。切实做到"三严格、三加强"，即严格遵守采掘作业的安全操作规程，严格落实"两个四位一体"综合防突措施，严格执行领导干部带班下井制度；加强作业现场瓦斯实时监测监控，加强通风管理，加强现场劳动组织管理，有效防范事故。

11. 发挥政策引导作用。认真执行安全费用提取使用规定，组织落实好国债补助资金支持的煤矿瓦斯防治和安全技术改造项目，加强协调、推动落实瓦斯抽采达标、发电上网加价、利用补贴政策等落实到位。

四、坚决淘汰落后生产能力，进一步推进企业兼并、重组和整合技术改进工作

深入贯彻落实《国务院关于进一步加强淘汰落后产能工作的通知》和国务院办公厅转发的《关于加快推进煤矿企业兼并重组的若干意见》要求，研究制定相关措施，严格安全许可，扎实推进工作。

12. 规范企业兼并重组。继续支持有条件的大型企业或企业集团兼并重组小煤矿；督促指导参与兼并重组的各方，明确主体，落实责任，加强管理，加大投入，提高水平，防范事故。

13. 坚持严格准入和有序退出。新建、在建和整合技术改进矿井，要充分考虑地质灾害、技术防治水平等因素，科学进行规划设计和安全评价；经论证现有技术难以有效治理的高瓦斯矿井、煤与瓦斯突出矿井和其他灾害严重的矿井，要下决心停产整顿，有序退出。

14. 加强检查执法。督促各地认真落实《关于进一步规范煤矿资源整合技改工作的通知》要求，对相关矿井进行全面清理整顿，并严格执法，对那些借整合或技改之名行违法违规组织生产之实的矿井，坚决依法予以关闭。

五、以推进安全质量标准化建设为重点，进一步强化安全基层基础管理

15. 深化安全质量标准化建设。不断推进以"三达标"（岗位达标、专业

达标、企业达标）为内容的煤矿安全质量标准化建设，选树典型，总结经验，适时命名表彰一批示范企业。同时，对2024年底达不到省级安全质量标准化最低等级的煤矿，一律停产整改；限期仍未达标的，要依法予以关闭。

16. 扎实推进煤矿班组安全建设。研究出台《煤矿班组安全建设规定》（暂定名），督促、指导企业研究编制建设规划和管理标准，切实发挥班组安全生产前沿阵地作用，认真抓好"五落实"。同时，加大宣传力度，掀起一个煤矿班组安全建设的新热潮。

17. 督促企业严格落实领导带班下井制度。把企业执行该制度情况作为煤矿安全执法的重要内容，对达不到《煤矿领导带班下井及安全监督检查规定》要求的，要严肃问责。

18. 继续深化煤矿隐患排查治理。督促指导各地区、各煤矿企业认真执行和落实隐患排查、治理、报告制度和重大隐患挂牌督办制度，建立并实施风险预控管理体系。对存在重大隐患的，必须停产整改，并要实行整改效果评价，确保整改到位。

19. 大力推进小型煤矿机械化。按照4部门《关于推进小型煤矿机械化的指导意见》，督促各地制定发展规划，推进组织实施。

20. 强化安全教育培训。出台《煤矿安全培训规定》，规范煤矿安全培训工作，不断提高从业人员素质。督促企业做到"三项岗位人员"持证上岗、煤矿职工全部培训合格后上岗，依法依规与职工签订劳动合同，切实维护职工合法权益。

21. 加强和改进煤矿生产能力管理。修订《煤矿生产能力核定办法》，指导和监督地方煤炭行业管理部门开展煤矿生产能力核定工作。

六、坚持实施"科技兴安"战略，进一步提升煤矿安全保障能力

22. 加快建设完善井下安全避险"六大系统"。全力推进"六大系统"建设步伐，加大督促检查力度，发挥典型示范作用，推进实现分期建设的目标；逾期未达标的，依法暂扣安全生产许可证。

23. 推进加强煤矿安全技术管理。认真督促企业落实安全生产技术管理责任制，宣传好、贯彻好、应用好《煤矿总工程师技术手册》。出台《关于进一步加强煤矿企业技术管理工作的意见》，强化企业技术管理机构的安全职能，落实安全技术管理责任，加强企业安全技术队伍建设。

24. 大力支持科技研发和推广应用。围绕瓦斯、水害、火灾等重大灾害预警和防治体系建设，积极组织开展产学研科技攻关，在大力推广煤矿新技术、

新装备的同时,及时淘汰落后技术、装备。

七、严格事故查处和责任追究,进一步用事故教训推动工作

25. 以更加严肃的态度查处事故。做到"四个更加注重",即更加注重分析研究事故深层次的技术和管理原因,提高事故调查质量;更加注重事故调查过程中的协调沟通,提高事故按期结案率;更加注重完善挂牌督办制度,完善并落实事故后约谈、现场分析会、事故通报和跟踪督导"四项制度",确保责任追究落实到位,公开曝光到位;更加注重总结各类事故中的共性和规律性问题,并及时上升为法律法规、规程标准。

26. 以更加严格的要求追究责任。做到"四个加大",即加大对非法违法生产导致事故的查处力度,加大对重大隐患整改不力引发事故的查处力度,加大对事故瞒报、谎报、迟报、逃匿行为的责任追究力度,加大对责任追究落实情况的监督检查力度。同时,突出预防,厉行责任追究"关口前移",对重大隐患整改不彻底和"打非治违"不力的,要追究责任。

27. 以更加严厉的手段查处事故背后的腐败行为。加大煤矿事故举报信息核查力度,加大对重特大事故背后腐败行为的追查和惩处力度,并充分发挥社会和舆论的监督作用。

28. 以更加有效的措施加强煤矿职业安全健康工作。贯彻落实《煤矿作业场所职业危害防治规定》,督促煤矿企业落实职业危害防治主体责任;将煤矿作业场所职业危害监察列入"三项监察"的重要内容,认真做好申报工作。

八、继续深入开展创先争优活动,进一步加强安全监察监管队伍执法能力建设

29. 不断提高思想认识。深入学习贯彻党的二十大和中央经济工作会议精神,贯彻落实中央领导同志关于深入开展创先争优活动的一系列重要讲话精神,积极投身于创先争优活动,不断提高政治意识、宗旨意识、大局意识、责任意识,认真履行工作职责。

30. 加强党风廉政建设。认真贯彻落实党中央、国务院和中央纪委关于加强党风廉政建设的有关规定,不断强化党风廉政建设"一岗双责",强化监督,廉洁从政。

31. 强化业务能力建设。加强教育培训,不断提高执法效率效能;关心爱护基层执法人员,不断改善执法条件,进一步增强队伍的凝聚力和执行力。

【简析】

此文系一篇规范的工作要点。全文明显分为前言和主体两大部分,其中前

言部分用扼要的语句交代了制订要点的总的指导思想，给人以概括的了解，紧接着主体部分采用条项贯通的结构形式，顺次列出了 8 个方面、31 项重点工作。对于每一项重点工作的叙写，先用简明扼要的语句进行概括，紧接着又另行加入一段解释性、说明性文字，以突出该方面工作的重心所在，彰显了这篇要点的写作特色。而且，对于每一项重点工作的表述，均采用了撮要表达的手法，要句明确集中，便于理解和把握，而这对于计划内容的贯彻执行是十分必要的。在这方面，本文堪称典范。

19 方案

【适用范围】

方案是按有关管理目标，对未来要做的某一重要的专门事项，从总体筹划上所作的最佳选择与安排。

方案是计划的一种具体表现形式，侧重于对某一专项工作从目的、要求到方式、方法再到具体进度作出详尽的安排，内容单一，专业性强，在实践中具有较高的使用频率。

【实用范例】

中共中央关于在全党大兴调查研究的工作方案

为深入学习贯彻习近平新时代中国特色社会主义思想，全面贯彻落实党的二十大精神，党中央决定，在全党大兴调查研究，作为在全党开展的主题教育的重要内容，推动全面建设社会主义现代化国家开好局起好步。现制定如下工作方案：

一、重要意义

调查研究是我们党的传家宝。党的十八大以来，以习近平同志为核心的党中央高度重视调查研究工作，习近平总书记强调指出，调查研究是谋事之基、成事之道，没有调查就没有发言权，没有调查就没有决策权；正确的决策离不开调查研究，正确的贯彻落实同样也离不开调查研究；调查研究是获得真知灼见的源头活水，是做好工作的基本功；要在全党大兴调查研究之风。习近平总书记这些重要指示，深刻阐明了调查研究的极端重要性，为全党大兴调查研究、做好各项工作提供了根本遵循。

当前,我国发展面临新的战略机遇、新的战略任务、新的战略阶段、新的战略要求、新的战略环境。世界百年未有之大变局加速演进,不确定、难预料因素增多,国内改革发展稳定面临不少深层次矛盾躲不开、绕不过,各种风险挑战、困难问题比以往更加严峻复杂,迫切需要通过调查研究把握事物的本质和规律,找到破解难题的办法和路径。在全党大兴调查研究,是深入学习贯彻习近平新时代中国特色社会主义思想、感悟这一重要思想的真理力量和实践伟力的必然要求,是深刻领悟"两个确立"的决定性意义、坚决做到"两个维护"的具体实践,是应对新时代新征程前进路上的风浪考验、推进中国式现代化的有力举措,是时刻保持解决大党独有难题的清醒和坚定、回答"六个如何始终"的现实需要,是转变工作作风、密切联系群众、提高履职本领、强化责任担当的有效途径。

二、总体要求

在全党大兴调查研究,要坚持以习近平新时代中国特色社会主义思想为指导,全面贯彻落实党的二十大精神,紧紧围绕党的理论和路线方针政策、党中央重大决策部署的贯彻执行,大力弘扬党的光荣传统和优良作风,突出问题导向和目标导向,促进广大党员、干部特别是领导干部带头深入调查研究,不断深化对党的创新理论的认识和把握,善于运用党的创新理论研究新情况、解决新问题、总结新经验、探索新规律,扑下身子干实事、谋实招、求实效,使调查研究工作同中心工作和决策需要紧密结合起来,更好为科学决策服务,为提高党的执政能力和领导水平服务,为完成新时代新征程的使命任务服务。

在全党大兴调查研究,必须坚持党的群众路线,从群众中来、到群众中去,增进同人民群众的感情,真诚倾听群众呼声、真实反映群众愿望、真情关心群众疾苦,自觉向群众学习、向实践学习,从人民的创造性实践中获得正确认识,把党的正确主张变为群众的自觉行动。必须坚持实事求是,坚守党性原则,一切从实际出发,理论联系实际,听真话、察实情,坚持真理、修正错误,有一是一、有二是二,既报喜又报忧,不唯书、不唯上、只唯实。必须坚持问题导向,增强问题意识,敢于正视问题、善于发现问题,以解决问题为根本目的,真正把情况摸清、把问题找准、把对策提实,不断提出真正解决问题的新思路新办法。必须坚持攻坚克难,发扬斗争精神,增强斗争本领,勇于涉险滩、破难题,知难而进、迎难而上,把调查研究成果转化为推进工作、战胜困难的实际成效。必须坚持系统观念，深入实际、深入基层、深入群众调查了解情况，把握好全局和局部、当前和长远、宏观和微观、主要矛盾和次要矛盾、特殊和一般的关系，前瞻性思考、全局性谋划、整体性推进党和国家各项事业。

三、调研内容

在全党大兴调查研究，要紧紧围绕全面贯彻落实党的二十大精神、推动高质量发展，直奔问题去，实行问题大梳理、难题大排查，着力打通贯彻执行中的堵点淤点难点。各级党委（党组）要立足职能职责，围绕做好事关全局的战略性调研、破解复杂难题的对策性调研、新时代新情况的前瞻性调研、重大工作项目的跟踪性调研、典型案例的解剖式调研、推动落实的督查式调研，突出重点、直击要害，结合实际确定调研内容。主要是12个方面。

1. 贯彻落实党中央决策部署和习近平总书记对本地区本部门本领域工作重要指示批示精神的主要情况和重点问题。

2. 贯彻新发展理念、构建新发展格局、推动高质量发展中的重大问题，推进高水平科技自立自强、扩大国内需求、深化供给侧结构性改革、建设现代化产业体系、落实"两个毫不动摇"、吸引和利用外资，全面推进乡村振兴中的主要情况和重点问题。

3. 统筹发展和安全，确保粮食、能源、产业链供应链、生产、食品药品、公共卫生等安全，防范化解重大经济金融风险中的主要情况和重点问题。

4. 全面深化改革开放中的重大问题，重要领域和关键环节改革、推进高水平对外开放中的主要情况和重点问题。

5. 全面依法治国中的重大问题，完善中国特色社会主义法律体系、推进依法行政、严格公正司法、建设法治社会等主要情况和重点问题。

6. 意识形态领域面临的挑战，推进文化自信自强、建设社会主义文化强国和新闻舆论引导、网络综合治理中的主要情况和重点问题。

7. 推进共同富裕、增进民生福祉中的重大问题，巩固拓展脱贫攻坚成果、缩小城乡区域发展差距和收入分配差距的主要情况和重点问题。

8. 人民最关心最直接最现实的利益问题，特别是就业、教育、医疗、托育、养老、住房等群众急难愁盼的具体问题。

9. 牢固树立和践行绿水青山就是金山银山理念方面的差距和不足，推进美丽中国建设、保护生态环境和维护生态安全中的主要情况和重点问题。

10. 维护社会稳定中的重大问题，防灾减灾救灾和重大突发公共事件处置保障短板，处理新形势下人民内部矛盾和强化社会治安整体防控的主要情况和重点问题。

11. 全面从严治党中的重大问题，落实党的领导弱化虚化淡化、党组织政治功能和组织功能不够强，干事创业精气神不足、不担当不作为，应对"黑天鹅""灰犀牛"事件和防范化解风险能力不强，形式主义、官僚主义，特权思想和特权行为等重点问题。

12. 本地区本部门本单位长期未解决的老大难问题。

四、方法步骤

在全党大兴调查研究，分为6个步骤。

（一）提高认识。各级党委（党组）要通过理论学习中心组学习、读书班等，组织党员、干部深入学习领会习近平总书记关于调查研究的重要论述，学习习近平总书记关于本地区本部门本领域的重要讲话和重要指示批示精神，继承和发扬老一辈革命家深入基层调查研究的优良作风，增强做好调查研究的思想自觉、政治自觉、行动自觉。

（二）制定方案。各级党委（党组）要围绕调研内容，结合本地区本部门本单位实际，广泛听取各方面意见，研究制定调查研究的具体方案，明确调研的项目课题、方式方法和工作要求等，统筹安排、合理确定调研的时间、地点、人员。党委（党组）主要负责同志要亲自主持制定方案。

（三）开展调研。县处级以上领导班子成员每人牵头1个课题开展调研，同时，针对相关领域或工作中最突出的难点问题进行专项调研。要坚持因地制宜，综合运用座谈访谈、随机走访、问卷调查、专家调查、抽样调查、统计分析等方式，充分运用互联网、大数据等现代信息技术开展调查研究，提高科学性和实效性。要深入农村、社区、企业、医院、学校、新经济组织、新社会组织等基层单位，掌握实情、把脉问诊，问计于群众、问计于实践。要转换角色、走进群众，了解群众的烦心事操心事揪心事，发现和查找工作中的差距不足。要结合典型案例，分析问题、剖析原因，举一反三采取改进措施。要加强督查调研，检查工作是否真正落实、问题是否真正解决。

（四）深化研究。全面梳理汇总调研情况，运用习近平新时代中国特色社会主义思想的世界观、方法论和贯穿其中的立场观点方法，进行深入分析、充分论证和科学决策。特别是对那些具有普遍性和制度性的问题、涉及改革发展稳定的深层次关键性问题，以及难题积案和顽瘴痼疾等，要研究透彻、找准根源和症结。在此基础上，领导班子交流调研情况，研究对策措施，形成解决问题、促进工作的思路办法和政策举措，确保每个问题都有务实管用的破解之策。

（五）解决问题。对调研中反映和发现的问题，逐一梳理形成问题清单、责任清单、任务清单，逐一列出解决措施、责任单位、责任人和完成时限。对短期能够解决的，立行立改、马上就办。对一时难以解决、需要持续推进的，明确目标，紧盯不放，一抓到底，做到问题不解决不松劲、解决不彻底不放手。

（六）督查回访。各级党委（党组）要建立调研成果转化运用清单，加强对调研课题完成情况、问题解决情况的督查督办和跟踪问效；领导干部要定期对调研对象和解决问题等事项进行回访，注意发现和解决新的问题。

五、工作要求

（一）加强组织领导。各级党委（党组）要高度重视调查研究工作，作出专门部署，科学精准做好方案设计、过程实施、监督问效等各个环节工作。党委（党组）主要负责同志负总责，抓好本地区本部门本单位调查研究的推进落实；班子其他成员各负其责，抓好分管领域和分管单位的调查研究工作。领导干部要带头开展调查研究，改进调研方法，以上率下、作出示范。

（二）严明工作纪律。调查研究要严格执行中央八项规定及其实施细则精神，轻车简从，厉行节约，不搞层层陪同。要采取"四不两直"方式，多到困难多、群众意见集中、工作打不开局面的地方和单位开展调研，防止嫌贫爱富式调研。要加强调研统筹，避免扎堆调研、多头调研、重复调研，不增加基层负担。要力戒形式主义、官僚主义，不搞作秀式、盆景式和蜻蜓点水式调研，防止走过场、不深入。要在调查的基础上深化研究，防止调查多研究少、情况多分析少，提出的对策建议不解决实际问题。对违反作风建设要求和廉洁自律规定的，要依规依纪严肃问责。

（三）坚持统筹推进。对表现在基层、根子在上面的问题，对涉及多个地区或部门单位的问题，上下协同、整体推动解决。统筹当前和长远，发现总结调查研究的有效做法和成功经验，完善调查研究的长效机制，使调查研究成为党员、干部的经常性工作，在全党蔚然成风、产生实效。

（四）加大宣传力度。充分利用党报、党刊、电视台、广播电台、网络传播平台等，采取多种多样的宣传形式和手段，大力宣传大兴调查研究的重要意义和各地区各部门各单位大兴调查研究的具体举措、实际成效，凝聚起大兴调查研究的共识和力量，营造浓厚氛围。

【简析】

这是中共中央发出的《关于在全党大兴调查研究的工作方案》。与其他计划体公文相比，方案更注重体现解决问题的整体性和复杂性，本文就充分表现了这一点。

开头部分，说明了制定方案的目的和根据，表明了实施方案的主体，并用过渡句"现制定如下工作方案："引出主体部分的内容。

主体部分是本文的重点。包括5项内容。一是重要意义；二是总体要求；三是调研内容；四是方法步骤；五是工作要求。从中可以看出，这5项内容，既有总体目标，又有基本原则，还有方法步骤和落实要求，非常明确具体，让人一看便知，易于掌握和执行；每项内容均交代得明确具体，界限清晰，这是方案写作必须做到的，要细致入微，不能让人模糊不清。更为重要的是，行文采用撮要表达的形式，思路清晰，表述明确，具有很强的指导性和可行性。由此可见，只要我们从符合实际的工作中去真正开动脑筋，就一定能写出有分量的公文来。

20 总结

【适用范围】

总结适用于对已经完成的某项工作或某一阶段的工作进行全面系统的回顾和分析研究，明确所取得的经验、成绩和存在的问题、应当汲取的教训，并使之条理化、规范化，是机关单位常用的一种事务文书。

总结的作用主要在于肯定成绩、积累经验、发现问题、找出教训、认识规律、明确方向，以指导今后的工作。

【实用范例】

中共××县委组织部20××年工作总结

今年以来，我部在县委的坚强领导和市委组织部的正确指导下，坚持以习近平新时代中国特色社会主义思想为指导，紧紧围绕县委中心工作，以加强党的执政能力建设为重点，不断强化全县各级领导班子和干部队伍建设、党的基层组织和党员队伍建设，以及组织部门自身建设，为加快发展、富民强县、全面建成小康社会提供了坚强的组织保障。

一、坚持"选、育、管"一条龙，各级领导班子和干部队伍建设得到了加强

今年以来，我们始终抓住"选、育、管"三个重点环节不放松，注重教

育、严格选任、加强管理，使各级领导班子和干部队伍建设得到了明显加强。一是抓教育培训。在干部教育工作中，我们始终坚持在职自学和集中培训相结合，在抓好党委党组中心组学习和干部在职自学的同时，重点开展了大规模的集中培训，先后举办了科级干部进修班、青年干部培训班、妇女干部培训班、组工干部培训班、《干部任用条例》专题辅导班、"四增一树"骨干培训班等多期干部集中培训班，同时，严格坚持干部培训申报审批制度，审批了县直机关工委、县团委等部门办班3期。在此基础上，我们还严格按照市委组织部的要求，选派了53名同志参加了上级党校和行政院校的学习培训，有效地提高了干部队伍的整体素质。二是抓选拔任用。在干部选拔任用工作中，我们在继续坚持德才兼备、实绩突出、群众公认等原则的前提下，把工作重点放在了严格程序、规范操作上，进一步提高了干部选拔任用工作的民主化程度。在今年的干部调整工作中，我们普遍实行了定向推荐、民意测验、民主评议和考察预告、任前公示、任职试用期制等改革措施，扩大了群众对干部选拔任用的知情权、参与权、选择权和监督权。今年以来公示拟提拔干部共61人，社会反映较好，公示对象均得到了提拔任用。8月，我们制定出台了《县委常委会任免干部投票表决办法》和《县委全委会任用乡镇和县委、县政府工作部门领导班子正职投票表决办法》，在干部选拔任用工作中推行"票决制"。根据这两个办法的规定，10月，我们对××名拟提拔、调整的干部进行了投票表决，并对×名县政府工作部门正职的拟任人选和推荐人选，逐个征求了全委会成员的意见。"票决制"的实行真正发挥了县委常委会的决策作用，有效地防止了个人说了算等用人上的不正之风。三是抓监督管理。今年以来，县委十分重视加强对领导班子和领导干部的监督管理工作，在监督管理的方式、内容、对象等各方面都有了进一步改进和加强。在监督管理的方式上，由党内监督逐步向群众监督和舆论监督延伸，由工作领域逐步向生活领域和其他领域延伸，由八小时之内逐步向八小时之外延伸，并充分利用广播、电视等媒体和群众来信、来访等渠道，不断加大干部监督管理的力度；在监督管理的内容上，坚持两手抓，一手抓作风建设，通过加强思想教育和理论学习，提高领导干部自我监督和管理的自觉性，另一手抓制度建设，通过各项规章制度的建立和完善，从根本上约束和规范领导干部的行为；在监督管理的对象上，不断扩大范围，逐步由在职领导干部向离退休老干部和年轻后备干部拓展，对于离退休老干部经常进行走访慰问，积极落实"两费"待遇，并利用节假日组织老同志进行了象棋、麻将、钓鱼等比赛，丰富了他们的文化生活。同时，把年轻后备干部的管理作为一项重要的工作来抓，出台了《关于加强科级党政班子后备干部管理工作的意见》，对德才兼备、实绩突出、群众公认、各方面条件比较成熟的后备干部，及时提拔任用。目前，我们已建立系统的后备干部人才库，共掌握各级各类后备干部近×××名，其中市管后备干部××名，一把手后备干部××名，副科级后备干部×××名，为加强各级领导班子建设储备了一支数量充足、门类齐全、专业配套、素质优良的后备干部队伍。

二、坚持"好、中、差"一起抓，党的基层组织建设得到了加强

在党的基层组织建设工作中，我们坚持抓两头、带中间的工作思路，先实行典型引路，再向面上延伸，逐步达到整体推进、全面提高的效果。今年以来，我们突出抓了三个方面的工作：一是完善工作机制。今年以来，我们继续抓好《村级党建联络员、辅导员制度》《乡镇党委"党建工作日"制度》《县级党员领导干部联系乡镇、村制度》《县直党政机关包扶后进村制度》和《县委组织部机关人员联系科级单位制度》等各项制度，有效地构造了县、乡、村三级联动的共建网络，形成了良好的"联创"态势。同时，我们在对基层组织建设工作的考核上，健全机制，完善内容和方法，实行"月督、季查、年评"，检查后及时通报，年终根据经济、信访、综治、计生等单项工作的考评情况，结合平时考核情况，综合评定结果，实行"进类奖，退类罚，末类诫勉"，使县委对各基层党组织抓基层组织建设工作考评形式和考评结果更客观、更全面、更科学。二是创新活动形式。今年以来，我们在农村基层组织建设中开展了"创建典范、整治后进"活动，其中典范村的创建由县级党员领导干部牵头，乡镇主要负责人联系，乡镇选派工作组具体负责，后进村的整治由县级党员领导干部牵头，县乡选派联合工作组具体负责，由乡镇主要负责同志任组长，县直机关单位主要负责人任副组长，一名县直机关后备干部和一名乡镇科级干部为成员驻村整治。通过"创建典范、整治后进"活动的深入开展，我县农村基层组织建设水平得到了进一步提高。同时，我们在县直机关中开展了以"比学习、比招商、比创新、比纪律、比服务、比效率，看实绩"（简称"六比一看"）为主题的争先创优活动，进一步提高了机关党组织的创造力、凝聚力和战斗力。三是严格兑现奖惩。今年初，我们对20××年度农村基层组织建设工作情况进行了综合考评，并在全县组织工作会议上，对综合考评为"一类乡镇党委"的单位进行了表彰，授予五个乡镇党委"党建工作先进单位"称号，并各奖励人民币××××元。通过严格兑现奖惩，进一步激发了各基层党委"争先创优"的内在动力，有力地促进了基层组织建设的深入开展。四是扎

实做好选派工作。今年是第一批选派工作收尾之年，也是第二批选派工作开局之年，选派工作任务十分繁重。对第一批选派工作，我们按照"狠抓巩固提高、确保善始善终"的要求，先后多次召开会议，研究部署第一批选派干部的考核、评定、撤回和使用工作。目前，我县第一批××名选派干部，除×名为中途调整接任之外，其余××名已全部撤回，其中××人已经得到提拔任用。选派干部撤回后，我们又采取交任务、压担子、领办发展项目等方法，认真抓好选派村继任书记人选的培养，10月，对继任书记进行了为期3天的培训，与此同时，我们研究制定了《关于建立第一批选派干部联络、回访制度》，要求选派干部定期回访，始终与选派村保持联络，保证了选派干部离任后工作不脱节。对于第二批选派工作，打好开局至关重要，它关系今后三年选派工作的开展。为此，我们严格选拔、严格培训、严格管理，确保了第二批选派干部能够顺利产生，按时到岗到位，迅速适应新的工作。选派干部到村后，我们及时组织人员，对选派干部的工作情况进行了全面摸底、跟踪督查，同时，制定出台了选派工作六项制度，切实加强了对选派干部的教育、指导和管理，使选派工作迅速走上正轨。

三、坚持"管、帮、带"相结合，党员队伍建设得到了加强

一是精心组织实施了"小学教"活动。活动自2月上旬全面启动，参加学习教育活动的有18个乡镇、272个站所、448个村、14个居委，共5123人，活动期间，共举办培训班28期，参加培训4600余人，共访户8512户，住户290户，发放征求意见表35519份，征求意见18458条，制定出整改措施2260条，为群众办实事1816件，"小学教"活动取得了明显成效。二是进一步实施"双培双带"先锋工程。今年工作的重点是围绕四个方面深入推进，即围绕中心点，把发展作为第一要务，明确思路，制定规划；选准结合点，以典型引路，示范带动；抓住关键点，加强对发展能手的教育和管理，分类指导，共同发展；把握着力点，通过支部牵头和党员、群众双向选择形式，全面推动，提高效果。目前，全县共建立示范基地120个，投入小额信贷资金1.5亿元，确定示范户3136个，参加双带党员6391名，带动农户30500户，培训党员干部17726名，培训发展能手3993名，在发展能手中培养入党积极分子1739名，发展致富能手入党269名。三是实行发展党员票决制。今年5月开始，我们在发展党员工作中试行了票决制，并于10月在全县全面推行。票决制实行以来，全县共有105个党支部通过票决，接收预备党员123名，否决了3名，预备党员按期转正138名，延长预备期1名。四是扎实开展党员思想政治教育工作。

成立了工作领导小组，制发了《关于认真做好党员思想政治工作的通知》和《关于认真做好保持党员思想政治工作的实施方案》，并抽调人员组成调研组，对党支部分类、村级班子等情况进行了调查摸底，为全面开展党员先进性教育活动打下了坚实基础。

四、坚持"德、能、勤、绩"并重，组织部门自身建设得到了加强

一是进一步深化和拓展"树组工干部形象"集中学习教育活动。在今年的活动中，我们把工作重点放在建章立制上，在对现有制度进行清理、修订、完善的同时，又建立一系列新的内部管理制度，并制定出台了"组工干部十不准"，在此基础上，我们部机关于5月28日召开了制度建设经验交流会，并组织编印了《组工干部公道正派十不准暨制度建设汇编》，把各项制度规范成文，下发到各室及有关单位执行。二是扎实开展"四增一树"学教活动。坚持把活动融于工作之中，并在全体组工干部中开展了"五比五看"活动，即比学习，看理论素质和业务素质是否得到提高；比党性，看马克思主义信仰、毛泽东思想和中国特色社会主义信念是否坚定，大局观念和群众观念是否增强；比业务，看是否成为本职工作的行家里手，语言表达能力、文字综合能力、组织协调能力、开拓创新能力是否得到提高；比作风，看公道正派和严谨细致的作风是否增强，是否求真务实、真抓实干、雷厉风行；比纪律，看是否严守党的组织纪律和干部人事纪律，是否做到廉洁自律。通过学教活动的开展，组工干部进一步增强了发展意识、开放意识、创新意识、为民意识，牢固树立了科学的发展观。三是抓好来信来访工作。今年以来，我们共办理来信来访19件次，其中来信12件、来访7次，得到了信访人的一致好评。在工作中，我们进一步完善了来信来访、登记制度、呈阅制度、分工办理制度等八项制度，明确了受理来信来访的八个方面的范围，同时提出了处理信访工作的基本要求和方法，信访工作基本上做到了案案有着落、事事有结果。四是认真开展督查督办工作。在督查工作中，我们把市委组织部督查计划印发到各室，坚持重点工作重点督查，日常工作随时督查，同时实行部领导抽查和会议通报制度，较好地保证了督查工作的有效开展。

中共××县委组织部
20××年12月9日

【简析】

例文开头部分用简明扼要的语句对全年的工作情况进行概述，给人以简练明快之感。在开头部分的概括性文字之后，主体部分集中从4个方面对县委组

织部20××年的工作情况进行系统总结，分别是："坚持'选、育、管'一条龙，各级领导班子和干部队伍建设得到了加强"；"坚持'好、中、差'一起抓，党的基层组织建设得到了加强"；"坚持'管、帮、带'相结合，党员队伍建设得到了加强"；"坚持'德、能、勤、绩'并重，组织部门自身建设得到了加强"。其中既有领导班子和干部队伍建设情况，又有党组织和党员队伍建设情况，还有组织部自身建设情况，可以说内容涵盖了组织部门工作的方方面面，非常完整和全面。在写法上，十分注重对各方面内容的提炼，所拟出的四个分标题显得很精整，体现出了高超的概括提炼艺术。对每方面内容的阐述，善于运用数字和事例来说明问题，例如，"实行发展党员票决制。今年5月开始，我们在发展党员工作中试行了票决制，并于10月在全县全面推行。票决制实行以来，全县共有105个党支部通过票决，接收预备党员123名、否决了3名，预备党员按期转正138名，延长预备期1名"。通过一系列数字的运用，使行文显现出很强的说服力和论证性。而这在总结文种的写作中，是非常重要的。写作实践表明，善于运用数字和事例来说明问题，可以代替许多繁冗的文字叙述，使行文趋于简明。在这方面，例文是值得借鉴的。

21 条例

【适用范围】

条例是领导机关制定或批准规定某些事项或机关团体的组织、职权等带有规章性质的法规性文件。

条例具有法规性的特点，主要表现在以下两个方面：

（1）制发机关的法定性。条例的制作、发布机关有一定的限制。

（2）内容的法规性。条例涉及政治、经济、文化等各个领域的重要或比较重要的事项，具有强制力和约束力，要求有关人员必须遵照执行，不得违反。

【实用范例】

征兵工作条例

（1985年10月24日国务院、中央军委发布　根据2001年9月5日《国务院、中央军事委员会关于修改〈征兵工作条例〉的决定》第一次修订　2023

年4月1日中华人民共和国国务院、中华人民共和国中央军事委员会令第759号第二次修订）

第一章 总 则

第一条 为了规范和加强征兵工作，根据《中华人民共和国兵役法》，制定本条例。

第二条 征兵工作坚持中国共产党的领导，贯彻习近平强军思想，贯彻新时代军事战略方针，服从国防需要，聚焦备战打仗，依法、精准、高效征集高素质兵员。

第三条 征兵是保障军队兵员补充、建设巩固国防和强大军队的一项重要工作。根据国防需要征集公民服现役的工作，适用本条例。

各级人民政府和军事机关应当依法履行征兵工作职责，完成征兵任务。

公民应当依法服兵役，自觉按照本条例的规定接受征集。

第四条 全国的征兵工作，在国务院、中央军事委员会领导下，由国防部负责，具体工作由国防部征兵办公室承办。国务院、中央军事委员会建立全国征兵工作部际联席会议制度，统筹协调全国征兵工作。

省、市、县各级征兵工作领导小组负责统筹协调本行政区域的征兵工作。县级以上地方人民政府组织兵役机关和宣传、教育、公安、人力资源社会保障、交通运输、卫生健康以及其他有关部门组成征兵办公室，负责组织实施本行政区域的征兵工作，承担本级征兵工作领导小组日常工作。有关部门在本级人民政府征兵办公室的统一组织下，按照职责分工做好征兵有关工作。

机关、团体、企业事业组织和乡、民族乡、镇的人民政府以及街道办事处，应当根据县、自治县、不设区的市、市辖区人民政府的安排和要求，办理本单位和本行政区域的征兵工作。设有人民武装部的单位，征兵工作由人民武装部办理；不设人民武装部的单位，确定一个部门办理。普通高等学校负责征兵工作的机构，应当协助兵役机关办理征兵工作有关事项。

第五条 全国每年征兵的人数、次数、时间和要求，由国务院、中央军事委员会的征兵命令规定。

县级以上地方人民政府和同级军事机关根据上级的征兵命令，科学分配征兵任务，下达本级征兵命令，部署本行政区域的征兵工作。

县级以上地方人民政府和同级军事机关建立征兵任务统筹机制，优先保证普通高等学校毕业生和对政治、身体条件或者专业技能有特别要求的兵员征集；对本行政区域内普通高等学校，可以直接分配征兵任务；对遭受严重灾害或者有其他特殊情况的地区，可以酌情调整征兵任务。

第六条　县级以上地方人民政府兵役机关应当会同有关部门加强对本行政区域内征兵工作的监督检查。

县级以上地方人民政府和同级军事机关应当将征兵工作情况作为有关单位及其负责人考核评价的内容。

第七条　军地有关部门应当将征兵信息化建设纳入国家电子政务以及军队信息化建设，实现兵役机关与宣传、发展改革、教育、公安、人力资源社会保障、卫生健康、退役军人工作以及军地其他部门间的信息共享和业务协同。

征兵工作有关部门及其工作人员应当对收集的个人信息依法予以保密，不得泄露或者向他人非法提供。

第八条　机关、团体、企业事业组织应当深入开展爱国主义、革命英雄主义、军队光荣历史和服役光荣的教育，增强公民国防观念和依法服兵役意识。

县级以上地方人民政府兵役机关应当会同宣传部门，协调组织网信、教育、文化等部门，开展征兵宣传工作，鼓励公民积极应征。

第九条　对在征兵工作中作出突出贡献的组织和个人，按照国家和军队有关规定给予表彰和奖励。

第二章　征兵准备

第十条　县级以上地方人民政府征兵办公室应当适时调整充实工作人员，开展征兵业务培训；根据需要，按照国家有关规定采取政府购买服务等方式开展征兵辅助工作。

第十一条　县、自治县、不设区的市、市辖区人民政府兵役机关应当适时发布兵役登记公告，组织机关、团体、企业事业组织和乡、民族乡、镇的人民政府以及街道办事处，对本单位和本行政区域当年12月31日以前年满18周岁的男性公民进行初次兵役登记，对参加过初次兵役登记的适龄男性公民进行信息核验更新。

公民初次兵役登记由其户籍所在地县、自治县、不设区的市、市辖区人民政府兵役机关负责，可以采取网络登记的方式进行，也可以到兵役登记站（点）现场登记。本人因身体等特殊原因不能自主完成登记的，可以委托其亲属代为登记，户籍所在地乡、民族乡、镇的人民政府以及街道办事处应当予以协助。

第十二条　县、自治县、不设区的市、市辖区人民政府兵役机关对经过初次兵役登记的男性公民，依法确定应服兵役、免服兵役或者不得服兵役，在公民兵役登记信息中注明，并出具兵役登记凭证。县、自治县、不设区的市、市辖区人民政府有关部门按照职责分工，为兵役机关核实公民兵役登记信息提供协助。

根据军队需要，可以按照规定征集女性公民服现役。

第十三条　依照法律规定应服兵役的公民，经初步审查具备下列征集条件的，为应征公民：

（一）拥护中华人民共和国宪法，拥护中国共产党领导和社会主义制度；

（二）热爱国防和军队，遵纪守法，具有良好的政治素质和道德品行；

（三）符合法律规定的征集年龄；

（四）具有履行军队岗位职责的身体条件、心理素质和文化程度等；

（五）法律规定的其他条件。

第十四条　应征公民缓征、不征集的，依照有关法律的规定执行。

第十五条　应征公民应当在户籍所在地应征；经常居住地与户籍所在地不在同一省、自治区、直辖市，符合规定条件的，可以在经常居住地应征。应征公民为普通高等学校的全日制在校生、应届毕业生的，可以在入学前户籍所在地或者学校所在地应征。

第十六条　县级以上人民政府公安、卫生健康、教育等部门按照职责分工，对应征公民的思想政治、健康状况和文化程度等信息进行初步核查。

应征公民根据乡、民族乡、镇和街道办事处人民武装部（以下统称基层人民武装部）或者普通高等学校负责征兵工作的机构的通知，在规定时限内，自行到全国范围内任一指定的医疗机构参加初步体检，初步体检结果在全国范围内互认。

第十七条　基层人民武装部和普通高等学校负责征兵工作的机构选定初步核查、初步体检合格且思想政治好、身体素质强、文化程度高的应征公民为当年预定征集的对象，并通知本人。

县、自治县、不设区的市、市辖区人民政府兵役机关和基层人民武装部、普通高等学校负责征兵工作的机构应当加强对预定征集的应征公民的管理、教育和考察，了解掌握基本情况。

预定征集的应征公民应当保持与所在地基层人民武装部或者普通高等学校负责征兵工作的机构的联系，并根据县、自治县、不设区的市、市辖区人民政府兵役机关的通知按时应征。

预定征集的应征公民所在的机关、团体、企业事业组织应当督促其按时应征，并提供便利。

第三章　体格检查

第十八条　征兵体格检查由征集地的县级以上地方人民政府征兵办公室统一组织，本级卫生健康行政部门具体负责实施，有关单位予以协助。

第十九条　县级以上地方人民政府征兵办公室会同本级卫生健康行政部门指定符合标准条件和管理要求的医院或者体检机构设立征兵体检站。本行政区域内没有符合标准条件和管理要求的医院和体检机构的，经省级人民政府征兵办公室和卫生健康行政部门批准，可以选定适合场所设立临时征兵体检站。

设立征兵体检站的具体办法，由中央军事委员会机关有关部门会同国务院有关部门制定。

第二十条　基层人民武装部应当组织预定征集的应征公民按时到征兵体检站进行体格检查。送检人数由县、自治县、不设区的市、市辖区人民政府征兵办公室根据上级赋予的征兵任务和当地预定征集的应征公民体质情况确定。

体格检查前，县级以上地方人民政府征兵办公室应当组织对体检对象的身份、户籍、文化程度、专业技能、病史等相关信息进行现场核对。

第二十一条　负责体格检查工作的医务人员，应当严格执行应征公民体格检查标准、检查办法和其他有关规定，保证体格检查工作的质量。

对兵员身体条件有特别要求的，县级以上地方人民政府征兵办公室应当安排部队接兵人员参与体格检查工作。

第二十二条　县级以上地方人民政府征兵办公室根据需要组织对体格检查合格的应征公民进行抽查；抽查发现不合格人数比例较高的，应当全部进行复查。

第四章　政治考核

第二十三条　征兵政治考核由征集地的县级以上地方人民政府征兵办公室统一组织，本级公安机关具体负责实施，有关单位予以协助。

第二十四条　征兵政治考核主要考核预定征集的应征公民政治态度、现实表现及其家庭成员等情况。

第二十五条　对预定征集的应征公民进行政治考核，有关部门应当按照征兵政治考核的规定，核实核查情况，出具考核意见，形成考核结论。

对政治条件有特别要求的，县、自治县、不设区的市、市辖区人民政府征兵办公室还应当组织走访调查；走访调查应当安排部队接兵人员参加并签署意见，未经部队接兵人员签署意见的，不得批准入伍。

第五章 审定新兵

第二十六条 县级以上地方人民政府征兵办公室应当在审定新兵前，集中组织体格检查、政治考核合格的人员进行役前教育。役前教育的时间、内容、方式以及相关保障等由省级人民政府征兵办公室规定。

第二十七条 县、自治县、不设区的市、市辖区人民政府征兵办公室应当组织召开会议集体审定新兵，对体格检查、政治考核合格的人员军事职业适应能力、文化程度、身体和心理素质等进行分类考评、综合衡量，择优确定拟批准服现役的应征公民，并合理分配入伍去向。审定新兵的具体办法由国防部征兵办公室制定。

第二十八条 烈士、因公牺牲军人、病故军人的子女、兄弟姐妹和现役军人子女，本人自愿应征并且符合条件的，应当优先批准服现役。

第二十九条 退出现役的士兵，本人自愿应征并且符合条件的，可以批准再次入伍，优先安排到原服现役单位或者同类型岗位服现役；具备任军士条件的，可以直接招收为军士。

第三十条 县、自治县、不设区的市、市辖区人民政府征兵办公室应当及时向社会公示拟批准服现役的应征公民名单，公示期不少于5个工作日。对被举报和反映有问题的拟批准服现役的应征公民，经调查核实不符合服现役条件或者有违反廉洁征兵有关规定情形的，取消入伍资格，出现的缺额从拟批准服现役的应征公民中依次递补。

第三十一条 公示期满，县、自治县、不设区的市、市辖区人民政府征兵办公室应当为批准服现役的应征公民办理入伍手续，开具应征公民入伍批准书，发给入伍通知书，并通知其户籍所在地的户口登记机关。新兵自批准入伍之日起，按照规定享受现役军人有关待遇保障。新兵家属享受法律法规规定的义务兵家庭优待金和其他优待保障。

县、自治县、不设区的市、市辖区人民政府征兵办公室应当为新兵建立入伍档案，将应征公民入伍批准书、应征公民政治考核表、应征公民体格检查表以及国防部征兵办公室规定的其他材料装入档案。

第三十二条　县级以上地方人民政府可以采取购买人身意外伤害保险等措施，为应征公民提供相应的权益保障。

第三十三条　已被普通高等学校录取或者正在普通高等学校就学的学生，被批准服现役的，服现役期间保留入学资格或者学籍，退出现役后两年内允许入学或者复学。

第三十四条　在征集期间，应征公民被征集服现役，同时被机关、团体、企业事业组织招录或者聘用的，应当优先履行服兵役义务；有关机关、团体、企业事业组织应当支持其应征入伍，有条件的应当允许其延后入职。

被批准服现役的应征公民，是机关、团体、企业事业组织工作人员的，由原单位发给离职当月的全部工资、奖金及各种补贴。

第六章　交接运输新兵

第三十五条　交接新兵采取兵役机关送兵、新兵自行报到以及部队派人领兵、接兵等方式进行。

依托部队设立的新兵训练机构成规模集中组织新兵训练的，由兵役机关派人送兵或者新兵自行报到；对政治、身体条件或者专业技能有特别要求的兵员，通常由部队派人接兵；其他新兵通常由部队派人领兵。

第三十六条　在征兵开始日的15日前，军级以上单位应当派出联络组，与省级人民政府征兵办公室联系，商定补兵区域划分、新兵交接方式、被装保障、新兵运输等事宜。

第三十七条　由兵役机关送兵的，应当做好下列工作：

（一）省级人民政府征兵办公室与新兵训练机构商定送兵到达地点、途中转运和交接等有关事宜，制定送兵计划，明确送兵任务；

（二）征集地的县、自治县、不设区的市、市辖区人民政府征兵办公室于新兵起运前完成新兵档案审核并密封，出发前组织新兵与送兵人员集体见面；

（三）新兵训练机构在驻地附近交通便利的车站、港口码头、机场设立接收点，负责接收新兵，并安全送达营区，于新兵到达营区24小时内与送兵人员办理完毕交接手续。

第三十八条　由新兵自行报到的，应当做好下列工作：

（一）县、自治县、不设区的市、市辖区人民政府征兵办公室根据上级下达的计划，与新兵训练机构商定新兵报到地点、联系办法、档案交接和人员接收等有关事宜，及时向新兵训练机构通报新兵名单、人数、到达时间等事项；

（二）县、自治县、不设区的市、市辖区人民政府征兵办公室书面告知新兵报到地点、时限、联系办法、安全要求和其他注意事项；

（三）新兵训练机构在新兵报到地点的车站、港口码头、机场设立报到处，组织接收新兵；

（四）新兵训练机构将新兵实际到达时间、人员名单及时函告征集地的县、自治县、不设区的市、市辖区人民政府征兵办公室；

（五）新兵未能按时报到的，由县、自治县、不设区的市、市辖区人民政府征兵办公室查明情况，督促其尽快报到，并及时向新兵训练机构通报情况，无正当理由不按时报到或者不报到的，按照有关规定处理。

第三十九条　由部队派人领兵的，应当做好下列工作：

（一）领兵人员于新兵起运前7至10日内到达领兵地区，对新兵档案进行审核，与新兵集体见面，及时协商解决发现的问题。县、自治县、不设区的市、市辖区人民政府征兵办公室于部队领兵人员到达后，及时将新兵档案提供给领兵人员；

（二）交接双方于新兵起运前1日，在县、自治县、不设区的市、市辖区人民政府征兵办公室所在地或者双方商定的交通便利的地点，一次性完成交接。

第四十条　由部队派人接兵的，应当做好下列工作：

（一）接兵人员于征兵开始日前到达接兵地区，协助县、自治县、不设区的市、市辖区人民政府征兵办公室开展工作，共同把好新兵质量关；

（二）县、自治县、不设区的市、市辖区人民政府征兵办公室向部队接兵人员介绍征兵工作情况，商定交接新兵等有关事宜；

（三）交接双方在起运前完成新兵及其档案交接。

第四十一条　兵役机关送兵和部队派人领兵、接兵的，在兵役机关与新兵训练机构、部队交接前发生的问题以兵役机关为主负责处理，交接后发生的问题以新兵训练机构或者部队为主负责处理。

新兵自行报到的，新兵到达新兵训练机构前发生的问题以兵役机关为主负责处理，到达后发生的问题以新兵训练机构为主负责处理。

第四十二条　兵役机关送兵和部队派人领兵、接兵的，交接双方应当按照征集地的县、自治县、不设区的市、市辖区人民政府征兵办公室统一编制的新兵花名册，清点人员，核对档案份数，当面点交清楚，并在新兵花名册上签名确认。交接双方在交接过程中，发现新兵人数、档案份数有问题的，应当协商解决后再办理交接手续；发现有其他问题的，先行办理交接手续，再按照有关规定处理。

新兵自行报到的，档案由征集地的县、自治县、不设区的市、市辖区人民政府征兵办公室自新兵起运后 10 日内通过机要邮寄或者派人送交新兵训练机构。

第四十三条　新兵训练机构自收到新兵档案之日起 5 日内完成档案审查；部队领兵、接兵人员于新兵起运 48 小时前完成档案审查。档案审查发现问题的，函告或者当面告知征集地的县、自治县、不设区的市、市辖区人民政府征兵办公室处理。

对新兵档案中的问题，征集地的县、自治县、不设区的市、市辖区人民政府征兵办公室自收到新兵训练机构公函之日起 25 日内处理完毕；部队领兵、接兵人员当面告知的，应当于新兵起运 24 小时前处理完毕。

第四十四条　新兵的被装，由军队被装调拨单位调拨到县、自治县、不设区的市、市辖区人民政府兵役机关指定地点，由县、自治县、不设区的市、市辖区人民政府兵役机关在新兵起运前发给新兵。

第四十五条　中央军事委员会后勤保障部门应当会同国务院交通运输主管部门组织指导有关单位制定新兵运输计划。

在征兵开始日后的 5 日内，省级人民政府征兵办公室应当根据新兵的人数和乘车、船、飞机起止地点，向联勤保障部队所属交通运输军事代表机构提出本行政区域新兵运输需求。

第四十六条　联勤保障部队应当组织军地有关单位实施新兵运输计划。军地有关单位应当加强新兵运输工作协调配合，交通运输企业应当及时调配运力，保证新兵按照运输计划安全到达新兵训练机构或者部队。

县、自治县、不设区的市、市辖区人民政府征兵办公室和部队领兵、接兵人员，应当根据新兵运输计划按时组织新兵起运；在起运前，应当对新兵进行编组，并进行安全教育和检查，防止发生事故。

交通运输军事代表机构以及沿途军用饮食供应站应当主动解决新兵运输中的有关问题。军用饮食供应站和送兵、领兵、接兵人员以及新兵应当接受交通运输军事代表机构的指导。

第四十七条　新兵起运时，有关地方人民政府应当组织欢送；新兵到达时，新兵训练机构或者部队应当组织欢迎。

第七章　检疫、复查和退回

第四十八条　新兵到达新兵训练机构或者部队后，新兵训练机构或者部队应当按照规定组织新兵检疫和复查。经检疫发现新兵患传染病的，应当及时隔离治疗，并采取必要的防疫措施；经复查发现新兵入伍前有犯罪嫌疑的，应当采取必要的控制措施。

第四十九条　经检疫和复查，发现新兵因身体原因不适宜服现役，或者政治情况不符合条件的，作退回处理。作退回处理的期限，自新兵到达新兵训练机构或者部队之日起，至有批准权的军队政治工作部门批准后向原征集地的设区的市级或者省级人民政府征兵办公室发函之日止，不超过45日。

因身体原因退回的，须经军队医院检查证明，由旅级以上单位政治工作部门批准，并函告原征集地的设区的市级人民政府征兵办公室。

因政治原因退回的，新兵训练机构或者部队应当事先与原征集地的省级人民政府征兵办公室联系核查，确属不符合条件的，经旅级以上单位政治工作部门核实，由军级以上单位政治工作部门批准，并函告原征集地的省级人民政府征兵办公室。

第五十条　新兵自批准入伍之日起，至到达新兵训练机构或者部队后45日内，受伤或者患病的，军队医疗机构给予免费治疗，其中，可以治愈、不影响服现役的，不作退回处理；难以治愈或者治愈后影响服现役的，由旅级以上单位根据军队医院出具的认定结论，函告原征集地的设区的市级人民政府征兵办公室，待病情稳定出院后作退回处理，退回时间不受限制。

第五十一条　退回人员返回原征集地后，由原征集地人民政府按照有关规定纳入社会保障体系，享受相应待遇。

需回地方接续治疗的退回人员，旅级以上单位应当根据军队医院出具的证明，为其开具接续治疗函，并按照规定给予军人保险补偿；原征集地人民政府应当根据接续治疗函，安排有关医疗机构予以优先收治；已经参加当地基本医疗保险的，医疗费用按照规定由医保基金支付；符合医疗救助条件的，按照规定实施救助。

第五十二条　新兵作退回处理的，新兵训练机构或者部队应当做好退回人员的思想工作，派人将退回人员及其档案送回原征集地的设区的市级人民政府征兵办公室；经与原征集地的设区的市级人民政府征兵办公室协商达成一致，也可以由其接回退回人员及其档案。

退回人员及其档案交接手续，应当自新兵训练机构、部队人员到达之日起7个工作日内，或者征兵办公室人员到达之日起7个工作日内办理完毕。

第五十三条　原征集地的设区的市级人民政府征兵办公室应当及时核实退回原因以及有关情况，查验退回审批手续以及相关证明材料，核对新兵档案，按照国家和军队有关规定妥善保存和处置新兵档案。

原征集地的设区的市级人民政府征兵办公室对退回人员身体复查结果有异议的，按照规定向指定的医学鉴定机构提出鉴定申请；医学鉴定机构应当在5个工作日内完成鉴定工作，形成最终鉴定结论。经鉴定，符合退回条件的，由原征集地的设区的市级人民政府征兵办公室接收；不符合退回条件的，继续服现役。

第五十四条　对退回的人员，原征集地的县、自治县、不设区的市、市辖区人民政府征兵办公室应当注销其应征公民入伍批准书，通知其户籍所在地的户口登记机关。

第五十五条　退回人员原是机关、团体、企业事业组织工作人员的，原单位应当按照有关规定准予复工、复职；原是已被普通高等学校录取或者正在普通高等学校就学的学生的，原学校应当按照有关规定准予入学或者复学。

第五十六条　义务兵入伍前有下列行为之一的，作退回处理，作退回处理的期限不受本条例第四十九条第一款的限制，因被征集服现役而取得的相关荣誉、待遇、抚恤优待以及其他利益，由有关部门予以取消、追缴：

（一）入伍前有犯罪行为或者记录，故意隐瞒的；

（二）入伍前患有精神类疾病、神经系统疾病、艾滋病（含病毒携带者）、恶性肿瘤等影响服现役的严重疾病，故意隐瞒的；

（三）通过提供虚假入伍材料或者采取行贿等非法手段取得入伍资格的。

按照前款规定作退回处理的，由军级以上单位政治工作部门函告原征集地的省级人民政府征兵办公室进行调查核实；情况属实的，报军级以上单位批准后，由原征集地的县、自治县、不设区的市、市辖区人民政府征兵办公室负责接收。

第八章　经费保障

第五十七条　开展征兵工作所需经费按照隶属关系分级保障。兵役征集费开支范围、管理使用办法，由中央军事委员会机关有关部门会同国务院有关部门制定。

第五十八条　新兵被装调拨到县、自治县、不设区的市、市辖区人民政府兵役机关指定地点所需的费用，由军队被装调拨单位负责保障；县、自治县、不设区的市、市辖区人民政府兵役机关下发新兵被装所需的运输费列入兵役征集费开支。

第五十九条　征集的新兵，实行兵役机关送兵或者新兵自行报到的，从县、自治县、不设区的市、市辖区新兵集中点前往新兵训练机构途中所需的车船费、伙食费、住宿费，由新兵训练机构按照规定报销；部队派人领兵、接兵的，自部队接收之日起，所需费用由部队负责保障。军队有关部门按照统一组织实施的军事运输安排产生的运费，依照有关规定结算支付。

第六十条　送兵人员同新兵一起前往新兵训练机构途中所需的差旅费，由新兵训练机构按照规定报销；送兵人员在新兵训练机构办理新兵交接期间，住宿由新兵训练机构负责保障，伙食补助费和返回的差旅费列入兵役征集费开支。

第六十一条　新兵训练机构或者部队退回不合格新兵的费用，在与有关地方人民政府征兵办公室办理退回手续之前，由新兵训练机构或者部队负责；办理退回手续之后，新兵训练机构或者部队人员返回的差旅费由其所在单位按照规定报销，其他费用由有关地方人民政府征兵办公室负责。

第六十二条　义务兵家庭优待金按照国家有关规定由中央财政和地方财政共同负担，实行城乡统一标准，由批准入伍地的县、自治县、不设区的市、市辖区人民政府按照规定发放。

县级以上人民政府征兵办公室应当向本级财政、退役军人工作主管部门提供当年批准入伍人数，用于制定义务兵家庭优待金分配方案。

第九章　战时征集

第六十三条　国家发布动员令或者国务院、中央军事委员会依法采取国防动员措施后，各级人民政府和军事机关必须按照要求组织战时征集。

第六十四条　战时根据需要，国务院和中央军事委员会可以在法律规定的范围内调整征集公民服现役的条件和办法。

战时根据需要，可以重点征集退役军人，补充到原服现役单位或者同类型岗位。

第六十五条　国防部征兵办公室根据战时兵员补充需求，指导县级以上地方人民政府征兵办公室按照战时征集的条件和办法组织实施征集工作。

第六十六条　应征公民接到兵役机关的战时征集通知后，必须按期到指定地点参加应征。

机关、团体、企业事业组织和乡、民族乡、镇的人民政府以及街道办事处必须组织本单位和本行政区域战时征集对象，按照规定的时间、地点报到。

从事交通运输的单位和个人，应当优先运送战时征集对象；其他组织和个人应当为战时征集对象报到提供便利。

第十章　法律责任

第六十七条　有服兵役义务的公民拒绝、逃避兵役登记的，应征公民拒绝、逃避征集服现役的，依法给予处罚。

新兵以逃避服兵役为目的，拒绝履行职责或者逃离部队的，依法给予处分或者处罚。

第六十八条　机关、团体、企业事业组织拒绝完成征兵任务的，阻挠公民履行兵役义务的，或者有其他妨害征兵工作行为的，对单位及负有责任的人员，依法给予处罚。

第六十九条　国家工作人员、军队人员在征兵工作中，有贪污贿赂、徇私舞弊、滥用职权、玩忽职守以及其他违反征兵工作规定行为的，依法给予处分。

第七十条　违反本条例规定，构成犯罪的，依法追究刑事责任。

第七十一条　本条例第六十七条、第六十八条规定的处罚，由县级以上地方人民政府兵役机关会同有关部门查明事实，经同级地方人民政府作出处罚决定后，由县级以上地方人民政府兵役机关、发展改革、公安、卫生健康、教育、人力资源社会保障等部门按照职责分工具体执行。

第十一章　附　则

第七十二条　征集公民到中国人民武装警察部队服现役的工作，适用本条例。

第七十三条　从非军事部门招收现役军官（警官）、军士（警士）的体格检查、政治考核、办理入伍手续等工作，参照本条例有关规定执行。

第七十四条　本条例自 2023 年 5 月 1 日起施行。

【简析】

例文《征兵工作条例》共由 11 章 74 条组成，内容非常全面、完整。其基本结构采用的是"总则—分则—附则"的惯用模式，其中第一章（第1—9条）为总则部分，就有关征兵工作的目的、适用范围、职能部门、方式方法、组织宣传、奖励等事项作出规定；第二章至第十章为分则部分（第10—71条），分别就征兵准备，体格检查，政治考核，审定新兵，交接运输新兵，检疫、复查和退回，经费保障，战时征集和法律责任等9个方面作出明确具体的规定，每一章又分别包括若干条目；第十一章（第72—74条）为附则，就条例的扩展范围，从非军事部门招收现役军官（警官）、军士（警士）的体格检查、政治考核、办理入伍手续等工作和施行日期等事宜作出规定。在结构安排上，全文采用的是"章断条连式"结构，内在逻辑关系十分紧密，无懈可击。而且在内容表达和文字运用上也十分严谨缜密，具有很强的逻辑性。

22　规定

【适用范围】

规定是领导机关、职能部门、社会团体和企事业单位对特定的事项、工作和活动所作出的关于原则、方式、方法等的规定和要求以及相应的措施。它是根据本单位或部门的实际需要而制定的行政法规性文件。

由于规定是针对特定的事项、工作和活动而制定的原则、方式、方法和措施，因此，它与条例有许多相似之处，是对有关法律、法规的具体化，不过有时它比条例的规范项目和范围更窄一些。

【实用范例】

例文1

加强中央企业有关业务管理　防治"小金库"若干规定

第一条　为加强国务院国有资产监督管理委员会（以下简称国资委）履行出资人职责的企业（以下简称中央企业）的监督管理，规范企业经营业务行为，根据《企业国有资产监督管理暂行条例》《国有及国有控股企业"小金库"专项治理实施办法》和国家有关法律法规，制定本规定。

第二条　中央企业及其各级独资、控股子企业（以下简称各级子企业）应当以"小金库"专项治理工作为契机,坚持综合治理、纠建并举、注重预防的原则,从深化改革、完善制度、加强监督、注重教育等方面入手,进一步加强有关业务管理,完善内控制度,规范会计核算,强化审计监督,建立和完善防治"小金库"的长效机制。

第三条 中央企业及其各级子企业应当根据国家有关薪酬管理政策和规定,进一步完善内部薪酬管理体系,规范基层单位绩效薪酬(奖金)分配,可采取基层单位制订分配方案、劳资管理部门审核、财务部门依据明细表直接发放至职工个人的方式操作,纪检监察、审计部门应当加强对绩效薪酬(奖金)分配情况的监督,不得单独留存、二次分配或挪作他用。

第四条 中央企业及其各级子企业在合同金额之外取得的项目业主以"赶工费"等名义支付施工单位的各类奖励、补贴,是施工单位工程收入的组成部分。企业应当加强工程建设项目"赶工费"管理,统一纳入施工单位工程收入核算,不得以个人、其他单位名义单独留存或直接用于发放职工奖励、福利等。

第五条 中央企业及其各级子企业开展代扣代缴个人所得税等工作过程中取得的各类手续费收入,应当纳入企业收入统一核算,不得以往来款挂账方式自行列支,或账外存放、单独处理。

第六条 中央企业应当加强改制上市剥离资产管理,建立健全剥离资产管理制度,落实责任部门(管理机构),明确管理责任和授权权限,细化资产管理业务流程,设置剥离资产管理台账,跟踪剥离资产变动及收益状况,确保剥离资产出租、出借、处置、清理及投资等全过程得到有效控制,对所形成的资产收益应当按规定纳入企业法定账簿核算。

第七条 中央企业及其各级子企业应当本着提高效率、勤俭节约的原则,进一步强化各类会议费管理,完善各类会议申请、审批及报销程序,严格控制会议的规模、频次,压缩不必要的会议开支,规范会议报销单据、凭证管理,严禁虚构会议名目预存会议费或挪作他用。

第八条 中央企业及其各级子企业应当加强所属报刊杂志、职工食堂、物业公司等各类辅助经营实体,以及内部设立的协会、学会(分会)等各类社会团体的资产财务管理,规范财务收支核算和报账方式,定期开展资产盘点,不得账外留存任何资金和资产。上述单位代企业收取的各类费用收入均应当纳入企业账簿核算,不得单独留存或直接坐支。

第九条 中央企业应当认真做好各类废旧物资清收处置工作,规范各类材料实物的入库、领用、实际消耗及处置管理,将边角余料、报废资产等废旧物资管理,作为降本增效、增收节支活动的重要举措之一,落实废旧物资鉴定、回收、保管、处置等环节的管理责任,明确相关管理要求,建立大宗废旧物资管理和处置台账,如实记载流转情况。废旧物资处置及综合利用收入应当及时纳入企业法定账簿核算,不得账外留存或直接坐支。

第十条 中央企业应当进一步加强现金和备用金管理,建立健全现金账目,逐笔记载现金收付,做到日清月结、账款相符。对收取现金的业务,应当明确现金入账期限和管理责任,不得以个人名义存放或账外留存;对各类备用金,应当明确管理程序和报账期限,对超期限备用金应当加紧催收,不得谎报用途套取现金。

【简析】

这是一篇关于加强中央企业有关业务管理防治"小金库"的规定。其格式由标题和正文组成,标题采用发挥性公文标题惯用的结构形式,由事由和文种构成;正文部分直接采用条文的形式进行表述,全文分作10条,从第一条开始一以贯之,和谐顺畅,对如何加强中央企业的有关业务管理防治"小金库"问题从不同方面分别作出规定,内容完整全面,表述细致严密。尽管没有明确标出总则、分则、附则部分,但其结构层次却十分鲜明醒目,条理清晰。规定事项也十分具体、明确,含义单一,前后一致。此外,在用语上也很规范、得体,符合此类文种的写作要求。诸如"应该""应当""不应""不该""不得""方可"等词语的使用,显得较为准确、凝练、严密、肯定,界限十分清楚,避免使人产生歧义,充分体现了法规体公文的语言特征。

例文2

关于加强印章管理和使用的规定

为进一步规范我社印章的管理和使用,现根据上级相关文件精神,并结合我社实际制定如下规定:

1. 印章统一由办公室专人负责保管,印章保管人员外出时,由办公室主任指定人员代管。办公室及保管人员必须严格按规定程序范围管好和用好印章,特殊情况需报有关领导批准。

2. 保管印章者要坚持原则,对上不唯命是从,亦不能滥用权力,谋取私利,违章违纪。印章管理应遵守有关保密制度,随用随锁。

3. 凡机构成立，从批准之日起，由上级主管出具证明到指定的刻印社刻制单位全称公章，并印发启用通知，如系机构改称，在启用使用新印章的同时，应将旧印章截角作废。

4. 凡单位撤销，其印章应由被撤销单位填写旧印章卡片连同印章上交主管机关办公室立卷备查或封存；若无保存必要，可由主管机关自行截角作废。

5. 加盖下行公文的印章，部门一般文件由部门负责人签批；部门比较重要的文件，由分管领导签批；全局性重要文件由主要领导签批后盖章。

6. 呈送市委、市政府等上级机关的请示、报告、汇报等公文，须经社主要领导签发后方可盖章。

7. 报送上级主管部门、同级有关部门的公文、信函、报表盖章及基层单位上送、出具的文函、证件、合同、协议等，需加盖本社公章的，由处室分管领导审批签字。

8. 为本社干部出具的一般证明，如户口迁移、领取邮件、身份证明、购买车票等可由印章掌管者给予盖章。

9. 凡出差需开具介绍信的，省内由分管领导签批，省外由主要领导签批。不得在空白介绍信上盖章使用，以防纰漏。

10. 凡基层要求主管机关出具证明的，重要的要经领导签批，一般的可由部门负责人或经办人签批。但不得交来人直接到办公室盖章，以防途中作弊。

11. 除上述明确规定用印外，凡未列入需用印的，属于掌管者职权范围内的小事可自行酌情处理，对超出职权范围的不得轻率处理，应请示后再盖印。

12. 加盖公章的位置要正确。公文用印要印迹清晰，位置端正，印要盖在署名中央，以盖印时能压住年月日为宜；几个单位联合行文的，印迹不可互相重叠；公文用印必须与署名一致。

13. 加盖公章时，掌管者不得把印章交给来人自行用印。

14. 建立印章登记制度，由办公室统一登记，以供查考。

15. 本规定自发文之日起执行。

【简析】

本文使用规定是符合实际的，而且从文中所涉及的内容看，使用这一文种是合适的。前言部分说明了制定该规定的目的，然后分别从十几个方面进行了解释和说明。写这种对某单一事物的管理规定时，主要应就管理这方面的事项中经常出现的问题有哪些，需要履行的手续应该是什么，分别予以列出并提出要求。仔细分析，这篇例文就是如此：第一、二条先提出管理的统一制度和原则,也就是规定了大局;第三、四条是从机关的成立和撤销的角度说明印章管理的最主要问题,放在这里是合适的,因为这是以下各条存在的前提;第五、六、七条是从行文的方向来说明印章使用的要求和程序;第八、九、十条是从印章的对外使用进行管理的角度所提出的要求,这样符合从内到外的原则;第十一条对管理印章者的权力作了弹性的规定;第十二条提出了使用印章的具体要求,与《党政机关公文处理工作条例》中关于印章的使用是一致的。最后两条分别对管理印章者提出了严格要求和应当履行的登记制度,规定的最后一条是执行日期。

23 办法

【适用范围】

办法是国家行政机关或者主管部门对某项具体工作所做的具体实施性的法规文件,是对某一方面的具体工作手续和措施加以条理化和制度化,使有关部门在办理中有所遵循。如《公路车辆通行费收取与管理办法》《保守国家秘密实施办法》《商业银行柜台记账式国债交易管理办法》。它与规定相比,对象范围比较狭窄,条款内容十分具体,是政策性措施的具体化,有的办法就是为了实施某一条例或者规定而制定的。

按办法所涉及内容的不同,可将其分为实施性办法和规定性办法两大类。在发布形式上,内部行文时通常使用"通知"作文件头来颁行,而向社会上直接公布时,则往往采取"法随令出"的形式,以充分体现其行政效力。

【实用范例】

食品安全工作评议考核办法

第一条 为贯彻党中央、国务院关于加强食品安全工作的决策部署,落实食品安全"四个最严"要求,强化地方政府属地管理责任,提高从农田到餐桌全过程监管能力,不断提升全链条食品安全工作水平,保障人民群众身体健康和生命安全,根据《中华人民共和国食品安全法》《中共中央 国务院关于深化改革加强食品安全工作的意见》《中共中央办公厅 国务院办公厅关于印发〈地方党政领导干部食品安全责任制规定〉的通知》等法律法规和文件规定,制定本办法。

第二条　考核工作坚持目标导向、问题导向，坚持客观公正、奖惩分明、推动创新、注重实效的原则，突出工作重点，注重工作过程，强化责任落实。

第三条　考核对象为各省（自治区、直辖市）人民政府和新疆生产建设兵团（以下称各省级人民政府和兵团）。

第四条　考核工作由国务院食品安全委员会统一领导。国务院食品安全委员会办公室（以下简称国务院食品安全办）受国务院食品安全委员会委托，会同国务院食品安全委员会相关成员单位（以下简称相关成员单位）实施考核工作。

国务院食品安全办及相关成员单位根据职责分工，对各省级人民政府和兵团食品安全工作情况进行评价。

第五条　考核内容主要包括食品安全基础工作推进、年度重点工作落实、食品安全状况等，同时设置即时性工作评价和加减分项（考核内容要点见附件）。具体考核指标及分值在年度食品安全工作考核方案及其细则中明确，设置要科学合理，可操作、可评价、可区分，切实减轻基层负担。

第六条　每年1月1日至12月31日为一个考核年度。每年6月30日前，国务院食品安全办组织相关成员单位制定并发布本年度考核细则。

第七条　考核采取以下程序：

（一）日常考核。国务院食品安全办及相关成员单位按照考核方案及其细则，根据工作需要，采取资料审查、线上抽查、明察暗访、调研督导等方式，对各省级人民政府和兵团任务完成情况进行定期评价，形成日常考核结果并在评议考核信息系统中进行填报。国务院食品安全办及相关成员单位对日常考核结果的公平性、公正性、准确性负责。

（二）年中督促。国务院食品安全办确定抽查地区，会同相关成员单位组成工作组，实地督促上年度考核发现问题整改和本年度食品安全重点工作任务落实。

（三）食品安全状况评价。国务院食品安全办及相关成员单位对各省级人民政府和兵团开展食品安全群众满意度测评、抽检监测等，综合相关情况形成地方食品安全状况评价结果。

（四）年终自查。各省级人民政府和兵团按照考核方案及其细则，对本年度食品安全基础工作、重点工作、即时性工作情况进行自评，并在评议考核信息系统中进行填报。各省级人民政府和兵团对自评和相关材料的真实性、准确性负责。

（五）年终评审。国务院食品安全办及相关成员单位按照考核方案及其细则，结合地方自评和日常掌握情况，对相关考核指标进行评审，形成年终评审意见并在评议考核信息系统中进行评价。国务院食品安全办及相关成员单位对相关评审结果的公平性、公正性、准确性负责。

（六）综合评议。国务院食品安全办汇总各省级人民政府和兵团的日常考核结果、食品安全状况评价结果、年终评审意见，会同相关成员单位共同研究加减分项、降级和否决情形，综合评议形成考核结果报国务院食品安全委员会。

（七）结果通报。国务院食品安全委员会审定考核结果后，将考核结果通报各省级人民政府和兵团，抄送相关成员单位。

第八条 考核采取评分法，基准分为 100 分，加分项分值不超过 5 分，即时性工作、减分项分值在当年考核方案及其细则中明确。考核结果分 A、B、C、D 四个等级。得分排在前 10 名且无降级和否决情形的为 A 级，得分排在 10 名以后且无降级和否决情形的为 B 级。

有下列情形之一的，考核等级下调一级，最低降至 C 级：

（一）本行政区域内未能有效建立健全分层分级精准防控、末端发力终端见效工作机制，食品安全属地管理责任落实不到位的；

（二）本行政区域内推进落实企业主体责任不到位，食品生产经营者食品安全总监或安全员配备率较低、未有效建立风险防控机制的；

（三）本行政区域内存在生产经营食品过程中掺杂掺假、使用非食品原料生产食品、在食品中添加食品添加剂以外的化学物质等违法犯罪行为，未按规定有效处置，造成严重不良影响的；

（四）本行政区域内发生违法使用农药兽药导致食用农产品农药兽药残留超标问题，造成严重不良影响的；

（五）本行政区域内发生耕地土壤污染源头防治不力导致食用农产品重金属超标问题，造成严重不良影响的；

（六）本行政区域内发生校园食品安全事件，未按规定有效处置，造成严重不良影响的；

（七）省级人民政府和兵团或其相关部门在食品安全工作评议考核中弄虚作假的；

（八）其他应当下调等级的情形。

有下列情形之一的，考核等级为D级：

（一）对本行政区域内发生的食品安全事故，未及时组织协调有关部门开展有效处置应对，造成严重不良影响或者重大损失的；

（二）本行政区域内发生特别重大食品安全事故，或者连续发生重大食品安全事故的；

（三）省级人民政府和兵团或其相关部门隐瞒、谎报、缓报食品安全事故的；

（四）对本行政区域内涉及多环节的区域性食品安全问题，未及时组织整治，造成严重不良影响或者重大损失的；

（五）其他应当为D级的情形。

第九条　本考核年度考核结果通报之前，次年发生食品安全事件造成不良社会影响的，纳入本考核年度予以减分或降级，不再纳入次年年度考核。

第十条　各省级人民政府和兵团应当在考核结果通报后一个月内，向国务院食品安全委员会作出书面报告，对通报的问题提出整改措施与时限，并抄送国务院食品安全办。

国务院食品安全办根据职责，向相关成员单位通报各省级人民政府和兵团有关整改措施与时限。国务院食品安全办及相关成员单位应当督促各省级人民政府和兵团完成通报问题整改，对考核排名靠后的省份加强指导。

第十一条　考核结果交由干部主管部门作为各省级人民政府和兵团领导班子、领导干部综合考核评价的重要内容，作为干部奖惩和使用、调整的重要参考。评议考核中发现需要问责的问题线索移交纪检监察机关。

第十二条　各省级人民政府和兵团有下列情形之一的，由国务院食品安全委员会予以通报表扬：

（一）考核结果为A级的；

（二）考核排名较上一年度提升较大的；

（三）基础工作推进、重点工作落实、工作创新、食品安全状况等方面成效突出的。

对在食品安全工作中作出突出贡献的单位和个人，按照国家有关规定给予表彰、奖励。

国务院食品安全办及时对地方创新性示范经验做法进行总结推广，并通报相关成员单位。

第十三条　各省级人民政府和兵团有考核结果为D级或考核排名连续三年

列最后3名情形的，由国务院食品安全委员会委托国务院食品安全办会同相关部门约谈省级人民政府和兵团有关负责人，必要时由国务院领导同志约谈省级人民政府和兵团主要负责人。

被约谈的省级人民政府和兵团有关领导干部不得参加有关表彰、年度评奖等。

各省级人民政府和兵团有考核排名退步较大或上年度考核发现问题未整改到位情形的，由国务院食品安全办会同相关部门视情约谈省级人民政府和兵团食品安全办主要负责人。

第十四条　对在食品安全工作评议考核中弄虚作假的，予以通报批评；情节严重的，依规依纪依法追究相关人员责任。

第十五条　各省级人民政府和兵团可参照本办法，结合各自实际情况，依法制定本地区食品安全工作评议考核办法。

第十六条　本办法由国务院食品安全办负责解释，自印发之日起施行。

附件：考核内容要点（略）

【简析】

这篇办法的突出之处在于它的结构安排，全文没有采用章条款分列的结构模式，而是从头至尾由16条内容组成。尽管如此，却也包含了法规、规章类文体的基本构成要素，并且通常适用于内容相对简单的文种。其中第一条至第四条相当于总则部分，分别交代了制定办法的目的、依据、考核工作的原则、考核对象以及考核主体等内容事项；第五条至第十四条相当于分则部分，分别交代了考核工作的内容、程序以及办法等，是全文的重心所在；第十五条和第十六条相当于附则部分，明确了主体部分的未尽事宜，包括各省级人民政府和兵团可参照本办法，结合各自实际情况，依法制定本地区食品安全工作评议考核办法、本办法的解释权和施行日期等。从总体上看，全文内容完整，结构严谨，层次清楚，语言简练，堪称办法写作的典范。

24　开幕词

【适用范围】

开幕词是国家机关、社会团体、企事业单位的领导人在各种大型会议或重要会议开始时，向与会人员宣布会议开始并发表的带有指示性、方向性、指导性的致辞。开幕词的作用表现在，阐明会议主旨及其指导思想，说明会议程序，提出会议注意事项，引导会议围绕既定主题和议程顺利进行。

【实用范例】

××综合事业发展集团20××年工作
总结暨20××年工作部署会议开幕词

尊敬的各位领导、公司各位同仁们：

大家好！

十年树木，百年树人；一树留春，万古长青。今天，我们××综合事业发展集团20××年工作总结暨20××年工作部署会议顺利召开了。

刚刚过去的20××年是××综合事业发展集团极不平凡的一年。在董事长的领导下和各位同仁的大力支持下，公司上下团结一心，拼搏进取，同舟共济，全面赢得抗击新冠疫情的胜利，较好地完成了各项生产指标；通过深化改革、强化管理，壮大了规模，提高了经济效益和管理水平。有全体同仁的辛勤付出，才有公司今天的成就。在此，我代表集团公司党委向各位同仁致以最崇高的敬意和最衷心的感谢！

今天我们欢聚一堂，共同对20××年的工作作一个系统、全面、深入的回顾和总结，同时对20××年工作进行总体部署和安排。开好这次会议，对于我们××综合事业发展集团顺利完成20××年的各项工作任务，实现持续稳定发展具有重大意义。希望到会同仁们认真听取大会工作报告，积极思考；也诚恳期望到场的专家们不吝赐教，把宝贵的经验传给我们，为我们指点迷津，共谋××综合事业发展集团发展大计。

20××年，我们风雨兼程，共同走过；踏过坎坷，创造卓越。20××年，我们同心筑梦，一路芳华，陌上花开，不负韶华。

最后，预祝大会圆满成功！

【简析】

这篇会议开幕词写得非常简短，但是蕴含着比较丰富的信息量。开篇连续使用4个格言警句，并引出会议召开，显得简洁洗练，别开生面，令人耳目一新。接下来对过去一年的工作进行回顾，用语高度概括，毫不拖沓。更加重要的是，把取得成绩归结为集团公司全体员工的共同努力，这就让与会人员深受鼓舞，豪情满怀，从而产生强烈的自豪感和成就感。然后，对未来一年的工作寄予厚望，就显得水到渠成，具有很强的号召力和鼓舞力。本文的结尾，使用了富有号召力的语句，令人信心倍增，产生强烈的表达效果。

与一般的开幕词相比，这篇开幕词只有几百字，但对于会议的胜利召开起到了重要的作用，而且用极其凝练的语言表达了丰富的内容，是一篇值得细细品读的优秀开幕词。

25 闭幕词

【适用范围】

闭幕词是国家机关、社会团体和企事业单位领导人在各种大型会议或重要会议即将结束时，对大会的议程及会议中解决的问题所作的带有评价性、总结性的讲话。它既是对大会基本内容的突出和强调，又是对大会的总结。

【实用范例】

××局××副局长在××杯男子篮球赛上的闭幕词

各位领导、各位来宾，同志们、朋友们：

历时7天的××杯男子篮球赛，在大家的共同努力下，今天就要胜利闭幕了。这次篮球比赛办得隆重、热烈、精彩、圆满、成功，办成了中国××职工体育的盛会，办成了中国××职工团结和友谊的盛会，我代表总局党政领导班子和工会联合会，向赞助比赛的××公司、向承办单位一局，以及所有工作人员表示衷心的感谢！向获得优异成绩的代表队，获得最佳组织奖、精神文明奖的代表队，向获得优秀运动员、教练员称号的同志，表示热烈的祝贺！

此次男子篮球赛，是在各参赛单位平时积极开展职工文体活动基础上的一次全系统的大汇演。参加人数之多、参赛热情之高、举办之成功都可在中国××企业文化史上写下浓重的一笔。比赛期间，各参赛健儿遵守比赛规则，发扬团结协作、拼搏奋进的精神，赛出了水平，赛出了风格，很好地展示了中国××职工良好的精神风貌，显示了中国××队伍稳定、经济发展、事业蒸蒸日上的大好形势。

此时此刻，来自各局院和重点企业的同志们即将分别。大家相聚的时间虽然短暂，但我们的团结和友谊是永恒的，让我们带着美好的记忆和良好的祝愿，期待下一届体育盛会的召开。我们殷切希望全系统各单位进一步重视职工文体生活，进一步重视和关心职工群众的身心健康，以健康向上的文体活动不断促进队伍稳定和经济发展。

让我们共同祝愿中国××文化体育活动更加丰富多彩，祝愿全系统职工群众身体更加健康，生活更加美满，祝愿中国××改革与发展的宏伟目标能够早日实现。

现在我宣布，××杯男子篮球赛胜利闭幕！

谢谢！

【简析】

闭幕词与开幕词密切相关，一为大会收尾，一为大会开篇，首尾呼应，缺一不可，同时又各有侧重、各具特色。这是一则简短的闭幕词，这种结构的写法在许多场合是适用的。

开头部分宣布××杯男子篮球赛胜利闭幕，用简短的语言对这次比赛进行总的评价，以领导人的身份对参赛的单位和人员表示感谢，对取得成绩的队员表示祝贺。这种写法与前面相关例文的开头是一致的；第二段是比较具体而详细地对比赛的过程进行回顾和评价，使听者身临其境，现场感很强；第三段通过比赛后的分离说明友谊的永恒，并对各单位提出希望；第四段及第五段用三个祝愿表达了开展文化体育活动的愿望和决心；最后宣布会议胜利闭幕。

26 会议工作报告

【适用范围】

会议工作报告属于会议话语文书，是国家机关、社会团体、企事业单位领导人或负责人代表本机关、本部门在会议上，针对本系统、本部门、本单位的基本工作，向全体与会人员所作的全面、系统的讲话。

【实用范例】

坚持以人为本强化监管力度
努力创造良好的安全生产环境
——在全区安全生产工作会议上的报告

（2023年×月×日）

同志们：

受区安委会委托，我就全区安全生产工作报告如下：

一、2022年全区安全生产工作基本情况

2022年，我区安全生产工作在区委、区政府的正确领导下，各级、各部门、各单位围绕年初确定的各项工作目标，认真贯彻实施《安全生产法》，深入贯彻落实《国务院关于进一步加强安全生产工作的决定》，坚持以人为本、安全第一的方针，坚持求真务实精神，落实安全生产责任制，深化各项安全专项整治，强化安全生产基础工作，安全生产工作得到进一步加强。具体表现在：

一是高危易发事故行业形势平稳。工矿企业事故死亡人数比上年减少××人。全年没有发生重特大伤亡事故。水上交通、火工品、危险化学品、煤矿、锅容管特等事故易发、多发、高危行业和部门继续保持零事故记录。

二是各乡镇、各行业安全生产状况明显好转。全区除十里铺乡非煤矿山发生×起死亡责任事故外，其余乡镇和行业安全生产总体效果明显得到提高。

三是各项专项整治工作取得明显成效。2022年继续深化实施矿山、烟花爆竹、危险化学品、水上交通、消防、燃气、建筑市场、民爆物品、锅容管特、食品卫生等行业的专项整治，加大安全投入，提高全员安全生产防范意识，逐步建立和完善安全生产有效机制，使整治与提高有机结合，成效斐然。

过去的一年里，全区安全生产工作突出表现在：

（一）强化目标管理，切实健全安全生产责任体系

一是继续完善安全生产工作机制。区乡两级政府和行业主管部门基本建立并完善安全生产工作规则，定期召开安全生产会议，及时研究、部署安全生产工作。各生产经营单位进一步健全岗位责任制和各项安全规章制度，强化安全现场管理，落实安全防范措施。初步形成"政府统一领导，部门依法监管，企

业全面负责,社会监督支持"的安全生产新格局。二是严格实行安全生产目标管理。去年一季度全区安全生产工作会议上,区政府与各乡镇和主管部门共×个单位签订了安全生产目标管理责任书。各乡镇和部门以此为起点,层层签订安全生产责任状,在全区范围内建立起各司其职、各负其责、密切配合、齐抓共管的安全生产责任体系。三是严格执行责任追究制度。按照"四不放过"的原则,严肃查处各类事故,追究有关责任人的责任。2022年×起工亡责任事故,除按规定罚款外,对有关责任者做出拘留、撤职等相应处理。

(二)突出以人为本,狠抓安全生产宣传教育

一是认真组织"安全生产月"宣传教育活动。以"实施安全生产法,人人事事保安全"为主题开展一系列宣传教育活动,成立宣传月活动领导小组,制订宣教实施方案,区、乡镇、各有关部门和安全生产责任单位纷纷组织职工学习安全生产法律法规,张贴宣传标语,悬挂彩旗条幅,并组织安全生产知识竞赛和知识答题。并在全区范围内组织由人大、政府、政协领导现场指导,公安、经贸、教育、建设、林业、工会、海事等部门参加的"安全生产月"宣传咨询日活动,区、乡镇两级在辖区内设立宣传站、咨询台,发放宣传材料、接受群众咨询。二是继续深入开展"安康杯"竞赛活动。两家企业参加全市统一组织的以"十个一"为主题的"安康杯"竞赛活动。三是开展各类从业人员的安全知识培训。水上交通、矿山、特种行业等作业人员进行了一系列的安全培训,同时,区安监局先后派人员参加全省安全培训,取得安全监察员资格。

(三)深化专项整治,提高安全事故防范能力

2022年,我区上下根据省、市的统一部署,继续深化煤矿、非煤矿山、危险化学品、烟花爆竹、水上交通、建筑、食品药品卫生、锅容管特、中小学危房、人员密集场所消防等行业的安全专项整治。我区两家煤矿经过专项整治,再次通过省市安全评估验收;非煤矿山整治,完善了各种软硬件设施,采石行业率先通过全市安全评估;危险化学品专项整治,对全区生产经营企业摸排登记工作已经完成,初步摸清了全区危险化学品生产、经营企业的现状,部分企业通过安全评估和评价。水上交通安全整治,新洲北江码头顺利完工,通过市级验收,已投入试运行。更新改造了宣团寺、跃进、枞南、鸭儿沟、杨井等渡口的船只,培训了从业人员和管理人员,并对全区水上交通隐患情况下文到各有关责任单位,限人、限时整改到位。火工品安全整治,对杨桥民爆站进行迁址,加大平时监管力度和台账管理;人员密集场所消防安全整治,列出全区重大消防安全隐患单位,重点实施全程监控;建筑、锅容管特、中小学危

房、食品药品卫生等行业的整治，在各主管部门的重视下，做了大量细致的工作。通过各类专项整治，各行各业的安全生产状况得到了一个新的改观。

（四）深入检查监察，加大隐患整改督查力度

一是广泛开展自查、抽查和督查相结合的安全生产大检查活动。2022年全区组织综合性安全生产大检查×次，接受市级督查×次。各乡镇和行业主管部门也多次组织开展了各种形式的安全大检查。检查的主要内容是：查安全生产责任制落实情况；查安全生产专项整治进展情况；查重大事故和重大危险源（点）整治、监控情况；查"三违"现象；查各级、各单位安全生产监督管理机构、人员、经费、职责"四落实"情况；查节假日及"两会"等重点时段安全生产值班、领导带班、安全制度执行情况。一大批安全隐患在各类检查中被及时发现、及时消除。二是一些重特大安全隐患整改工作取得突破性进展。被列入市级一项区级十一项重大安全隐患的整改工作，在各级领导、各有关乡镇、部门的高度重视下，已大部完成整改销案。尤其××北江渡口整治，已通过市级验收销案。杨桥民爆站新站通过公安部门验收，已初步投入使用。对在检查中发现的十里林业轮窑厂生产车间存在屋顶倒塌的重大安全隐患，在乡、村两级的重视下，在较短时间内完成整改；老峰明华纸业有限公司由于安全生产管理混乱，导致安全事故多发，通过整治，目前该公司安全生产软硬件建设都有了较大的提高，保障了从业人员的人身安全。红旗、明华纸业锅炉都得到了更新。非煤矿山、危险化学品等高危行业通过不间断的检查督查，"三违"现象大为减少。三是重特大事故防范机制初步建立，区政府年初制订了《××市郊区重特大事故应急救援预案》，对全区范围内的重大安全隐患和重大危险源进行了排查，各乡镇和公安、卫生、建筑、教育、经贸等部门也分别制订了本地区、本行业的重特大安全事故应急救援预案，切实做好重特大安全事故的防范工作。

一年来，通过全区上下的共同努力，我区的安全生产状况总体表现为平稳好转，得到了上级的肯定，被市政府评为××××年度全市安全生产目标管理先进单位。但我们也要清醒地看到，由于安全生产基础比较薄弱，我区安全生产形势依然严峻，具体表现在：

一是工亡事故仍未得到有效控制。虽然死亡人数比××××年减少×人，但事故起数未减少，事故性质和事故责任比较突出。

二是专项整治仍有不足之处。部分行业安全生产专项整治尚未完成或完成不到位。个别安全隐患整改工作久拖不决，留有尾巴。

三是部分乡镇和部门安全生产责任制落实不到位。个别领导安全意识不强。对私营、个体、租赁企业的安全督查力度不够,"要钱不要命"的生产经营行为仍然存在。

四是齐抓共管的局面尚未真正形成。安全生产"严格不起来,落实不下去"的状况仍较突出。部分乡镇和部门对安全生产工作仅仅表现在会议和文件上,没有落到实处。一些事故责任追究存在失之于宽、失之于轻,更有个别领导在发生事故后不是严肃处理事故责任者,而是为当事人说情。

五是安全生产总体投入不足,安全基础较差。企业安全生产欠账较多,从业人员安全意识、素质较低,一些事故隐患整改难以到位,导致安全事故"一触即发"。

六是安全监管力量不足。安全生产执法主体不明确,大多数乡镇和部门均是兼职安全生产管理人员,必需的时间、经费、装备不能落实,严重制约着安全生产监管工作的正常开展。

二、2023年全区安全生产工作意见

2023年安全生产工作指导思想是:以习近平新时代中国特色社会主义思想为指导,全面贯彻党的二十大和二十届二中全会精神,认真贯彻实施《安全生产法》,坚持"安全第一、预防为主"的方针,增强全民安全意识,大力推进安全生产各项工作,落实生产经营单位安全生产主体责任,加强安全生产监督管理;深化专项整治,建立健全安全生产控制指标体系,实施"科技兴安"战略,建立安全生产长效机制,积极采用先进的安全管理方法和安全生产技术,努力实现全区安全生产状况的根本好转。

2023年安全生产主要工作目标:建立完善的安全生产监管体系,加强安全监管机构和队伍建设。实现安全生产形势总体稳定好转。坚决杜绝重特大安全事故,努力减少一般事故,工亡事故力争低于去年。

根据上述指导思想和工作目标,重点做好以下工作:

(一)进一步落实安全生产责任制,建立健全安全生产控制指标体系

认真落实安全生产目标管理。依据《安全生产法》和《国务院关于进一步加强安全生产工作的决定》,全面落实安全生产责任制。要认真贯彻全国和省、市安全生产工作会议精神,进一步强化"安全生产第一责任人"的责任意识,继续组织签订2023年度安全生产责任状,逐层分解,层层落实,建立健全"纵向到底、横向到边"的安全生产责任体系。

逐步建立安全生产考核体系。按照《国务院关于进一步加强安全生产工作

决定》的规定，将逐步建立由事故率、死亡率等指标构成的我区安全生产控制指标体系，并将严格履行以政府安全监管职责、完善监管目标、保障安全投入、强化安全宣传、推进安全长效机制等作为主要考核内容，进行跟踪检查和监督考核，形成具有较强约束力的目标责任考核体系。

依法严格追究事故责任。认真执行《××省安全生产事故调查处理及行政责任追究暂行规定》。凡一次死亡×人以上、一次重伤×人或职业中毒×人以上等安全生产事故必须在事故发生后×分钟逐级上报到各级安监部门。对各类事故要组织事故调查组，严格按照"四不放过"的原则，依法追究有关责任者的行政、经济，直至刑事责任，对发生事故不报或瞒报的，一经查实加重处理。

（二）健全安全生产监督体系，加强安全生产检查督查力度

健全安全生产监督体系。根据《安全生产法》的规定，逐步健全区级综合安全监管机构，使之能够独立履行执法主体资格。切实推进乡镇安全机构建设，保证人员、编制、经费、装备落实到位。

加大安全生产法规和制度建设。国务院年初已颁发《关于进一步加强安全生产工作的决定》和《安全生产许可证条例》，市政府将制定《××市安全生产管理办法》，区、乡镇和各部门各单位也要根据这些法律法规，及时修订完善各项规章制度。同时要建立区、乡镇和部门安全事故应急救援网络和重大危险源数据库，未制订紧急救援预案的要尽快制订。加大救援预案的演练和危险源的监控，增强应对、处置重特大安全事故的能力。

严格安全生产执法检查。2023年全区将重点组织开展安全生产常规检查和专项检查。并做好迎接省市督查的准备。全区性安全大检查至少要组织五次：冬春季"两会"安全检查，"五一"黄金周安全检查；月份"安全生产月"大检查，"十一""元旦"安全大检查等，各乡镇、各部门要结合自身实际，认真开展自查自纠和专项督查活动。检查要注重实效，改进方法，把定期检查、突击检查、专项督查以及自查、互查结合起来，要及时反馈检查结果，及时整改检查中发现的安全隐患。

（三）深化安全专项整治，从源头上消除安全生产事故隐患

明确职责、全面整治。要继续认真贯彻《国务院关于深化安全生产专项整治工作的通知》，今年将继续深化矿山、水上交通、危险化学品、民爆器材、烟花爆竹、人员密集场所、建筑、燃气、旅游、校园等行业的安全专项整治，专项整治工作坚持"一个不变、两个落实、三个延伸"。"一个不变"，就是专

项整治工作的总体格局不变，仍按照"市政府统一领导，县区组织实施，部门指导协调，各方联合行动"的要求开展；"两个落实"，即整治目标和责任的落实；"三个延伸"，就是由阶段性整治向建立长效机制延伸，由控制事故总量向有效防范重特大事故延伸，由常规性措施向硬措施延伸。各专项整治牵头单位要尽快制订方案，并组织实施。

认真排查，严格验收。要深入广泛开展各项专项整治的安全事故隐患排查，对发现的隐患，按照"三定原则"，落实整改责任人、整改措施和整改期限，认真做好企业安全生产状况的评估，对整治查出的不符合安全生产条件的隐患问题，按照"谁主管、谁负责""谁发证、谁负责"的原则，及时采取有效措施进行整改。严格专项整治的阶段性验收工作。对列入区乡以上安全事故隐患和重大危险源，要严格实行动态监控管理。同时要加强专项整治验收后的跟踪复查，防止安全管理反弹滑坡。

（四）深入开展安全生产宣传培训工作，强化全民安全生产意识

加强安全生产的社会化宣传。各级、各部门、各单位要长期将安全生产工作纳入议事日程，要以企业为主要宣传阵地，运用各种宣传形式，开展形式多样、内容丰富的安全生产宣传教育活动，形成"人人讲安全、人人重视安全"的良好氛围。着重开展"全国安全生产月""青年安全示范岗"等宣传教育活动，适时组织开展全区性安全生产研讨，力求在理论和实践中探索出安全管理新经验、新方法。

加大安全生产培训力度。认真贯彻《安全生产许可证条例》，企业负责人和安全生产管理人员必须经过安全培训，方可取得安全生产许可证。特种作业人员和高危行业人员必须经过安全培训，取得资格证书，才能上岗工作。因此，安全教育培训工作是2023年安全生产工作中的一个重点，各级各部门要认真组织广大职工参加各类安全知识培训，提高职工岗位技能和自我保护意识，达到防范事故的目的。

（五）实施"科技兴安"战略，提高安全生产水平

改善安全生产条件。生产经营单位要将安全生产工作真正建立在依靠科技进步和提高劳动者素质的基础上，要舍得在安全科技创新和安全技术改造上下本钱，各级各部门要建立安全科技示范工程，通过示范效应，引导众多企业自觉采用新技术、新设备、新工艺，从而改善安全生产条件，保证企业生产经营的安全运行。

开展企业质量标准化活动。2023年要在各类专项整治的基础上逐步引导

企业开展安全质量标准化活动。推行职业安全健康管理体系认证。安全质量标准化，突出的是"安全第一"的方针，强调安全生产工作的规范化和标准化；强调安全和质量的统一，安全与管理的统一。2023年要推行在矿山开采、危险化学品生产和经营、建筑等高危行业开展职业安全健康管理体系认证工作，从而创新安全管理理念，改进安全管理方式，提高安全管理水平。

（六）加强安全基础工作，提高安全生产监督管理能力

加强部门协调配合。区安委会各成员单位在充分发挥各自安全监管职能的基础上，要畅通信息渠道，加强部门间协调配合，齐心协力，齐抓共管，提高安全综合监管水平和行政执法能力。

建立健全安全信息网络。拟建立基层安全生产信息员、监督员网络，达到及时、准确了解全区安全生产动态，快速处理和防范各类安全事故发生。

建立安全生产风险抵押金制度。为防止一些业主经济能力有限或有意逃避责任，避免"企业发财、政府发丧"的现象发生，今后将依法逐步对危险性较大的企业，收取一定数额的安全生产风险抵押金。

严格安全生产许可证制度。各乡镇各部门要切实认真执行有关规定，严格安全生产市场准入，从源头上防止和减少安全生产事故。

构建安全生产"六个支撑体系"。健全完善安全生产监管体系和应急救援机制，是做好安全生产工作的体制保障和技术支撑。根据全国安全生产会议要求，在强调安全生产监督管理的基础上，加快构建安全生产监管机构、法律、信息、技术、宣教、培训等支撑体系。

同志们，在新的一年里，新的形势给安全生产工作提出了新要求和新任务，也给我们增强了动力，让我们在区委、区政府的领导下，抓住时机、乘势而上，以新的精神面貌迎接新的挑战，以务真求实的作风做好2023年的安全生产工作，努力构造我区安全生产工作新格局，为我区经济持续稳定发展作出新贡献。

【简析】

从文体角度讲，本文是一篇带有总结性质的大会工作报告，既对全区2022年度的安全生产工作进行了全面总结，又对2023年的工作进行了安排和部署。作为一种重要的事务性文书，这篇大会工作报告为我们提供了很好的典范，突出体现在如下三点：

一是脉络清晰，主旨明确。全文紧紧围绕"安全生产工作"这一中心主旨，分为两大部分进行阐述：一是2022年全区安全生产工作的基本情况；二

是2023年全区安全生产工作的意见。对于2022年全区安全生产工作的基本情况，全文从四个方面进行总结，既有对此项活动开展情况的回顾和评价，又有对取得成绩和经验的提炼和升华，还有对存在问题和不足之处的归纳和概括，内在层次布局十分清晰，逻辑结构非常紧密，给人以严谨顺畅、前后贯通之感。

二是撮要标目，重点突出。全文开篇仅用一句"受区安委会委托，我就全区安全生产工作报告如下"，直截了当，毫无冗词赘句，给人以洗练明快之感；在具体行文过程中，这篇报告很注重对撮要技法的运用，例如，第一部分对全区"安全生产工作得到进一步加强"的具体表现，列有三个段旨句；对存在问题的阐述，列有六个段旨句；对全区安全生产工作的突出表现，列有四个段旨句；特别是对2023年安全生产工作所做出的六项安排意见，在每项内容之下均采用了段旨句的形式进行表述，表意十分明确突出，精练扼要，便于理解和把握。

三是用语精当，妥帖得体。在语言运用上，本文也堪称典范。文中十分注重对各种四字格甚至六字格词组的运用，使行文简洁凝练，富有表达效果。例如，"在全区范围内建立起各司其职、各负其责、密切配合、齐抓共管的安全生产责任体系""明确职责、全面整治""认真排查，严格验收"等四字格；"初步形成'政府统一领导，部门依法监管，企业全面负责，社会监督支持'的安全生产新格局"等六字格，使行文显得极为典雅凝练，概括性和表现力十分突出，而且读起来铿锵有力，富有节奏感。

需要明确的是，大会工作报告不同于法定公文中的报告，因为二者的行文目的不同，写法模式不同，适用场合也不同。

27 调查报告

【适用范围】

调查报告是对某种情况、某项经验、某个问题或某一事件进行有目的、有系统的调查，将调查获得的材料进行深入细致的分析研究之后，所写出的反映客观实际、揭示事物本质与发展规律的书面报告。调查是报告的基础和依据，报告是调查结果的反映，而深入细致的分析研究是写好调查报告的关键。

【实用范例】

(1) 典型经验的调查报告

风筝都的崛起
——潍坊市全面贯彻党的基本路线的经验调查

中共中央办公厅调研室

党的十一届三中全会以来,一向不起眼的潍坊市迅速崛起。1989年,该市跻身于全国国民生产总值超百亿元的25个城市之列,排行第17位,去年又以10%的速度继续增长。今年初,全国农村工作会议在山东济南召开,安排参观的16个点有12个在潍坊。人们赞叹这里"发展快、变化大、经验实"。

潍坊市崛起的奥妙何在?

抓住经济建设这个中心,就能广泛赢得人心

潍坊市地处山东半岛中部,辖7县3区2市。860多万人,其中农业人口765万。解放30年,潍坊市有发展、有变化,但人民的温饱问题尚未根本解决。要充分发挥社会主义制度的优越性,就必须全面贯彻执行党的基本路线,千方百计地把经济搞上去,这是共产党员的党性在现阶段的集中体现。牢牢抓住这个中心,就能凝聚民心。全党工作重点转移后,潍坊市始终抓住经济工作不放松。

上面千条线,下面一针串……

潍坊市在抓经济工作中,不仅有明确的发展战略和指导方针,而且一以贯之,坚持始终……

市县两级的党委、人大、政府、政协、纪委领导班子,对发展经济,拧成一股绳,共唱一台戏……

为增强经济发展后劲,潍坊市委、市政府对基础建设十分重视……

生产力发展出题目,深化改革做文章

潍坊市的改革开放有一股后来居上的气势。其基本经验是:"生产力发展出题目,深化改革做文章,生产力发展中遇到什么挡头就改什么。"

80年代,潍坊市农村改革迈出的四大步,就是按照生产力发展的要求而逐步展开的……

坚持稳中求变,鼓励大胆探索,是潍坊经济既充满旺盛活力,又活而不乱的一个重要原因……

在潍坊市各显神通的城乡改革中,诸城市的贸工农一体化独树一帜……

在扩大对外开放方面,潍坊市更是独具匠心……

经济要腾飞,关键在科技

如果说改革开放给潍坊经济的发展开辟了广阔的道路,那么,科学技术的广泛应用则给潍坊经济的腾飞插上了强劲的翅膀。

在依靠科学技术方面,潍坊市有三个鲜明的特点……

科学技术之所以能够比较迅速地增长潍坊经济,收到巨大成效,首先是有一套完整的科学技术管理、推广应用、人员培训、资金投入和政策保障体系……

潍坊市十分重视提高广大干部和群众的科技素质……

政治优势发挥好了,就有估不透的力量

这10多年来,潍坊市的改革和建设,之所以取得巨大成就,根本原因在于,他们十分重视加强和改善党的领导,始终抓住思想教育这个中心环节,不断坚定干部群众走建设有中国特色的社会主义道路的信心。用他们的话说:"政治优势发挥好了,就有估不透的力量。"

潍坊市委认为,加强党的领导,首要的问题就是要……

潍坊市委对以党支部为核心的基层组织始终不放松……

加强思想教育,坚定精神支柱,是潍坊市发挥政治优势的重要一环……

表彰先进,树立榜样,是潍坊市发挥政治优势的一项重要措施……

【简析】

这是一篇介绍先进典型经验的调查报告,写得很有特色。标题采用正副标题模式,十分鲜明醒目,引人入胜,形象地反映出了"风筝都"——潍坊市在党的十一届三中全会以后城乡经济迅速发展的状态。这种正副标题结构模式是调查报告标题的拟制最常用、最典型的模式。文章的开头部分,是基本的情况概述,用简明扼要的文字,对潍坊市的经济增长速度及其在全国城市中的排位情况作出交代,先给读者一个总体认识,紧接着用一设问句"潍坊市崛起的奥妙何在?"引人深思,并进而产生一种急欲一读方解疑窦的强烈愿望,收到了很好的表达效果。调查报告的主体部分,采用分列小标题形式,总共设有"抓住经济建设这个中心,就能广泛赢得人心""生产力发展出题目,深化改革作文章""经济要腾飞,关键在科技""政治优势发挥好了,就有估不透的力量"

四个小标题，分别从不同侧面、不同角度对潍坊市加快经济发展的做法和经验作出高度的概括与综合。这四个方面内容之间具有严密的逻辑关系，经济建设—生产力发展—科技应用—政治优势，构成一个完整的有机整体，正是通过这四个方面内容的阐述，使得潍坊市这个先进典型在读者头脑中清晰地确立起来。同时，在围绕四个小标题展开论述过程中，注意运用一系列数字和百分比，进一步增强了行文的说服力。要写好调查报告，必须在这方面下功夫，而要做到这一点，又必须以深入细致、扎实有效的调查研究活动为前提。值得注意的是，这篇调查报告在表述手法上充分采用了夹叙夹议的方式，在介绍每一做法和经验时，先是一段议论性文字，随即在撮要句的提领下转入具体的叙述，运用这种写法可使行文给人留下深刻印象，事实清楚、条理分明，表达效果颇佳。此外，这篇调查报告在主体部分写完后，行文即告结束，没有专门的结尾，使行文干净利落，意尽言止，也很值得借鉴。

(2) 社会问题的调查报告

办好一件事关农民健康的实事
——武安市建立农村环境卫生清洁长效机制的调研报告

"污水靠蒸发，垃圾靠风刮"，这曾经是武安市，也是目前我省大多数农村的环境写照。由于没有建设排污管网，没有垃圾存放池、填埋场，农村日益增多的垃圾无法处理。

农村环境问题事关农民身体健康。今年以来，武安市按每村平均1万元的标准，每年为全市502个村安排资金502万元，建立专业卫生清洁队，建设垃圾集中堆放池和垃圾填埋场，农村环境卫生清洁的长效机制正在逐步完善。

财政"埋单"
村村设专职清洁员

12月4日下午，记者来到武安市午汲镇格村，刚走进村口，就看到身穿橘色环卫服装的清洁员正在清扫街道。宽敞整洁的道路和城市的小街巷毫无两样。村党支部书记李刘用告诉记者，这些清洁员就是本村村民，服装是村里专门为这些清洁员配备的。

格村是武安市城郊较大的一个村落，全村3100多人。今年，他们利用武安市财政提供的农村环境卫生专项资金，又从村集体经济收入中拿出一部分，建起了卫生清洁队、清运队，每天两次清扫街道垃圾，定时将垃圾拉到填埋场。村民高兴地说："以前过年的时候才集中打扫一回街道，还扫不彻底，现在每天都干干净净的，比过年还好哩！"

同行的武安市农工委书记王来斌告诉记者，从今年开始，市财政按平均每个村1万元的标准设立的农村环境卫生专项资金，按季度拨给乡镇。各乡镇根据辖区各村的人口数量、面积大小、村集体经济实力等情况，统筹分配到村，主要用于支付农村环境卫生劳务费用。

整治农村环境由财政"埋单"，这一政策对武安农民来说，还是头一次。而对于如何保证专项资金专款专用、"阳光操作"，武安市建立了一整套监督机制。

"一方面，我们要求各乡（镇）、村把资金使用情况作为政务公开、村务公开的重要内容，按季度公开明细，接受群众监督；另一方面，市纪检监察、财政、审计部门，每季度都会对全市1/3以上的乡村进行一次专项审计监督。"王来斌说。

在格村村委会外墙上，记者看到，今年第三季度村委会各项开支明细情况上了公开栏。李刘用还给记者拿出他们和清洁员签订的"卫生清扫协议"，工资发放标准、职责义务、奖惩措施等情况一目了然。"这些都是日后接受审计监督而必须要留存的材料。"

王来斌表示，各村经济实力不同，规模大小不一样，因此，专项资金发放不搞一刀切。午汲镇、石洞乡经过征求农村干部群众意见，按照"大村多给、小村少给，穷村多给、富村少给"的原则，对专项资金进行了分配，并和各村签订了责任状。贺进镇按一般村每150人、居住较集中的村每200人配备1名清洁员的标准，组建了专职清洁队伍，专项资金按清洁员的数量分配到村。从各乡镇对专项资金的分配使用情况看，基本做到了科学合理。

创新思路
耕牛住进集体宿舍

从某种意义上说，把文明的生活方式、管理方式移植到农村，比给钱给物更重要。武安市参照城市环境卫生管理方式，按照定人、定点、定时的"三定"原则，指导每个村组建一支卫生清洁队，建设一批垃圾堆放池，自建或与邻村联合建设一个垃圾填埋场，做到垃圾定时清扫、定点倾倒、集中填埋、日产日清。

在武安开展农村环境整治过程中，出现了一些新问题，各乡镇基层积极应对，摸索出一系列切合农村实际的解决办法。

武安农村的一些农户养着耕牛，夏天牛比较怕热，拴在空气流通不好的棚里容易生病，一些农户便习惯把牛拴在街上的阴凉处。养牛的农户方便了自己，却让牛粪污染了街道环境。

为此，格村创新思路，为养牛的农户专门设置了牲畜集中圈养棚。在格村东南西北四个方向的出口，记者看到有村委会为农户设置的牲畜集中圈养棚，养牛户白天把牛牵过来，晚上再牵回去，很方便。该村还制定了家禽、牲畜的圈养制度，安排人员定期清理牲畜集中拴养点的粪便用于积肥，有效解决了禽畜粪便污染街道问题。

以往，农村环境缺乏整治，塑料垃圾满天飞，有的还挂在树梢上，取下来颇费工夫。午汲镇南白石村党支部书记李为刚说："调动起农民美化家园的积极性，必要时也要用些'物质刺激'。"为此，由村集体出资回收塑料袋，每公斤兑换两袋洗衣粉，塑料垃圾很快就被村民"扫荡"一空。

平均每村1万元的专项资金，如果分配到每个清洁员身上，是每年1500元至3600元不等的一笔收入。这笔收入不多，但对于某些特殊的人群来说，却能够起到雪中送炭的效果。武安市各村在清洁员的选用上，坚持优先招用有劳动能力的困难户，优先选择责任心强、身体健康的老党员。

在武安西土山乡西马庄村有一对贫困夫妇，上有年迈的母亲卧病在床，常年吃药打针，下有刚满5岁的儿子，而且丈夫又患病在身，不能干重活，生活十分困难。今年，村里安排夫妻俩当上了清洁员，每月增加收入近400元，还不耽误做农活和简单务工。夫妻俩现在干劲特别大，每天早晨，他们早早地就把卫生区打扫得干干净净，被当地村民称为"夫妻清洁员"。

综合整治
从源头上减少垃圾"产量"

据统计，在全市2600多名专职卫生清洁员中，近60%是家庭较为困难的村民，一半以上是老人和妇女，他们通过自己每天3至4小时的辛勤劳动，缓解了生活困难，同时也赢得了村民的尊重。

"经过一段时间的整治，我们发现，农村最主要的垃圾源是生活煤渣，占到农村垃圾总量的70%至80%。"王来斌给记者算了一笔账，一个人口1500人的中等村，春、夏、秋三季每天产生的废煤球就有2000多块，每天清运一次需要两辆三轮车，而冬季几乎是其他季节的两倍。如果这一问题能够解决，将大大降低农村垃圾清扫、清运成本。

为此，武安市将农村环境卫生工作与实施生态家园富民工程相结合，推广沼气、秸秆气等清洁能源的使用，发展循环农业，通过财政补贴、技术服务等方式，引导农民大力发展沼气建设。

"我已经3年没有买过煤球了。"谈到沼气给生活带来的变化，武安市贺进镇水沟村的王海山一脸笑容。自从他家建了沼气池以来，做饭就没有烧过煤，算下来，王海山家一冬天至少能省300多元的买煤费用。"最重要的是生活垃圾也减少了很多。"一旁的水沟村村党支部书记王增书插话说，他们全村30%的农户都用上了沼气。

据统计，目前，武安市已建成庭院沼气池2万多个，大型沼气池、秸秆气化站11个，2.8万农户用上了清洁能源，垃圾"产量"随之大大减少。

武安市委书记王俊祥认为，有"堵"更要有"疏"，整治农村环境不仅要靠各种制度约束农民保持环境卫生，更要靠政府部门创新工作思路，为农村提供保持环境卫生的配套服务，引导农民尽快改变不良的卫生习惯。

"接下来，我们不仅要加快沼气等清洁能源的推广，还要把农村环境卫生工作与加强农村配套基础设施建设结合起来，进一步推进农村街道硬化'户户通'工程。"王俊祥说。

从武安整治农村环境的实践看，农村已硬化街道一般都比较整洁，容易清扫，而没有硬化的街道比较脏、乱，即使每天清扫也是在刮地皮，一层层扫土。为此，武安市决定每年安排3000元新农村建设专项资金，重点用于村容村貌基础设施建设。

王俊祥表示，目前，武安市已经实现了道路硬化"村村通"，80多个村的村内街巷全部实现硬化，但还没有完全实现硬化道路"户户通"。接下来，该市将加快硬化道路"户户通"建设，与排水设施建设配套实施，有效解决农村污水乱流问题。

【简析】

这篇调研报告写得很有特色，从标题到段旨的拟制以及层次组合上，都很严整规范。全文标题使用了正副标题的结构形式，用"办好一件事关农民健康的实事"作主标题，概括出了全文的核心内容；副标题"武安市建立农村环境卫生清洁长效机制的调研报告"则作了进一步解释、补充，二者相得益彰。正文部分共分三大层次，一是财政"埋单"，村村设专职清洁员；二是创新思路，耕牛住进集体宿舍；三是综合整治，从源头上减少垃圾"产量"。从中读者可以清晰地看到武安市在整治农村环境方面所推出的"新招",即使不看具体内容,仅就这3个分标题来看,就能使人一目了然。

28 述职报告

【适用范围】

述职报告是指党政机关、社会团体、企事业单位的领导干部,向所属的干部、群众以及单位人事、组织部门或主管领导、上级领导机关汇报自己在一定时期内履行职责情况的书面报告。

【实用范例】

2022年抓基层党建工作述职报告

2022年即将过去,现就一年来履行基层党建工作责任情况报告如下:

一、履职情况

(一)抓学习,提素质,深化理论武装强思想。认真贯彻落实关于加强党的政治建设的意见,建立政治理论"学习日"机制,带领班子成员集中学习,谈认识,找差距,理思路。教育引导党员干部自觉把政治标准和政治要求内化于心,外化于行。

(二)抓载体,促提升,健全组织系统筑堡垒。聚焦省委部署安排,细化重点任务指标,实行"三级工程",动态储备村级后备力量,积极发展农牧民党员,为社区增加工作者,保障基层党建工作;开展整乡推进、整县提升示范创建活动,健全两新工委规范运行机制,分类培育示范点,常态化落实"三个"帮带机制,使软弱涣散基层党组织晋位升级。

(三)抓责任,强担当,发挥组织优势聚合力。圆满完成县乡村三级换届,选派得力人员驻村工作,基层党组织履行属地责任,党员干部冲锋在前,广泛开展主题党日活动,组织群众,发动群众,稳步推进乡村振兴顺利发展。

(四)抓班子,带队伍,推进从严治党转作风。全面落实党的建设总要求,研究制定县委及班子成员落实全面从严治党责任清单,带头落实第一责任人职责,紧盯"关键人""关键处""关键村",严查不落实的人和事,形成了驰而不息抓作风的强大震慑。持续开展基层减负专项行动,规范发文程序,压缩会议数量，基层干部干事创业、为民服务的时间和精力更加聚焦。

二、存在问题及原因

一是研究谋划不够到位。对基层党建工作的规律性思考不够充分，督促指导、评估问效的力度还不够大。有的基层党组织党建工作不全面，前瞻性不强。二是统筹推进不够有效。基层党建点线面的拓展延伸不够深入，抓示范、抓典型引领方面下的功夫少。三是制度执行不够有力。有的党员领导干部落实双重组织生活制度不够严格，有的基层党组织"三会一课"制度简单化、一般化。

三、2023年工作打算

一是把准政治方向。始终把政治建设放在首位，确保各项工作沿着正确的方向前进。二是持续用力夯基础。坚持问题导向和结果导向，加大党建研究和基层调研力度，分类制定改进措施。三是驰而不息转作风。持续推动全面从严治党向纵深发展，用好问责剑，以优良作风保障党的建设总要求落地生根。

【简析】

本文是一篇专题性述职报告。从总体上看，行文内容完整，简洁凝练，概括性强。开头部分落笔入题，毫无冗词赘句；第一大部分"履职情况"是全文的重心，要着力下功夫写实写透。特别是要把工作中的主要做法采用撮要的表达方式加以提炼，从不同的角度、不同的侧面加以阐述。从本文来看，几个小标题"抓学习，提素质，深化理论武装强思想""抓载体，促提升，健全组织系统筑堡垒""抓责任，强担当，发挥组织优势聚合力""抓班子，带队伍，推进从严治党转作风"表述非常准确规整，匀称和谐，给人以耳目一新之感。对于存在问题的表述也很概括，合乎要求；对下一步工作的打算也写得简明扼要，可信可行。

29 组织鉴定

【适用范围】

组织鉴定是组织对个人在一定时期内的工作、学习以及政治思想等方面的实际表现进行鉴别和评定后所写成的书面材料。它是机关、团体、企事业单位的组织人事部门经常制作的一种文书，其作用在于能够较为全面地反映出被鉴定人的历史面貌，客观、真实地体现出被鉴定人的人生价值，是组织人事部门考察、选拔和使用干部的基本依据和凭证。同时，它又提供和积累了被鉴定人的人事资料，是建立人事档案的重要内容。

【实用范例】

<h3 style="text-align:center">关于郑××同志的鉴定材料</h3>

郑××，男，生于1982年8月4日，汉族，大学文化，安徽六安人，中共预备党员，2004年参加工作，现任××科科长。

该同志拥护中国共产党的领导，政治立场坚定，认真贯彻执行党的路线方针政策，不断加强对习近平新时代中国特色社会主义思想的学习，具有较高的政策理论水平和较高的思想政治修养，思想素质好。为人正直，平易近人，团结同志。能坚持党性原则，树立正确的人生观、价值观，能够按国家公务员的道德规范严格要求自己，忠于职守，廉洁奉公，遵守职业道德和社会公德。

该同志对工作勤勤恳恳，兢兢业业，勇挑重担，埋头苦干，任劳任怨。在工作中能充分发挥主观能动性，创造性地开展工作。在平凡的工作岗位上取得了较好的成绩。2014年受市政府记功嘉奖，2015年被评为市局先进工作者，2015年、2016年连续两年被评为市局优秀共产党员。

该同志的不足之处：有时对工作有急躁情绪。

中共××市教育局委员会人事处
20××年6月26日

【简析】

这篇组织鉴定写得较为规范。标题采用"事由"加"文种"的结构形式，反映出了被鉴定的对象及文书种类；正文部分首先用一个自然段介绍了被鉴定者的基本身份情况，给人以总体了解；然后分别从政治表现、工作作风、业务能力、主要成绩等几个方面进行表述，并指出其存在的不足之处。这样，就显得内容完整、详略适度。在用语上也较为简练得体，没有溢美虚夸之词，而这正是组织鉴定的写作最值得注意的问题。

30 考察材料

【适用范围】

考察材料是人事组织部门对干部或领导班子进行考察、评估后将考察情况以书面形式写成的汇报材料。它是组织对干部或领导班子的书面鉴定，为上级组织部门使用干部提供决策依据。考察材料按考察的内容可分为干部个人考察材料和领导班子考察材料两类。

考察材料不同于组织鉴定。从实际使用情况来看，组织鉴定的使用频率较高，而且一般采用公开的评议方法，其鉴定意见往往要与本人见面，侧重于定性分析；而考察材料一般是在遇有干部选拔任用等较为重要的情况时才使用，而且多数不与本人见面，往往采用定性和定量分析相结合的方法，以使材料更具有科学性。

【实用范例】

关于张××同志任××镇农技站站长5年工作情况的考核材料

××××年×月×日至×月×日，我们根据区委常委办公会议决议精神，对张××同志任镇农技站站长5年来的工作情况，进行了实地考核。在××镇，我们先后找了镇政府的5位同志和镇农技站的3位同志对张××同志5年来的工作情况，进行了个别访问和座谈，并查阅了有关文书档案资料。现将考核的基本情况综述如下：

××××年×月×日，张××从省农业大学农学系毕业，分配到××镇任农技站技术员。××××年×月，镇长××聘张××为农技站站长。任职5年来，该同志拥护党的路线、方针、政策，积极参加科学实验，推广应用水稻高产新技术，使该镇水稻单产提高8%，平均亩产达到880斤。去年该同志被授予区农业劳动模范称号。

该同志的主要政绩是：

1. 心在农村工作。张××同志家住××市。同他一起分到该镇的其他6名同志，已先后要求调到城市工作了。张××同志考虑到该镇缺少农业技术人员，水稻生产技术一直处于落后状态。为提高水稻单产，帮助农民掌握新技术，他决心在山区安营扎寨，并把爱人和岳母从市区接到该镇定居。

2. 针对该镇土地和水利资源实际，把所学知识和农业生产实际结合起来。经过两年实验，推广了新品种种植技术，提高了单产产值。××镇水稻生产产量一直徘徊不前。张××同志跑了5个县，又多次走访他曾学习过的农业大学，请教专家、教授。经过两年的实验，引进了适合该镇自然条件生长的××

9号水稻品种，使单产提高8%，亩产平均达到880斤，总产突破××万斤，使该镇水稻生产上了一个新台阶。

3. 艰苦朴素，联系群众。

4. 勇于改革，勇于实践。

5. 忘我工作，克服困难。

6. 刻苦钻研，勇于进取。

7. 善于总结，不断前进。

主要缺点是：

××××年×月，张××同志因××村上报的粮食产量数字不准确，而与副镇长××发生了争执，至今矛盾仍未得到解决。几位同志反映，张××同志当时态度生硬，讲粗话，揭对方的短。张××同志应负一定的责任。

通过了解，我们认为，张××同志任××镇农技站站长5年，工作是有成绩的。他在实际工作中，积累了比较丰富的领导农技工作的经验，有一定的组织和管理才能。××区长建议将张××同志提任为区农业局局长，从考核结果来看，他是可以胜任的。

我们建议本届区人民代表大会讨论这一任命提议。

××区委组织部

××区人事局

××区农业局　联合考核小组

××镇党委

××××年×月×日

【简析】

这篇考察材料的标题，也是采用了"事由"加"文种"的结构形式，但较之上文组织鉴定的标题更显得完善，反映出了被考察的对象、考察的内容时限及文书种类；正文部分首先用一个自然段介绍了考察的基本情况，包括有关的背景、依据，考察的方式方法等，随后用过渡句"现将考核的基本情况综述如下："引出下文。在简要介绍被考察对象的基本身份情况之后，文中分七个方面叙写了其主要政绩，同时也实事求是地指出了其所存在的缺点。在此基础上，文中最后提出了考察的意见，显得水到渠成，令人信服。

31　典型材料

【适用范围】

典型材料是如实记载和反映工作、生产和学习过程中涌现出来的先进单位、先进人物的优秀事迹的书面文字材料。其作用在于弘扬先进，树立典型，使广大干部群众有所效仿，见贤思齐，从而尽心竭力地做好本职工作。

典型材料作为一种常用的事务文书，具有这样三个方面的特点：一是真实性。这是典型材料的生命所在，写入文中的事实必须真实可信，包括有关情节、细节、人物语言等，必须确凿无误，不能掺杂任何虚构或藻饰的成分。二是充实性。即指所用材料要充实，要用具体的、典型的、有充分说服力的材料来显示出先进单位或先进人物"这一个"的特性，让人感到血肉丰满，富有表现力。三是典型性。是指对有关材料的运用，必须做到既能真实地反映单位或个人的特点即个性，又要能够达到高度概括即共性。个性特征愈鲜明、生动，所揭示问题的本质愈深刻；个性与共性愈统一，典型性就愈高。材料不在大小，关键在于能否反映出单位或个人的特征，并能提出人们所普遍关心的问题。

【实用范例】

彰显当代青年教师的卓越风范

园丁平凡，却是大美的播种者；船帆普通，却是航程的指引者。埋头奉献，润物无声，乘风破浪，指点迷津。他以崇高的信念和严谨的治学，彰显了当代青年教师的卓越风范。他就是全省优秀教师、高校师德先进个人测通学院刘卓夫老师。

——题记

从2004年第一次登上讲台起，十年时光转瞬即逝，刘卓夫作为教育的辛勤耕耘者，凭着对教育事业的一片忠诚，凭着对莘莘学子的谆谆教导，描绘出一幅壮丽的教学蓝图。

只有不断改进教学方法，努力提高教学水平，才不辜负教师这神圣的称号，这是刘卓夫教学的信仰；只有倾情付出，对待教学工作锲而不舍，才不辜负学生们的深深期待,这是刘卓夫的教书理念。一次次教学大赛,一座座奖杯,使他深刻认识到,奖杯上虽然刻有他的名字,但这份荣誉属于他深爱的这所学校,属于团队中那些不辞辛苦、默默奉献的每一个人。

艰难困苦,玉汝于成

2012年,经过层层选拔,他有幸代表学校参加了在天津大学举办的首届全国高校青年教师教学基本功大赛。但是天有不测风云,当他正在全力准备比赛的时候,他的父亲突然辞世。校工会和学院的领导得知消息后,帮他安排料理丧事,让他全身心地投入比赛中。领导们的关爱让他从悲痛中解脱出来,也给予了他极大的精神鼓励。他在心中默默感恩的同时,也坚定要用自己的全心努力,回报关爱他的领导和学校的决心。

在历时5个多月的备赛过程中,在学校相关部门密切配合协调组织下,来自不同院系、不同专业的年轻人汇聚到一起,组成了备赛团队。队员们都默默地承受了所有青年教师都面临的来自家庭、工作和继续深造的种种压力。忘不了年迈体弱的父母为了他们能够顺利比赛替他们照顾年幼的子女;忘不了刚刚安顿好生病的孩子,又要调整状态上台演练的苦楚;忘不了多少个彻夜不眠,多少次挑灯夜战;忘不了各级领导在假期为他们动员鼓劲,激发创作灵感;忘不了指导教师谆谆教诲,悉心指导;忘不了赛前校领导亲临现场,帮他们调整状态。虽然最终只有他一个人去参加比赛,但是团队的其他老师将自己积累的教学经验无私分享给他,艺术学院的多位师生放弃了自己的休息时间,对多媒体课件进行了艺术加工。正是这些无私的付出,使他能够有幸走上了全国比赛的领奖台。

为人师表,倾情奉献

刘卓夫还记得第一次登台讲课时,由于过分紧张,一节课下来,汗水浸透衬衫的尴尬;更难忘留学回国后,再次走上讲台时,一声久违的"老师好",让他感慨万千。作为一名青年教师,他也曾有过面对职称晋升时的迷茫,也曾有过收入微薄、入不敷出时的困窘。但当身在异地他乡,毕业的学生风尘仆仆地前来接站,教师节收到学生签名的贺卡或发来的短信时,那份满足和欣慰,使他更加坚定了做一名教师的信念。他认为,如果把每次讲课都当成比赛来准备,将学生当成评委,那么学生的反馈,则是改进和提高的源泉。比如,针对Fourier Transform难于理解,一方面,他从高中的三角函数入手进行讲解,进而推广到基底的概念,为研究生阶段的视频分析做好铺垫,并激发了学生的求知欲望;另一方面,他从理论的历史沿袭讲起:Fourier Transform 提出之时,不被当时的学术权威 Lagrange 所接受，但 Joseph Fourier 却能坦然对待，坚持真理，从而鼓励学生要勇于面对挑战和困难。再比如，在讲授混叠现象时，他指出事物具有两面性，一方面，要设计抗混叠滤波器，抑制干扰；另外，通过多媒体课件，展示美国麻省理工学院著名的 Multimedia Laboratory，反其道而行之，将混叠应用于艺术摄影等方面的实例，从而激发学生的创新意识。

难忘恩师，感恩前行

之所以说教师是"阳光下最神圣的职业"，是因为，每个人都是在先师的教诲下，选择了"人类灵魂工程师"这份职业的。曾经指导刘卓夫的两位先生，不仅学识渊博、治学严谨，还在生活上给予了他不尽的关怀。在刘卓夫国外求学期间，为了不影响他休息，先生每次跟他通话时，总是精心地计算时差。当人生迷茫时，先生的一句"不论何时何地，我都支持你"，让电话一端，远隔重洋的他，泣不成声！当系统联调时，先生身先士卒，飞溅的高压机油弄脏了雪白的衣衫，先生却淡然一笑说"你们没事就好"……先生言传身教，用自己的成长经历教诲了他为人和做学问的真谛。所以他在教学的过程中，也是一直怀着一颗感恩的心，不断前行。

心怀着对前辈关爱的感激，在他成为大一新生班主任的时候，十分注重与学生的沟通和联系，主动关心学生的学习和生活。采取设立班级 QQ 群，建立学生信息卡等方式，将亲和力和感染力融入班主任工作的方方面面。针对部分大一新生初次远离父母，异地求学的情况，在学生生日的时候，组织全班同学为其庆祝。结合新时代大学生的特点，采取主题班会的形式，帮助学生分析和了解所学课程与未来就业的彼此关联，邀请优秀毕业生为全班作讲座，介绍学习方法，树立学习典范，培养了良好的班风和学风。所带测控 10—4 班中，多人次获得国家和校级奖学金，在全国电子大赛、数学建模联赛等国家级、省级学科竞赛中获得优异成绩，被评为校优秀班级。

知行统一，博厚悠远。他觉得，作为一名高校教师，还有什么能够超越每一次站在三尺讲台上的光荣与梦想？又有什么能胜过老师与学生共同成长的那种喜悦与自豪？在教学、科研的双重使命面前，教师的身份让他既要真心对待科研，更要用良心投入教学。他相信，每一个拥有一方讲台、面对一群求知若渴学子的教师，只要用心，都能在教研相长中做得更好，也会在日常教学之路上收获更多。

他虽然没有惊天动地的事业，但有壮丽的人生，他用小小粉笔书写梦想，他言传身教续写教育篇章。在教育事业中，他找到了属于自己的快乐，为学生奉献的快乐。难忘三尺讲台，难忘四季风雨，他将继续前行的脚步，为教育事业贡献自己的一份力量！

【简析】

这篇典型材料写得很成功。主要体现在三个方面：一是重点突出，特色鲜明。全文抓住刘卓夫最突出、最有代表性的事迹来写，着重反映其与众不同之处，即体现出先进人物"这一个"的特性，以便得出令人信服的结论；二是内容翔实，说服力强。文中多次运用数字说明问题，并引用刘卓夫的老师的闪光言论，诸如"不论何时何地，我都支持你""你们没事就好"等，既直观又具体，富有说服力。它可以代替很多繁冗的文字叙述，并能增强行文的表达效果。三是结构紧凑，布局严整。全文由3个层次组成，即"艰难困苦，玉汝于成""为人师表，倾情奉献""难忘恩师，感恩前行"，从不同侧面对刘卓夫的先进事迹进行表述，而且所提炼的3个小标题对称和谐，精练无比。

此外，这篇例文的用语也很平实、严谨、简练和生动，符合典型材料的写作要求。特别是文中使用第三人称的口吻，客观陈述刘卓夫的感人事迹，用语极富特色。诸如"园丁平凡，却是大美的播种者；船帆普通，却是航程的指引者。埋头奉献，润物无声，乘风破浪，指点迷津""十年时光转瞬即逝，刘卓夫作为教育的辛勤耕耘者，凭着对教育事业的一片忠诚，凭着对莘莘学子的谆谆教导，描绘出一幅壮丽的教学蓝图""他虽然没有惊天动地的事业，但有壮丽的人生，他用小小粉笔书写梦想，他言传身教续写教育篇章。在教育事业中，他找到了属于自己的快乐，为学生奉献的快乐。难忘三尺讲台，难忘四季风雨，他将继续前行的脚步，为教育事业贡献自己的一份力量"，读着这样的语句，怎能不令人动容，怎能不被刘卓夫老师的爱岗敬业、无私奉献精神深深打动。而排比修辞的使用，诸如"忘不了年迈体弱的父母为了他们能够顺利比赛替他们照顾年幼的子女；忘不了刚刚安顿好生病的孩子，又要调整状态上台演练的苦楚；忘不了多少个彻夜不眠，多少次挑灯夜战；忘不了各级领导在假期为他们动员鼓劲，激发创作灵感；忘不了指导教师谆谆教诲，悉心指导；忘不了赛前校领导亲临现场，帮他们调整状态"，以"忘不了"作为提示语，构成排比修辞，更增强了行文的表达效果。由此可见，典型材料的写作，优美的语言表达对于使先进人物的事迹"树"起来，并进而产生强大的说服力和感染力是非常重要的，值得我们认真回味和思考。

32　贺信

【适用范围】

当某一团体建立、某一重要会议召开、某一工程竣工、某一科技项目顺利完成、某一工作获得成功之际,以及一些重要人物遇到喜庆之事,常以党、国家、团体、组织或领导人的名义写信祝贺,我们称这种信函为祝贺信。贺信如以电报发出,即称贺电。

【实用范例】

20××年公司年会贺信

律回春晖渐,万象始更新。值此辞旧迎新、继往开来之际,我谨代表院领导向关心和支持医院发展与建设的各级领导及全体干部职工致以崇高的敬意,向辛勤耕耘的全体同仁表示最诚挚的感谢!

过去的一年,我院在上级主管部门及公司的正确领导下,通过全体员工的共同努力,本着"以人为本,服务社会"的工作理念,紧紧围绕"以病人为中心,视质量如生命,打造文明、和谐、平安医院"这一主题,深化改革,强化管理,为创建等级优秀医院,不断完善管理体系;狠抓质量建设,拓展医疗前沿技术,注重内涵建设、更新服务理念、完善服务功能,使医院各项工作取得长足发展,医疗质量得到全面提升,取得了两个效益的双丰收,年终顺利通过管理评审,获得了等级优秀医院荣誉。

同志们,回首我们走过的8760个小时,成绩斐然。你们在各自的工作岗位上,以院为家,爱岗敬业;勤勤恳恳,任劳任怨;开拓进取,负重拼搏;恪尽职守,无私奉献;为医院的发展和建设作出了积极的贡献。今天的辉煌是全院干部职工团结奋斗、奋力拼搏的结果。凝聚着你们的辛劳与汗水,展示了我院全体员工勇于创新、开拓进取的时代风貌。一路走来,你们辛苦了,请允许我再次代表院领导向全体员工表示衷心的感谢并致以最崇高的真挚谢意!

旧岁已展千重锦,新年更进百尺竿。让我们携起手来,以崭新的精神面貌和昂扬的斗志,投入即将敲响的20××年。我坚信,有各级组织的正确领导,有全体员工的同舟共济,有各方朋友的鼎力支持,我们医院的明天会更美好,让我们共祝我院20××年激情飞扬，再创辉煌！

【简析】

这份贺信完整地载明了三层内容，一是"缘由、背景与祝语"（第一自然段），二是对过去一年工作的回顾与评价（第二自然段），三是对下一年工作的展望以及发出号召（第四自然段）。全文内容集中，层次分明，结构严谨，文势贯通，特别是在用语上显得很有特色，诸如"律回春晖渐，万象始更新""以院为家，爱岗敬业；勤勤恳恳，任劳任怨；开拓进取，负重拼搏；恪尽职守，无私奉献""旧岁已展千重锦，新年更进百尺竿"，读起来让人感到自然顺畅，具有声律美和节奏感。

33 感谢信

【适用范围】

感谢信是一种常用的专用书信，是对有关单位、团体和个人的关心、支持、帮助表达谢意的礼仪文书，具有感谢和表扬的双重作用。它可以直接送给对方，也可以在对方所在地的公共场所张贴，还可以通过新闻媒介刊播。

【实用范例】

××建筑公司
感谢信

××医院的医护人员及××厂的三位工人师傅：

我公司工人张××是一个外地来京的建筑工人，患有胃溃疡病，今年5月的一个休息日，在上街购物时，病症突然发作，疼痛难忍倒地不起，立即被三位不肯说出姓名的工人师傅连背带抬地送到了附近的××医院。当时医院就要下班，值班大夫王××、护士李××、孙××马上把张××送到急救室，经过透视、化验等多项检查，发现其胃壁穿孔，由于抢救及时，才保住了生命，这是他获得的第二次生命。如果不是那三位工人师傅（事后经多方查询，才知道他们是××工厂的三位师傅）的紧急救助，不是××医院的医护人员的及时抢救，恐怕他性命难保。从这件事中我们看到了首都人民对外地来京民工的关怀和爱护，首都医护人员救死扶伤的可贵精神。为此，特撰此文，用以表达我公司全体员工由衷的感激之情。

××建筑公司
20××年2月5日

【简析】

这篇感谢信对事实的叙写十分明确具体，用语纯朴，言辞恳切，在陈述事实的基础上进一步揭示出对方的高尚品德和救死扶伤的精神，感激之情溢于言表。

34 慰问信

【适用范围】

慰问信是常用的一种专用书信。它是以组织或个人的名义向对方表示慰勉、安慰的礼仪文书。慰问信如以电报发出，即称慰问电。

【实用范例】

慰问信

××省警察职业学院全体教职工：

你们辛苦了！

在我国改革开放又取得新成就的时候，迎来了第××个教师节。在此，我们代表全省公安工作者向你们——辛勤战斗在公安教育战线的广大教职工们，表示衷心的感谢并致以节日的慰问。

十年树木，百年树人。公安教育事业崇高而伟大，任重而道远。在改革开放、科教兴国的今天，你们肩负着为全省公安系统培养人才的重任，成果不断，英才辈出，我们感谢你们，全省公安战线的同志们不会忘记你们。我们相信，经过你们不断的辛勤工作，全省公安系统广大干部、职工的思想文化素质一定会有更大的提高。

在新的学年里，我们衷心希望你们继续努力，取得新成绩，为全省公安教育事业的发展作出新的更大贡献。

××省公安厅
20××年9月10日

【简析】

这篇慰问信对省公安厅所属警察职业学院全体教职工忘我的工作精神给予充分肯定，并致以热情赞颂，用语朴实，感情真挚饱满，体现了较为深厚的上级对下级的慰勉之情，能够对受文者产生极大的鼓舞和激励作用。

35 倡议书

【适用范围】

倡议书是以集体、组织或个人联合的名义，为开展或推动某项活动或事业，向社会或有关方面首先公开提出的、带有号召性建议的一种文书。

【实用范例】

例文1

党风廉政倡议书

全市政法系统党员干部同志们：

廉洁自律是对党员干部的基本要求。作为一名党员干部，树立正确的世界观、人生观和权力观，是做好工作的基础。为此，市委政法委向全市政法系统党员干部倡议如下：

一、加强学习，不断提高自身政治素质和个人修养。当前，已进入知识经济和信息时代，作为新时期政法系统党员干部，要牢固树立终身学习的理念，向一切可以学习的人学习，向一切可以学习的事学习。要始终保持积极向上的学习力、准确高效的执行力和开拓进取的创新力，树立"善于学习、勇于创新、敢于开拓"的好形象。

二、廉洁自律，树立党员干部的良好形象。公生明，廉生威。在工作和生活中，每一名党员干部时刻都要保持谦虚谨慎、艰苦奋斗的优良作风。领导干部务必廉洁自律，率先垂范，带领干部队伍完成组织交给的各项任务。政法系统党员干部要坚决做到廉洁自律，有效遏制歪风邪气的滋生，培养"修德、廉政、为民、奉献"的好作风。

三、求真务实，扎实工作，以锐意进取的精神创造良好的社会环境。当前，我市政法系统各项事业发展逐步推进，各项重点项目相继落地，维护社会治安综合治理工作任务尤其严峻，作为政法系统的党员干部，要增强忧患意识和责任意识，转变观念，拓宽思路，发扬求真务实的锐意进取精神，切实抓好我市的政法工作。继续发扬团结一心、众志成城、敢于胜利的拼搏奋进精神，建设"干事型、服务型、创新型"好队伍。

同志们，让我们携起手来，从自身做起，严格要求自己，廉洁自律，以实际行动推进政法系统党风廉政建设，为促进全市经济社会发展营造更加和谐稳定的环境。

【简析】

这是一篇符合规范的倡议书。全文由三层内容组成：第一层（开头部分）交代了发出倡议的缘由和目的；第二层（第二、三、四自然段）为主体部分，并列陈述三条倡议的具体内容，而且采用撮要句表达，明确疏朗，针对性很强；第三层（第五自然段）是向全市政法系统党员干部发出号召。从总体上看，全文主旨明确，用语干净利落，具有很强的号召力和鼓舞力。

例文2

节水倡议书
——珍惜生命之源

因为缺水，黄河连年断流；因为缺水，沙尘暴席卷了华北；因为缺水，几千万人在干旱中挣扎……有的地方的孩子一天的用水量只有一个蜂蜜罐那么多，如果让大家一天只用一个蜂蜜罐那么多的水，你受得了吗？你能忍受经常不能洗脸吗？你能忍受很长很长时间不洗澡吗？你忍心看着一个个孩子那渴望的眼神渐渐黯淡下去，干裂的嘴唇渐渐合上吗？我相信，任何一个有责任心的人，绝对不会容忍这种事情发生的。更何况现在节水已经是全球范围的大问题，是全人类的问题了，而不仅仅是简简单单的水价上涨或者是限量用水。若不节约用水，也许我们也会像白垩纪的恐龙一样，渐渐走向灭绝。这绝对不是危言耸听，当一个一个人类中的精英倒下，当一个一个生命从世界中消失，他们会不会抱怨几千万年前或几亿年前的我们？也许这一切不会发生在我们的时代，但只要我们还没有觉醒，这种事情就一定会发生！所以我们在此倡议，希望大家为后代子孙着想，珍惜世界上的每一滴水！

爱水是一个人的品质，节约是我们民族的传统美德，节水需要全社会的共同参与和努力。让我们一起行动起来！爱水、惜水、节水，从现在做起，从我做起，从小事做起，提倡刷牙少用一口水，洗脸少用一杯水，洗浴少用一盆水，平时少用一滴水，真正做到节水在身边。对发生在身边的用水浪费现象，敢说敢管，互相监督，共同保护利用好水资源。

  为帮助受灾地区的同胞战胜旱魔，我们在此呼吁广大网友，充分发扬中华民族"一方有难，八方支援"的传统美德，积极关心西南灾情，向灾民伸出热情援手，慷慨解囊，及时捐赠，帮助灾区人民共克时艰，共渡难关。希望广大网友积极行动起来，全面参与抗灾救灾，节约每一滴水，节约每一度电，以实际行动支援灾区，为夺取抗旱救灾的胜利贡献绵薄之力。

  网友们，你们节水的理念和自身的行动必将影响和带动身边的人，并将惠及我们的子孙后代！你们心系灾区、情系灾民的善举，必将极大地鼓舞和增强灾区各族人民战胜困难的决心和信心。让我们携手同心、众志成城，与灾区的同胞共渡难关，早日赢得抗旱救灾的胜利！

20××年3月25日

【简析】

  水是生命之源。20××年春季，我国南方几个省份发生严重干旱，水资源奇缺。在特大旱灾面前，全国人民齐心协力，共渡难关，谱写了一曲感天动地的凯歌。面对日益严重的缺水现状，节约用水就成了每一位公民应尽的责任。"因为缺水，黄河连年断流；因为缺水，沙尘暴席卷了华北；因为缺水，几千万人在干旱中挣扎……有的地方的孩子一天的用水量只有一个蜂蜜罐那么多，如果让大家一天只用一个蜂蜜罐那么多的水，你受得了吗？你能忍受经常不能洗脸吗？你能忍受很长很长时间不洗澡吗？你忍心看着一个个孩子那渴望的眼神渐渐黯淡下去，干裂的嘴唇渐渐合上吗？"读了这几个排比句，你能不为之震撼吗？"若不节约用水，也许我们也会像白垩纪的恐龙一样，渐渐走向灭绝。这绝对不是危言耸听，当一个一个人类中的精英倒下，当一个一个生命从世界中消失，他们会不会抱怨几千万年前或几亿年前的我们？也许这一切不会发生在我们的时代，但只要我们还没有觉醒，这种事情就一定会发生"，读罢这段文字，你能不幡然猛醒吗？这些具有强大说服力的倡议，必然激起每一个中国公民的内心共鸣，进而切切实实把节约用水化为自己的实际行动，共同保护利用好水资源。行文最后两个自然段是在前文的基础上，进一步发出倡议，用语诚挚恳切，坚定有力，具有强大的感召力。

36 欢迎词

【适用范围】

欢迎词是机关、团体和企事业单位常用的一种重要公关礼仪文书。它是在迎接宾客的仪式、集会和宴会上对宾客的光临表示热诚欢迎时使用的一种礼仪文书。

【实用范例】

在××级新生入学开学典礼上的欢迎词

××级的全体同学：

你们好！

我代表××学院，对同学们如愿成为××××大学××学院的新成员，表示热烈的欢迎！对同学们经过长期的努力、严格的选拔，能够步入科学殿堂接受高等教育表示衷心的祝贺！在教师节前夕，向养育你们的父母和在你们成长的过程中付出心血和努力的教师们表示深深的敬意！

××××专业是省部级重点学科，具有工学硕士授予权。学院现有教职工××人，其中正副教授××人，高级工程师××人。目前师资力量结构合理，教学、科研实力雄厚，整个学院团结向上，充满活力，发展势头很好。

下面我就如何理解和对待对大学学习生活谈一点看法，供同学们参考。

从教育的阶段性而言，大学与中学所具有的共同任务是知识的传承和人才的培养。但是高等学校具有知识创新和社会服务的两项职能，具有丰富的学科门类。因此，大量的学术、科研和艺术活动以及完善的教学科研设施设备，为学生提供了知识深化和科研能力培养以及拓展知识领域的前提条件。大学与社会的广泛联系，丰富的社会实践活动为同学认识社会，进入社会创造了条件。希望同学们能够不失时机地、主动而有效地利用好大学的学习资源，不断完善自我。

从学生的角色而言，你们正处于从学校即将步入社会的全面积累和实践的角色转换中。中小学的主要任务是为接续性教育培养人，而大学主要是面向社会和经济的发展和科学研究，培养高素质、专门化的高级人才。因此，希望同学们一方面要努力学好专业知识，另一方面也要深入社会，提高自己的各方面能力。

从知识的学习而言，大学的教学内容更加系统、深刻和相对地专门化。一开始，有的同学会不太适应，有的会感到知识博杂而不易掌握，有的会感到内容抽象而不易把握。但是，坚持一个时期后，你们会感到学习能力跃上一个新台阶。大学的学习不仅是知识的积累，更重要的是学习能力的养成和研究能力的提高。希望同学们要在掌握专业知识的同时，注意学科形成与发展的过程及规律、独特的思想与方法，提高分析和解决问题的能力，提高创新意识和研究能力。

从教学的方式而言，大学教师是学生的指导者和引路人，从某种意义而言，大学教师是导师而不是老师，"授人以鱼不如授人以渔"就是这个道理。希望同学们要多读书勤思考，切实提高自学能力，培养自我接受终身教育的意识和能力。

从管理的形式而言，大学里没有了家长式的呵护和管理，实行在负责学生工作教师的指导下，学生自我组织和管理的模式。其目的就是要锻炼同学们的独立意识和个体能力的形成。希望同学们能够正确理解和主动适应这种管理模式。

从生活的方式而言，大学生的生活需要完全自理和适当的同学之间的互助。大学的生存环境实际上是一个有限的社会，是人为构建的免疫体。随着大学生活内容的丰富，同学们会明显感到所面对事物的复杂性所带来的挑战。希望同学们要在相对复杂的生存环境中，主动适应，体验社会，正确对待，明辨是非，宣扬正义，抵制丑陋，自觉遵守法律法规，严格遵守校规校纪。

总之，大学的学习和生活对一个人来说，是一个全新的重要成长时期。大学是同学们面向未来远航的集中储备和容错试航的基地。

真诚地希望同学们珍惜大学生活，通过理性思考进一步树立正确的世界观、人生观和价值观，堂堂正正做人，踏踏实实做事，勤勤恳恳读书，明明白白求是；要克服考上大学万事大吉的思想，积极向上努力学习；要克服学习和生活上所面临的困难，承受火与压、高温和击打的锻造。祝你们在新的起点上，树立更远大的目标，共同营造美好的师大家园，共同创造新的辉煌！

我相信，经过我们师生的共同努力，当你们毕业时都能够成为品德高尚，具有创新精神和实践能力，高素质、适应未来社会发展的高级专门人才，为成为民族的精英、国家的栋梁奠定坚实的基础。

最后，祝同学们学习顺利，身体健康，生活愉快！

【简析】

这是一位大学领导在××级新生入学开学典礼上所致的欢迎词，所以文中体现出了更多的教导和指引，这与作者的身份相一致。

第一段及第二段是对新生的欢迎、祝贺和特定时节的敬意；第三段是介绍该院的基本情况，让新生有一个整体的了解；第四段至第十段是欢迎词的核心内容，从六个方面谈对大学生活的看法。主要是通过与中学阶段的比较而谈的，包括教育的阶段性、学生的角色、知识的学习、教学的形式、管理的形式、生活的方式等，在比较中对新生提出了希望和要求，语气平和，诚挚恳切。内容简单但丰富集中，形式变化多样，似一位长者对晚辈的谆谆教诲；第十一段是一个总结性的句子，也是一个提领句，起着引出下文内容的作用；第十二、十三段是对同学们提出的希望和要求，对同学们的美好未来的鼓励，表达坚定有力，激励人心。

这份欢迎词与领导身份是相符的，与发表讲话的语境是一致的，值得人们从中细细体会这种文书写作的结构和内容。

37 欢送词

【适用范围】

欢送词是在欢送宾客的仪式、集会和宴会上对宾客即将离去表示热诚欢送而使用的一种礼仪文书。

与欢迎词一样，欢送词也系礼节性社交活动的讲话稿，二者在写作结构、语言风格等诸多方面均很相近，只是在内容上一个为"迎"，一个为"送"，而且常常与祝酒词互用。

【实用范例】

总是夕阳无限红
——在欢送离退休人员座谈会上的讲话

各位尊敬的老同志：

今天，我们把各位请来，在这里举行座谈会，主要是对大家即将离退职休养表示欢送。

记得有人说过：童年是一幅画，少年是一个梦，青年是一首诗，中年是一篇散文，老年是一部哲学。由此，我们衷心地祝贺各位老同志步入了哲学家的行列并表示真诚的敬意！

在过去的岁月中，各位老同志为了我们单位的建设，呕心沥血，任劳任怨，洒下了辛勤的汗水，作出了无私的奉献。从你们的身上，我们学到了"不要人夸好颜色，只留清气满乾坤"的高尚品格；学到了"为伊消得人憔悴，衣带渐宽终不悔"的敬业精神；学到了"精诚所至，金石为开"的待人哲学；学到了"契机而运，拙法成巧"的处世艺术。我们为有你们这样的老同志而感到自豪！

在党和政府的关怀下，各位因为年老即将光荣地离开自己的工作岗位，但年老不等于老朽无为。其实，年老更意味着经验和智慧、彻悟和超脱；更意味着人情练达和世事洞明。只要老骥志在千里，总是夕阳无限好！我坚信，有全体在职人员的勤奋开拓和努力进取，有各位老同志的支持，我们的明天一定会更加辉煌！

最后，由衷地祝愿各位老同志身体健康，精神愉快，福如东海，寿比南山。

祝愿城居者"心远地自偏"，乡居者"悠然见南山"。

谢谢大家！

××××年××月××日

【简析】

这是一篇欢送词。文中先引用恰当的比喻对老同志表示敬意，然后对老同志在工作中所作的贡献给予充分肯定，最后表达祝愿之情。由于特殊的关系，所以十分注意讲究用词的精当得体。

38 答谢词

【适用范围】

答谢词属于礼节性社交活动中所使用的讲话稿。它是在专门的仪式、宴会或招待会上宾客对主人的盛情接待表示感谢时所使用的一种礼仪文书。

【实用范例】

答谢词

亲爱的朋友们：

我们对贵公司的访问即将结束。首先，请允许我代表我们考察团一行20人对贵市政府对我们的盛情款待表示由衷的感谢。

访问期间，我们十分有幸结识了许多知名人士，参观了贵公司及所属分公司的生产线，与有关人员进行了饶有兴趣的谈话，这些都给我们留下了很深的印象。

我相信，我们这次参观访问将有利于促进两市人民之间的友谊。我们用文字和照片记录下了这次访问中一幕幕的动人景象。回去后，我们将让我市人民得知这一切，我深信，这将给他们以巨大的鼓舞。

借此机会，再次衷心地感谢大家！

祝兄弟×××市人民幸福！

祝两市人民之间的友谊万古长青！

再见了，亲爱的朋友们！

【简析】

这是一篇答谢词。这是日本北海道市××考察团到我国××市××公司参观考察，在行将结束的欢送宴会上所致的一篇答谢词。正文分三部分，首先交代了答谢背景、原因，接着写对主人的热情接待表示感谢。其次概写访问的内容、留下的美好印象、成果和愿望。最后写再次感谢和祝颂词。全文情感真挚，用语简练活泼，富有感染力。

39 祝酒词

【适用范围】

祝酒词是宴会、酒会开始时主人的致辞，它是表达讲话人情意的一种礼仪文书。

【实用范例】

2023年祝酒词

尊敬的各位领导，各位来宾，女士们，先生们，朋友们：

晚上好！

第十二届中国开渔节经过精心筹备就要开幕了。今晚，我们在此隆重举行欢迎晚宴，热烈欢迎远道而来的各位领导和嘉宾。首先，我代表中共象山县委、县人大、县政府、县政协和53万象山人民，对各位的到来表示热烈的欢迎！向多年来关心、支持象山发展的各级领导和各界人士表示衷心的感谢！

象山历史悠久、文化灿烂、风光秀美、物产富饶，是一个吉祥美丽的滨海旅游城市。象山自1998年创办中国开渔节，至今已是第十二届。经过十多年的精心打造，中国开渔节已经成为国内外有广泛影响的文化大节和旅游大节，跻身国家旅游局十大民俗节庆活动行列。我们相信，在大家的共同努力下，开渔节一定会成为象山人民与国内外朋友加深友谊、共谋发展的桥梁和纽带，一定会成为凝聚人心、传承文化的精神大餐，一定会办成扩大开放、展示形象的重要窗口。

最后，祝各位领导、各位来宾在象山生活愉快，愿美丽的象山能给您留下美好的记忆！

现在我提议：为第十二届中国开渔节的成功举办，为我们的真诚友谊和真诚合作，为各位朋友身体健康、家庭幸福、事业兴旺，干杯！

【简析】

这是一份祝酒词，正文部分在得体的称谓之后，首先表示欢迎、致谢和祝贺之意，尤其是对举办第十二届中国开渔节的重要意义作出了精要交代，也是全文的主题所在。全文内容紧凑，语势贯通，给人以酣畅淋漓之感。

40 简报

【适用范围】

简报是机关、社会团体和企业事业单位用于向上级迅速及时地报告工作情况，反映存在的问题，向下级推广经验、指导工作，向平行单位互通情况、交流信息的一种重要事务文书。

【实用范例】

（1）会议简报

××集团职工代表大会

简　报

第 1 期

大会秘书处　　　　　　　　　　　　　　　　20××年2月20日

××集团职工代表大会胜利召开

　　20××年2月20日上午8:30，××集团在集团大礼堂隆重召开职工代表大会，集团张××总经理、李××副总经理、王××副总经理及255名职工代表出席了会议，刘××为大会致贺词，张××总经理代表集团作了工作报告，王××副总经理作了财务报告，陆××主持了会议。

　　刘××代表上级单位对我集团的工作给予充分的肯定，并对今后的职代会提出了一些建议。

　　张××总经理的报告分工作总结和工作规划两大部分，回顾了集团成立三年来所取得的成绩，指出了存在的问题，对集团的发展提出了宏伟的蓝图，振奋人心。下午2:00，分4个小组对张××总经理的工作报告进行了讨论，代表们踊跃发言，畅所欲言。认为报告对过去的工作总结得客观、真实，成绩确实鼓舞人心；对存在的问题分析得透彻，一针见血，指出了面临的机遇和挑战；对未来的发展指明了方向，是一篇实事求是和迎接挑战的时代宣言。

　　下午4:00，代表们举手表决，一致通过了工作报告、财务报告，最后李××副总经理作了"振奋精神　再创辉煌业绩"的闭幕词，大会在欢快的气氛中结束。

抄送：××办公室、××集团各分公司。

（共印60份）

【简析】

　　这是一份针对会议的专门简报。报头带有会议名称；正文部分采用叙述的方式，比较完整地叙写了会议的经过。第一段说明会议召开的时间、地点、参加人员和整个会议的主要议程；第二段叙写上级领导讲话的主要内容；第三段是对整个会议的主要部分，即"张××总经理的报告"的内容和审议情况进行了说明，比较全面地突出了会议的主要议题；最后一段对会议的结果进行了说明，包括报告的审议结果和闭幕式上领导讲话的内容提要。从简报的内容上看，主要叙写的是整个会议的议程和经过，一般而言，只要符合会议的实际情况即可，其写作规律比较容易掌握。

简报的结尾有抄送单位和打印份数，这样便于企业的文件传送与保管。

(2) 综合简报

党内刊物　注意保存

××快报

(28)

中共××市委办公厅　　　　　　　　　　　20××年3月17日

　　3月6日，王××同志到××县检查指导工作。王××同志对××县贯彻落实××市广播大会精神的情况及近几年来××县经济工作和对外开放工作所取得的成绩给予充分肯定，并对今后工作讲了四点意见：一是要紧紧围绕××市2·29会议精神抓好任务的落实，进一步转变观念优化环境。二是农业结构调整要在现有的基础上调优、调大，实现优种、优管、优质。三是积极培育自己的四梁八柱，首先要抓大项目；其次要筛选一些企业重点培育；再次要以良好的环境引进资金和项目；最后要扩大双向开放，既引进来，又走出去。四是城市建设和管理，要从实际出发，从最简单、最基础的工作做起，从净化、绿化入手，不断提高基础设施水平。

　　市委宣传部把优化环境、扩大开放、加快发展的宣传教育摆在突出位置。(1) 大力宣传扩大开放、加快发展的重大意义。(2) 大力宣传市委、市政府扩大对内对外开放加快经济发展的重大战略步骤和举措。(3) 大力宣传市委、市政府提出的招商引资、基础设施建设等重要任务目标。(4) 大力宣传扩大开放加快发展的正反两方面的典型。(5) 加强对各级政府及机关提高公仆意识、树立衣食父母观念的宣传。(6) 加强对投资环境整治工作的宣传，加大依法保护投资和经营者合法权益、依法维护正常经营秩序的宣传；对乱摊派、乱收费、乱罚款、乱集资、乱检查、乱评比的现象，坚决予以曝光。

市自然资源与规划局为我市开放发展提供优质服务。（1）做好市区内低效闲置土地的调查摸底，进行土地置换和土地开发调整，提高土地利用率。（2）坚持和完善项目用地集体会审和一条龙服务制度，增加土地工作透明度。（3）树立特事特办的思想，对于省市以上重点工程和引资项目用地，在办理用地手续时做到重点突出，力争在3天内报批完并报上级审批，并及时跟踪协调催办。（4）当好参谋助手，主动提供咨询服务。及时向申请用户说明用地手续必备内容、所缺资料等，并协助办理。

市医药局把握四条原则做好党建工作。（1）坚持党建工作为经济建设服务。（2）坚持以改革的精神抓好党建工作，解放思想，更新观念，使党建工作从计划经济的框框中走出来，使之适合于发展社会主义市场经济的需要。（3）坚持两手抓两手都要硬的原则方针。党建与两个文明建设相互促进，同步发展。（4）坚持实事求是，分类指导，突出重点，抓好典型，带动全局。深入调查研究，发现解决问题，培养过硬典型，总结先进经验，以点带面，推动全局。

【简析】

这份简报与前例不同，简报的内容不是单一的事件，而是围绕某领导的讲话内容而整理出的不同单位贯彻讲话的做法、行动和落实措施。本文共有四段内容，第一段是市委书记到某地检查指导工作时提出的要求；第二段至第四段是所属单位围绕领导讲话而出台的各种举措，都是围绕讲话的中心来写的，主题集中，内容简练，没有过多的叙述，只是列举了具体的工作要点，体现了简报短、新、快的特点。

41 民主生活会检视剖析材料

【适用范围】

民主生活会制度是一种重要的党的组织生活制度，按照规定每年召开一次，而且一般安排在第四季度。参加民主生活会，与会人员都要准备检视剖析材料，并且要写得详尽具体，要对自身所存在的问题进行全面、深刻的剖析、检讨和反思。既要列摆问题，更要深入挖掘产生问题的原因，提出具体的改进措施和努力方向，往往表现为"摆问题——找原因——提对策"。

【实用范例】

2022年度民主生活会"六个带头""六个方面"个人对照检查材料

一、自身存在的问题

按照××党委关于开展"六个方面"民主生活会的相关要求,我认真学习了有关的政策文件,同时紧密联系思想工作实际,深入开展谈心谈话、交流思想、交换意见,对照六个方面,深入查找了自身存在的不足,剖析了思想根源,明确了下步努力方向。现对照检查如下:

(一)在带头深刻领悟××××方面

一是存在"做"得非常坚决,但"到"的质量效果有时不够理想的问题。整体谋划、系统推进的力度不够,紧盯不放、久久为功的韧劲不足,解决"四个短板""推进六项重点工作"成效还不够好。

二是信仰信念信心把握不够精准。有时认为信仰信念信心是宏观的要求,只要自身加强科学理论武装就可以了,忽略了信仰信念信心从本质上说是一种精神力量,最终是要将其体现在工作职责之中。反思自己,在把握信仰信念信心时,往往学理论、讲理论多了些,用理论少了些,统筹谋划得不够全面细致,理论修炼和精神淬炼结合得不够严实。

三是政治认识高度还不够。特别是对一些敏感问题、意识形态领域的问题复杂性认识不够,有时缺乏高度的警惕性。比如对于社会上一些错误的政治言论,没有从政治的高度充分认识其严重危害性,没有旗帜鲜明地果断制止。

(二)在带头用××××凝心铸魂方面

一是在"学懂了"与"弄通了"之间还存在距离。虽然能够坚持常态化、制度化学习,但还没有把学习成果与实际工作贯通起来,在弄通上仍欠火候。

二是在学用结合上还不紧。有时针对新形势新任务新问题深入思考和研究不透彻,把主要精力放在了落实上级任务、完成年度目标、推进重点工作中。比如推动××创新发展还不够,没有充分运用政策优势,用好改革手段,破除工作中遇到的实际困难和突出问题,理论指导实践还有一定差距。

三是学习不够全面系统。日常学习多以参加读书班、理论中心组学习为主。参加中心组学习时也没有做到深钻细研,内化于心,很多时候都是"泛泛而谈",在思想深处存在"重工作、轻学习"的观念,如××××。

（三）在带头××××方面

一是政治鉴别力不够敏锐。学习缺乏自觉性和主动性，存在着被动、应付思想，学习浅尝辄止、蜻蜓点水，有偷偷懒、歇口气的想法。由于学习修养不够，造成遇事不善于从政治角度去考量和认识，不能透过现象看本质，离学而信、学而用、学而行还存在差距，如××××。

二是民主集中制落实不到位。主要体现在不愿得罪人，在执行民主集中制方面提不出反对意见，如××××。同时，自己有"走过场"现象，如××××。另外，集思广益做得不够，在深入一线干部职工和人民群众中听取意见做决策时不够充分，存在我行我素现象。

三是组织生活制度有"落空"。对党内政治生活重要性的认识不够深刻，以普通党员身份参加支部活动少，有时会不自觉以"领导"身份对同志们提要求；与支部成员交流不多；有时还停留在"口头上、墙面上、文字上"；对基层党组织生活开展缺乏有效监督，在一定程度上降低了党组织的凝聚力和号召力。

（四）在带头坚持××××方面

一是在满足人民群众的期待上有差距。对人民群众的新期待研判得不够及时，掌握得不够全面。自己也知道要用改革思维来锻民生长板、补民生短板，但在如何把改革发展红利转化为民生幸福指数方面，统筹谋划不足，举措办法不多，持续用力不强，成效不够明显。

二是践行以人民为中心的理念不够严实。主观上认为以人民为中心的发展思想比较抽象，因此存在着做好本职工作就是践行了以人民为中心理念的片面认识，缺欠积极性和主动性，有一些好的想法也常常停留在口头上，止步于思想中，未能完全体现在谋发展、做决策、促改革的各个环节和全过程，自己并没有真正画好最大"同心圆"。

三是听取干部群众的意见建议不够充分。与一些同志相比，自己在摆正位置、放下架子、扑下身子方面还存在一些差距。虽然能够做到问需于民、问情于民，但在问计于民、问政于民方面责任压得不实，忽视了人民群众的主体地位和首创精神，也没有贴近日常实际需求，一些干部群众对此有意见。

（五）在带头发扬斗争精神，防范化解风险挑战方面

一是在风险中学习的能力不足。自己在风险预警、风险研判、风险防控过程中，把"坏事"变成"好事"，把教训变成财富的意识和能力不足，未能及时有效地从风险挑战中学习改进，也没有开展经常性的反思，未能把应对风险所形成的经验有效地变成提高自身认识问题、分析问题、解决问题的水平和能力。

二是在科学决策能力上有差距。对工作中出现的一些新情况和新问题，欠缺全面系统的研究，听取意见建议也不够广泛，导致对一些工作的目标、问题、方案、举措、过程、效果未能做到全面掌控，作出的决策虽然也取得了成效，但距离科学化、高质量的要求还存在一定的差距。

三是斗争策略不够科学。对社会上、工作中、网络里的杂音，实事求是地讲，有时只有能力制止，而没有能力批驳，斗争的知识体系还不够牢固。有时面对不同的群体未能快速地选择最合理的斗争方式，常常采用正面驳斥的方法，让人产生居高临下的训斥感，效果不够好，总结经验也不够及时，缺乏行之有效的方式方法。

（六）在带头落实全面从严治党政治责任方面

一是在真抓真管上有差距。对照"一岗双责"的要求，自己在领导、检查、督促分管部门落实主体责任方面还存在不足。对干部教育监督管理虽然严格，但不够全面细致，存在着责任不够清晰，措施不够具体，制度不够健全等问题。对一些干部苗头性、倾向性的问题，未能及时"咬耳朵、扯袖子、敲警钟"，导致个别干部在思想和行动上出现了问题，这是我抓作风建设不紧不实导致的问题，我需要承担主要责任。

二是"关键少数"作用发挥得不够到位。在推动工作落实上，还存在不负责地搞"上下一般粗"的问题，没有履行好"关键少数"的领导职责。未能有效地发挥好"头雁效应"，带头转变作风往往挂在嘴边，落实到行动中就打了折扣。没有以"关键少数"的政治自觉带动绝大多数党员干部的作风转变。

三是艰苦奋斗意识有所淡化。相比过去，自己在勤俭节约等方面有一定的放松，在日常生活中的一些细节上也不像过去那样精打细算。虽然谈不上奢侈浪费，但是艰苦奋斗的精神还是有一些弱化。

二、问题产生的原因

一是在理想信念上有所放松。没有真正认识到政治理论学习的重要性，在理论体系上把握和融会贯通地运用理论学习成果指导实际工作上做得不到位，导致理论学习与实际工作脱节。

二是宗旨意识没有树牢。想问题、作决策，虽然能够做到出于公心，但也并非完全没有追求个人口碑和自我实现的私心杂念。这些问题归根结底都要追溯到宗旨意识不够牢，群众感情不够深，对自己要求不够严格。

三是党性观念有所减弱。由于政治理论学习不够，党性砥砺抓得不紧，思想上入党的问题还没有很好地解决。面对不断发展变化的新形势新情况，思想认识这个"总开关"不能与时俱进。在处理公与私的关系时，往往容易产生私心杂念，党员的甘于奉献意识和无私无畏精神相对薄弱了一些。

三、今后整改方向及主要措施

一是不断提高政治判断力、政治领悟力和政治执行力。坚持不懈地用科学理论武装自己的头脑，指导实践，推动工作，确保贯彻落实上级决策部署不偏向、不变通、不走样。

二是带头发扬历史主动精神，勇担时代使命。持之以恒地坚持理论学习，当好高质量发展的引领者、组织者、推动者，带头苦干实干拼命干，矛盾面前不躲闪，挑战面前不畏惧，困难面前不畏缩。牢固树立效率意识，大力营造事事马上办、人人钉钉子、个个敢担当的良好风气，只争朝夕，奋勇当先。

三是带头厚植人民情怀，增进民生福祉。把为民办事、为民造福作为最重要的工作方向，以实际行动回答好"从哪里来，往哪里去"这个基本命题，把群众的需求当成工作的第一要求，向群众学习，将人民群众的无限智慧与力量转化为攻坚克难、不断前行的强大动能。

四是带头廉洁自律，永葆共产党人的政治本色。坚决落实全面从严治党主体责任，扎实履行"一岗双责"，从严抓好党风廉政建设，时刻自重自省自警自励，任何时候都稳得住心神，管得住行为，守得住清白，做一个让党和人民放心的人。

【简析】

这篇检视剖析材料写得较为规范。开头部分运用非常简要的文字交代了有关的背景、依据和基本情况，并用"现对照检查如下："的过渡句提领下文。由于会议主题十分明确，即紧紧围绕"六个带头"进行查摆，因此就必须紧扣主题，讲究针对性。本文对问题的查摆可以说问题找得准，思路表述清晰，用语简洁凝练，让人感到实而不虚，特别注重使用举例说明的方式加以陈述，从而增强了行文的说服力和可信度。此外在用语上很有特点，诸如"锻民生长板，补民生短板""把改革发展红利转化为民生幸福指数""统筹谋划不足，举措办法不多，持续用力不强，成效不够明显""带头厚植人民情怀，增进民生福祉""苦干实干拼命干，矛盾面前不躲闪""事事马上办、人人钉钉子、个个敢担当""稳得住心神，管得住行为"等，这些富有哲理性语句的使用，使行文铿锵有力，错落有致，富有表现力。同时"并没有画好最大的同心圆""咬耳朵""扯袖子""头雁效应"之类的比喻修辞手法的运用，更使行文显得鲜活有力，让人更容易理解和接受。同时也从另一个角度说明，像民主生活会个人检视剖析材料的写作,也并非千篇一律地平铺直叙,也完全可以在准确简练的前提下写得活泼生动些。

42 新任职干部表态发言材料

【适用范围】

被组织上安排到一个新的岗位上任职,是一个人工作生涯的重要转变。新任职的干部通常都要在特定的场合,面对特定的听众表态发言。由于是表态性质的,所以时间不能过长。说话要做到少而精。它是任职者留给与会人员的"第一印象",所以表态发言材料的准备就显得特别重要,是一个人综合素质的体现。

【实用范例】

干部任职表态发言材料

尊敬的各位领导、同志们:

刚才会上宣布了市委关于我任职的决定,在此我首先衷心感谢市委的信任和关心,感谢各位领导的器重和厚爱,感谢干部职工对我的信任和支持!

这次任职不仅是对我的一种认同和接受,更是对我的一份希望和重托,让我有更多的机会为市局服务,为事业添彩。我将把今天作为一个新的起点,以新的姿态、新的境界,尽快进入新的角色,以良好的业绩回报领导和同事们的重托与期望。在此,我作三方面的表态:

一、以德为本,修身为上。就是老老实实做人,把培育自己的品质德行作为立身之本,做一个堂堂正正的人、忠实厚道的人、乐于助人的人。具体要做到"三个务":一是务学。坚持马克思主义的学风,把学习作为人生修养的重要内容,向书本学习、向大家学习、向实际学习,多向各位班子成员、各位中层干部及全体职工请教,进一步提高自身素质。二是务实。坚持实事求是的工作作风,注重调查研究,一切从实际出发,察实情、讲实话、重实际、办实事、求实效。三是务廉。严于律己,清正廉明,认真贯彻落实党风廉政建设责任制,严格执行会规会纪,时刻保持清醒头脑,处处严格要求自己,自觉接受大家的监督,做到慎独、慎初、慎微,做到自重、自省、自警、自励。

二、以人为本，修和为上。就是紧紧依靠全体干部职工，团结合作，锐意进取，扎实推进分局的建设与发展。具体要做到"三个维护"：一是维护党委权威。维护班子团结，从分局发展的大局出发，全力以赴做好工作。认真贯彻落实党的方针政策，自觉服从党委领导，保证党委的决策不折不扣地贯彻落实执行。二是维护分局发展的良好局面。珍惜分局的每一项成果、每一项荣誉，珍惜与大家共事创业的宝贵缘分，珍惜当前来之不易的大好局面。顾全大局，努力营造推进分局发展、工作和文化建设的良好氛围。三是维护干部职工的整体利益。坚持立党为公、执政为民，把维护好广大干部职工的根本利益作为一切工作的出发点和落脚点。坚持群众路线，倾听群众呼声，理解群众疾苦，关心群众生活，为群众办实事、办好事。

三、以勤为本，修业为上。就是要做到勤勉尽职，扎扎实实履行好工作职责。具体做到"三个有"：一是有方。不断改进工作方式，善于从复杂的局面中寻找措施对策，遵循事物发展规律，结合实际解决问题。二是有效。大力弘扬真抓实干、雷厉风行的工作作风。对于上级交办的工作任务，认真贯彻落实，注重工作效果，不说空话，不唱高调，对组织负责，对群众负责。三是有为。珍惜组织给予的机会，以全新的姿态，全新的面貌，全新的作风，认真履行职责，做到高效尽职、有所作为。

最后，祝在座的各位工作顺利，身体健康！

【简析】

由于是新任职表态发言，因此在结构形式上通常由"感谢——表态——祝愿"这样三层内容组成，当然"表态"是最关键和核心的部分，是对任职后工作的总体谋划。篇幅一定要简短，内容一定要实在，用语一定要概括，而且要富有吸引力，能够抓住听众的心、打动听众的心。在这方面，本文从三个层次进行了表态，即"以德为本，修身为上""以人为本，修和为上""以勤为本，修业为上"，提炼得非常精确到位，极具特色。而且在这三个大的方面"表态"之下，每个方面又分别细化为三个"具体做到"。其中第一个是做到"三个务"（即务学、务实、务廉）；第二个是做到"三个维护"（即维护党委权威、维护分局发展的良好局面、维护干部职工的整体利益）；第三个是做到"三个有"（即有方、有效、有为）。全文虽短，却给人以诚恳率直之感，实实在在而不流于空泛。在用语上也很有特点，诸如"珍惜分局的每一项成果，珍惜与大家共事创业的宝贵缘分，珍惜当前来之不易的大好局面"以及"坚持群众路线，倾听群众呼声，理解群众疾苦，关心群众生活""不说空话，不唱高调""全新的姿态，全新的面貌，全新的作风"等。显而易见，作者是着实下了一番功夫的，很见写作功力。所以，无论从哪个层面上说，本文都称得上是一篇典范之作。

43 组织生活会批评和自我批评材料

【适用范围】

组织生活会是加强党的建设与党员干部队伍管理的重要方式，其参加主体是党支部或者党小组的全体党员。一般是每半年或者每个季度召开一次。与民主生活会一样，组织生活会的一项重要内容就是要开展批评和自我批评，每一名党员在会前都要精心准备发言材料，以确保会议质量和效果。写作这种材料，一定要注意准确地为自身"画像"，就通常而论，撰写此种批评和自我批评材料，最根本的要求是实事求是，找准问题，抓住要害，开门见山，直击痛点。

【实用范例】

组织生活会个人发言材料

根据《中国共产党章程》《中国共产党廉洁自律准则》和《中国共产党纪律处分条例》的规定，同时结合自身的实际情况，现将有关问题对照剖析如下：

一、存在问题

（一）理论水平有待提高。主要表现为对理论学习不系统、不全面。一是用理论武装头脑做得不够。往往停留于学文件和参加集体学习，没有挤出时间自学，导致自身理论水平不高。二是政治思想上学习不够，对党和国家一些重要政策精神学习领会不深，政治敏锐性有待进一步提高。

（二）创新工作有待加强。参加工作时就抱着通过努力，以出色的工作实现自身价值。但随着工作年限的增长，对工作的不断熟悉，思想上的惰性也随之增加。进取心不强，只安于领导交代的工作，不注重用创新思维谋划工作，导致工作按部就班，缺少特色。

（三）工作作风有待改善。一是工作深度不够。存在畏难情绪和急躁思想，不能以平和的心态去做工作，需要进一步增强事业心和责任感。二是沟通协调不够。由于平时忙于工作,加上性格内向,认为把工作做好就行,在工作中与同志们交流不够,缺乏及时有效的沟通。

二、原因剖析

(一)理论学习放松要求。自我感觉"大道理都懂",认为理论功底是对领导干部的要求,基层同志只是抓落实,只要踏实肯干,不出大的政治问题就行。所以没有很好地把思想、工作和生活实际与理论学习紧密结合起来。

(二)党性锻炼抓得不紧。自我感觉党性底子很好,导致加强党性锻炼的紧迫感和自觉性有所弱化,没有经常对照党章党规来提升党性修养。艰苦奋斗的本色也有所退化,没有以党员吃苦在前、享受在后的崇高风范从严要求。

(三)开拓进取精神不足。工作中缺乏持之以恒、一抓到底的韧劲,缺乏创新突破的锐气,特别是遇到时间紧任务重的时候,首先想到的是怎样完成工作任务,降低了工作标准,缺乏进取精神。

三、整改措施

(一)加强政治学习,打好理论基础。结合工作实际,不断学习,拓宽知识面,努力适应新的形势、新的变化。以解决工作中存在的主要问题为出发点,以改进工作作风和工作方式、提高工作成效为落脚点,在理论联系实际上下功夫。

(二)严守党的纪律,做好党的干部。始终保持坚定的政治立场,在政治上讲忠诚,在组织上讲纪律,在行动上讲原则,严格按党性原则办事,按政策法规办事,按制度程序办事,真正把守规矩当作一种责任。

(三)改进工作作风,抓好问题整改。坚持从实际出发,迎难而上,增强工作的实效性,大胆地投身到实践中去,不断研究新问题、解决新问题,不断总结和完善已有的经验,不断提出新思想、新方案,拿出新举措,开拓工作新局面。

【简析】

与民主生活会不同,组织生活会主要是党支部或者党小组以交流思想、总结经验教训,开展批评和自我批评为中心内容的组织生活制度。既然如此,组织生活会的发言材料在写作的框架结构上就有特定的模式与要求。一般来说需要先写一个帽段,扼要交代行文的依据,诸如"根据《中国共产党章程》《中国共产党廉洁自律准则》和《中国共产党纪律处分条例》"等,并用"现将有关问题对照剖析如下:"提领下文。主体部分是核心,用来表述对照检查的内容,通常分为三大部分:首先是提出问题。要直截了当,切中要害,一般要从党章规定的职责任务、对照落实中央和上级党组织部署要求、对照人民群众新期待等方面加以阐述,用语要精当得体,切实找准问题所在,不能失之笼统空泛；其次是问题产生的根源。这也是写作的重点所在，要从政治理论学习、理想信念、党性锻炼等诸多方面进行深刻剖析，要写得实实在在，富有针对性。诸如抓实理论武装、强化纪律意识、提高工作效率等。在实际写作中，组织生活会与民主生活会列摆问题的侧重点有所不同，其中民主生活会要写得全面、具体、深刻，列摆到位，而组织生活会则重在列摆工作中存在的主要问题，不必面面俱到。本文所列摆的三个方面问题即"理论水平有待提高""创新工作有待加强""工作作风有待改善"，除第一个必备内容之外，其他两个都是谈工作中的问题，而且只列摆了三个方面也是可以的。在具体表述上，本文也写得较为简练，问题找得准，直击痛点，切中要害，是合乎规范要求的。此外，组织生活会的"原因剖析"并不是必备的部分，当然写出来是最佳的做法。本文则采取了全面表述的形式，对于存在问题的原因分别从"理论学习放松要求""党性锤炼抓得不紧""开拓进取精神不足"三个方面进行了剖析，鞭辟入里，让人一目了然。"整改措施"应当是组织生活会发言材料必不可少的内容，它要在对存在问题进行查摆的基础上，对反思、总结、提高个人党性修养和思想高度以及如何改进工作作风等方面提出相应的措施，而且措施得力，写得具体实在，切实可行，本文所写的三个方面措施合乎要求，抓住了解决问题的关键和实质。

44 党委理论学习中心组学习发言稿

【适用范围】

党委理论学习中心组学习是建设学习型、服务型、创新型的马克思主义执政党、提高党的执政能力和领导水平的重要途径，是我党的一个独特的政治优势。其主要宗旨是通过学习使每位参加成员掌握和运用马克思主义的立场、观点和方法来分析和解决问题，坚持围绕中心，服务大局；坚持知行合一，学以致用；坚持问题导向，注重实效；坚持依规管理，从严治学。在学习会上，每名参加成员（党委或者党组的领导班子成员）都要作发言，于是就需要形成发言稿。要求必须以严肃认真高度负责的态度学习所规定的理论知识，做到学懂、弄通、悟透、会用；要紧密结合实际来谈对一些重大理论问题的深入探讨和透彻理解的程度，并从中总结出经验教训，在此基础上阐明对提高学习的重要性、必要性的深刻认识和理解等。

【实用范例】

××党委理论学习中心组学习发言稿

根据党委理论学习中心组20××年度学习安排,下面我向大家简要汇报一下自己学习新《中国共产党章程》后的一些粗浅认识,不妥之处,请大家谅解并批评指正。

《中国共产党章程》作为党内规范的总章程,其地位不言而喻,是我们每一名党员必须遵循的最高政治行为规范。无论是入党多年的老同志,还是入党不久的新党员,不仅要学习和掌握新党章的内容,更要把践行新党章作为检验或重新审视党员自身的一个标准,时刻用党章意识指引和规范言行举止。而如何强化党章意识,做党章的坚定执行者和忠实捍卫者,我有三点粗浅的认识。

一是要铭记入党初心,筑牢信仰基石。曾经我们递交入党申请,被党委接纳成为党的"新鲜血液"、成为组织的一分子,我们每一名党员都牢记我们为什么要入党、入党是为了什么、入党后要做什么。虽然我们入党时的年龄不同、环境不同、身份不同,但是我们有着共同的入党初心,它就是我们在党旗下许下的铮铮誓言,它也是我们每一名党员融入血脉的崇高使命。习近平总书记告诫全党同志"不忘初心、牢记使命",既是号召全党同志要铭记中国共产党"为中国人民谋幸福,为中华民族谋复兴"的初心和使命,又是对每名共产党员入党初衷的一次重新审视和对每名共产党员理想信念的再一次"补钙"。入党誓词字数不多,记住并不难,难的是终身坚守。我们要时常"回到"当年入党时的情景,重新感悟自己入党时的信念和追求,时常回首自己走过的路,"复原"自己的初衷和使命,我们是否记得当年入党时组织的教育和培养?我是否记得面对党旗时的庄严誓言?入党后是否能够始终保持共产党人政治本色。中国共产党诞生之日起就肩负着崇高的历史使命,把实现共产主义理想写在了党的旗帜上,虽然随着历史发展变迁,世情、国情、党情发生不同的变化,但是中国共产党人的马克思主义信仰、共产主义理想信念和全心全意为人民服务的宗旨没有改变。这不仅是中国共产党人的精神支柱和政治灵魂,更是激励中国共产党人不断前进的根本动力。初心不改,矢志不渝,我们既然加入了中国共产党,在党旗下作了庄严宣誓,就意味着我们必须要坚守中国共产党的信仰和信念,始终对党绝对忠诚,做到在党、爱党、信党、护党,为党的事业奋斗终身,这是党章对党员的基本要求,也是检验一名党员是否合格的试金石。

二是要牢记党员身份，坚守党员本色。"党员"它既是区别于一般群众的一个身份称谓，更是赋予了拥有党员称谓的一种特殊的义务、责任和使命。在我看来，"党员"与生俱来就必须具备无惧无畏、无私奉献、敢于牺牲等特征和特点，必须在政治上纯洁、思想上先进、行动上迅速、事业上卓越，无论是在一般日常生活工作当中，还是在特殊时期、重要时段、紧急时刻，艰苦朴素、克己奉公是对每名共产党员的基本要求，忠于人民、无私奉献是共产党员应具备的优秀品质，不怕牺牲、不计得失是每名共产党员应具备的基本品格。加入了中国共产党，意味着比群众多吃亏，也意味着比群众多担当，更意味着比群众多付出、多牺牲。牢记党员身份，就是要时刻牢记党章对党员的基本政治要求，牢记党员应承担的义务和责任，真正在思想、意识、行动上成为"党的人"，而不仅仅是写在花名册上、落在登记表上、挂在嘴上的"名誉党员"。党员同志在任何时刻都要把党员身份放在第一位，时刻要以党章为镜，扫描自己，以党性为标准衡量自己，要敢于亮明党员身份，坚定政治立场，保持清醒头脑，知道该做什么、要做什么、带头做什么，知道不该做什么、不能做什么，一言一行都体现党的先进性和纯洁性，时刻都要防微杜渐，保持谦虚谨慎，自觉把党性铭刻在意识和思想深处，把党性修养体现在工作和生活当中。

三是要勇于担当作为，践行党员使命。能否成为一名合格党员，我认为其中一个重要的标准就是要看是否具备担当精神，是否有担当的勇气和担当的智慧。而作为一名共产党员的担当就体现在履行党员的义务和实行党员的权利当中，虽然党章规定每一名党员必须履行的义务和享有的权利是相同的，但是不同身份、不同职位、不同岗位的党员在履行党员的义务、实行党员的权利的表现形式应该是不尽相同的，侧重点也是不同的，不同职务的党员应该按照党章的要求找准自己的定位，找准履行责任的契合点。对于一般的普通农村党员来说，担当应该体现在通过自身的学习、修养、努力和行动中，在当地群众中树立党员的威信和威望，积极带领人民群众贯彻执行党的路线方针政策、遵守法律法规，引导群众响应党委政府的号召，带头支持、拥护和参与当地的经济建设、公益事业建设、乡风文明整治、乡村环境整治等工作。对于党员干部来说，党员干部是党的事业骨干，担当应该体现在履行好自身的岗位职责、做好自身的本职工作当中。作为党员干部，必须树立正确的政绩观和价值观，以更强烈的事业心和责任感，认真细致地对待每一项本职工作，事事起到模范带头作用，做示范、做表率，处处体现党员干部的政治本色和价值取向，永葆先进性和纯洁性。

【简析】

这篇发言稿写得很有特点。标题直截了当表明了全文的内容性质和文种；开头部分用简明扼要的文字交代了相关的依据，并通过对党章重要性的阐述引出了个人的三点认识，即导入行文的主体部分。采用分列小标题的形式，分别从"要铭记入党初心，筑牢信仰基石""要牢记党员身份，坚守党员本色""要勇于担当作为，践行党员使命"等三个不同的侧面加以阐述。而且行文注重讲究内容的主次轻重逻辑顺序，用语也很恰切精练，给人以实实在在之感，而无泛泛空谈之词。撰写此类发言稿，文字在精而不在多。如果写得过于冗长，效果就不会理想。可以看出，本文在这方面合乎规范要求。

45 民主生活会发言提纲

【适用范围】

民主生活会发言提纲是参加民主生活会的人员在会上发言的要点提示，是发言内容的高度概括，提纲挈领地列出发言的重要之点，因此，在写作时的侧重点往往体现为"摆问题—提措施"的内在逻辑结构模式，用语凝练，不作具体展开，所以其与民主生活会的对照检查材料在内容的详略处理上、在具体的表述方面，具有明显的区别。

【实用范例】

民主生活会发言提纲

一、存在的问题和不足

（一）工作方面

工作主动性不够强，缺少主动进位意识，对于协助分工的工作总是瞻前顾后，怕越位，怕领导和同志们有异议。对于组织工作缺少创新，只满足于应付上面布置的工作，疲于各种报表、材料的上报，工作缺少开拓性和创新性。

（二）学习方面

学习上只满足于浅尝辄止，既缺少对理论性著作的学习，又缺少对新领域和新知识的深入研究，满足于学习了、学不透、学不深，更缺乏理论联系实际的学风。

（三）个人修养方面

党性修养和个人性格的锤炼有待进一步升华，有时说话做事由着性子来，不讲究方式方法，往往采取简单化的工作方式，缺少对复杂事情的研究，工作的热情伴有简单和急躁，有时往往伤及同志感情。

二、今后努力方向

（一）工作方面

进一步端正工作态度，工作上提高主动性、开拓性和创新性，做到主动不盲动，到位不越位，既要有深入的思考，又要努力开拓，做到创新进取而不异想天开，脱离实际。

（二）学习方面

树立长期学习和事事时时学习的观念，既要向书本学习理论知识，又要向领导和同志们学习丰富的实践知识；尤其要向有经验的领导同志学习科学的工作方法，又要向他们善于沟通宝贵的处世经验。

（三）个人修养方面

不断加强党性和个人修养的锤炼，严格规范自己的言行，既要有原则性，又要有灵活性。努力塑造一个新的自我，不以物喜，不以己悲，踏踏实实做事，正正派派做人。

【简析】

这篇例文，标题直接写为《民主生活会发言提纲》，既简练又明确。正文部分直奔主题，即"列摆问题—提出措施"，做到了开门见山，落笔入题，就连简短的开头段都没有，直接列举存在的问题和不足，而且分别从工作方面、学习方面和个人修养方面加以列摆，问题找得准，结构层次明，表述思路清，而且用语高度概括，毫无冗词赘句，令人一目了然。整个第二大部分也是全文的重点所在，是针对存在的问题提出相应的改进措施，而且也是分别从工作、学习和个人修养三个方面对应进行表述，内容实在，用语精当，从而使全文前后贯通，融为一体，而且由于是高度概括的表述，也使行文显得短小精悍，提纲挈领，很值得认真参考和借鉴。